国家社科基金
后期资助项目

银行与坏账
基于贷款拨备视角的理论、经验与思考

Banks and Non-Performing Loans:
Theory, Evidence, and Reflection from the Perspective of
Loan Loss Provisions

丁友刚　岳小迪　著

中国人民大学出版社
·北京·

国家社科基金后期资助项目
出版说明

　　后期资助项目是国家社科基金设立的一类重要项目，旨在鼓励广大社科研究者潜心治学，支持基础研究多出优秀成果。它是经过严格评审，从接近完成的科研成果中遴选立项的。为扩大后期资助项目的影响，更好地推动学术发展，促进成果转化，全国哲学社会科学工作办公室按照"统一设计、统一标识、统一版式、形成系列"的总体要求，组织出版国家社科基金后期资助项目成果。

全国哲学社会科学工作办公室

前　言

在庞杂的现代金融体系中，银行无疑占据着核心地位，对经济的发展起到不可忽视的促进作用。然而，银行在经营过程中始终面临着一个挥之不去的难题——坏账。作为以信贷资产经营和信用风险管理为主要业务与活动的营利组织，银行出现坏账不可避免，但是如何在坏账的管理过程中利用贷款拨备来实现有效的早期风险预警和资本损失缓冲却是一个非常棘手的问题。贷款拨备承载着会计透明性的需求和银行稳健的重任，但是，历史上既不乏由于不良贷款激增、贷款拨备提取不足从而加剧银行走向灭亡的案例，也不乏因贷款拨备隐藏利润和透明性不足而使银行市场约束不足、缺乏竞争力。银行究竟应该如何计提贷款拨备，才能做到既不牺牲会计透明性，又不影响经营稳健性？这个问题在会计监管部门与银行监管部门之间引起长时间的激烈争论。面对这一严峻挑战，本书围绕如何做到贷款拨备"审慎、稳健又不过量"（prudent, conservative, and not overly excessive）这一基本问题，系统分析贷款拨备政策的理论基础和国际经验，并扎根中国背景、立足本土实践和管理思想，形成针对贷款拨备政策的综合性的回顾与思考，并由此形成以下四个部分的内容。

第一部分围绕贷款拨备的文献综述展开，为第二章。

国际国内关于贷款拨备问题的理论研究成果有哪些？已经解决了哪些理论问题？还有哪些理论问题尚不清楚？理论问题的焦点在哪里？未来的理论研究方向在哪里？围绕上述理论问题，本书系统回顾了贷款拨备计提的影响因素和经济后果的研究成果和学术观点，以及贷款拨备计提的亲周期性及其缓解的相关研究。基于以上方面的文献回顾，深入分析现有文献尚未解决的关键问题，并在此基础上提出未来研究方向。

第二部分是贷款拨备的国际经验问题，包括第三章至第九章。

（1）美国贷款拨备制度。本书在第三章至第六章系统回顾了美国贷款拨备制度的发展历程，包括以下四个阶段：准则模糊与银行危机（1975—1992），部门分歧与实务混乱（1993—1998），争论、协调与完善（1999—2006），以及次贷危机之后（2007年至今）。

（2）西班牙动态拨备制度。本书回顾了西班牙动态拨备制度的起源，系统分析了西班牙动态拨备计提原理与发展，在此基础上，重点分析了西班牙动态拨备制度在2008年国际金融危机中的表现，并阐述了关于这一制度的争论。

（3）后危机时代IASB关于贷款拨备会计的争论。本书深入分析了2008年国际金融危机后各界对已发生损失模型的质疑与争论，以及IASB等国际组织为银行贷款拨备政策改革所做的努力，并围绕预期信用损失模型，系统分析了这一准则变革的背景、原因和完善历程。

第三部分是我国贷款拨备的现实问题，包括第十章至第十四章。

（1）我国贷款拨备会计政策研究。本书将我国贷款拨备会计政策分为以下五个阶段——按单一比例提取阶段（1986—2000）、按贷款质量分类提取阶段（2001—2004）、按贷款现值计量结果提取阶段（2005—2011）、后危机时代动态拨备制度计提阶段（2012—2016）以及与IFRS 9趋同的预期信用损失模型（2017年至今），并系统阐述每个阶段的发展过程及其主要成果与不足。

（2）我国贷款拨备监管政策研究。本书将我国贷款拨备监管政策分为三个阶段：2006年以前，贷款拨备的监管方法与会计方法一致；2007—2010年，五级分类与未来现金流量法并存，对"拨备覆盖率"的要求不断提高；2011年至今，金融危机后的"新监管时代"。书中总结和分析了每个阶段的特征和核心内容，并进一步分析了不同部门多套制度的差异。

（3）我国贷款拨备税收政策研究。基于税收中性原则，本书分析了各个国家不同征税方法与税收中性的关系，梳理了我国不同阶段的贷款拨备税收政策，并分析其税收中性。在上述分析的基础上，本书提出了完善我国贷款拨备税收政策的相关建议。

（4）我国商业银行贷款拨备实务分析。本书将贷款拨备的提取实务划分为五个阶段：1994—1997年，贷款损失准备金计提严重不足；1998—2002年，在多种因素共同影响下，贷款损失准备金缓慢提升；2003—2011年，股份制改革助推不良贷款实现多年"双降"；2012—2015年，后金融危机时代的贷款拨备；2016—2023年，过量计提贷款拨备及监管要求调降。书中对我国商业银行贷款拨备的计提水平、政策实施效果等实务情况进行比较和分析。此外，还从整体上评价了我国商业银行贷款拨备历年计提质量。

（5）我国商业银行贷款拨备计提实务：周期效应研究。本书基于我国

88家商业银行2002—2016年的非平行面板数据,通过理论推理、实证检验等环节,分析了我国商业银行贷款拨备的顺周期性问题、银行贷款拨备与信贷增长的关系以及银行竞争度在银行贷款拨备与信贷增长关系中的调节作用。

第四部分是对预期信用损失模型的理论反思,为第十五章。

本书基于KuU思想发展出"已知-未知"理论,对预期信用损失模型的缘起和发展进行评析,进而提出应从以下四个"度"出发重新审视减值模型:会计基础的"度",稳健性与公允性之间平衡的"度",财务会计与管理会计之间平衡的"度",会计监管与银行监管之间平衡的"度"。

综上所述,本书从贷款拨备计提的理论和政策出发,立足贷款拨备的国际经验和中国实践,依次分析了贷款拨备的基本理论问题、国际经验问题、我国现实问题和理论反思问题,针对贷款拨备国际国内政策和经验实务进行了系统总结、梳理和回顾,尤其是对我国商业银行贷款拨备政策实务的现状进行了实证性的分析、研究和思考,希望能从贷款拨备的视角为银行坏账管理打开一扇深入洞察的窗!

目 录

第一章 导 论 ·· 1
    第一节 研究背景 ·· 1
    第二节 研究意义 ·· 4
    第三节 研究框架 ·· 5

第二章 银行贷款拨备计提：文献综述 ·· 6
    第一节 贷款拨备计提的影响因素 ·· 6
    第二节 贷款拨备计提的经济后果 ·· 15
    第三节 贷款拨备计提的亲周期性及其缓解 ···································· 18
    第四节 未来研究展望 ·· 21

**第三章 美国贷款拨备制度发展历程：准则模糊与银行危机
（1975—1992）** ··· 24
    第一节 SFAS 5：FASB 首份涉及贷款损失的会计准则 ······················ 24
    第二节 SFAS 5 在贷款损失确认、计量与披露上的
            模糊性 ·· 27
    第三节 会计准则模糊的严重后果：金融机构危机 ························· 30

**第四章 美国贷款拨备制度发展历程：部门分歧与实务混乱
（1993—1998）** ··· 35
    第一节 SFAS 114 所做的修正和改进 ·· 35
    第二节 SFAS 118 所做的修订与补充 ·· 38
    第三节 SFAS 114 的不清晰及其应用局限：为银行监管部门
            解释准则留下空间 ·· 40
    第四节 1993 年联合公告：银行监管部门的分歧性理解
            和规定 ·· 41
    第五节 SunTrust 事件：政策冲突白热化的起点 ····························· 43

**第五章 美国贷款拨备制度发展历程：争论、协调与完善
（1999—2006）** ··· 48
    第一节 Viewpoints：FASB 的重申和澄清 ····································· 48

第二节　银行监管部门的坚持及与会计部门的争论 ………… 52
　　第三节　SOP：AICPA 为制定详细准则所做的努力 ………… 66
　　第四节　2006 年联合公告：银行监管部门对分歧的纠正 …… 72

第六章　美国贷款拨备制度发展历程：次贷危机之后（2007 年至今）… 75
　　第一节　次贷危机简要回顾 ……………………………………… 75
　　第二节　次贷危机后美国贷款拨备制度的发展：FASB 与
　　　　　　IASB 分离但趋同呼声强烈 …………………………… 83
　　第三节　次贷危机后美国贷款拨备制度的发展：FASB 与
　　　　　　IASB 趋同的实质性行动 ………………………………… 84
　　第四节　次贷危机后美国贷款拨备制度的发展：FASB 与
　　　　　　IASB 分道扬镳 …………………………………………… 85

第七章　西班牙动态拨备制度 ……………………………………………… 89
　　第一节　西班牙动态拨备制度的起源 …………………………… 89
　　第二节　西班牙动态拨备计提原理与发展 ……………………… 90
　　第三节　动态准备金制度的应用举例 …………………………… 95
　　第四节　西班牙动态拨备制度在 2008 年国际金融危机中的
　　　　　　表现 ………………………………………………………… 97
　　第五节　关于西班牙动态拨备制度的争论 ……………………… 101

第八章　后危机时代 IASB 关于贷款拨备会计的争论 ………………… 103
　　第一节　争论的起源：已发生损失模型 ………………………… 103
　　第二节　国际社会为银行贷款拨备政策改革所做的努力 …… 107
　　第三节　基于预期现金流量法的预期信用损失模型 ………… 116

第九章　预期信用损失模型："二分法"与"三阶段法" ……………… 125
　　第一节　基于信用风险特征的"二分类"减值方法 …………… 125
　　第二节　基于贷款所处信用质量恶化阶段的"三阶段"
　　　　　　减值方法 …………………………………………………… 133
　　第三节　"三阶段"减值方法的最终完善 ……………………… 141

第十章　我国贷款拨备会计政策研究 …………………………………… 146
　　第一节　按单一比例提取阶段（1986—2000） ………………… 146
　　第二节　按贷款质量分类提取阶段（2001—2004） …………… 150
　　第三节　按贷款现值计量结果提取阶段（2005—2011） ……… 158
　　第四节　后危机时代动态拨备制度计提阶段（2012—2016）… 167
　　第五节　与 IFRS 9 趋同的预期信用损失模型（2017 年至今）… 173

第十一章　我国贷款拨备监管政策研究 178
- 第一节　贷款风险分类、资本与贷款拨备 178
- 第二节　我国贷款拨备监管制度 189
- 第三节　不同部门多套制度的差异 195

第十二章　我国贷款拨备税收政策研究 198
- 第一节　税收中性 198
- 第二节　贷款损失准备征税方法及税收中性分析 199
- 第三节　我国贷款拨备税收政策 204
- 第四节　我国现行贷款损失税收政策中性分析 209
- 第五节　政策建议 211
- 附录一：税收中性、征税过度与征税不足的数字示例 213
- 附录二：核销法下的贷款资产价值 214
- 附录三：全部准备金法下的贷款资产价值 215
- 附录四：一般准备金法下的贷款资产价值 215

第十三章　我国商业银行贷款拨备实务分析 217
- 第一节　贷款损失准备金计提严重不足（1994—1997） 217
- 第二节　在多种因素共同影响下，贷款损失准备金缓慢提升（1998—2002） 219
- 第三节　股份制改革助推不良贷款实现多年"双降"（2003—2011） 223
- 第四节　后金融危机时代的贷款拨备（2012—2015） 227
- 第五节　过量计提贷款拨备及监管要求调降（2016—2023） 244
- 第六节　贷款拨备整体计提质量评价 249

第十四章　我国商业银行贷款拨备计提实务：周期效应研究 252
- 第一节　引　言 252
- 第二节　文献综述 254
- 第三节　研究假设及研究设计 257
- 第四节　实证结果分析 264
- 第五节　稳健性检验 271
- 第六节　研究结论及评述 272

第十五章　预期信用损失模型：困境中的反思 274
- 第一节　基于KuU思想的"已知-未知"理论 274

第二节 预期信用损失模型的缘起：对"已发生损失模型"的不满 ……………………………………… 275
第三节 预期信用损失模型的艰难探索与理性回归 ……… 278
第四节 重新审视减值模型应遵循的"度" ……………… 283

参考文献 ……………………………………………………… 286
后　记 ………………………………………………………… 298

第一章 导 论

第一节 研究背景

坏账,是银行在经营活动中挥之不去的阴影!

2017年3月31日,财政部发布了修订的《企业会计准则第22号——金融工具确认和计量》。遵循与《国际财务报告准则》(IFRS)持续全面趋同的路线方针,其内容基本与《国际财务报告准则第9号——金融工具》(IFRS 9)一致,主张对以摊余成本计量的贷款资产应以预期信用损失为基础进行减值会计处理并确认损失准备。至于什么是预期信用损失[①],如何估计预期信用损失[②],准则本身语焉不详。这意味着贷款拨备计提的问题远没有解决,预期信用损失仍然只是一个原则导向的概念,估计预期信用损失是非常困难的(Harris et al., 2018)。当前的权宜之计必然会为未来埋下更深的隐患。银行以经营信贷资产为主要业务,出现坏账不可避免,但是如何利用贷款拨备来实现有效的早期风险预警和资本损失缓冲,是一个非常棘手的问题。

实际上,贷款拨备问题由来已久。历史上,不乏由于不良贷款激增、贷款拨备提取不足从而加剧银行走向灭亡的案例。1984年,美国的第七大银行伊利诺伊大陆银行被收归国有,事后表明,该银行大约有45亿美元的不良贷款没有计提拨备[③];1985年,由于石油危机,加拿大商业银行

[①] 根据《企业会计准则第22号——金融工具确认和计量》第四十八条,整个存续期预期信用损失,是指因金融工具整个预计存续期内所有可能发生的违约事件而导致的预期信用损失。

[②] 根据《企业会计准则第22号——金融工具确认和计量》第四十八条,企业在进行相关评估时,应当考虑所有合理且有依据的信息,包括前瞻性信息。

[③] 从1980年到1992年,大约2 700家银行储蓄机构倒闭,存款保险基金和纳税人付出了巨大代价,贷款损失是其中许多机构经营失败的主要原因(GAO, 1994)。

用于石油生产方面的贷款的盈利逐年下降，在不能收回的坏账不断增多的同时，拨备计提却严重不足，最终在获得官方大规模的流动性支持后仍然被迫关闭；1993年，西班牙第四大银行西班牙信贷银行宣布近20%的贷款陷入呆滞，在接受西班牙银行的援助之后，暴露出了大量的贷款损失，资产价值严重被高估。对其进行的专项审计揭示资产负债表上的"窟窿"达到6 050亿比塞塔（43亿美元），其中绝大部分是没有拨备覆盖的坏账（Vivien et al., 1995）。这样的例子还有很多。

20世纪90年代，我国银行业由于信贷粗放扩张，经营管理不善，最终形成了高达2万亿~3万亿元的坏账。由于拨备不足，早期风险预警和资本缓冲功能失效，政府不得不成立四大资产管理公司来剥离各主要银行的1.4万亿元不良资产，并动用巨额外汇储备，先后发行2 700亿元特别国债向四大国有商业银行注资。

2018年7月，中诚信评级报告显示，贵阳农商行不良贷款率从2016年末的4.13%激增到2017年末的19.54%；相应地，不良贷款拨备覆盖率从161.25%下降至34.15%；贷款损失准备金缺口达51.75亿元，资本充足率由11.77%下降为0.91%。

事实上，这些银行的经营失败无一不与贷款拨备提取不足有着莫大的关系。拨备提取不足一方面导致银行早期风险预警系统失灵，继续盲目扩张信贷；另一方面，当大量违约事件发生时，仅有的拨备无法覆盖激增的贷款损失，资本缓冲不足，最终导致银行破产。

然而，贷款拨备的计提本身受多方面因素的影响。20世纪90年代，受到银行危机事件的影响，美国银行监管部门加大了对稳健经营的倡导，银行又开始过量提取拨备，形成了很多秘密储备，严重影响了银行的会计透明性（GAO, 1994）。1998年起，美国证券监管部门又要求银行业重新调低过量的贷款拨备。各部门对贷款拨备政策的分歧和反复引起了银行界的强烈反响，银行究竟应该如何计提拨备才能做到既不牺牲会计透明性，又不影响经营稳健性？这个问题随即在会计监管部门与银行监管部门之间引起了激烈的争论。

一波未平，一波又起。2008年国际金融危机的爆发使得贷款拨备问题再次引起广泛的争论。2007年新世纪金融公司（New Century Financial Corporation，以下简称"新世纪公司"）的破产是此次金融危机的导火索。该公司在2008年2月29日发布的最终调查报告中写道：随着新世纪公司资产负债表上贷款投资组合的增加，贷款拨备成为公司一个关键的会计估计。然而，不当的计算方法和缺乏定期更新使得贷款拨备无法反映公司真实的贷款损失情况，其计量模型在贷款质量好的时期多提拨备，在经济状况和贷款质量恶化的时候计提不足（Missal and Richman，2008）。毫无疑问，引发或助推这次危机的原因是多方面的，但其中一个重要的原因就是银行的坏账以及拨备政策的机能失调！2009年3月，国际会计准则理事会（IASB）和美国财务会计准则委员会（FASB）召开联席会议，讨论当时使用的以及其他备选的贷款拨备方法何者能够提供更好的会计信息，包括已发生损失模型（原有的）、公允价值模型、预期信用损失模型和动态拨备模型等。在经过多次征求意见、对具体应用方法反复讨论之后，2014年7月，IASB发布了IFRS 9完整版。在这份准则中，IASB开发了一个基于三阶段法的预期信用损失模型，用来替代原有的、因顺周期性而广受诟病的已发生损失模型。然而，由于缺乏充分的理论、案例、调查和经验证据研究，仅仅根据一两次危机所表现出来的拨备不足和顺周期现象就试图推翻长期以来会计学中以权责发生制为基础的已发生损失模型，与其说是一种理性选择，不如说是对各方压力的屈服。这一点从预期信用损失模型制定的一波三折的过程就可见一斑。全新的预期信用损失模型能否做到"审慎、稳健又不过量"（prudent, conservative, and not overly excessive），仍然需要理论上充分的论证和经验上实践的检验。

在此背景下，认真研究贷款拨备政策的理论基础和国际经验，并根据我国现实情况展开对未来的思考，无疑具有非常重要的理论和现实意义。基于以上考虑，本书主要关注以下四个方面问题：

问题1：基本理论问题

贷款拨备问题的理论出发点在哪里？国际国内关于贷款拨备问题的理论研究成果有哪些？已经解决了哪些理论问题？还有哪些理论问题尚不清楚？理论问题的焦点在哪里？未来的理论研究方向在哪里？贷款拨备复杂的现实问题背后到底隐含了哪些理论困境？

问题2：国际经验问题

国际银行业发展历史较长，贷款拨备问题也是由来已久，尤其是美国。自相关的会计准则建立以来，美国的银行业在贷款拨备的计提政策和实务方面有哪些经验和教训？特别是2007年美国次贷危机引发国际金融危机之后，贷款拨备会计政策的顺周期性受到了银行监管部门广泛的批评，进而引发了对贷款拨备会计政策长达十几年的争论。在这个过程中问题讨论的焦点是什么？一度备受推崇的西班牙动态拨备制度是怎样的？银行监管部门与会计准则制定部门、IASB和FASB经历了怎样的争论和妥协？最终达成了怎样的解决方案？这个解决方案是否会引发新的问题？

问题3：我国现实问题

我国银行业的商业化发展历史较短，加上独特的隐性财政担保，使得银行坏账和贷款拨备计提问题长期以来一直是一个"黑箱"。但是，时至今日，银行业的商业化、市场化和国际化程度越来越高，打开这个"黑箱"很有必要。我国银行业贷款拨备实务究竟存在什么样的问题和规律？如何制定有效的贷款拨备会计政策、监管政策和税收政策，保证银行成为具有市场竞争力和国际竞争力的市场主体？

问题4：理论反思问题

2008年国际金融危机以来，经历多年的争论和探讨，国际和国内会计准则制定部门在金融危机裹挟的强大压力下进入2014年之后纷纷推出了预期信用损失模型，以克服已发生损失模型在危机中表现出来的顺周期效应。从金融风险管理的角度来看，贷款拨备是否应该覆盖"未知的未知"风险？如何正确地理解和应用预期信用损失模型？

第二节 研究意义

一、理论意义

第一，本书从贷款拨备计提的理论及实践出发，结合资产定价理论、风险管理理论、审慎监管理论、会计行为理论、税收中性理论以及宏观有效市场理论，深入地厘清这些理论在贷款拨备问题上的不同观点与视角，形成了针对贷款拨备政策的综合理论体系，为对贷款拨备问题的研究奠定了理论基础。

第二，本书从贷款拨备会计政策、监管政策和税收政策等角度来考察我国现行政策演化的路径及其科学性，为在我国情境下从贷款拨备独特的影响因素和经济后果的角度来考察我国银行业在贷款拨备政策执行过程中的行为规律性，及研究贷款拨备的相关理论与实证提供了更为全面的理论思考与经验总结。

二、现实意义

第一，本书系统总结了国际银行业，尤其是美国银行业在贷款拨备管理过程中的会计政策、监管政策和税收政策，每次重要事件的经验和教训，政策制定部门在每次争论中的考量因素和影响分析。这些经验性的研究对未来贷款拨备会计政策、监管政策和税收政策的研究无疑有着非常重要的基础性贡献,从而为贷款拨备作为贷款资产坏账风险的早期预警机制和资本缓冲机制提供政策指引。

第二,本书基于我国商业银行在经济运行过程中发挥的重要作用,系统梳理了我国贷款拨备的政策与实务,并基于预期信用损失模型存在的困境引出相应的思考,既为我国商业银行合理地运用与调整预期信用损失模型提供了实践参考,也为防范和化解经济金融领域重大风险提供了重要依据。

第三节 研究框架

第一章导论,系统地提出本书研究的主要内容与重要意义。

第二章从文献研究的角度对国际国内关于贷款拨备的研究成果进行系统的综述,考察关于贷款拨备计提影响因素和经济后果的现有研究成果,为后面的政策研究奠定理论基础。

第三至九章系统地研究国际银行业在贷款拨备政策方面的经验和教训。其中,第三至六章专门研究自1975年美国建立或有事项会计准则以来,美国银行业在贷款拨备问题上所经历的种种曲折,并透过这些曲折的政策发展历程,考察美国银行业在贷款拨备政策制定过程中的争论和考虑因素。第七至九章重点考察2007年次贷危机以来,国际银行业和IASB有关贷款拨备会计政策和监管政策的争论,其中既包括对西班牙动态拨备制度以及IASB关于预期信用损失模型的研究和考察,也包括FASB在这个过程中的政策倾向与考虑因素。通过这些经验性的研究,厘清贷款拨备问题争论的焦点和未来前进的方向以及可能面临的新问题。

第十至十四章基于我国商业银行的具体实践,系统地研究我国贷款拨备会计政策、监管政策和税收政策的发展历程、存在的问题和改进建议,实证研究了我国银行业贷款拨备的顺周期性及其经济后果。

第十五章从金融风险管理理论的角度对国际国内会计准则制定过程中有关"预期信用损失模型"和"已发生损失模型"的争论进行思考。

第二章 银行贷款拨备计提：文献综述

第一节 贷款拨备计提的影响因素

贷款拨备是商业银行基于对未来贷款损失的分析、判断和估计而计提的准备金。银行在以下情况下会增加准备金账户的金额：（1）某项贷款或某组贷款有可能部分或全部无法收回；（2）发生了银行没有预留准备金的意外冲销；（3）银行投资组合中的贷款金额增加。当银行确定某笔贷款的某些部分无法收回，必须予以冲销时，损失金额将从资产类贷款和贷款损失准备金中扣除。例如，假设一家银行发放了 100 美元的贷款，但预计只能从借款人那里收回 40 美元，那么应该扣除 60 美元，以减少贷款中无法收回的可疑金额。如果银行已经预计到 60 美元的贷款损失，并在准备金账户中增加了 60 美元，那么银行的当期收入就不会受到减记的影响。如果在贷款减记之前没有预计到贷款损失，那么银行很可能会在贷款减记后在准备金账户中增加 60 美元，以便将准备金维持在足以吸收未来贷款损失的水平。对银行管理层而言，很难在事实发生之前确定哪些贷款将无法得到偿还。银行采用的方法是估算投资组合中的贷款可能造成的损失额，正如美国注册会计师协会（AICPA）所说的："贷款损失准备金是基于管理层的判断，近似于当前无法收回的贷款金额。"由此可见，其中不可避免地包含着管理层的自由裁量权。

具体来说，国内外学者将影响贷款拨备计提的因素整体分为两大部分：自由裁量因素（discretionary loan loss provision）和非自由裁量因素（non-discretionary loan loss provision）。自由裁量因素决定的贷款拨备主要基于对银行贷款损失的分析、判断和估计而计提，具有主观性，受银行管理层主观意志影响。由非自由裁量因素决定的贷款拨备则主要用来覆盖预期信用损失，不因管理层主观意志而转移（Beaver and Engel, 1996），非自由裁量因素不随经济形势变化。

一、自由裁量因素

关于银行贷款损失准备金的文献很多（Bouvatier and Lepetit，2008；Danisman et al.，2021；Krueger et al.，2018；Laeven and Majnoni，2003）。一般而言，贷款损失准备金要么被当作银行信贷风险政策的要素来研究（Barry et al.，2011），要么被当作银行收益管理中的一种酌情管理工具来研究（Bushman and Williams，2012）。学者们认为，无论是出于机会主义还是出于信息原因，管理者都倾向于更大的自由裁量权（Fonseca and González，2008）。

自由裁量行为有三种（Beaver and Engel，1996；Ahmed et al.，1999）。第一种是利润平滑行为。当预期收益较低时，贷款损失准备金会被故意低估，以减轻其他因素对收益的不利影响。当预期收益异常高时，银行会选择酌情减少应计收入。因此，在利润平滑行为下，银行的目的是使报告收益的方差最小化。这意味着贷款损失准备金在经济扩张阶段会增加，而在经济衰退阶段会减少。另外两种自由裁量行为涉及资本管理和信号传递。在资本管理动机方面，资本受限的银行可以通过酌情计提应计项目来实现监管资本目标。信号传递行为发生在银行利用贷款损失准备金来表明财务实力的时候。银行管理层可以通过增加当前的贷款损失准备金来表明银行的盈利能力足以吸收未来的潜在损失。

（一）利润平滑动机

1. 利润平滑动机的存在性研究

作为银行操纵贷款拨备的动机（利润平滑、资本管理、信号传递）之一，利润平滑得到了相当多的关注（Moyer，1990；Ahmed et al.，1999；Fonseca and González，2008）。早期学者提供了许多关于使用贷款拨备来平滑收入的不同看法。

1976年之前，美国的银行法令要求银行在贷款损失历史经验的基础上计算贷款拨备的最低值（Greenawalt and Sinkey，1988）。最低值由当年实际净核销额或者公式法决定。除了披露最低拨备外，银行很难存在可自由裁量的贷款拨备（Peat et al.，1971）。进入1976年后，大型银行逐渐以判断法取代最低拨备计算法。管理层可通过职业判断来决定贷款拨备的计提，自由裁量空间变大（Ma，1988），这就为银行管理层利用贷款拨备进行利润平滑提供了可能（Bouvatier et al.，2014；Curcio，2017；Fonseca and González，2008）。

在1990年的经济繁荣时期，盈利能力较强的银行对收入进行了向下管理。当存在较大正盈余时，银行会利用准备金进行利润平滑（Balboa et al., 2013）。Bouvatier等（2014）研究发现，贷款质量恶化可能会增加贷款损失准备金，从而严重损害银行利润和银行稳定性。为了避免这种情况，银行使用前瞻性贷款损失准备金来应对未来可能出现的衰退。但准备金的具体金额仍由管理者自行决定，并可进行调整。因此，银行可能会通过调整贷款损失准备金和收入平滑来应对宏观审慎监管的冲击，从而对金融稳定产生重要影响。Mohammad等（2010）以1976年至2008年国际金融危机发生前的各种样本为研究对象，也验证了银行存在利用贷款损失准备金进行利润平滑的现象。总的来说，贷款损失估算是一种"完美的"平滑手段。估算过程的随意性及在连续多个时期的使用为管理者提供了平滑收入的机会。这种行为的表现形式是，在盈利高峰期将更多金额计入贷款损失支出，同时减少贷款损失准备金，或在盈利下降时推迟确认核销，从而抑制巨额亏损，减少收益的波动。

也有部分研究并不支持利润平滑假说（Wetmore and Brick, 1994；Collins et al., 1995；Kim and Kross, 1998；Laeven and Majnoni, 2002；Soedarmono et al., 2012）。Scheiner（1981）以1969—1976年的107家大型银行为样本，仅在23个案例（21.5%）中发现了存在平滑行为的证据。因此，他否定了商业银行利用贷款损失准备金来平滑收入的观点。即使营业收入与贷款损失准备金之间存在正相关关系，Scheiner（1981）也将较高的准备金归因于较高的商业失败率以及银行管理层更激进的贷款政策。然而，该研究并未试图对银行贷款组合的质量或绩效进行建模，因此该研究的非参数检验结果可能存在误判误差。随后，Wetmore和Brick（1994）、Beatty等（1995）以及Ahmed等（1999）研究发现，在发展中国家债务危机期间，银行管理层的主要任务是应对债务危机，避免破产，并且此时各大银行的财务状况、经营状况常常备受关注，利润平滑动机和可行性一般较小。由此可见，研究样本（Wall and Koch, 2000）、研究方法（Collins et al., 1995；Scheiner, 1981）以及纳入模型因素的差异也可能导致结论的不同。

2. 银行管理层为什么要平滑利润

20世纪60年代初以来，许多学术研究都指出了利润平滑的一般原理。研究方向经历了几个阶段。早期的研究认为改善股东福利是管理层平滑利润的基本动机。Hepworth（1953）提出了通过抵消周期性收入波动来减少纳税和树立更好的管理形象的好处。Rouen和Sadan（1975）证明，利润平滑符合降低预期净现金流不确定性的目标,因此在资本资产定价中风险溢价较低。Beidleman(1973)进一步指出,利润平滑由于降低了预期收益与市场投资组合收益之间的相关性,因此可为股东带来额外的多样化收益。然而,Imhoff(1979)从信息效率的角度出发,否定了这一观点,并声称股东、投资者和分析师不会被公司内部人员对收入的操纵所蒙蔽。其他研究(Ball,1972;Sunder,1975)也表明,市场通常不会对会计变化做出反应,除非这种变化导致现金流的变化。

另一种更现代的观点认为,利润平滑做法主要源于代理问题,即管理层从自身最佳利益出发。例如,Watts 和 Zimmerman(1978)研究发现,如果薪酬计划与收入相关,就会诱发平滑行为,与代理假说一致,即管理层对公司行为的控制程度将影响管理层的行为和平滑收入的可能性。各种研究(Koch,1981;Smith,1976;Monsen et al.,1968)的证据表明,与所有者控制的公司相比,管理层控制的公司的收入波动相对平缓,系统性市场风险更低。总之,除了一些较早的研究外,普遍的共识是,管理层会利用各种平滑变量来减少报告收益的变化。

随着对这一问题的研究深入,逐渐出现了一些争论。Dasher 和 Malcolm(1970)、Shank 和 Burnell(1974)、Eckel(1981)都认为有必要区分自然平滑和意图平滑。前者被定义为由管理层进行的会计平滑,而后者则意味着收入产生过程本身可能会产生平滑的收入流。由于必须首先确定平滑变量的某些"正常水平",然后才能将异常水平与有意的利润平滑联系起来,因此这种差异成为研究利润平滑动机的关键。此外,管理层有可能利用几个变量来进行利润平滑,从而对收入产生相互抵消的影响。

对银行业来说,利润平滑动机主要与管理层或股东的偏好有关。银行管理层通过抵消周期性收入波动来减少税收支付和传递更好的管理形象,降低资本资产定价中的风险溢价(Rouen and Sadan,1975)。由于利润平滑降低了银行预期收益与市场投资组合收益之间的相关性,因此可能会给股东带来额外的收益(Beidleman,1973;Kanagaretnam et al.,2005)。此外,银行管理层的利润平滑动机还受到制度背景、宏观经济环境、银行经营状况以及银行类型等因素影响。

第一,制度背景对利润平滑动机的影响。首先,投资者保护越好、会计信息披露要求越高、相关监管力度越强,银行利用贷款拨备进行利润平滑的动机越弱(Ana and Francisco,2008)。其次,在崇尚个人主义、高权力距离和不确定性规避程度较低的文化背景下,商业银行更倾向于通过贷款拨备进行利润平滑。最后，会计制度的变迁、新计量方法的出现，尤其是那些依赖会计人员主观判断的计量方法，也会对银行利用贷款拨备进行利润平滑的动机产生影响。Bratten 等（2012）发现银行会综合利用贷款拨备和证券投资收益进行利润平滑，但对这两种操作工具的依赖程度以及对两者的权衡取决于银行对公允价值的应用程度。公允价值应用程度高的银行对贷款拨备的依赖程度低，利润平滑动机有所减弱。

第二，宏观经济环境对利润平滑动机的影响。宏观经济环境的差异可能会影响银行利用贷款拨备进行利润平滑的动机。一般来说，经济上行期，银行的利润较高，管理层倾向于增加贷款拨备，以便为未来发展留有余地；反之，经济下行期，银行的利润较低，管理层则倾向于减少贷款拨备（Liu and Ryan, 2003）。Agarwal 等（2007）对日本 1985—1999 年三个时期的 78 家银行进行研究，发现银行在经济高速增长期、停滞期、萧条期三个时期均结合证券投资收益和贷款拨备进行了利润平滑，但该情况在后两个时期减弱，原因是在这两个时期银行面临大量的不良贷款以及投资收益下降，为保证拨备率以及满足资本监管要求，其利用贷款拨备进行利润平滑受到限制。具体到实现手段，Liu 和 Ryan（1995，2003）观察到银行更多的是通过不良贷款的核销和恢复来进行利润平滑。另外，比起异质性贷款（heterogeneous loan），银行更喜欢对同质性贷款（homogeneous loan）进行操纵。Danisman 等（2021）考察了经济政策不确定性对贷款拨备的影响，发现在经济政策不确定性较高的时候，银行倾向于增加贷款拨备，主要目的在于收入平滑，而不是资本管理，并且非上市银行在不确定性高的时期通过贷款拨备更多地进行收入平滑。

第三，银行经营状况对利润平滑动机的影响。Kanagaretnam 等（2003）发现若银行当前经营业绩好（坏）而预计经营业绩下滑（上升），管理层可能会通过贷款拨备平滑利润，尤其是在银行面临外部融资压力时。Kanagaretnam 等（2004）发现价值被低估而税前利润高于行业中位数的银行利用贷款拨备进行收入平滑的动机最为强烈。

第四，银行类型对利润平滑动机的影响。Beatty 等（2002）关于美国银行业的研究发现在面临盈余小幅下降的压力时，上市银行较非上市银行更倾向于计提相对较少的贷款拨备。陈超等（2015）发现，非上市银行的股权较为集中，信息不对称性较大，因此进行利润平滑的动机更大；相比全国性商业银行，城市商业银行利用贷款拨备进行利润平滑的现象更为明显；发行了债券且未到期债券的总量越大的银行以及还有未到期债券的非上市城市商业银行有更为明显的利润平滑现象。

3. 影响银行利润平滑动机的因素

首先，严格的会计披露监管要求可以减少银行管理层操纵贷款拨备以平滑报告收益的机会。《国际会计准则第 39 号——金融工具：确认和计量》(IAS 39) 颁布之前，管理层在贷款估值方面有很大的自由裁量权（Acharya and Ryan，2016）。IAS 39 引入的会计变革将贷款损失从监管机构偏好的预期信用损失模型转变为已发生损失模型，明确禁止考虑前瞻性信息来确认贷款损失。采用 IAS 39 后，收益平滑性显著降低（Abdul et al.，2016；Balla and Rose，2015）。

其次，较高的审计质量可以限制银行进行收入平滑的程度。四大会计师事务所的审计质量较为卓越，能够在一定程度上阻止机会主义式的收益操纵 (DeAngelo，1981)。Kanagaretnam 等（2010）发现处于大型且相对独立的审计机构监督之下的银行，虽然仍有一定的空间对贷款拨备进行机会主义操纵，但相对而言，其收入平滑行为不那么激进。Bratten 等（2020）的研究也得出了相同的结论，即当银行聘请具有行业专长的审计师时，通过贷款拨备进行利润平滑的行为会减少。

最后，银行的所有权结构也可以提供监督力量，以阻止银行利用贷款拨备进行利润平滑的行为。Bouvatier 等（2014）发现，利用贷款拨备进行利润平滑的行为在所有权分散的欧盟银行中有所减弱。

4. 银行利润平滑行为的后果

银行管理层为了使业绩更为平稳，往往会在经济上升期和利润增长时增大贷款损失准备金的计提比例，这表现为一种"前瞻性"计提行为。在这种情况下，收入平滑被认为是非自由裁量性的，与贷款组合的基本质量有关，能够在一定程度上弥补"未雨绸缪"的损失，缓解顺周期性 (Borio et al.，2001；Bikker and Metzemakers，2004）。现实中，当利润平滑被管理层用于报告虚假业绩、平滑现金流、掩盖偿付能力问题时，利润平滑对银行而言是有害的，是银行财务报告质量低下的表现，甚至会导致不良的经济后果，如在投资决策、采取纠正措施方面存在延误，最终可能导致银行倒闭。正如 Bushman 和 Williams（2012）所总结的，用于平滑收益的贷款损失准备金会削弱银行的风险承担能力并降低财务报告透明度。

（二）资本管理动机

拨备和资本两者密切相关。在很多国家，贷款拨备本身就是资本的组成部分。因此，贷款拨备的资本管理动机的存在与否或强弱，通常与当时当地的资本监管政策有关。

1990年之前，美国银行可将贷款拨备作为一级资本，因此在该阶段，美国商业银行的贷款拨备与资本率（capital ratio）呈负相关关系（Moyer，1990；Beatty et al.，1995），这验证了资本管理动机假说。1990年后，银行只能将有限的贷款拨备（不能超过风险加权资产的1.25%）作为二级资本，这对核心资本率的影响有限，银行利用贷款拨备进行资本管理的动机得到了抑制（Collins et al.，1995；Kim and Kross，1998）。同时，也有研究借助资本管理动机探讨贷款拨备是否应归为资本，Ng和Roychowdhury（2014）以2008—2010年美国的破产银行作为研究对象，发现银行在经济上行期利用贷款拨备进行资本管理时，二级资本风险高，贷款拨备作为对已发生损失的反映，将其归为二级资本会扩大风险。

国际财务报告准则（IFRS）的推行也是进行此类研究的一个契机。Leventis等（2011）使用91家欧盟上市商业银行作为样本，研究发现，自IFRS在2000年实施以来，使用贷款拨备进行利润平滑的行为显著减少，但资本管理行为在IFRS实施前后均不显著，否定了贷款拨备的资本管理动机。

总体而言，贷款拨备的资本管理动机确实存在，但可能因为各种监管、税收政策得到了抑制。贷款拨备并不是银行进行资本管理的唯一手段，银行可以通过增加权益、净收益等方式来规避资本监管，且不同工具之间可能相互影响，管理层可能会结合其他应计项目来达到资本管理目的（Collins et al.，1995）。遗憾的是，学者们并没有说明究竟在哪种具体环境中，哪种衡量指标、数据处理方式和参考标准比较科学合理。

（三）信号传递动机

信号传递理论（Ross，1977）认为，针对企业与投资者之间信息不对称的问题，市场中具有信息优势的企业会通过适当的方式向市场中具有信息劣势的投资者传递有关企业价值的信号，以此来影响投资者的决策。因此，银行管理层有动机利用贷款拨备来向市场传递有关银行经营稳健性、现金流动性、未来利润变动等的内部消息。20世纪80年代，一些发展中国家发生了严重的债务危机。在巨大的资金投入下，银行如果提取贷款拨备，会使账面利润大幅下降。如果完全停止后续贷款，那么债务国就只有彻底破产，而银行也将遭受巨额损失。可见银行想要资金回流，就必须继续提供贷款。在这种惯性的推动下，虽然到后期大多数银行已经知道债务国的情况在急剧恶化，但仍然继续放款，结果就是损失越来越大。直到1987年2月20日，巴西宣布延期支付670亿美元的贷款利息，各大银行才不得不正视这一问题。花旗银行于同年5月19日宣布就发展中国家贷款提取30亿美元的贷款拨备。其后，一些大型银行纷纷宣布大规模提高贷款拨备水平，希望以此向市场传递出银行经营稳健的利好消息，树立有实力的形象，以取得公众的信任。学者们以此为契机，开始通过事件研究法来证实贷款拨备计提的信号传递作用。例如，Madura 和 McDaniel（1989）研究了自 1987 年 5 月开始部分大型银行增加贷款拨备的行为，发现市场对新增的贷款拨备做出积极反应。Musumeci 和 Sinkey（1990）研究了 1987 年巴西宣告暂停支付债务、花旗银行增加 30 亿美元贷款拨备事件，发现市场不仅做出积极的反应，而且当其他银行跟随发布增加贷款拨备的消息时，股票回报率同样做出了积极反应，这一现象在资本薄弱的银行中更为明显。Elliott 等（1991）则对比了 1987 年花旗银行计提 30 亿美元贷款拨备的行为和波士顿银行核销 2 亿美元不良贷款的行为，发现市场对贷款拨备做出积极反应，对贷款核销做出消极反应。之后，一些实证研究也发现了银行贷款拨备和股票收益之间的正相关关系（Wahlen，1994；Beaver and Engel，1996；Liu et al.，1997）。

再进一步的研究发现，信号传递动机还受到银行的类型、特点及特定外部环境的影响。Liu 和 Ryan（1995，1997）发现，银行第四季度计提的贷款拨备高于前三个季度，管理层有推迟计提贷款拨备的倾向；银行的贷款规模越大、交易越频繁，可操纵空间就越大，管理层越可能增加贷款拨备以传递利好消息；另外，风险较高的银行倾向于在第四季度多计提贷款拨备以传递利好消息。Kanagaretnam 等（2004）发现被市场低估的银行更倾向于通过贷款拨备来释放未来盈利信号。Curcio 和 Hasan（2015）则发现，欧洲地区非欧盟国家更多地通过贷款拨备来传递利好消息，但该现象在欧盟国家并不明显，原因可能是欧盟国家的银行公众信任度更高。Hegde 等（2021）发现裁量性贷款拨备向市场传递价值相关信息主要取决于经济状况，在经济上行时期，拨备率较高的银行在接下来的一年里实现了更高的收益和贷款增长，而这些银行在经济下行时期不良贷款也进一步增加。

另外，还有学者发现信号传递只有在一些特定数据处理方式下才成立，为后续研究方法的改善提供了借鉴。比如，Beaver 和 Engel（1996）首先构建出估计非自由裁量贷款拨备的线性方程，然后分别检验市场对两类贷款拨备的不同反应，发现非自由裁量贷款拨备与股价呈负相关关系，而自由裁量贷款拨备与股价呈正相关关系。Lobo 和 Yang（2001）发现银行个体情况会对检验结果造成影响，由时间序列数据回归得到的平均信号系数显著大于由面板数据得到的结果。Kanagaretnam 等（2004）的研究发现，只有当加入利润平滑和信号传递的交互变量时，信号传递效应才成立。

也有学者对信号传递假说持反对意见。比如，Ahmed 等（1999）、Anandarajan 等（2003，2007）分别以美国银行、西班牙银行、澳大利亚银行为例进行研究，均没有找到有力的证据来支持信号传递假说。

总体而言，学者们大体上认同贷款拨备的信号传递假说，特别是当银行资产遭到破坏、银行受到外界质疑时，计提贷款拨备通常会向外部利益相关者传递利好消息。

我国学者也进行了一些关于利润平滑、资本管理和信号传递这三大动机的实证研究，比如陈雯靓和吴溪（2014）发现我国商业银行存在通过计提贷款拨备来平滑利润的行为，但自 2007 年起施行的会计准则对这一行为有显著的抑制作用；宋洪吉和李慧（2013）发现，当多计提的准备金可以计入附属资本时，银行存在通过减值准备进行资本充足率管理的迹象。整体来讲，国内在这方面的研究从研究思路、研究方法和研究结论来看都与国外已有研究大体类似，因此不再赘述。

二、非自由裁量因素

（一）银行规模

通常来说，规模较大的银行的信贷评级机制较为完善，拥有内部控制、风险管理等各方面的优势，因此能对未来市场前景进行更好的预测，并有能力根据对经济周期的预测来动态调整贷款拨备的计提。

Anandarajan 等（2005）以西班牙银行业为案例进行研究，结果表明，银行贷款拨备决策具有一定的非效率性，即银行贷款拨备与理论计算得出的最优数额（在这个数额下，银行可以获得最强的盈利能力和最佳资本）通常有所偏差，亦即银行规模越大，其贷款拨备计提的非效率性越低，效率损失越小。Fonseca 和 González（2008）则指出随着银行规模的扩大，其抵御风险尤其是财务风险的能力有所提高，因此银行会相应减少贷款拨备的计提。

具体到我国，结论则有些不同。赵旭（2006）参考了 Anandarajan 等（2005）的研究，发现股份制商业银行贷款拨备的决策效率整体高于国有商业银行，并没有支持银行规模与贷款拨备决策非效率性之间的负相关关系。王小稳（2010）则认为银行规模越大，为了保证稳健经营，银行相应计提的贷款拨备就会越多。这可能跟我国的金融体制和政策导向有关。

（二）税收政策

不同的税收政策将会影响贷款拨备计提决策，若银行计提的贷款拨备能在税前扣除，则银行有动机多计提以达到避税的目的。美国的税收政策就是一个很好的例子（Anandarajan et al.，2005）。1947 年的《收入法案》要求银行设立贷款损失准备金账户，而且银行所计提的贷款拨备可全额税前扣除。这很可能使得商业银行出于避税的目的而多计提贷款拨备。1969 年美国国会通过的《税收改革法案》对可以在税前扣除的贷款拨备设置了比例限制，超额贷款拨备只能从税后收入中计提，该法案的实施逐渐削弱了税收优惠（李宇嘉和陆军，2007）。1986 年美国进行了税制改革，规定总资产超过 5 亿美元的银行不享受在税前免税计提贷款拨备的待遇，实际免税额仅限于其报告期内实际核销的贷款额；总资产不超过 5 亿美元或问题贷款占资本总额 75% 以上的银行才能免税计提贷款拨备（李宇嘉和陆军，2007），进一步有效控制大银行基于税收激励计提贷款拨备的行为（Walter，1991）。

另外值得关注的是拨备计提方法的税收中性[①]问题。Sunley（2003）以美国的数据进行检验，发现核销法在贷款损失税收减免上具有滞后性，而准备金法会加速税收减免，在一定程度上可以弥补核销法下损失确认滞后的缺陷。丁友刚和宋献中（2006）从税收中性原则出发，建立了贷款损失税收政策理论分析模型，探讨最优的拨备计提方法，认为在当时的情况下，如果采用核销法有可能存在过度征税的倾向，一般准备金法相较于全部准备金法或核销法，不失为一个次优选择。实际上，由于各国司法效率、核销政策与会计审计制度成熟程度不同，核销法、一般准备金法与全部准备金法都有可能接近税收中性。

第二节　贷款拨备计提的经济后果

一、贷款拨备与信贷行为

实务界和学术界关注贷款拨备计提是否具有亲周期性以及热衷于建立前瞻性拨备制度，原因在于这种微观的会计计提行为很可能通过一定的渠道传导至整个金融体系，从而影响整个宏观经济。银行信贷就是这个重要的渠道。

如前所述，银行后顾式贷款拨备计提的亲周期性会传导至信贷市场，

---

① 所谓税收中性，是指若仅对贷款的经济收益征税，即征税前后贷款资产价值不变，则征税行为不会影响银行的决策。

从而加剧宏观经济波动。但是，在这个过程中，银行的放贷政策本身实际上就呈现出亲周期性的特征（Asea and Blomberg, 1998; Laeven and Majnoni, 2003; Lown and Morgan, 2006），后顾式贷款拨备只是加剧了这一效应。有关贷款拨备加剧银行信贷行为亲周期效应的理论解释，学术界普遍认可资本紧缩理论（capital crunch theory）（Bernanke and Lown, 1991），即经济萧条时期，银行利润下滑，贷款拨备不足以弥补信用损失，银行不得不动用资本来核销部分损失，导致其资本减少，而此时银行的放贷量对资本约束尤其敏感，银行为了满足资本充足率等监管要求，不得不紧缩信贷，信贷供给随经济周期更加剧烈地波动（Jordan et al., 2002; Bouvatier and Lepeti, 2008）。

基于已发生损失模型，银行会在不同程度上延迟确认损失，较少延迟确认预期信用损失的银行在萧条时期的放贷量下降幅度小于其他银行，资本紧缩效应不那么明显（Beatty and Liao, 2011）。也有一些学者并不支持资本紧缩理论（Bikker and Hu, 2002; Pain, 2003），认为贷款拨备并未通过资本渠道加剧信贷周期的波动，信贷的亲周期效应可能是供给因素或者贷款拨备政策和一系列宏观因素共同作用的结果。

国内关于贷款拨备对信贷行为作用机制的实证研究相对较少，且结论较为一致，基本赞同资本紧缩理论，认为贷款拨备加剧了银行信贷行为的亲周期性：李宇嘉等（2007）分别比较北欧三个国家及日本银行业在危机前后的数据，发现样本银行在危机前的经济扩张时期计提贷款拨备不充分，致使危机发生后贷款拨备不足以弥补贷款损失，最终侵蚀银行资本，信贷进一步紧缩；袁鲲和王娇（2014）对15家上市银行的面板数据分别采用差分广义矩估计法（DiffGMM）和系统广义矩估计法（SYSGMM）来研究贷款拨备计提对银行信贷亲周期性的影响，实证结果显示信贷增速与非自由裁量贷款拨备负相关，这意味着非自由裁量贷款拨备对信贷行为有所影响。

二、贷款拨备与银行风险

对银行来说，负债就是客户在银行的存款，资产则是银行发放的贷款。银行通过引入存款，再将其以贷款的形式发放给有需要的客户，获得贷款利息。很显然，在这种经营方式下，银行会有很高的杠杆率。因此，银行的股东更愿意冒险（Bushman, 2014）。但是，监管部门的主要任务是降低银行破产的可能性，维护金融体系的稳定，因此必须对银行进行有效的监督和约束，以便银行可以在最大化自身价值和维护金融体系稳定这两个目标之间找到平衡。

早期学者认为，计提贷款拨备后，银行更有意愿及能力积极应对可能产生的损失（Griffin and Wallach，1991）。随着研究的不断深入，学者们发现贷款拨备的计提对银行风险的影响是复杂的、多重的。Bushman 和 Williams（2012）提出，除了监管部门制定相关监管指标之外，市场约束也可以在一定程度上监督银行的高风险行为。市场约束与最低资本要求、外部监管一起并称巴塞尔协议的三大支柱。市场约束的核心是信息披露，市场约束的有效性直接取决于信息披露制度的健全程度。只有建立健全银行业信息披露制度，各市场参与者才可能正确估计银行的风险管理状况和清偿能力。贷款拨备作为一个能直接影响利润的会计科目，无疑是银行需要披露的重要信息。因此，改变贷款拨备的计提方法会影响银行会计信息的质量，从而影响市场对银行高风险行为约束的及时性和有效性，这就是近年来有关贷款拨备与银行风险承担之间关系研究的基本逻辑。

由于计提方法中的预期信用损失模型在多数国家都尚未正式实施，因此，有关贷款拨备计提方法变革的样本数据较难得到，贷款拨备与银行风险关系的相关研究也较少。Bushman 和 Williams（2012）收集了 27 个国家的贷款拨备计提数据，用各个国家计提方法的前瞻性程度（本期贷款拨备与下期不良贷款变动的相关系数）作为因变量，解决了数据的可得性问题。研究结果显示，预期信用损失模型确实能够缓和贷款拨备的亲周期性，降低银行风险，但也会使会计信息变得更加不透明，从而损害了市场对银行风险承担的约束功能。Bushman 和 Williams（2015）则研究了延迟确认预期信用损失与银行风险的关系，他们将银行需要考虑的风险分为三个维度：股票市场流动性风险、银行的个体风险以及银行的外溢风险。研究发现，在经济衰退期，延迟确认预期信用损失意味着更高的银行个体风险和股票市场流动性风险，因为延迟确认预期信用损失影响了未来的资本充足率、降低了银行的信息透明度，同时，银行的个体风险将蔓延至整个银行体系，带来较高的外溢风险（系统风险）。López-Espinosa 等（2021）提供了全球 74 个国家监管部门要求从已发生损失模型向预期信用损失模型转变影响贷款拨备的初步证据，发现在预期信用损失模型下计提的贷款拨备对银行风险更有解释力。Cohen（2017）发现银行以往采用的"后顾式"计提方法往往是在贷款产生了确认的实际损失时才计提拨备，如若经济出现较大波动，现金流的巨大缺口则会增加银行经营风险。及时确认贷款损失有助于更早发现问题贷款，抑制信贷腐败问题，降低银行风险（Akins et al.，2017）。从资本作用渠道视角出发，作为资本重新加回的贷款损失准备余额（称为"附加回购"）与银行经营失败风险之间在金融危机期间显著正相关，即附加回购的贷款损失准备余额越大，银行发生倒闭风险的概率越大（Ng and Roychowdhury，2014）。

具体到我国学者的研究，戴德明和张姗姗（2016）参考 Bushman 和 Williams（2012，2015），研究了贷款拨备在我国商业银行风险管控中的作用，以及盈余管理行为对这种作用的影响。研究发现，贷款拨备能够有效应对商业银行风险：在当期贷款质量保持不变的前提下，商业银行的贷款拨备越多，其未来一期的个体风险和外溢风险就越低，因为贷款拨备有早期预警和资本缓冲的作用。盈余管理行为则削弱了贷款拨备的风险应对能力，商业银行受盈余管理行为影响而未足额提取的贷款拨备越多，其未来一期的个体风险和外溢风险就越高。

第三节 贷款拨备计提的亲周期性及其缓解

一、贷款拨备计提的亲周期性特征

2008 年国际金融危机之前，有关贷款损失会计处理的国际会计准则是《国际会计准则第 39 号——金融工具：确认和计量》（IAS 39），美国主要相关会计准则是《美国财务会计准则第 5 号——或有事项的会计处理》（SFAS 5）以及《美国财务会计准则第 114 号——债权人贷款减值的会计处理》（SFAS 114）。这几份准则的共同之处是只允许对"已发生损失"进行确认或提取贷款拨备，即贷款拨备的计提需要客观减值迹象的触发；而对于尚未有迹象的"预期信用损失"，无论根据经验判断发生的可能性有多大，都不能确认为减值损失。许多学者认为这种"后顾式"计提方法限制了银行贷款拨备的充分提取，其在确认时点上的滞后导致在贷款信用周期早期计提的拨备无法吸收经济下行期产生的信用损失，表现出明显的"亲周期效应"（Bouvatier and Lepetit，2012）。具体来说，在经济上行期，贷款违约率和损失率较低，减值迹象尚未显露，因此银行计提的贷款拨备较少，利润增多，从而导致其进一步扩大信贷，经济持续繁荣；而在经济下行期，之前经济上行期所发放贷款的信用风险集中显现，损失准备激增，银行业绩持续大幅下滑，进而引起信贷紧缩，加剧经济衰退，延缓经济复苏。

国际上已有许多研究证实了这一效应的存在。Laeven 和 Majnoni

(2003)利用欧洲、美国、拉丁美洲和亚洲1988—1999年的数据研究发现，经济状况和收入情况较好时，银行延缓计提贷款拨备，贷款拨备与贷款增速和国内生产总值（GDP）增速之间均存在显著的负向关系。Cavallo和Majnoni（2002）利用十国集团（G10）国家、非G10国家共36个国家1988—1999年的数据研究发现，G10国家银行的贷款拨备与拨备前利润显著正相关，贷款拨备具有前瞻性；非G10国家银行在经济上行期计提拨备不充分，经济衰退时不得不弥补未充分计提的拨备，贷款拨备呈现出明显的亲周期性。还有研究对GDP增长率进行了更细致的区分。Bikker和Hu（2002）以经济合作与发展组织（OECD）中的26个国家为样本，发现GDP增长率为-2%以下、0~2%时的贷款拨备，比GDP增长率大于2%时的贷款拨备分别高出2倍和2/3。Bikker和Metzemakers（2005）发现GDP增速高于3%时的拨备率比GDP增速低于3%时的拨备率减少了60%以上。丁友刚和严艳（2019）以2002—2016年我国88家商业银行为样本，考察了我国商业银行贷款拨备计提行为的亲周期效应，发现我国商业银行贷款拨备计提行为存在明显的顺周期性，这种顺周期性在经济上行期会传导至信贷市场从而扩大信贷供给。

也有学者研究了不同市场环境、制度环境对亲周期性的影响。比如，Pain（2003）研究了英国1978—2003年的数据，发现对商业银行来说，GDP增速低、实际利率水平高和前期总贷款增速高，则贷款拨备水平高。Soedarmono等（2012）利用亚洲的数据发现，市场竞争越激烈、收益/资本比率越高、法治状况越好，贷款拨备的亲周期效应越会被抑制，并且大型银行的非自由裁量贷款拨备会加剧信贷周期性波动，小银行受经济波动影响小，其贷款拨备不具有亲周期性的特征。

总体来说，后顾式贷款拨备的计提具有亲周期性的特征，而这一特征又反过来导致金融危机的进一步恶化（Bouvatier and Lepetit，2008，2015）。

二、缓解贷款拨备计提亲周期性的研究

贷款拨备计提的亲周期效应加剧了金融危机的影响，使得经济萧条期的信贷进一步紧缩，延缓了经济复苏的进程。因此，银行界人士、会计准则制定者、银行监管机构和许多学者纷纷开始探索如何缓解贷款拨备计提的亲周期性。

（一）动态拨备制度

2008年国际金融危机期间，西班牙一度因为受影响较小而吸引了全球的目光。大家普遍认为其动态拨备制度起到了缓冲作用。西班牙自 2000 年起正式实施动态拨备制度，该制度正是西班牙为应对 20 世纪七八十年代货币危机中展现的贷款拨备亲周期性的解决方案。所谓动态拨备，是指在坚持贷款应使用历史成本来计量的基础上，通过对预期信用损失进行"前瞻式"的估计，动态地对贷款计提准备金，以使准备金计提不随经济周期的波动而同向波动。该方法的基本逻辑是，在经济上行期多计提贷款拨备，以便为经济下行期的损失提供缓冲，从而实现逆周期提取拨备。

从理论上说，动态拨备制度（同时也是一种方法）具有前瞻性，能够较好地缓解贷款拨备计提的亲周期效应。学者们的研究主要是围绕这一方法的有效性和可行性展开。Mann 和 Michael（2002）从会计的角度举例演示新旧拨备制度下损益账户的变动情况，发现动态拨备有助于减少银行利润的过度波动，熨平贷款拨备的周期性波动，并提示实施动态拨备制度必须建立在完善有效的信息数据基础上。Balla 和 McKenna（2009）假设美国运用动态拨备制度来计提拨备，对这一方法进行数据模拟，发现动态拨备制度最为关键的是能调节拨备计提的时点，并称如果美国引入该制度，可以显著减少银行在危机爆发后对贷款拨备计提的需要，使银行的周期性波动更为平缓。Fillat 和 Montoriol（2010）也运用类似的方法得出结论，称如果在经济繁荣阶段使用动态拨备制度来计提贷款拨备，美国银行将具备较充分的贷款拨备去消化和弥补经济下滑时可能发生的贷款减值损失，那么至少一半美国银行都不再需要政府的不良资产救助计划（TARP）的支持。但因为 2008 年国际金融危机的影响广泛，即使立即按照动态拨备制度提取贷款拨备，也难以弥补银行在金融危机中发生的贷款损失。所以，银行必须增加贷款拨备计提或请求政府援助以保持金融体系稳健。Alicia 和 Santiago（2008）、Saurina（2009）、Jiménez 等（2012）均运用西班牙银行的数据验证了动态拨备具有逆周期调节作用。

对动态拨备制度的集中讨论并没有持续很长的时间。因为 IASB 在 2009 年提出了与之前"已发生损失模型"相对应的"预期信用损失模型"，该模型取代动态拨备制度成为新的热点。

（二）预期信用损失模型

尽管国际上很多学者肯定了动态拨备制度的正面作用，但 IASB 并不同意推广动态拨备制度。IASB 认为这种方法是在运用历史数据来"设定"准备金水平，而非利用历史数据来"预测"未来损失，据此计提的准备金不能真实地反映资产负债表日资产的经济特征，不符合会计准则的基本要求。正如时任 IASB 主席戴维·特威迪所说，新的资本储备要在利润报告之后拨出，而不要预先针对特定资产（例如那些有可能蒙受损失的贷款）在资产负债表上建立储备。IASB 在 2009 年 11 月发布了《金融工具：摊余成本和减值（征求意见稿）》，提出了预期信用损失模型的概念。

针对 IASB 提出的预期信用损失模型，国外学者大多在肯定其逆周期调节作用的基础上提出新的建议。比如 Harris 等（2013）创造性地提出了一个衡量预期信用损失的指标——预期信用损失率（the expected rate of credit losses）。该指标是由已发生损失率、不良贷款率、贷款收益率、短期贷款率、房地产贷款占比、消费贷款占比等信用相关自变量构成的线性组合。他们的实证检验表明，该指标可充当评估贷款信用风险和盈利能力的一个标准。这类实证结果给准则制定者提供了一定的参考，即如果要将现有的已发生损失模型变革为预期信用损失模型，则应当要求银行采用相对客观的方法来估计预期信用损失，并加强相关的披露要求。也有研究通过检验延迟确认预期信用损失的经济后果来间接肯定预期信用损失模型，比如 Beatty 和 Liao（2011）证明了较少延迟确认预期信用损失可以缓解资本紧缩效应，从而影响银行未来的贷款意愿。

也有一些学者对预期信用损失模型持谨慎态度，认为其可能会在一些方面影响会计信息的决策有用性。比如 Kunz 和 Staehle（2016）通过实证研究发现，当贷款质量改善时，预期信用损失模型妨碍了投资者及时识别银行估值的增加，而已发生损失模型则没有导致误判。

第四节 未来研究展望

众多文献分别从不同的视角对银行贷款拨备计提的影响因素、亲周期性特征、经济后果等方面进行了广泛深入的研究，但其中仍有一些关键的问题并没有解决：

第一，资本管理假说主要研究银行是否会在权益资本不足的情况下增加贷款损失准备金，以弥补其权益资本（Kilic et al., 2012; Bonin and Kosak, 2013），或者银行是否会通过影响贷款损失准备金估计，以满足最低监管资本要求（Ahmed et al., 1999）。Ahmed 等（1999）以 1986—1995 年的 113 家美国银行为研究样本，发现银行管理层会使用贷款拨备来管理最低监管资本水平。展望未来，目前尚不清楚贷款拨备计提金额的变化（对权益资本变化的反应）是由特定拨备还是由一般拨备的增量变化所驱动。换句话说，虽然银行在资本不足（资本过剩）时可以高报（低报）贷款拨备，但不清楚贷款拨备的增量增加（减少）是针对特定拨备还是一般拨备，或者是针对两者。未来的研究需要更加充分地说明贷款拨备的异常变化是否与特定拨备或一般拨备有显著关联。

第二，银行业研究人员对银行平滑利润的理解是，在经济繁荣期积攒一些利润作为缓冲，用于在经济衰退期平滑损失。会计政策研究者认为银行平滑利润是为了影响财务报告结果。展望未来，现有文献并没有考虑可能影响管理层平滑收入的因素之一——"政治成本"。银行是否可以利用贷款拨备来平滑利润以避免（监管、政治和媒体）报告超额利润或巨额亏损？"政治成本"论点和"收入平滑"论点并不相互排斥，因为银行可以平滑利润，以避免报告过高收益的相关政治成本。因此，政治成本是对收入平滑的一种解释。银行还可以通过在预期发生损失时向上增加收益来平滑损失，以避免向银行监管机构发出银行可能倒闭的信号。在这种情况下，收入平滑假说解释了银行为什么寻求避免政治审查。此外，银行可以将收入平滑作为一种方法，实现这两个目标，即在好的年份减少收益，在坏的年份增加收益，使报告的收益看起来永远不会过高或过低，以避免引来监管或政治审查。未来的研究应该将政治成本论点纳入对利润平滑的探究中，作为对利用贷款拨备平滑利润的另一种解释，而现有文献还缺乏这种解释。

此外，作为银行财务报表的主要应计项目之一，贷款拨备的计提还受许多其他因素的影响，例如银行的不良贷款率、贷款规模、财务风险水平、内部控制水平和监管政策的导向等。这些因素或是直接影响贷款拨备的计提，或是间接影响贷款拨备的计提动机，有的甚至与贷款拨备的计提互为因果，如三大动机之间的循环因果关系。这些复杂的关系也需要学者们在以后的研究中进行更为清晰的验证和阐释。

第三，贷款拨备的研究热点之一是审慎监管目标与会计准则制定目标之间的冲突（Gaston and Song，2014）。2008年国际金融危机后，银行监管机构要求银行对拨备采取前瞻性计提方式，包括即使在预期信用风险明显较低的情况下也要保持足够的（或较高的）贷款拨备，以便银行有足够的缓冲来吸收贷款损失（FSF，2009；Adrian and Shin，2010；Balla et al.，2012）。从审慎监管的角度来看，将贷款拨备保持在与银行预期信用风险相称水平上的做法，符合银行监管者的银行安全和稳健目标。但该做法受到会计准则制定者的批评，会计准则制定者认为，这种对准备金（和储备金）的操纵降低了贷款拨备估计的可靠性和信息量，也降低了银行财务报告的透明度。虽然IASB在2014年7月发布了IFRS 9，确立了以

"预期信用损失模型"取代 IAS 39 中的"已发生损失模型",但关于预期信用损失模型的实证研究较少,关于其有效性的研究仍然停留在规范层面。展望未来,学者们应该就如何调和这些差异提供更好的解决方案或建议,在监管者所希望的充足准备金和会计准则制定者所希望的贷款拨备估计可靠性之间保持合理的平衡或均衡。

第四,有关贷款拨备与银行风险的一系列研究提醒我们,虽然国际社会目前十分重视缓解已发生损失模型的亲周期效应,正大力推行更为前瞻的预期信用损失模型,但新模型没有规定特定的计量方法来估算贷款拨备,允许管理层在确定贷款拨备估计值时有很大的自由裁量权。因此,我们也需要关注贷款拨备计提方法变化可能导致的经济后果,会计部门和监管部门应多方权衡,审慎决策。未来可以借助大数据和人工智能等新技术破解贷款拨备的计量难题。这些变革需要理论工作者、实务工作者和监管机构共同研究、共同参与。

第三章 美国贷款拨备制度发展历程：
准则模糊与银行危机（1975—1992）

第一节 SFAS 5：FASB 首份涉及贷款损失的会计准则

一、SFAS 5 关于或有损失确认的规定

1973 年，FASB 取代会计原则委员会（APB）成为美国会计准则制定机构。前者制定的首份涉及贷款损失的会计准则是在 1975 年发布的 SFAS 5。在 1993 年之前，美国银行业贷款拨备的会计处理没有专门的会计准则，均是参照 SFAS 5。该准则第一段对或有事项所下的定义为："或有事项是指既存的、给企业带来可能利得（或有利得）或可能损失（或有损失）的条件、情势或一系列情况。这种不确定性事项最后可能发生，也可能不发生。根据不确定性事项最终发生与否，企业再确认资产的取得、损失或减损，负债的减少或增加。"贷款作为一项信用资产和应收款项，在其存续期间始终存在是否能够收回（collectibility）以及价值减损的不确定性。根据该项准则，银行需要根据借款人当前的信用状况，对贷款资产计提拨备。所以 SFAS 5 成为最早的银行据以提取贷款拨备的会计准则。

SFAS 5 第 8 条对或有损失的确认做出了规定，该条款指出对或有损失估计值的确认必须符合两个条件："（a）由财务报表发布日前可获得的信息显示，在财务报表日一项资产很可能已经受损或一项负债很可能已经发生；（b）损失的金额可以被合理地估计。"具体来说，这两个条件实际上隐含了或有事项确认的四个要件：

第一，或有损失事项必须是在财务报表日"已经发生"（incurred）。也就是说，只有在财务报表日前发生的损失才可以确认，这里面包含两层含义：（1）只要有足够的证据表明该损失事项很可能"已经发生"，即该损失事项在未来很可能导致企业经济利益流出的充分证据在当期已经形

成，就可以在当期确认该损失，并不需要该损失事项导致经济利益实际流出的证据才可以确认该损失，这是权责发生制会计的基本要求。(2) 该损失事项必须发生在财务报表日前才能叫作"已经发生"。对于财务报表日后很可能发生的损失，皆属于未来期间的损失，一律不得在该财务报表日当期确认。

第二，损失已经发生的可能性是"很可能"(probable)。SFAS 5 第 3 条将可能性范围划分为三种：很可能、相当可能 (reasonably possible) 以及极小可能 (remote)。从概率上说，"很可能"也就意味着事件发生的概率至少为 50%。准则规定的确认条件并未严格到必须在未来事件发生后才能确认损失，但对未来事件发生的可能性的估计必须属于"很可能"。

第三，损失金额必须能合理估计。即使符合前两个条件，但如果损失金额不能合理估计，那么为了防止对过于不确定的损失的确认，保证报表的真实完整性，或有损失也不能确认。当然，反过来说，即使能合理估计损失金额，不符合前两个条件的或有损失同样不能确认。

第四，有关该或有损失的信息必须在财务报表发布日前获得。

尽管可获得的信息可能是在资产负债表日后至资产负债表发布日前获得的，但是与该信息所对应的获得一项资产的权利或者承担一项负债的义务很可能已经发生，这满足或有资产与或有负债确认的前提条件。这个前提条件包含两个层面的时间含义：(1) 信息获得的时间。这个时间点必须在财务报表发布日前，如果是在财务报表发布日后获得这类信息，那么不能确认或有损失。(2) 资产权利获得与负债义务发生的时间。这个时间点必须在资产负债表日前，有可获得的信息表明，在资产负债表日后，一项资产已经受损或一项负债已经发生，该信息可能与在资产负债表日已经存在的或有损失相关，也可能与在资产负债表日不存在的或有损失相关。但是，无论是两种情况中的哪一种，都不属于资产在资产负债表日已经受损或负债在资产负债表日已经发生的情况。此时，第 8 条 (a) 款的条件就得不到满足，不能确认或有损失。

SFAS 5 第 8 条的核心就是要求只确认那些在过去或当前已经发生的损失，对于将在资产负债表日后即未来期间发生的损失一律不能确认。

具体到一项贷款资产，贷款减值损失的确认条件应为：如果银行在财务报告日前得悉债务人发生了某种重大不利事件，根据该不利事件的影响，银行的贷款在资产负债表日很可能已经受损；尽管在目前还无法确定贷款是否真正受损，但证明损失已经存在的贷款违约或贷款核销在未来很可能发生；损失的金额可以合理估计。在这种情况下，就应该要对该项贷款计提损失准备金。

1999年4月，SFAS 5和SFAS 114在贷款组合中的应用对SFAS 5有更进一步的解释。SFAS 5提供了自1975年以来确认应收款（包括贷款）损失的公认会计原则（GAPP）。公认会计原则的概念是，应收款减值应在根据所有现有资料、财务报表日的过去事件和现有条件应收款很可能发生损失时予以确认。在很可能发生损失之前，不应确认损失，尽管根据过去的经验今后可能会发生损失。考虑可能导致额外损失的可能或预期未来趋势是不恰当的。对损失的确认不应推迟到损失发生当期之后。

SFAS 5为确认所有应收款的减值损失提供了基本指导。SFAS 5要求在下列情况下确认损失：（a）在财务报表发布日前获得的资料表明，在财务报表日资产可能受到损害；（b）可以合理估计损失数额。在SFAS 5下记录的任何拨备都必须是合理估计的，并附有对资产负债表日存在的所有现有和相关信息的分析。

二、SFAS 5关于或有损失计量的规定

SFAS 5对或有损失的计量没有明确规定，只在附录A第23条指出："损失金额是否可以合理估计，通常取决于企业的经验、个别债务人的还款能力信息，以及考量当前经济环境后对应收款项所做的评估。若企业无本身的经验可循，则可参照同业的经验。"由此可以看出，SFAS 5对或有损失的计量并未提出一种具体的方法，典型的做法就是"经验法"，即依据过去的损失经验数据对当前损失状况进行估计。

对贷款来说，贷款损失经验数据通常指的是贷款的历史核销率。从1947年开始，美国国税局（IRS，隶属财政部）在计算银行可以在税前扣除的准备金数额时就使用了历史核销率。核销率在反映贷款损失状况方面比较具有代表性。这样，贷款损失的计量就要依据过去的贷款核销率等数据，结合借款人还款能力以及当前经济环境，判断贷款损失程度，或参照其他银行的经验。

三、SFAS 5关于或有损失披露的规定

SFAS 5关于披露的规定，大部分是关于不符合第8条确认条件的或有事项的披露，而对于符合确认条件而予以确认的或有损失，只要求遵从第8条的要求披露应计损失的性质以及金额。

第二节 SFAS 5 在贷款损失确认、计量与披露上的模糊性

一、SFAS 5 关于贷款损失确认的模糊性

1. "已发生损失"界定模糊

虽然 SFAS 5 在确认"已发生损失"这点上的陈述是清楚的，但是怎么把这一原则应用到实务中却是模糊的。实务中，即使是在或有损失已经被确定之后，有时也很难指出这一损失是从什么时候开始发生的，更何况是在之前的估计阶段。因此，在同样的情况下，不同的金融机构对损失是否已经发生、何时发生就会有不同的判断，"已发生损失"和"未来损失"之间的区别就变得十分模糊。例如，某行业的平均利润严重下滑，且这种趋势有可能一直持续下去。如果银行认为属于该行业的某客户的贷款已经发生了内在损失，那么银行可能在得知行业平均利润下滑时就提取准备金，即使此时该贷款客户的经营情况尚未出现恶化；如果银行认为这时的损失只是"未来损失"，还不构成"已发生损失"，那么银行可能在该行业贷款客户的经营情况出现恶化时提取准备金；而有些更加乐观的银行，则可能要等到该行业贷款客户的存款数额下跌甚至开始拖欠贷款时才提取准备金。这些判断各有各的理由和依据，在每个阶段都无法将"已发生损失"和"未来损失"很明确地区分开来，结论在很大程度上依赖于管理者的主观判断。

SFAS 5 在"已发生损失"规定上的模糊性，一方面令银行在提取贷款损失准备金的实务操作上存在差异，另一方面给银行管理者提供了巨大的操纵空间，为管理者提前或推迟确认损失提供了机会。

2. 损失确认时点模糊

SFAS 5 第 23 条指出："如果基于现有信息判断，主体很可能无法全部收回合同规定的所有应收金额，也就是说，在财务报告日，通过正常的业务手段可获得的可实现净值（net realizable value）小于应该获得的所有金额，那么第 8 条（a）款的条件就得到了满足。"在这里，SFAS 5 提出的"可实现净值"这一概念具有很大的模糊性，因为它未指明这一价值是可收回贷款额的折现值还是非折现值。未明确指定是使用折现值还是非折现值，直接导致了其他会计准则制定机构、银行监管机构发布相关准则或指引时内容不统一，甚至同一机构发布的各准则都未形成统一。于是，损

失应于何时确认,是在折现值小于账面价值还是在非折现值小于账面价值时确认,成为一个模糊的问题。利用非折现值会推迟损失确认时点。

3. 损失确认范围模糊

SFAS 5 第 23 条中的"所有应收金额"在实务应用时存在模糊性,即未明确指出确认的损失是只涵盖贷款本金,还是既包括本金又包括利息。损失确认范围直接影响损失的确认额度。另外,它又与第二点相关,因为如果只涵盖本金,则一定不会采用折现法;如果既涵盖本金又包括利息,那么非折现法的采用就会进一步推迟损失确认时点。所以损失确认范围的不统一,导致各银行在贷款损失准备金的提取时点和金额上没有一个统一的标准,贷款损失准备金提取实务缺乏有力的规范和约束。

二、SFAS 5 关于贷款损失计量的模糊性

1. 历史经验法的模糊性

SFAS 5 并没有规定贷款价值的计量模型,只是要求企业依据以往经验以及对当前经济环境的综合判断来对贷款损失进行评估。这种经验法在使用中存在许多问题。当银行管理者认为损失已经发生时,经常把历史核销数据作为评估已发生损失的基础。若仅依靠过去的核销经验,在各年核销额平稳时也许可行,但遇到特殊情况波动较大时,历史数据就会偏离实际需要。很多由新情况的产生所导致的对准备金的需求单纯依靠历史平均核销水平是判断不出来的。所以,在采用经验法来估计损失金额的时候,一定要用资产的当前信息和发展趋势来调整历史损失因素,之后根据新的损失因素去评估资产负债表日已经发生的损失。但是这一过程在实务中会出现许多问题。

首先,作为调整基础的历史核销率未必能如实反映贷款的历史损失水平。如果银行管理者出于某些意图故意推迟贷款的核销,使账面保留了大量不良资产,那么历史核销水平就无法真实反映贷款历史损失经验,根据核销情况提取的贷款损失准备金相对于实际损失情况也将是不充分的。基于这些信息进行的损失评估也就失去了可靠性。

其次,各金融机构使用当前信息对历史经验数据进行调整的实务会出现差异并由此产生许多问题。这包括决定历史损失因素时使用多长时期的数据、应用当前信息对历史数据进行调整时要考虑哪些因素、将当前信息和趋势用于调整历史数据时使用的方法等,这些问题的不明确和模糊性给管理者主观判断留下了很大的空间。

2. 其他计量方式混乱并存

SFAS 5 颁布后，很多银行除了采用历史经验法来评估损失外，也开始采用预测未来现金流的方法来计量损失。但由于 SFAS 5 在确认时点上的模糊性，不同银行对采用折现值还是非折现值来计量有不同的理解。银行监管机构及会计准则制定机构对此问题也没有一个统一的解释，发布的各项规定难以达成一致，甚至自相矛盾。

1985 年 10 月 30 日，美国货币监理署（OCC）发布了第 234 号检查说明《关于有问题不动产贷款的指引》。该说明是为有问题不动产贷款的检查者提供指引。1987 年 7 月 10 日，OCC 又发布了第 234 号检查说明的第 1 号补充说明，目的是澄清原始说明中的一些问题。其中很重要的一点就是对"损失"的进一步说明："损失应该反映永久性的价值减损，比如，贷款风险敞口超过在一段合理时间内预期将要实现的未折现未来市场价值的部分……"即该规定要求使用非折现值。1991 年 11 月 7 日，OCC、联邦储备委员会（FRB）、联邦存款保险公司（FDIC）以及美国储蓄机构监理局（OTS）联合发布了《关于商业性不动产贷款检查及分类的联合政策公告》。公告指出："折现现金流量法是评估产生收入的不动产抵押品价值的一种恰当方法。"即银行监管部门开始采用折现法来计量贷款价值或损失。1992 年，OCC 发布了修订的第 234 号检查说明《对商业性不动产贷款的检查及分类》，废除了 1985 年及 1987 年发布的指引中关于采用非折现法的规定。

1991 年，AICPA 发布了行业审计指南《储蓄机构的审计》。该指南要求在确认和计量损失使用可实现净值时使用折现值。然而，在其于 1983 年发布的行业审计指南《银行的审计》中却没有此项规定，因此银行可以继续使用非折现值。连 AICPA 对此问题都没有一个统一的说法，更何况是其他机构。

不同的理解、混乱的准则体系，使银行的实务操作也相当混乱。在长达十几年的时间里，有的银行以折现值评估减值准备，有的银行则以非折现值评估减值准备。由于使用非折现值会比使用折现值推迟损失的确认时点，所以那些经营有困难的银行可以通过采用非折现法来掩饰财务状况的恶化。

三、SFAS 5 关于贷款损失披露的模糊性

SFAS 5 并未对披露事项进行很明确和系统的规定，只要求对贷款损失的性质和金额进行披露，这几乎相当于没有披露要求。即使是十分严谨

的会计确认与计量准则，如果没有完善的披露机制的支持，其可信度也会大打折扣，更何况在 SFAS 5 的确认与计量准则本身已经千疮百孔的情况下，披露准则的缺位将进一步弱化确认与计量准则的规范力度。当贷款损失确认与计量的主观性被管理者发挥和利用的时候，模糊的披露要求无疑助长了这种风气。

美国证券交易委员会（SEC）发现了贷款损失披露存在问题。它发现许多机构对贷款资产的检查以及对贷款损失的确定都缺少足够的文件支持。为了弥补 SFAS 5 在披露要求上的不足，SEC 于 1986 年发布了第 28 号财务报告披露公告《从事贷款活动的注册机构贷款损失会计处理》（FRR 28），以对金融机构贷款损失准备金计提的披露做出特别要求。FRR 28 规定，银行应该就如下问题提供书面的文件支持：（1）各期被持续运用的、用以决定报告的贷款损失的系统方法；（2）对各期决定的（贷款损失）数额充分性的合理支持。

但是这些要求也并未有效提高银行提取贷款损失准备金的规范性和透明性。在 FRR 28 发布以后，SEC 发现在许多情况下对计提贷款损失准备金的文件支持仍不充分，贷款损失准备金的提取依旧处于混乱状态。

第三节 会计准则模糊的严重后果：金融机构危机

一、从大陆银行事件看美国 20 世纪八九十年代的金融机构危机

20 世纪 80 年代至 90 年代初，美国遭遇了严重的金融机构危机。1980—1994 年，美国共有 2 912 家银行和储贷机构被迫关闭或接受 FDIC 的援助，其中银行 1 617 家，储贷机构 1 295 家，约占同期银行和储贷机构总数的 14%，平均每两天就有一家被迫关闭或接受援助。倒闭机构的资产总额为 9 236 亿美元，占银行和储贷机构资产的 20.5%，银行平均每天要处置资产 1.68 亿美元。在 1988—1992 年的高峰期，平均每天有一家机构倒闭，需处置资产 3.85 亿美元。大量的银行倒闭给 FDIC 带来巨大冲击，1988 年 FDIC 收不抵支，保险基金亏空 750 亿美元，1989 年被迫关闭（徐诺金，2001）。

这次危机是在宏观经济走势下滑、石油危机、发展中国家债务危机、会计准则模糊、金融监管部门管制宽松等多种因素共同作用下发生的。其中，由于会计准则不健全从而给各金融机构隐瞒损失、减提准备金留下巨大空间这一事实，不可不说是这次危机发生的一个很重要的原因。这一点

在这次金融机构危机的一个典型案例——伊利诺伊州大陆国民银行及信托公司（Continental Illinois National Bank and Trust Company，简称大陆银行）事件中得到体现。

大陆银行的经营开始时一直很保守，但从20世纪70年代中期开始，管理者开始把重点转向商业贷款。1976—1981年，大陆银行的商业贷款从大约50亿美元增长到140多亿美元，涨幅是180%，成功地成为美国最大的工商业贷款者。在1984年大陆银行发生危机时，它已是芝加哥第一大、全美第七大银行。大陆银行的财务报表一直显示出良好的业绩。比如，1977—1981年，大陆银行的平均权益回报率是14.35%，仅次于摩根大通（14.83%）；平均资产回报率也是不错的，仅次于太平洋安全银行、摩根大通和花旗银行；其权益资本比率与其他大行相比虽然不高，但也与贷款及资产保持同步增长，从1976年的3.55%增长到1982年的4.31%。良好的业绩使人们很难想象这样一家大银行会存在任何偿付能力不足的风险。

但危机的确随着大陆银行的迅速扩张而悄然发生。为了扩大业务，大陆银行采取了低价策略。曾有新闻报道，为了能和一个公司充分合作，大陆银行可以提供"一项十分廉价的、让财务执行官无法抗拒的交易"。这种激进的策略在使贷款迅速增加的同时，也为不良贷款的产生埋下了隐患。大陆银行还积极参与向发展中国家（less-developed country，LDC）贷款，致使其在从1982年8月开始的发展中国家债务危机中遭受重大损失。而问题的关键是，对于巨额的受损贷款，大陆银行并没有相应提取贷款损失准备金。我们从表3-1可以看出这一问题。

表3-1　大陆银行1977—1983年的贷款及其贷款损失准备金情况

单位：亿美元

项目	1977年	1978年	1979年	1980年	1981年	1982年	1983年
贷款损失准备金新增额	0.52	0.57	0.65	0.91	1.14	4.77	3.59
贷款及租赁新增额	—	30.27	43.82	38.54	53.46	11.14	−20.82

从表3-1可以看出，在贷款数量和风险增加的同时，贷款损失准备金的数量却未有较大增长。只有在贷款资产开始萎缩、墨西哥宣布无力偿还贷款的1982年，贷款损失准备金的数量才由1亿多美元激增到近5亿美元。而在这之后，虽然贷款数量急剧下降，但贷款损失准备金却仍在高位徘徊。显然，不良贷款并不是在一年内产生的，拉美国家失去偿债能力已经持续了很长一段时间。可是大陆银行却忽略这一问题，未就受损贷款

提取准备金。另外,即使是近 5 亿美元的贷款损失准备金,相对于庞大的贷款数量,覆盖率也是远远不够的。这一方面掩盖了真实的贷款质量,贷款质量的恶化无法被外界及时发现;另一方面虚增了利润,导致每年的收益当中包括许多实际已经无法收回的利息,造成了一种高收益假象。

但假象始终会被揭穿。1983 年前半年,大陆银行的收入已经变得很不稳定。尽管开始加强内部控制和贷款程序管理,但不良贷款持续增加。1984 年第一季度,不良贷款从 4 亿美元增加到 23 亿美元,一半以上源自拉美国家贷款。如果不是由于经营仍有利可图的信用卡业务而获得 1.57 亿美元,那么当期大陆银行的账面就会出现亏损。由于大量不良贷款的披露,外界对其偿付能力开始担心。在一些不利消息的影响下,挤兑发生。5 月,芝加哥商品交易所从在大陆银行的账户中提出了 5 000 万美元;在接下来的 10 天内,大陆银行流失了 60 亿美元的资金;为了挽救大陆银行,芝加哥联邦储备银行向其出借了 36 亿美元,并且强迫其他 16 家银行提供 45 亿美元的 30 天信用额度,但是资金很快就用光了;考虑到大陆银行倒闭会打击人们对美国银行的信心,另外可能引发更大的系统性风险,导致更多的小银行破产,也就是出于对所谓"大而不能倒"的考虑,5 月 17 日,FDIC 宣布对大陆银行进行临时援助;9 月 26 日,FDIC 决定将临时援助改为永久性援助,FDIC 将拥有对大陆银行的控制权,大陆银行实际上被收归国有。这项援助直到 1991 年随着 FDIC 所持普通股的全部售出才告一段落,而在援助过程中,FDIC 净损失 11 亿美元。

一家备受瞩目的银行在几个月内走到了破产的边缘。甚至有人戏称:"大陆银行与泰坦尼克号唯一的区别就是泰坦尼克号还有护栏。"但是大陆银行倒闭却绝不是短短几个月就能造成的。大陆银行的问题存在一个长期积累的过程,只不过风险一直隐藏在辉煌的外表之下,未被察觉。而在当时,通过少提贷款损失准备金来隐藏假象的绝不止大陆银行一家。1982 年墨西哥宣布无力偿还贷款,拉开了发展中国家债务危机的序幕。但这一事件的发生却未对银行的准备金提取实务产生太大影响。原因就在于,那些大银行已陷入太深。在巨大的资金投入下,提取贷款损失准备金会使账面利润大幅下降,甚至亏损;如果完全停止后续贷款,那么债务国就只有彻底破产,想要资金回流,就必须继续提供贷款。为了达到这一目的,可行的办法就是保持一种幻想,似乎未清偿贷款并未对银行造成损害,因此不必建立特别准备金作为未雨绸缪之计。在这种惯性的推动下,虽然到后期大多数银行已经知道债务国的情况在急剧恶化,但准备金仍然没有被充分提取,银行仍然继续向 LDC 放款,结果就是损失越来越大。直到 1987

年2月20日,巴西宣布延期支付670亿美元的贷款利息,各银行才不得不正视这一问题。花旗银行率先对此做出反应,于5月19日宣布为LDC贷款提取30亿美元的贷款损失准备金。但即使在这种情况下,仍有银行不愿面对这一事实。如美国银行就在花旗银行增提准备金后宣布不会追随花旗银行。不过,趋势已不可扭转。到7月24日为止,包括美国银行在内的共45家大型银行都纷纷宣布大规模提高贷款损失准备金水平。可是,这时提取准备金对银行的财务状况来说无异于雪上加霜。

自1984年大陆银行事件至1991年,FDIC为14家失败的、资产超过10亿美元的银行的存款提供了全额保护,为此FDIC共花费了大约118亿美元。

二、会计准则的模糊性是危机产生的重要原因

从以上案例可以看出,贷款损失准备金严重提取不足是爆发如此大规模金融机构危机的一个直接诱因。进一步深究下去则不难发现,当时会计准则的模糊性是导致贷款损失准备金提取不足的一个根本原因,或者说会计准则的模糊性为管理者不充分提取贷款损失准备金创造了充足的空间。

为了识别会计准则缺陷以及内部控制不健全对这次金融机构危机的影响,美国会计总署(GAO)对39家失败银行的财务报告进行了分析。这39家银行是从在1988年和1989年两年间失败的427家银行中选出的,其资产占所有银行总资产的87%。经过对财务报告的分析,1991年4月22日,GAO向国会呈交了一份名为《失败银行:急需会计与审计改革》的报告,在报告中GAO列出的调查结果如下:

(1) 对失败发生前平均6个月的财务报告的调查结果显示,报告明显高估了贷款价值,并且没有就有问题的财务状况发出预警;

(2) 73亿美元恶化资产中的绝大部分归咎于有缺陷的会计准则,这些有缺陷的会计准则在有问题贷款的报告等方面为管理者提供了极大的主观空间;

(3) 内部控制不健全是1988年和1989年两年间这39家银行失败的一个重要因素,其中33家银行存在包括内部控制不健全在内的管理问题;

(4) 监管者将管理者行为、不完善的操作管理、违反法律和监管准则、贷款资产不良、不充分的贷款损失准备金以及不真实的财务报告等因素作为银行失败的主要原因;

(5) 39家银行中的许多银行在失败之前的最后一年都没有进行独立性的审计,这使得银行更容易掩盖其财务困难;

（6）审计人员应该加强对公司治理以及控制职能的审计，对那些对内部控制负有责任的管理者的审计也应得到强化。

从报告中可以看出，会计准则的缺陷及内部控制的不健全是危机发生的重要原因。

1992年7月1日，GAO进一步针对此次危机暴露的贷款损失准备金会计问题提交了一份报告——《存款性金融机构：可操纵性强的会计准则导致了虚增的财务报告》。报告指出："用于确认和计量贷款损失的会计准则是银行管理层未报告资产价值恶化的一个主要因素。会计准则的不健全让银行管理层不恰当地推迟损失的确认，并掩盖了对可以使银行保险基金损失降到最低程度的早期监管干预的需要。"

该报告批评了贷款损失计量相关会计准则的模糊性，指出："适用于问题贷款的会计准则过于不明确和可操纵，以致在实务中它们被错误地用于在财务报告中推迟确认损失。在银行界，由于会计准则创造的空间过大，银行未能向银行监管部门报告实际发生的损失。"隐瞒损失、准备金提取不足的代价是巨大的。仅在1989年，美国的前50家银行中就有11家因为准备金不足而被收购；在大约1 200家社区银行中，有10%的银行因为准备金不足而被破产清算。

该报告还特别指出了"可实现净值"定义的不合理性，因为它允许金融机构使用非折现现金流量法，而"非折现现金流量法对识别问题贷款和计量损失来说是不恰当的手段，因为它推迟了一个机构对所持有的问题贷款可能发生的经济损失的确认，会计准则允许采用的非折现现金流量计量方法由于未反映货币的时间价值从而妨碍了损失的报告并低估了损失"。

总之，会计准则不健全给管理者不充分提取准备金创造了机会，最终导致了危机的发生。GAO连续两年的报告显示了贷款损失会计准则改革的必要性和紧迫性，FASB急需为银行管理者、审计人员以及银行监管者提供一个GAAP框架，而这一框架将是各方履行责任的前提。

第四章 美国贷款拨备制度发展历程：部门分歧与实务混乱（1993—1998）

第一节 SFAS 114 所做的修正和改进

由于 SFAS 5 在贷款损失确认、计量与披露上存在的模糊性及由此给银行实务和监管部门监管带来的不便，GAO、AICPA、FDIC 等相关部门都要求 FASB 对究竟何时以及如何确认和计量贷款减值进行明确的规范。1992 年 5 月，FASB 向 SEC、几家银行监管机构和 GAO 提供了一份名为《债权人贷款减值的会计处理》的会计准则征求意见稿，邀请上述机构对这份准则的表达清晰性、可理解性以及是否存在重大问题发表意见。1992 年 11 月，FASB 正式公开发布了征求意见稿。1993 年 4 月，联邦银行监管机构的代表与 FASB 进行了会商，提出了他们关心的问题。1993 年 5 月，FASB 正式发布了《美国财务会计准则第 114 号——债权人贷款减值的会计处理》[①]，即 SFAS 114。这份准则成为 FASB 发布的首份专门针对贷款减值计量的会计准则。它在许多方面对 SFAS 5 的模糊之处进行了修正，并提供了关于贷款损失计量和披露的更具体指导。

一、SFAS 114 的适用范围

SFAS 114 适用于所有债权人。审计委员会无法找出令人信服的理由表明不同类型的债权人应以不同的方式对受损贷款进行核算，或通过与其

---

① 据 FASB 研究与技术部主任蒂莫西·S. 卢卡斯在 1999 年 6 月众议院听证会上披露的信息，在 SFAS 114 征求意见稿发布之前召开了 17 场公开讨论会，发布之后收到了 160 份评论意见，在公众听证会上有 17 个组织发表了意见，4 家单位参与了实地测试，FASB 的成员参加了多家单位的讨论。在正式稿发布之前，又举行了 9 场额外的公众听证会。这就是 FASB 的充分程序（due process）。

他债权人不同的会计核算方法，更好地为特定行业或实体规模的财务报告使用者提供服务。

SFAS 114 适用于所有按单笔进行评估的贷款，包括抵押贷款和非抵押贷款，不适用于以下几类贷款：（1）由集中进行评估的小额同质贷款组成的大贷款群，这些贷款包括但不限于信用卡贷款、住房抵押贷款、消费者分期付款贷款等；（2）以公允价值或成本与公允价值孰低法计量的贷款，如根据 SFAS 65 计量的某些抵押贷款或其他特殊行业的实务做法；（3）租赁；（4）债务证券。由于 SFAS 114 并不适用于由小额同质贷款组成的大贷款群，所以该类贷款将仍按 SFAS 5 的有关规定计量。

这样，SFAS 114 颁布后，普通的贷款被分成两部分，一部分是根据 SFAS 5 计量的同质小额贷款组合（经验法），另一部分就是按 SFAS 114 计量的单笔大额贷款。

二、SFAS 114 关于贷款损失确认标准的修正

首先，SFAS 114 明确了贷款损失的确认范围。SFAS 114 对 SFAS 5 的修正之一体现在对贷款损失确认范围的明确上。SFAS 114 第 8 条对损失的定义是："根据当前的信息及事件（current information and events），贷款人很可能无法收回贷款合同条款所规定的所有应收金额。所有应收金额既包括合同条款要求偿付的合同利息也包括要求偿付的合同本金。"该定义修改了 SFAS 5 第 23 条的定义，重新对"所有应收金额"进行定义，指明了确认损失时应该同时考虑贷款本金与利息。

其次，SFAS 114 明确了贷款损失的确认时点。SFAS 114 对 SFAS 5 的第二个修正体现在对确认时点的明确上，即统一采用现金流折现法来确认损失。FASB 发现，只要贷款按照合同偿还，那么无论在贷款发放时还是在后续期间，账面上记录的贷款人对贷款的投资都是未来作为利息的现金流与未来作为本金的现金流分别以贷款实际利率折现之和。FASB 认为，受损贷款的计量也应该与未受损时一样，继续考虑所有未来预期现金流。既然贷款初始是以折现金额确认的，那么在后续期间也应该以同样的方式确认损失。因此，SFAS 114 放弃了 SFAS 5 在判断贷款损失是否发生时采用的"可实现净值"这一模糊概念，转而采用了"预期未来现金流现值"（present value of expected future cash flows）这一明确的说法。

除了以上两点修正之外，SFAS 114 并不改变之前的贷款损失确认标准，包括只能确认那些"很可能已经发生的损失"，而不能确认将在未来发生的损失等。但如何区分"已发生损失"和"未来损失"的难题在

SFAS 114 中仍未得到解决。譬如，现金流折现法预测的是未来期间的现金流，既然是未来期间，就难免会考虑未来因素。这时如何将"已发生损失"和"未来损失"区分开来，仍是一个模糊不清的问题。

三、SFAS 114 在贷款损失计量方法上的改进

SFAS 114 修正了 SFAS 5，以阐明债权人在评估应计损失时应评估所有应收款的合同利息和合同本金的可收回性。

根据当前的信息及事件，债权人可能无法根据贷款合同条款收取所有到期款项，那么贷款就会受到损害。根据合同条款，到期的所有款项意味着合同利息和合同本金将按贷款合同的计划收取。

当债权人确定贷款受损时，会根据按贷款有效利率折现的预期未来现金流来衡量减值。作为一种实际的权宜之计，SFAS 114 允许债权人受损的依赖抵押品的贷款根据公允价值来衡量减值，根据受损贷款的可观察市场价格来衡量减值，以替代对预期未来现金流进行折现。

SFAS 114 提供了使用预期未来现金流现值来计量受损贷款减值的会计指导。债权人在估计预期未来现金流时，应考虑反映过去事件和当前状况的所有现有信息。所有现有信息将包括与该贷款的可收回性有关的现有"环境"因素（例如，现有的行业、地理、经济和政治因素）。这些因素表明，在财务报表日资产很可能已经受到损害。

SFAS 114 第 13 条规定："当贷款符合第 8 条的定义而受损时，贷款人应该在以贷款实际利率对预期未来现金流进行折现的基础上计量贷款减值，除非在一个实务可行的基础上，贷款人可以用可获知的抵押品的市场价格或公允价值来计量完全依靠抵押品进行偿付的贷款。如果对减损贷款进行计量后其价值小于账面价值，那么贷款人应该通过在提取准备金的同时增加相应坏账成本，或者通过在对现有的准备金进行调整的同时增加相应坏账成本的方式确认损失。"第 14 条对实际利率做出了说明："贷款的实际利率是贷款的内在回报率，也就是在以所有的净递延费用或成本、发放或取得贷款时存在的溢价或折价等对贷款合同利率进行调整后的利率。"

根据 SFAS 114 的规定，单笔大额贷款价值的计量将采用现金流折现法，贷款损失准备金将按折现值与账面价值之间的差额提取。这一方法与 SFAS 5 的一个显著不同就是，SFAS 114 是从贷款价值计量入手，首先确认贷款价值，之后根据差额确认损失金额；而 SFAS 5 则是直接估计贷款损失。相比之下，SFAS 5 的方法有些本末倒置，在估计损失的过程中由于主观性因素过强而难以监控。

SFAS 114 没有改变使用基于各种因素的公式法来估计与较小余额同质贷款有关的贷款损失准备金的既定做法。这些因素通常包括过去的损失经历、最近的经济事件和目前的状况以及投资组合违约率。

SFAS 114 的修正虽然避开了在损失估计中的一些困扰，但在预计未来现金流时仍然有很多不确定性，主观性仍难以避免。

四、SFAS 114 关于披露的规定

SFAS 114 第 20 条对披露的要求是："贷款人应该在财务报告的主体部分以及注释部分披露下列信息：（1）依据本准则判断在资产负债表日发生了减值的贷款的账面价值，以及就减值贷款的信用损失提取的贷款损失准备金总额；（2）每一经营周期信用损失准备金账户的变动情况，包括期初及期末的信用损失准备金账面余额、影响损益的增加额、准备金核销额，以及前期核销转回额；（3）贷款人的收入确认政策。"

虽然 SFAS 114 的披露要求比 SFAS 5 更具体了一些，但是依然很不充分，对贷款损失的确认和计量仍未提出一个系统的披露框架。在使用现金流折现法时，对于预测现金流时采用何种方法、预测期间多长、预测时考虑哪些因素等问题，准则都未要求披露。准则也未要求为预测结果提供任何书面支持。这使得对预测现金流时的主观因素的约束依然欠缺。

第二节　SFAS 118 所做的修订与补充

一、做出修订与补充的背景

1993 年 5 月，FASB 正式发布 SFAS 114，这份准则成为 FASB 发布的首份专门针对贷款减值计量的会计准则。SFAS 114 规定了两种可供选择的收入确认方法，用于说明减值贷款初始计量后净账面价值的变化。第一种收入确认方法是，债权人应按实际利率计提减值贷款净账面金额的利息，并将贷款净账面金额的其他变动作为坏账费用来调整报告。第二种收入确认方法是，现值的全部变动按最初确认减值的方式作为坏账费用或报告为坏账金额减少。

在发布 SFAS 114 后，FASB 收到几项请求。请求指出监管机构管辖下的企业将被要求对其会计制度进行重大修改，以适应 SFAS 114 中的收入确认方法；银行和储蓄机构监管部门要求的减值贷款会计不符合 SFAS 114 中的收入确认规定，要求推迟 SFAS 114 的生效日期，并澄清如何执

行该准则。

1994年3月，FASB发布了一份征求意见稿，由债权人对贷款收入确认的减值进行会计处理。在征求意见稿发布之前的审议中，FASB考虑推迟SFAS 114的生效日期，并为执行SFAS 114中的收入确认规定发布指导意见。

在征求意见稿发布后，FASB收到了57封关于征求意见稿的评论信。一些答复者一致认为，SFAS 114中的收入确认规定应取消，同时提出了推迟生效日期的其他理由。一些人表示，应推迟生效日期，以便监管机构有时间解决与减值贷款有关的监管会计和披露问题。有些人说，推迟能给债权人时间来修改会计制度和政策。还有人表示，落实征求意见稿提出的披露要求还需要更多的时间。在审议了这些意见之后，FASB的结论是，最重要的执行问题将通过取消SFAS 114中的收入确认规定和简化征求意见稿提出的某些披露要求来解决。最后，经FASB五名成员赞成票通过，形成了对SFAS 114中的收入确认和披露规定进行重新修订和补充的《美国财务会计准则第118号——债权人贷款减值的会计处理：收入确认和披露》（SFAS 118）。

二、修订与补充的内容

根据FASB收到的请求以及人们对征求意见稿的评论，FASB最终通过的SFAS 118对SFAS 114进行了修订与补充：

（1）取消了SFAS 114中描述债权人应如何确认收入的规定，允许债权人使用现有方法（包括成本回收法、现金基础法或这些方法的某些组合）来确认贷款的利息收入。经修订后，SFAS 114未涉及债权人应如何确认、计量和披露减值贷款的利息收入。

（2）修订与补充了SFAS 114中披露的相关要求，要求提供符合SFAS 114中减值贷款定义的减值贷款的总账面价值，有相关损失准备的减值贷款的账面价值及备抵，无损失准备的减值贷款的账面价值，债权人确认减值贷款利息收入的政策，在每一个列报经营成果的期间减值贷款的平均账面价值、在贷款发生减值期间确认的相关利息收入金额、在贷款发生减值期间（除非不可行）采用现金制会计方法确认的利息收入金额。对于每一个列报经营成果的期间，债权人还应披露与贷款有关的贷款损失准备金总额的各项（包括每一期间开始和结束时备抵的余额、经营增加额、备抵直接减记额以及收回的先前冲销的款项）。

第三节 SFAS 114 的不清晰及其应用局限：
为银行监管部门解释准则留下空间

SFAS 114 虽然在许多方面澄清了 SFAS 5 存在的模糊之处，但本身也有个别条款表述模糊，容易产生歧义，另外对有些问题没有涉及或没有明确规定，再加上本身在应用范围上的局限性，SFAS 114 颁布后贷款损失准备金会计政策仍有许多不清晰和不完善之处。由此，SFAS 114 仍然给银行应用准则及银行监管部门制定和解释贷款损失准备金会计政策留下了很大的空间。SFAS 114 的不清晰及其应用局限体现在以下方面。

一、SFAS 114 与 SFAS 5 在应用中的关系不清晰

SFAS 114 第 7 条最后一句话指出："除了根据本准则计提的贷款损失准备金之外，贷款人应该继续为确认信用损失有必要遵从 SFAS 5 而计提准备金。"这一规定表述含糊，可以有两种理解：一种理解是单笔大额受损贷款要根据 SFAS 114 的规定提取准备金，其余贷款组合要按 SFAS 5 提取准备金；另一种理解是单笔大额受损贷款在根据 SFAS 114 的规定提取了准备金之后，仍然需要根据 SFAS 5 的相关规定继续确认损失。究竟哪一种理解正确，SFAS 114 未有说明。这两种不同的理解在实务中产生的差异是很大的，第二种理解无疑会导致重复确认损失，令准备金数额有较大幅度的提高。SFAS 114 在这一点上的表述不清，为之后银行等金融机构过度提取贷款损失准备金埋下了隐患。

二、SFAS 114 未规定贷款的评估程序

SFAS 114 第 7 条并未指出贷款人应该怎样识别已经受损的贷款，只是指出在判断过程中应该采用"正常的贷款评估程序"。在实际中，贷款人对正常的贷款评估程序会有不同的解释。例如贷款是按单笔评估还是放在贷款组合中评估结果就有很大区别。因为即使是经单独评估未发生损失的贷款，当将其放在各项贷款具有类似特征的贷款组合中时，按照历史损失率来分析通常也会判断其发生了损失。正常的贷款评估程序包括哪些步骤，以何种方式进行，在 SFAS 114 下评估贷款时应该怎样应用这些步骤，对于这些问题，SFAS 114 都未给出明确的说明。

三、SFAS 114 不适用于整体充分性的评估

SFAS 114 仅适用于对单笔大额受损贷款的计量,它既未指明自身与 SFAS 5 的关系,又未明确规定贷款损失准备金到底由哪几部分组成、分别按哪些准则提取。正如该准则第 7 条指出的,SFAS 114 不对贷款人应如何评估贷款损失准备金的"整体充分性"(overall adequacy)给出指引。这样,SFAS 114 及 SFAS 5 就为对贷款损失准备金进行整体充分性解释留下了空间。这一解释任务自然落了银行监管部门的肩上。银行监管部门可能认为按 SFAS 5 和 SFAS 114 提取的准备金仍不能满足整体充分性的要求,应该在此基础上另提一部分准备金。事实上,银行监管部门很早就有这种理解,FDIC 曾在 1991 年 5 月向各地区的负责人发布一份备忘录。该备忘录指出:"各金融机构提取的充分的准备金应由以下典型部分构成:为特定识别贷款专门提取的准备金(比如那些按单笔检查的贷款);为贷款组合专门提取的准备金(那些没有按单笔检查的贷款);为贷款组合的内在损失提取的补充性准备金。"这里提到的补充性准备金,可以理解为在 SFAS 5 及 SFAS 114 基础上追加提取的准备金。因此,会计准则适用范围的局限性及未明确规定准备金构成的疏漏,为银行监管部门按自己的理解制定准则提供了空间。

第四节 1993 年联合公告:银行监管部门的分歧性理解和规定

由于 SFAS 114 未对评估贷款损失准备金的整体充分性给出指引,因此在 SFAS 114 发布的同年 12 月,OCC、FDIC、FRB、OTS 四家金融监管机构联合发布了《关于贷款及租赁损失准备金的联合政策公告》,为金融机构维持一个适度的准备金整体水平及建立有效的贷款复查制度提供详尽的指导原则。联合政策公告指出,与 SFAS 114 没有关于评估贷款损失准备金整体充分性的相关指引且只适用于部分贷款不同,该公告适用于评估贷款损失准备金的整体充分性,且适用于所有贷款资产。

由于出发点不同,银行监管部门的这份公告与会计部门所发布的准则存在差异。这些差异主要体现为:

一、对所确认的损失定义不同

联合政策公告要求,贷款损失准备金应被用于吸收贷款产生的所有预

计的信用损失，为此银行需要评估的是"预期信用损失"（expected credit losses），但会计准则要求确认的是"已发生损失"。

二、所确认损失发生的时间范围不同

联合政策公告在"董事会和管理当局责任"条款中要求，充分的贷款损失准备金不得低于下列各项之和：（1）次级和可疑类贷款，不管是按单笔还是按群组方式进行分析及计提准备金，其剩余有效生命期限（remaining effective lives）内所有预计信用损失；（2）非次级或可疑类贷款未来12个月内的所有预计信用损失；（3）国际贷款转移风险的预计信用损失。这一要求将所确认损失发生的时间扩展到未来12个月甚至贷款的整个剩余有效生命期限。这意味着银行监管部门要求确认的损失包含贷款在未来期间——也就是资产负债表日后——将要发生的损失，这与GAAP只确认截止到资产负债表日发生的损失的要求明显不符。

三、准备金涵盖的损失范围不同

首先，随着银行监管部门要求的评估信用损失的预测区间扩大，确认的损失从已发生损失扩展到贷款整个存续期或未来12个月所可能发生的预期信用损失。对未来期间损失的确认超出了GAAP要求的确认范围，为此部分提取的准备金与GAAP是不符的。其次，联合政策公告指出："管理者必须保守地（conservative）进行分析，从而使总体的贷款损失准备金水平能够反映大多数预期信用损失评估过程中存在的不精确性边际（margin for the imprecision）。"所谓"不精确性边际"，是指在评估过程中通常存在的、管理者不能充分预期的风险。它可以在对单笔贷款或贷款组合进行分析时产生，也可以在对整体准备金水平进行评估时产生。"不精确性边际"实际上是暗示管理者评估损失时总是不能估计到所有风险，真实损失与估计损失之间将存在差异。所以在就单笔贷款或贷款组合提取准备金时，在已充分考虑现有可获得信息的情况下，还应增提部分准备金以弥补差异。此外公告还强调："出于分析的目的，金融机构可能将部分贷款损失准备金归属于单笔贷款或贷款组合。然而，贷款损失准备金应被用于吸收贷款产生的所有信用损失，而不是被分割或被分配给特定的贷款或贷款组合。"这进一步说明，银行监管部门不希望严格限定准备金与所评估损失的对应关系，也不希望单纯依靠单笔或群组评估方法来提取准备金，而银行监管部门所希望的在以上两部分之外提取的准备金由于没有证据证明相应损失已经发生，又不能将其指定给具体的某一贷款或贷款组合，所以其涵盖的损失仍相当于一种预期信用损失，而不是严格按照 GAAP 确认的已发生损失。

根据上述分析，我们可以将银行监管部门的方法归结为"预期信用损失模型"，此模型在后面的章节将会有详细论述。与会计上的"已发生损失模型"不同，它涵盖的损失明显高于 GAAP 的要求，不但包括在资产负债表日很可能已经发生的损失，还包括在未来期间有可能发生的损失、"不精确性边际"，以及未指定到具体贷款（unallocated）的损失，等等。正如公告所强调的那样，银行监管部门要求准备金覆盖的是贷款的"全部信用损失"。银行监管部门的要求一方面会导致银行对 SFAS 5 和 SFAS 114 中"已发生损失"的理解存在歧义，另一方面向银行传递了尽可能多提准备金的责任信息。

四、以固定比例来衡量准备金充足性

除了以上预期信用损失与已发生损失存在的差异，该公告在"检查者责任"条款中还要求按贷款五级分类结果来评价准备金的充足性。具体要求为："将贷款及租赁损失准备金与下列各项总和进行比较：（1）可疑类贷款总额的 50%；（2）次级贷款总额的 15%；（3）非次级及可疑类贷款依评估日确定的事实及情况估计未来 12 个月内的信用损失。"银行监管部门要求以分类贷款的具体比例来评价准备金提取的充足性，这与财务会计准则要求的现金流折现法存在差异。贷款类别的变化未必影响未来现金流，而贷款分类不变时，现金流则完全有可能变化。两者的计算结果通常不同。尽管公告强调这一数额既不是"下限"（floor）也不是"安全防护"（safe harbor），只是要求当银行提取的贷款损失准备金少于这个标准时检查者应将其视为一种"不足"（shortfall）而对管理者的分析进行更加深入的检查。但这一规定无形中给银行准备金的提取设了一道心理底线，为银行提供了一种多提准备金的监管激励。

第五节 SunTrust 事件：政策冲突白热化的起点

一、滥提贷款损失准备金引起各方关注

经过 20 世纪八九十年代的金融机构危机，会计部门与银行监管部门都意识到了贷款损失准备金的重要性，也意识到了贷款损失准备金会计政策的模糊性与不健全。于是，FASB 于 1993 年发布 SFAS 114，就单笔大额贷款的损失确认和计量给出了更加明确和具体的指引。银行监管部门也开始对银行进行严格的监管，集中精力检查不良贷款，执意加强准备金监管，并于 SFAS 114 颁布同年发布联合政策公告，对贷款损失准备金的整体充分性提出要求。

不过，如前所述，银行监管部门的规定与会计准则存在一定的分歧，倾向于促使银行多提准备金。这不但体现在 1993 年的联合政策公告中，银行监管部门的其他政策文件中也有所体现。如 FRB 在 1995 年 6 月 26 日发布了《有关 FASB 114 的监管指引》，该指引在"减损贷款的额外准备金"一项中指出："FRB 不自动要求就受损贷款的信用损失提取超过 SFAS 114 要求的额外准备金。然而考虑机构特有因素，如历史损失经验、现金流估计的可靠性、应用 SFAS 114 时的控制措施等，为受损贷款提取额外准备金有时是必要的。当然，当机构所报告的贷款损失准备金没有满足联合公告要求的充分水平时，机构将被要求重新建立准备金直至达到在评估日所应具有的充分水平。"银行监管部门的种种要求令银行有了多提准备金的压力。另外，自 1992 年以来，美国整体经济走势好转，银行业的利润逐步提高，资产负债状况得到了明显的改善。1992 年，商业银行盈利额创纪录地达到 320 亿美元，而储蓄机构盈利额为 67 亿美元。1993 年，这种趋势继续发展，商业银行盈利已达 434 亿美元，储蓄机构为 70 亿美元。银行业经营状况的好转及利润的提高又为银行增提准备金提供了条件和动力。在种种因素影响下，银行的准备金不再是提取不足，而是提取过度。这对银行监管者来说是个利好消息，但却有悖于会计准则的有关规定。会计准则制定部门与银行监管部门的分歧开始逐步明朗化。

会计准则制定部门关注准备金提取过度问题始于 1994 年 GAO 向国会呈交的另一份报告——《存款性金融机构：分歧的贷款损失方法损害了财务报告的有效性》。报告起因于在经营情况好转的同时，许多金融机构被指责保留了超过实际需要的准备金。GAO 在这一背景下对 12 家资产超过 10 亿美元的金融机构的贷款损失准备金提取实务进行调查。调查结果显示，与刚刚过去的一段时期贷款损失准备金提取不足的情况相反，GAO 发现，金融机构保留了大量无法得到合理支持的准备金，SFAS 5 所规定的"损失很可能已经发生且可以被合理估计"条款无法对这些超额的准备金做出解释。具体的调查结论有以下几点：

（1）对单笔贷款的评估结果，经常未被用于计提准备金。大多数金融机构习惯采用接近行业平均值的自身历史损失经验或损失因素取代自身对受损贷款的具体评估结果，或在评估结果基础上继续添加。这种实务做法扭曲了单笔贷款的风险敞口，使得所计提的准备金无法在金融机构间进行有意义的比较。

（2）历史损失率的确定与应用不一致。利用过去经验确定历史损失率的方法及期间差异很大，导致提取的准备金不具有可比性，妨碍财务报告使用者评估金融机构的真实财务状况。

（3）计提未被充分证实的大额补充性准备金（supplemental reserves）。大多数金融机构的大额补充性准备金，与对风险敞口的分析并无明显的相关性，也没有证据显示这些损失很可能已经发生并被合理估计。在被调查的12家金融机构中，7家金融机构贷款损失准备金总额的30%都是补充性准备金。

（4）贷款损失准备金的相关会计及监管指引不足。

从以上结果可以看出，SFAS 5及SFAS 114在实务中并未被很好地运用，同时许多金融机构都提取了不符合GAAP的贷款损失准备金。GAO指出，这种情况造成的结果是："投资者、债权人、存款人、监管者或其他报告使用者可能不能有效对机构的贷款损失准备金充足性及贷款资产质量进行评价。并且，多余的贷款损失准备金也有可能被用于盈余管理和资本管理。这种实务掩盖了金融机构的真实财务状况并会误导投资者，而且会妨碍监管者保护存款保险基金的能力。"

报告发布以后，这一问题也引起了一直强调上市公司财务报告透明度和真实性的SEC的注意。SEC首席会计师迈克尔·H.萨顿（Michael H. Sutton）曾在1997年提示："SEC已经收到了包括国内和国际在内的许多质询，认为银行报告的贷款损失准备金被高估了。"1997年，SEC主席亚瑟·莱维特（Arthur Levitt）为泛美开发银行做了一次题为"高质量会计准则的重要性"的演讲。他在演讲中指出："良好的会计准则所产生的财务报表报告的是本期发生的事项，既不提前，也不滞后。这意味着没有额外的为未发生的事件提取的准备金，不推迟确认损失，也不人为地平滑实际的波动，以制造一个稳定的持续增长的假象。"1998年9月，亚瑟·莱维特又做了一次题为"数字游戏"的演讲，指出市场参与者越来越多地进行着一种数字游戏，而"盈余管理就是对这种游戏特征的最好描述"。他列举了五种常见的数字游戏手段，其中很重要的一种手段就是"利用不现实的假设去估计诸如销售退回、贷款损失或担保成本这样的负债项目，借此在好时期隐藏获利，然后在经济不景气时再将其转回"。SEC认为这种行为将对财务报告体系产生不利的影响，是一场与美国"市场强大及成功背后所蕴含的原则相悖的游戏"。在最后列出的九点行动计划中，第六点就是要对上市公司中那些有嫌疑利用准备金、核销来操纵利润的公司进行审查，一经发现，将采取"激烈的措施"。而这番话在两个月后就成为现实，那就是 SunTrust 事件。

二、SunTrust 事件是点燃冲突的导火线

SunTrust 是美国几家大型银行之一。1992 年经济复苏之后，SunTrust 的不良贷款率明显下降，但 SunTrust 的贷款损失准备金却继续保持增长势头。表 4-1 显示了 SunTrust 在 1992—1997 年不良贷款及贷款损失准备金的变化情况。

表 4-1　SunTrust 在 1992—1997 年不良贷款及贷款损失准备金变化情况

项目	1992 年	1993 年	1994 年	1995 年	1996 年	1997 年
新增贷款损失准备金（亿美元）	2.342	1.891	1.378	1.121	1.159	1.170
贷款损失准备金期初累积额（亿美元）	3.810	4.742	5.612	6.470	6.989	7.258
不良贷款额（亿美元）	3.243	2.618	1.876	1.922	2.122	1.281
不良贷款额占贷款总额比重（%）	1.38	1.03	0.66	0.61	0.60	0.32
不良贷款损失准备金覆盖率（%）	146.2	214.4	344.9	363.6	342.0	586.9

上表显示，1992—1997 年，SunTrust 的不良贷款额及其占贷款总额的比重呈下降趋势，不良贷款率从 1992 年的 1.38% 降到 1997 年的 0.32%，贷款资产质量逐年提高。而与此不协调的是，贷款损失准备金却有增无减，从 1992 年的 3.810 亿美元增长到 1997 年的 7.258 亿美元，致使不良贷款损失准备金覆盖率由 146.2% 迅速上升到 586.9%。很明显，SunTrust 有超额提取准备金之嫌。这样的数字很难不引起 SEC 的注意。

包含这些数据的年报于 1998 年 3 月 10 日披露。不久，SEC 就对 SunTrust 进行了调查。为期两个月的调查结束后，11 月，SEC 发出通告，要求 SunTrust 重新评估其在 1994—1996 年三年间的贷款损失准备金水平，调增这三年的利润。这迫使 SunTrust 于 1998 年 11 月 13 日重新公布了一份 1997 年的年报，对贷款损失准备金及其相关项目进行了调整。调整情况如表 4-2 所示。

表 4-2 SunTrust 1997 年年报调整情况　　　　单位：亿美元

项目	1994 年	1995 年	1996 年	1997 年
新增贷款损失准备金（改前）	1.378	1.121	1.159	1.170
新增贷款损失准备金（改后）	1.128	0.771	0.759	1.170
变动额	−0.250	−0.350	−0.400	0.000
贷款损失准备金期初累积额（改前）	5.612	6.470	6.989	7.258
贷款损失准备金期初累积额（改后）	5.612	6.220	6.389	6.258
变动额	0.000	−0.250	−0.600	−1.000
净利润（改前）	5.227	5.655	6.166	6.673
净利润（改后）	5.379	5.868	6.410	6.673
变动额	0.152	0.213	0.244	0.000
期末所有者权益（改前）	35.715	39.052	46.215	50.180
期末所有者权益（改后）	35.754	39.259	46.642	50.790
变动额	0.039	0.207	0.427	0.610

通过重新调整，SunTrust 1994 年、1995 年、1996 年三年分别减提准备金 0.250 亿美元、0.350 亿美元和 0.400 亿美元；1997 年贷款损失准备金期初累积额由 7.258 亿美元减为 6.258 亿美元，共减少 1 亿美元贷款损失准备金；1994 年、1995 年、1996 年三年的净利润分别增加 0.152 亿美元、0.213 亿美元和 0.244 亿美元；1997 年期末所有者权益增加 0.610 亿美元。

也许 SunTrust 只是众多有类似问题的银行中的冰山一角，也许 1 亿美元的贷款损失准备金相对于银行业中存在的大量超额准备金来说微不足道。但这次事件的意义却远大于 SunTrust 被迫调整的 1 亿美元贷款损失准备金。它显示了会计准则同银行贷款损失准备金提取实务以至同监管准则的冲突越发激化。SEC 借 SunTrust 事件明确表明了自己的立场：银行不可以不恰当地过多提取贷款损失准备金。银行业及金融监管部门对 SEC 强制干预的行为也表现出强烈的不满和谴责。显然，SunTrust 事件使得会计政策与银行监管政策的对立冲突暴露无遗。自此之后，会计部门与银行监管部门开始了长达 8 年之久的政策争论和冲突。

第五章 美国贷款拨备制度发展历程：争论、协调与完善（1999—2006）

第一节 Viewpoints：FASB的重申和澄清

一、SunTrust事件后双方的紧急协调

SunTrust事件暴露出了美国会计部门与银行监管部门在贷款损失准备金会计政策上的冲突，也给银行提取贷款损失准备金的实务带来了困扰。一方面，会计部门会严厉打击多提准备金的行为；另一方面，银行监管部门会不断强调贷款损失准备金的整体充分性，若贷款损失准备金整体水平达不到监管要求，监管部门会采取干预措施。这种矛盾令银行左右为难，不利于健全稳定的银行实务。

为了达成共识，SunTrust事件发生当月即1998年11月，SEC与四家银行监管机构FDIC、FRB、OCC和OTS联合发布了《部门联合公告》，强调银行监管部门与证券监管部门都认可有意义的财务报告及披露对投资者的保护和金融体系稳健的重要性，各个机构还认可银行应提取"审慎、稳健又不过量"（prudent, conservative, but not excessive）的贷款拨备，贷款拨备必须在估计损失可接受的范围。发布联合公告的目的是确保贷款拨备会计政策的一致性，提高财务报告的透明度。

《部门联合公告》强调了1986年SEC制定的《确定贷款损失准备金的程序规定》和四家银行监管机构1993年发布的《关于贷款及租赁损失准备金的联合政策公告》。这些文件引导存款机构按照GAAP建立和保持一定水平的贷款拨备。贷款拨备要反映特定贷款的估计信用损失，以及资

产负债表日其余贷款隐含的预期最大估计信用损失。[①] 尽管对损失的估计包含这些判断，但是管理层应该将这种估计严格建立在详细的贷款资产分析上，不应该用来操纵盈余误导投资者、资金提供者、监管者和其他受影响的各方。管理层要确保贷款拨备的计提依据与年报中其他附注披露的信息一致，包括管理层的讨论与分析（management discussion and analysis, MD&A）和财务报告附注披露的经济状况和趋势，以及其他影响贷款可收回性的因素。同时，银行监管机构对 SEC 担心盈余管理问题表示理解，但指出利用贷款拨备进行盈余管理的行为只在小部分银行中存在，暗示不应将此问题扩大化。双方同意进一步制定指引来确保银行的拨备计提行为与 GAPP、《确定贷款损失准备金的程序规定》以及《部门联合公告》一致，以提高银行贷款拨备计提的透明度，并同意每家机构的首席会计师每个季度开会协调这些及其他各方共同关心的问题。

从 1999 年 1 月开始，四家银行监管机构与证券监管部门 SEC 进行高层对话。1999 年 3 月 10 日，双方针对贷款拨备问题共同发布《对金融机构的联合公函》。该联合公函对 1998 年 11 月发布的联合公告的内容进一步进行了确认，同时强调，它们意识到当前全球某些市场的不稳定可能会影响金融机构的资产质量，因此要求计提比稳定时期更多的拨备。该联合公函发布后，金融机构对银行及证券监管部门在拨备金额的适当性、披露的准确性以及支撑材料的充分性等政策上的期望仍然不确定。为了对这些不确定性问题加以解决，各监管机构决定采取以下四项措施：

（1）各监管机构将派代表组成联合工作组，对银行通常采用的拨备提取流程和处理方式进行深入的了解，包括对银行通常采用的"良好做法"有一个更好的理解。联合工作组的任务是听取银行业和会计行业就这些事项提出的意见。其工作成果主要用于改进拨备提取金额、作为支撑材料和信息披露适当性的指引，促进金融机构在贷款拨备提取上遵循 GAAP 和提高相互之间的可比性。

（2）各监管机构将根据联合工作组汇集的信息，及时就贷款拨备的计提方法和支持性文件、强化的披露要求两个方面的问题发布指引性文件，建议金融机构如何改进程序和方法以更加合理地估计内在损失，建议金融机构为提取的拨备提供足够的支撑材料，建议金融机构披露计提贷款拨备

---

① 值得注意的是，这里的预期（expected）信用损失不同于后面预期信用损失模型中的预期信用损失。这里是基于已发生损失模型的预期信用损失。这也是后来其他监管部门与 SEC 争论的焦点。

考虑的风险因素和资产质量,从而便于投资者和公众更好地理解银行的风险状况,增强市场约束。

(3) 各监管机构将共同鼓励和支持 FASB 继续发布有关贷款拨备会计处理的相关指引。大家一致认为在计提拨备时要有全面、充分的材料支撑,对每家银行的风险暴露分享方法要前后一致,要考虑银行借款和收款政策的效果,以及银行在可比情况下的损失经验。

(4) 各监管机构将鼓励和支持 AICPA 的工作组为贷款拨备的会计处理制定更加具体的指引以及计量特定日期内在信用损失的具体技术。特别地,AICPA 要把焦点集中在如何把在资产负债表日很可能已经发生的损失,即 GAAP 允许计提拨备的损失,与资产负债表日还未发生的未来损失区分开来。AICPA 已经启动了这个项目,成员主要包括会计实务界和银行业的代表。SEC 和各银行监管机构派观察员参加。

各监管机构的高级人员将继续会面,以便讨论影响财务报告透明度及银行稳健性的银行业会计及财务披露政策。这些讨论也将涉及当前银行在会计与披露准则应用上遇到的问题,包括贷款拨备计提和披露的问题,特别关注遇到的最新问题。同时,也关注各监管机构共同关心的其他问题。

各监管机构认为,上述努力将促进各金融机构对 GAAP 所要求的贷款拨备各项会计程序和方法有更好、更清晰的理解,从而增进银行信息披露的透明度,改进市场约束,这与银行稳健的目标也是一致的。考虑到金融业特殊的监管性质,以及行业长期以来存在的政策不确定性,各监管机构一致认同要继续推进银行贷款拨备实务向前发展。

二、FASB 通过 Viewpoints 重申并澄清会计部门立场

虽然 1999 年 3 月 10 日发布的联合公函表现了各机构希望积极合作,以解决贷款损失准备金会计政策各种不确定性问题的态度,但是 FASB 在未向社会广泛征求意见的情况下于 1999 年 4 月 12 日突然发布的《观点性文章:第 5 号及第 114 号财务会计准则在贷款投资组合中的应用》[①](Viewpoints: Application of FASB Statements 5 and 114 to a Loan Portfolio,以下简称 Viewpoints) 将刚刚建立起的合作关系打破,以致引发了后来一系列激烈的争论。Viewpoints 是 FASB 的正式出版物,FASB 的工作人员在其中就

---

① Viewpoints 不属于基本准则,而是 FASB 用来帮助企业恰当地运用已经发布的准则进行观点交流的一种及时有效的手段。Viewpoints 不是准则,也不能改变准则,但是通常有助于交流准则的要求。

会计问题发表意见。虽然这些观点不代表 FASB 的官方立场，但是也属于 GAPP 层次结构的一部分。

FASB 的 Viewpoints 以问答的形式对 31 个应用性问题进行了讨论，对 SFAS 5 及 SFAS 114 的基本原则进行了重申和强调，对两个准则在实务应用中的一些模糊问题及彼此关系进行了澄清。其中最关键的是对贷款损失确认过程中的一些问题进行了解释和说明。FASB 发布 Viewpoints 的目的有三点：第一，回答关于 SFAS 5 和 SFAS 114 之间关系的问题；第二，增添 Viewpoints 发布以来的一些新变化；第三，再次提醒读者 SFAS 5 所确立的基本原则，即只有当前的信息表明损失已经发生才可以确认，即已发生损失模型。围绕上述三个目的，Viewpoints 主要讨论了以下问题：

（一）SFAS 114 与 SFAS 5 的关系

SFAS 114 未明确自身与 SFAS 5 在应用中的关系，这为银行多提准备金提供了借口。实务中，许多银行在按 SFAS 114 为单笔贷款提取准备金之后，仍将这笔贷款放入组合中继续提取准备金。在 Viewpoints 中，FASB 对这一问题进行了澄清。

Viewpoints 的第 11 个问题是："如果一个贷款人对一笔贷款进行评估后的结论是该贷款受损，那么贷款人可以在根据 SFAS 114 提取准备金后，额外提取准备金吗？"FASB 的回答是否定的，FASB 认为："根据 SFAS 114 提取准备金后，不能再根据 SFAS 5 提取额外的准备金对其进行补充。根据 SFAS 114 提取的准备金应该是对该贷款所计量出的仅有的损失。"Viewpoints 的第 12 个问题是："如果贷款人对单笔贷款进行评估后的结论是该贷款受损，但在 SFAS 114 下未确认损失，那么可否将该贷款再放入组合中提取准备金？"FASB 的回答是："不可以。单笔贷款受损的话，任何根据 SFAS 5 提取的额外准备金都是不恰当的，即使该贷款根据 SFAS 114 未进行准备金的提取。比如，一个贷款人可能判断一笔抵押贷款受损（由于很可能无法全部收回合同规定的利息和本金）。贷款人可能使用抵押品的公允价值来计量该贷款，但如果抵押品的公允价值大于贷款的账面价值，那么贷款人就无须提取任何准备金。"

通过以上解答，FASB 明确指出单笔大额贷款受损只能适用 SFAS 114，不能再根据 SFAS 5 提取补充性质的准备金。

（二）贷款评估问题

SFAS 114 未规定应如何进行"正常的贷款评估程序"，对于在 SFAS 114 下贷款可否以群组方式进行评估也没有明确说明。在 Viewpoints 中，FASB 对此问题加以明确，指出贷款只有在按单笔进行评估并判断受损后才可以根据 SFAS 114 提取准备金。以群组方式确认受损的，则不能适用 SFAS 114。

（三）未来损失问题

Viewpoints 的第 14 个问题是："贷款人可以在经济上升期增加（或不降低）贷款损失准备金，从而为未来预期将要发生的损失提供准备金吗？" FASB 的回答是："不可以。GAAP 不允许在损失发生之前就对其进行确认，即使过去的经验显示损失很可能在未来发生。在今天就为可能导致损失的预期未来趋势确认一笔损失的做法是不恰当的。"这一回答再次强调了会计部门的立场，即不能就未来损失提取准备金，即使未来损失很可能发生。

虽然从发布 SFAS 5 开始 FASB 对贷款损失确认标准的要求都是"已发生损失"，但由于 20 世纪八九十年代银行普遍处于贷款损失准备金提取不足的状态，FASB 并未过多强调"已发生损失"这一原则。SFAS 114 发布之后，在许多关键问题不明确的情况下以及在银行监管部门政策的指导下，只确认"已发生损失"的原则也未得到很好的贯彻。美国银行协会（ABA）的代表就曾指责 FASB 没有对银行是否可以就未来损失提取准备金这一问题加以明确。FASB 认为，不能对未来损失进行确认是 SFAS 5 一贯坚持的立场，24 年来 GAAP 的要求都是如此，未进行强调只是因为觉得没有必要。现在之所以要在 Viewpoints 中对其加以明确，是由于银行界有"在经济上升阶段应该为经济下滑阶段提取准备金"的说法，鉴于此，FASB 决定在 Viewpoints 中对这一问题进行额外说明。因为这个观点只是对 SFAS 5 中观点的强调，并不是改变原有的准则，所以 FASB 采用的是 Viewpoints 的形式，而不是经过"充分程序"之后发布一项新的准则或者解释公告。

第二节 银行监管部门的坚持及与会计部门的争论

一、Viewpoints 引发会计部门与银行监管部门的激烈争论

（一）5 月 19 日 EITF 发布 D-80

Viewpoints 发布一个月后，5 月 19 日，FASB 的紧急问题工作组（EITF）发布了 D-80 号讨论议题。该议题指出，FASB 发布的 Viewpoints 已经被 SEC 承认为 GAAP 的一部分，应该在所有的贷款人中执行。如果 SEC 的注册成员发现根据 Viewpoints 的要求需要对已提取的准备金进行

实质性调整，须在本年第二季度结束前调整完毕。银行监管部门对此十分不满，并认为银行监管准则在贷款损失准备金的政策规定上一直以来都是被接受的，但 FASB 的 Viewpoints 是对一直所遵从的规定的改变，而 EITF 要求在限定期限内做出调整的做法则向银行传递错误信息，误导银行做出减提准备金的决定，并且该 Viewpoints 的发布并未征求银行界的意见，这与 3 月达成的共识是不符的，会给银行造成困惑。

亚瑟·莱维持在 1999 年 5 月 19 日的演讲中提道："我们的政策并不是希望金融机构人为降低准备金，甚至是保留不充分的准备金。但我们的确关心银行是否遵从了 GAAP。"GAAP 的要求就是对损失的确认既不提前，也不滞后，要在损失发生的当期确认。

(二) 5 月 21 日 FRB 发布 SR99-13

针对 EITF 的讨论议题，5 月 21 日，FRB 发布 SR99-13 以发表看法。SR99-13 点明了银行监管部门与会计部门在政策倾向性上的差异，文件指出："在过去的一年，对银行业及银行监管部门来说，有关贷款损失准备金的话题变得越来越重要。考虑到近些年来经济波动性及银行风险的日渐提高，银行业实施了健全的准备金提取实务，并恰当保留了充分的准备金。从安全与稳定的角度出发，FRB 及其他银行监管机构期望银行能够通过保守的 (conservatively) 计量来保留强大的 (strong) 贷款损失准备金。而 SEC 出于对其职责的考虑，强调财务报表及利润报告应保持应有的透明度，也因而强调贷款损失准备金应该充分而不应该过度。"这一表述显示出银行监管部门认为银行的准备金水平充分体现了当前的经济状况和风险水平，且监管部门将倡导并支持这种考虑。

至于 Viewpoints，FRB 指出，FASB 对贷款损失准备金的许多关键问题都没有解释清楚，比如为支持对准备金的估计需提供哪些证明文件，以及怎样区分已发生损失与未来损失等。FRB 认为，鉴于 SR99-13 所提到的信息以及当前各机构按 3 月的联合公函正在开展的工作，银行根据 FASB 的 Viewpoints 进行的准备金调整应该十分有限。如果将来新的指引对当前的政策和实务产生影响，银行监管部门也会在其实施之前留给银行一个合理的过渡期。言外之意就是目前银行并不需要根据 FASB 的文件对准备金做出调整。最后 FRB 还强调："FRB 将努力确保银行的贷款损失准备金保持在一个保守、谨慎、充分考虑安全性及稳健性的水平上。FRB 将会在推动及参与这一努力的过程中发挥积极作用。"

(三) 6 月 16 日的众议院听证会

会计部门与银行监管部门在贷款损失准备金问题上各执一词，发布的政策方向不一。争论的问题已经不是单纯的学术问题，或者是部门之间的管辖权问题，而变成了涉及美国证券市场投资者保护以及金融体系稳健的问题。这种冲突得到了美国国会的重视，最终演变为6月16日国会众议院听证会上的激烈辩论。SEC、FASB、AICPA、FRB、FDIC、OCC、OTS，以及银行机构和投资者都派代表参加了此次听证会。在听证会上，银行监管部门对SEC强令SunTrust减提准备金的行为及FASB发布的Viewpoints表示了强烈的不满。比如，OCC的高级副主计长埃默里·W. 瓦什顿（Emory W. Rushton）在证词中强调，银行监管部门对银行的情况最了解，它们过去对贷款拨备采取的监管措施是严格、认真、专业和深入的，它们在监管过程中并没有发现银行普遍存在多提拨备的问题，那些受到OCC监管的全国性银行总体上也没有出现重大的低估或高估拨备的行为，注册会计师同样也没有提出这个问题。特别引人关注的是，SEC提出这个问题的时点正处于银行体系信用风险上升时期。FDIC的主席唐娜·塔努（Donna Tanoue）在听证会上讨论了三个问题：

第一，拨备充足的重要性。在银行所有的业务活动中，风险最高的是贷款活动。贷款拨备的建立就是为了应对贷款活动中的信用风险。FDIC通过检查督促银行保持审慎、稳健又不过量的拨备，该拨备水平要保持在与GAAP一致的可接受的范围内。建立适当的拨备是一门艺术，而不是科学。试图澄清设置准备金的精确方法，是一项困难和具有判断性的任务。FDIC同意SEC的观点，即银行不能利用拨备计提来操纵盈余，误导报表使用者。但是，美国经济已经经历了九年的扩张，创下了美国经济发展的纪录。近期的经济发展形势，包括亚洲和巴西的经济困难，美国经济中农业、能源和其他商品部门的薄弱环节，以及消费者的高破产率，所有这些因素都会影响银行对贷款损失的评估和对贷款拨备水平的设定。每家银行在运用会计准则时必须结合自己的判断。

第二，建立贷款拨备的会计指引。FASB与贷款拨备计提有关的会计准则有SFAS 5和SFAS 114。SFAS 5是关于或有损失的准则，因为贷款的信用损失属于或有损失的范畴，因此适用这个准则。SFAS 114是专门针对单笔贷款损失评估和拨备计提的准则。这两个准则都强调贷款拨备的计提要基于过去的事项，同时必须反映当前的经济状况。1986年，SEC发布了第28号财务报告披露公告（FRR 28），要求上市公司在计提贷款拨备时采用严谨的方法、进行详细的分析和提供充分的材料支持。对上市公司来说，SEC的解释公告和FASB的会计准则具有同等水平的效力。FDIC和其他银行监管机构要求银行和储蓄机构在计提贷款拨备时遵循

GAAP 的要求，这个观点体现在 1993 年银行监管机构制定的《关于贷款及租赁损失准备金的联合政策公告》中。该联合政策公告征求了 SEC 和 FASB 的意见。这个公告明确了监管部门检查人员对金融机构拨备充分性进行评估的责任，包括检查人员对银行贷款评估系统质量和银行问题贷款识别能力的评估、管理层建立贷款拨备的程序和方法以及在这个过程中隐含的假设和其他重要因素、管理层计提贷款拨备支撑材料的充分性等。总体上，各银行计提贷款拨备的程序是可接受的、令人满意的。

第三，对 Viewpoints 的看法。 Viewpoints 中的大部分观点与银行拨备政策和行业惯例是一致的。但是，它没有综合性地解决很多关键问题，包括贷款拨备估计的支撑材料要求问题、已发生损失与未来损失的区分问题。按照 3 月 10 日联合公函中的四点建议，这些问题将在接下来银行监管机构、SEC 和 AICPA 的项目中解决。Viewpoints 存在的另外一个重要问题是不认可预期信用损失。这与监管机构之前的理念存在差异，因为在监管机构看来，贷款拨备的计提过程必然包含管理层的估计。管理层记录的最佳估计通常是在一个可接受的范围内，也可能是这个范围的最高值。此外，管理层应该始终确保适当考虑总的拨备的预期信用损失的最大估计数，以覆盖估计不精确性边际所带来的误差。

Viewpoints 发布之后，引起了银行的困惑。它们不知道如何在现有的贷款拨备计提实务中采纳相应的观点。但是 SEC 的工作人员表示在 5 月 20 日 FASB 的紧急问题工作组会议上发布了一个公告，要求 SEC 的注册成员在 6 月 30 日之前按照 Viewpoints 的要求报告和披露贷款拨备及其调整。FDIC 非常担心这一要求会导致银行对现有的贷款拨备计提方法做出很大的调整，贷款拨备水平可能也会大幅下调。这一调整也可能会导致一些股东以操纵贷款拨备的名义对调整的银行提起诉讼。

尽管银行监管机构对 SEC 之前的做法甚至 FASB 的准则持有这样或那样的不同意见，但还是存在一些基本的共识。这些共识在这一轮的争论中一直没有动摇。

第一，FASB 制定的会计准则是必须遵循的。 在 1991 年，美国国会通过《联邦存款保险公司改进法案》（FDICIA），规定联邦银行监管机构要求银行编制财务报告必须遵循 GAAP 或者更严格的会计准则。按照美国联邦金融机构检查委员会（FFIEC）的要求，FDIC、FRB 和 OCC 共同开发了统一格式的财务状况和收益报告（Reports of Condition and Income），又称财政报告（Call Reports），作为所有受 FDIC 监管的商业银行以及储蓄银行的监管报告。OTS 要求每个储蓄机构提交储蓄财务报告（Thrift

Financial Report，TFR）作为监管报告。FFIEC 要求这些监管报告遵循 GAAP。FFIEC 编制的财政报告说明书列举了与银行有关的会计准则。贷款拨备项目还要遵循 1993 年的联合政策公告。对于这些具体的项目，FFIEC 都事先征询了 FASB 和 SEC 的意见。这意味着不存在所谓的比 GAPP 要求低的监管会计原则（RAP）。

第二，已发生损失模型是必须遵循的。尽管在争论过程中银行监管部门一直强调，银行在计提贷款拨备的过程中要密切关注地区、国家和国际的经济趋势，Viewpoints 没有考虑预期的未来损失确实是一个问题，但是在现有的会计准则下，贷款拨备应该覆盖的仍然局限于在资产负债表日单项贷款可识别的很可能已经发生的信用损失以及其余贷款组合内在的、很可能已经发生的信用损失。这就是 1975 年 SFAS 5 确立的已发生损失模型。对于尚未发生的信用损失，则由银行的权益资本去覆盖。

第三，减少分歧需要以合作与沟通为基础。这次争论的主要原因在于 SEC 在对其注册成员的贷款拨备发表评论之前既没有征询银行监管部门的意见，也没有与银行监管部门进行协调。因为银行监管部门对银行的贷款拨备进行过审查，如果事先进行沟通肯定有助于 SEC 获得更多的信息去评估银行的贷款拨备水平是否是可接受的。银行监管部门长期以来实行了比较全面和严格的贷款拨备审查，并没有发现银行的贷款拨备普遍超出 GAAP 所能接受的水平。导致这次冲突的主要原因是 SEC 的单边行动以及 FASB 的 Viewpoints 与银行监管机构等各方面缺乏应有的合作。3 月 10 日的联合公函已经认可根据 SFAS 5 和 SFAS 114 计提贷款拨备尚需更多的指引。FASB 的 Viewpoints 只是局限于对这两个准则观点的强调，并没有有效地回答和解决实务中令人感到模糊和困惑的问题。在这种背景下，SEC 要求其注册成员在第二季度结束前调整贷款拨备，很显然是走到了集体行动的前面。

第四，存在分歧的内容主要在操作和理解层面。从 1999 年 3 月联合公函提出的四点行动计划可以看出，这次重点要解决的问题是会计准则共识下的操作性问题。其中有两点行动计划是银行监管机构与 SEC 联合制定各自的指引，包括：贷款拨备计提方法和支撑材料的指引、贷款拨备和贷款质量披露的指引。第三点行动计划是鼓励和支持 FASB 提供有关贷款拨备计提的更多指引。第四点行动计划可能是一项更加具体和艰巨的任务：鼓励各银行支持和参与 AICPA 的工作组，制定贷款拨备问题的专项指引，比如如何区分已发生损失和未来损失、如何识别损失触发事件。因为对银行管理层来说，很难区分资产负债表日前贷款资产内在的（inherent)、很可能（probable）已经发生的损失与资产负债表目前不包含在贷款资产中、可能的（possible）或者未来损失（future losses）。之所以将这个任务交给 AICPA，应该是与 AICPA 1996 年发布的《审计与会计指引：银行与储蓄机构》有关。该指引的目的也是指导银行执行 SFAS 5 和 SFAS 114。在该指引中，AICPA 提出银行总体的贷款拨备水平应该是基于过去的事项和当前的经济条件，要覆盖资产负债表日已经发生的单项贷款的具体信用损失以及其余贷款组合的内在损失。概念上，银行可以通过估计未来现金流，比较其折现值与贷款的账面价值来确定贷款拨备，但是这里面始终包含着一个 SFAS 114 没有解决的主观性问题，需要提供更进一步的指引来指导银行管理层如何理解、如何操作。实务和理论之间存在着具体操作性的差异。

(四) 7 月 12 日的联合公函

在众议院的听证会之后，各机构尽管没有达成具体的、清晰的一致意见，但是也取得了一定的共识。1999 年 7 月 12 日，SEC、FDIC、FRB、OCC、OTS 再次联合发布《对金融机构的联合公函》。在这份公函中，各机构进一步强调了两点共识。第一点共识是在 1999 年 3 月 10 日的联合公函中，各方认可的"当前全球某些市场的不稳定可能会增加银行贷款资产的内在损失，因此需要比稳定时期更多的贷款拨备"；第二点共识是 1999 年 5 月 19 日 SEC 主席亚瑟·莱维特强调的，SEC 认为银行拨备水平太高，应该降低，这并不是要求银行人为降低贷款拨备或者保持低的拨备水平。在继续承认 3 月 10 日联合公函所认可推行的工作的基础上，各方进一步强调了以下几方面的意见：

（1）要使准备金达到一个适当的水平，在很大程度上依赖于管理者的判断，由此也导致评估的损失落在一个估计区间。

（2）审慎、稳健又不过量。位于一个可接受区间的贷款损失准备金水平是适当的。根据 GAAP，一个金融机构记录的应该是它在该损失区间内对贷款损失准备金的最佳估计，也包括最佳估计区间的最大值。

（3）在决定贷款损失准备金的时候不可避免地存在不精确性，而合理的贷款损失准备金是落在一个估计区间。

（4）一笔"未指定到具体贷款"的准备金如果反映了对很可能已经发生的损失的合理估计、是根据 GAAP 提取的并得到合理的支持，那么该准备金就是适当的。

（5）对准备金的估计应该建立在对贷款资产全面评估、有充分文件支持、应用的政策具有一贯性的基础上。

（6）对贷款损失准备金的估计应该考虑在资产负债表日存在的所有可获得信息，包括行业、地理、经济以及政策因素等。

7月12日的联合公函在最后指出，各机构将继续通过首席会计师会议进行合作，针对贷款损失准备金的文件支撑和披露问题发布并行指引。SEC今后在对银行贷款拨备采取行动之前要征询银行监管部门的意见。各机构一致同意在2000年3月前制定关于贷款拨备支撑材料和披露的新指引，某些会计问题将由正在开展工作的AICPA工作组来解决。虽然明确了这一指导方针，但金融机构应遵循GAPP，包括联合公函所载的概念和EITF发布的D-80所载的指导方针，因为它们出于财务报告目的确定贷款损失准备金。

这份联合公函作为众议院听证会后的成果，为未来的工作奠定了基础，尤其是SEC承诺今后在对银行贷款拨备采取行动前会征询银行监管部门的意见，被认为是纠正了以往错误，乃至在众议院以407：20的票数比通过，被写进了相关金融现代化法案中。此外，AICPA接下来将经过充分程序来处理贷款拨备的问题，而不是简单的文献整理程序（filing process）。这变相地批评了FASB的Viewpoints。

（五）7月29日的参议院听证会

众议院听证会取得了一定的成果，但是各方并没有达成具体清晰的一致意见。这个问题被进一步提交到了参议院听证会。1999年7月29日，参议院银行、住房和城市事务委员会证券小组委员会召开了一次主题为"贷款损失准备金会计"的听证会。在听证会上，参议员洛德·格拉姆斯对SEC提出了三点批评：

第一，SEC在银行贷款拨备问题上没有征询银行监管部门的意见，缺乏与银行监管部门的沟通，并强调不允许再发生这种缺乏沟通的情况。

第二，SEC的行动给银行监管者、审计师和银行家带来了混乱的信号，因为银行监管部门正在提醒银行信贷质量和全球经济正在急剧下降，银行应该增加拨备，而不是削减拨备，这种混乱的信号是不可接受的。

第三，SEC认为被要求采取行动的银行在遵循GAAP上有问题，但是这些银行在历年的审计中都收到了无保留意见的审计报告。究竟谁能代表GAAP？是审计师、FASB，还是SEC？SEC的Viewpoints是用来进一步解释GAAP的，还是用来取代FASB的充分程序进而改变GAAP的？

FASB坚持认为，其主要目标及存在意义就是保持以及促进财务报告的有用性、可靠性及透明性。这对市场及经济发展都是至关重要的。SEC表示，准备金过多首先是对股东不利，如果银行都超额保持过量准备金，尽管有些经验丰富的证券分析师可以"看穿"(see through)这个问题，但是大部分股东无法看出这个问题，因而会低估股票的真正价值。此外，如果银行在经济形势好的时候保持过量的准备金，当经济形势恶化的时候，银行的管理层就可能会通过之前的过量准备金来掩盖当前恶化的经济形势。这样一来，股东和市场就无法及时察觉经济形势的恶化，及时发挥市场约束(market discipline)作用，即使是公司董事会中的外部董事、独立董事也可能察觉不到经济形势的恶化，因此也就无法督促管理层及早采取行动，改变方向。然而，透明的贷款拨备政策可以有效地发挥早期预警作用。

但银行方面认为，投资者有能力判断公司的真实价值。在经济上升阶段为经济下滑阶段多提准备金，保持资产负债表及资本的稳定，进而保持金融体系的安全稳定同样是对投资者的一种保护。

听证会主要围绕以上争论展开，莱维特在证词中指出：

（1）承诺在适当情况下与银行机构进行协商，这一点毫无疑问。SEC和银行机构在为解决共同关切问题努力的基础上再接再厉，特别同意在SEC审查金融机构期间采取任何重大行动之前相互协商，使各方对贷款损失准备金问题有更好的认识，对就贷款损失准备金提供文件支持的指导有很大的改进。

（2）需要使财务报告背景透明，透明的财务报告能够保护金融市场，同时强调SEC从来不希望金融机构人为降低贷款损失准备金或持有不足的准备金。切实关心的是，银行和其他公共公司一样，遵循GAPP。市场需要及时和可靠的信息，这样市场才能有效和高效。没有准确的信息，股东不可能评估公司的财务状况或他们可能承担的风险水平，SEC无法有效履行其监督职责。一般来说，SEC披露制度的目标是通过充分和公平的披露来建立诚实和有效的市场与做出知情的投资决策。财务报告的透明度，也就是说关于一家公司或银行的财务信息在多大程度上是可见的，是投资者、其他市场参与者和监管机构可以理解的，在使市场具有效率、具有流动性和具有弹性方面起着至关重要的作用。透明度使监管机构、债权人、投资者和市场能够评估金融机构的安全性和稳健性。

此外，除了帮助投资者做出更好的决策外，透明度还提高了对市场公平的信心，提升了公司治理水平，因为它使董事会能够提高管理的有效性，并在必要时采取早期纠正行动，以解决公司或银行财务状况恶化的问题。因此，至关重要的是，所有公共公司和金融机构都必须提供对其财务状况和业绩的全面和可靠的描述。

(3) 需要使贷款损失准备金透明。贷款是大多数金融机构资产的最大组成部分。准备金是根据当前情况估计的可能无法得到偿还的贷款数额。因此，在经济繁荣时期和经济不景气时期，对贷款损失准备金的透明和一致报告对美国金融市场安全至关重要。不符合 GAPP 的过多或不充分的准备金可能导致投资者、监管机构、债权人或任何需要了解实体真实财务状况和业绩的人面临重大问题。在这种情况下，投资者、监管机构和其他人将无法可靠地衡量投资组合的信用损失，投资者也不能真正了解金融机构的实际资本或收益。

此外，收益扭曲可能会误导银行董事会和监管机构对银行实际安全性和健全程度的认识，导致对特定金融机构的损害，并可能对整个系统造成损害。

(4) GAAP 提供透明度、一致性和可比性。投资者、监管机构和债权人期望可靠、一致、可比和透明的报告。会计准则确保财务信息以便于知情判断的方式列报。为了使财务报告提供给投资者和其他决策者需要的信息，有必要制定有意义和一致的会计准则和可比做法。这种准则和做法必须由公司在类似情况下以类似的方式适用。GAPP 是透明的财务报告的支柱。GAPP 是所有上市公司，包括金融机构发行证券和发布财务报告所需的会计框架，即确认、计量和披露。在 1999 年 3 月 10 日的联合公函和 7 月 12 日的联合公函中，银行监管机构和 SEC 重申了国会制定的金融机构应遵循 GAPP 的政策。

(5) 私营部门标准制定过程的重要性。SEC 依赖于一个独立的私营部门标准制定过程，即彻底、开放和协商的部门准则制定者是 FASB，FASB 的报表被指定为 GAPP 的主要一级。在会计方面制定私营部门标准是一种行之有效的模式，证明了政府监督下的私营部门举措可以取得成功。透明会计在保持金融市场活力方面起着重要作用。美国会计模式的成功在很大程度上归功于私营部门的大力参与。这一过程的一个组成部分涉及 FASB 与其成员直接合作，制定反映市场需要的适当会计准则。重要的是，机构和市场必须继续利用根据健全的会计和披露标准提供的可信、公正和有用的财务信息。4 月 12 日的 Viewpoints 是 FASB 工作人员的问答。FASB 工作人员问与答与 FASB 发布的会计准则有关的执行问题，FASB 工作人员自动成为 GAPP 的一部分。普遍接受的审计标准长期以来包括 FASB 工作人员作为 GAPP 的一部分发布的实施指南。因此，4 月 12 日的问答在没有 SEC 工作人员采取任何行动的情况下发布后成为 GAPP 的一部分。

虽然举行听证会的目的是加强各方的有效沟通、增进理解、明晰政策，但矛盾并未由此得到解决。贷款损失准备金会计政策仍存在争议。不过在听证会上各机构承诺继续举行有高级工作人员参加的会议，讨论银行业会计和财务披露政策所涉问题。各机构过去已经表明可以在这个问题上以建设性和合作的方式共同努力。监管机构给出相互冲突的信息，这对银行业来说不符合各方的利益。

二、双方政策冲突的理论根源

在美国的政府系统内，银行监管部门的任务是负责银行的稳健性监管，工作目标是银行安全和稳健（safety and soundness），而证券监管部门的任务是保护投资者，确保证券市场投资者能够获得与证券相关的所有重要信息，工作目标是信息的准确披露与透明。理论上，这两个目标是不矛盾的，但是在现实的操作过程中不可避免地产生了冲突，尤其是在贷款损失准备金这个包含太多主观估计的项目上。银行监管部门希望银行为部分未估计到的损失或者说将在未来发生的损失提取准备金。这种政策冲突源自双方在职责与立场上的差异以及考虑问题的角度不同。下面就对会计部门与银行监管部门各自所坚持的立场背后的理论根源进行探讨。

（一）银行监管部门关心经济安全

1. 贷款损失准备金对经济安全的重要意义

贷款损失准备金对整个金融体系安全性的影响是金融监管当局考虑得最多的问题。特别是经历了20世纪八九十年代金融机构危机的惨痛教训之后，美国银行监管部门意识到贷款损失准备金是影响银行持续稳健经营的一个重要因素，所以给予了贷款损失准备金更多的关注。

贷款损失准备金的重要性体现在，它可以充当银行资本的保障。出于安全考虑，银行都需要保持一定额度的自有资本。危机发生时，如果直接冲抵的是银行的资本，那么银行需要立即补足资本至监管部门要求的安全水平。但在危机时期，风险的提高以及公众信心的丧失使得银行通常需要付出更大的代价来获取资本，甚至有时无法获得资本。一旦银行资本被大规模侵蚀，且很难获得补充，那么随之而来的很可能是大规模的挤兑，银行短时间内就会流失大量资金，并最终因为无法满足储户的提款要求而宣布破产。但如果在危机发生前银行就已经充分评估了损失，并为之提取了贷款损失准备金，那么不良贷款的产生不会或只在较小程度上对资本产生影响，也不会导致当期利润的大幅波动，银行的安全性将大为增强。

总之，充分反映了贷款损失水平的贷款损失准备金有助于规范银行内部决策、有利于监管部门及时发现问题、能在危机发生时为损失提供缓冲并减少对资本的冲击，是银行风险管理的一个重要组成部分。

2. 就未来损失提取准备金可缓解亲周期性的经济后果

根据 Beattie 等（1995）的成果，在一个完全有效的市场上，长期来说，金融机构拥有足够的信息来区分信用周期的上升与下降。在上升时期，银行有机会增加资本，就贷款损失计提准备金，在下降时期，使用这些准备金。这样的话，贷款损失准备金的计提就是反周期的：在经济上升时期准备金增多，在经济下滑时期准备金减少。但是，现实中完全有效的市场是不存在的，信息的不对称及收益的不确定使银行无法建立客观的贷款损失准备金。在这种情况下，贷款损失准备金就会呈现出亲周期性，也就是在经济繁荣时期准备金下降而在经济衰退时期准备金增加。

实证研究结果也为证明亲周期性现象的存在提供了依据。Cavallo 和 Majnoni（2001）通过对 36 个国家 1 176 家银行 1988—1999 年的数据进行分析发现，非 G10 国家银行的贷款损失准备金与息税折旧摊销前利润不存在正相关关系，这是因为在经济繁荣阶段提取的准备金不足使这些机构不得不在经济衰退阶段增提准备金；Laeven 和 Majnoni（2003）以 45 个国家 1 419 家银行 1988—1999 年共 8 176 个观测值为样本再次考察亲周期性。结果显示，银行在利润为负的情况下准备金水平显著提高，意味着在经济下滑时期银行用资本来补充准备金，所以平均来看银行在经济上升时期没有为经济下滑时期提取足够的准备金。

这种亲周期性产生的结果就是银行的业绩在经济上升时期被夸大，而在经济下滑时期进一步导致情况恶化。也就是说，在经济繁荣时，其实危机已经产生，但由于银行过于自信，忽略了准备金的提取；等到危机开始明显时，这时提取准备金的行为以及由此导致的惜贷和经济萎缩只会进一步缩减利润和扩大危机。因此，贷款损失准备金亲周期性造成的结果就是加剧了银行体系及整个宏观经济的周期性波动。

正是由于贷款损失准备金这种亲周期性特征的存在，银行监管部门及很多学者才会对现行会计政策发起声讨，认为现行会计政策基于已发生损失的做法是滞后的方法（ex-post approach）。这种方法使准备金不能充分反映银行信贷资产包含的所有潜在风险，而损失只能在已被明显识别时确认。这产生的影响如下：一是使本该控制信贷及股利政策的银行可能由于利润被夸大而继续采取扩张性信贷及股利政策，导致风险的进一步增加及潜在损失的进一步扩大。等到不良资产大量涌现时才不得不增提准备，从而加剧经济的周期性波动。二是蒙蔽了监管部门和外部投资人，使监管部门难以及时发现银行体系潜藏的危机,未能及时采取措施加以控制。因此,银行监管部门提倡准备金的提取建立在一种前瞻性方法(forward-looking approach)基础之上,即在计量贷款损失的时候,不但要考虑已发生损失,还要把预期信用损失考虑在内。这样,在经济上升阶段提取的贷款损失准备金就覆盖了非受损贷款在经济周期内的预期信用损失,起到反周期的效果,降低亲周期性波动。总之,银行监管部门从经济后果出发来考虑,希望会计政策的制定能帮助银行克服在准备金提取上的亲周期性。在这一要求下,会计政策不但应该允许银行就已发生损失提取准备金,而且应该允许银行就预期信用损失提取准备金,从而使银行不用在危机发生时另建准备金,只需动用在经济上升时期建立的超额准备金来冲抵损失,以此来增强银行体系的安全性。

(二)会计部门关心会计信息决策有用性

FASB 早在于 1978 年发布的《财务会计概念公告第 1 号——企业财务报告的目标》中明确指出:"财务报告应该为目前以及潜在的投资者、债权人及其他财务报告使用者做出明智的投资、信贷及类似决策提供信息。"由此,美国 GAAP 的方向得以确定,那就是会计信息要为经济决策服务。会计部门之所以强调不能就贷款的未来损失提取准备金,就是因为这种行为会严重损害会计信息的可靠性,进而使会计信息失去决策有用性。这主要体现在以下两点:

1. 就未来损失提取准备金更便于银行进行利润平滑

银行管理者进行利润平滑的潜在收益有很多,如达到业绩目标、减少盈利水平的波动、降低风险评级、减少股价波动、提升股价、减少债务成本等。显然,进行利润平滑对银行管理者来说十分有利,但这一行为却破坏了财务报告要求的相关性和可靠性。最先受损的就是投资者的利益。投资者最关心的是投资风险及对期望收益的评价,他们需要通过会计信息去发现证券的价格、评估股利或利息的现金收入,进而做出决策。利润平滑行为降低了财务报告的透明度和真实性,也降低了银行之间的可比性,使外界不能及时了解银行的真实经营情况,增大了市场投资者进行分析的成本。这与美国以保护投资者为主的市场环境和以"决策有用观"为指导原则的财务概念框架是相违背的。自 1934 年成立以来,SEC 的重要职能之一就是致力于财务报告的标准化和信息披露的制度化,目标是保证会计信息披露的准确性和透明性,从而保护广大投资者的利益。鉴于此,杜绝利润平滑行为就成为证券监管部门工作的一个焦点。

贷款损失准备金是银行管理者进行利润平滑的一个有力工具。贷款损失准备金并不存在一个确定的金额，它建立在管理者估计的基础之上。也就是说在信息不对称、估计标准与方法不统一的情况下，管理者个人的主观判断发挥了重要作用。这无疑为管理者操纵利润提供了空间：在经济条件好时多提准备金，相当于向未来"借出"利润，而在经济下滑时，通过少提准备金将之前"借出"的利润"收回"，这样各期之间报告利润的波动减少，成功达到了平滑利润的目的。

对于银行是否利用贷款损失准备金来达到利润平滑的目的，很多学者都进行了实证研究，大部分研究支持这一观点。如 Christopher（1988）、Barth 等（1996）、Kanagaretnam 等（2000）等的研究结果表明，银行披露的利润与贷款损失准备金正相关，许多银行在利润低的时候减少了贷款损失准备金的提取，与利润平滑假说相符。其中 Barth 等（1996）的研究证实，具有低增长率、低资产回报率、高资产负债率等特征的小银行和高风险银行或财务状况不佳的银行等更倾向于进行利润平滑；Kanagaretnam 等（2000）在发现银行存在利润平滑行为的同时，也对相应动机进行了研究，结论是，管理者进行利润平滑是出于对工作安全（job security）的考虑，另外，降低融资成本也是进行利润平滑的一个重要原因。

在不允许贷款损失准备金覆盖未来损失时对贷款损失准备金的确认已经很难把握，如果允许银行将未来损失考虑在内，那么银行的贷款损失准备金提取实务将更加难以监控。银行将有更大的空间和便利来进行利润平滑，这无疑将对银行财务报告的真实可靠构成巨大威胁。为了保证会计信息质量，提高会计信息有用性，会计准则制定部门坚持不对未发生损失进行反映的原则，禁止银行利用准备金进行利润平滑。

2. 从经济后果角度出发制定会计准则会使会计信息失去中立性

会计信息的可靠性不仅体现为信息的真实性，它还有另一个不容忽视的含义，那就是信息的"中立性"（neutrality）。所谓中立性，就是指会计准则制定机构制定准则时不应考虑对某一特定利益集团产生有利或不利的影响，而应该关心所产生的会计信息的相关性与可靠性，使其影响对所有的使用者相同（Beattie，1995）。因此，中立性是衡量可靠性的一个更为根本的质量特征。特别是在会计准则制定阶段，如果制定的准则本身就对某一利益集团有倾向性，甚至为了达到一个预期的目标而设定，那么中立性必然被破坏，会计信息就会偏离真实情况。即使是在提供的数据有依据可循的情况下，会计信息的可靠性也不再有保障。另外，不同利益集团对会计信息的需求是不同的，会计信息不可能同时满足这些需求。正是由于会计信息难以做到同时满足各利益集团的需求，才更应该保持中立性，尽量做到让各使用者都能得到有用的信息，否则对某一利益集团的偏袒必然损害其他方的利益，会计准则就变成了为特定利益集团服务的工具。

在贷款损失准备金会计问题上，如果会计准则制定部门采纳银行监管部门的意见，从经济后果角度出发，以牺牲会计信息的可靠性为代价满足银行监管部门的监管需要，那么会计信息的中立性无疑将会丧失。因为，满足了银行及银行监管部门的要求必然损害其他方的利益。为广大投资者做出决策提供有用信息是财务报告的目的。如果允许银行人为地对准备金进行调节，在经济状况好时多提，在经济下滑时再用以前多提的准备金来弥补，那么报告数据反映的就不是银行真实的经营情况，报告会失去透明性，投资者将会被迷惑。而且，贷款损失准备金提取可能带来的经济后果不只是亲周期性，它还可能被用于利润平滑。对贷款损失准备金的人为调节到底是为了增强经济稳定性还是为了满足管理者个人需求，这两者是难以区分的。为了缓解亲周期效应而采取的会计政策必然会给银行管理者进行利润平滑创造更好的条件，这同样是对投资者利益的损害。所以，会计政策失去中立性只会使某一利益集团受益，而使其他利益相关者受损。

综上，银行监管部门与会计部门一个从经济后果出发，另一个从会计信息决策有用性出发，对贷款损失准备金的会计处理采取了不同的态度。究竟应以经济后果为重还是坚持会计信息的中立性，至今仍是一个备受争议的话题，在后面的章节也将多次提及。

三、争论后暂时达成共识

两年后，联合工作组的工作再次有了阶段性成果。2001年7月2日，FFIEC代表四家银行监管机构发布了《银行及储贷机构贷款及租赁准备金计提方法及支持性文件的政策声明》；紧随其后，7月6日，SEC发布有关贷款损失准备金的第102号成员会计手册（Staff Accounting Bulletin No.102）。这两份并行指引的主要目的都是对贷款损失准备金的相关文件支持提出要求。两份指引的规定基本一致，对支持性文件的要求具体、详细而又合乎实际情况。比如，对于按SFAS 5评估的贷款组合，要求提供贷款是如何被分组的、损失率是如何确定的、在确定评估损失经验的时间框架时考虑了哪些因素、可能影响损失率或损失计量的因素等相关文件来佐证；对于按SFAS 114评估的单笔贷款，需要提供涉及现金流的发生时间和金额、对现金流进行折现的实际利率、确定现金流的基础，以及与过去事件和当前情况相关的其他信息的文件来佐证。实际上，对支持性文件的详细要求，一方面满足了会计部门检查银行是否遵照会计准则的规定计提准备金的监督需要，另一方面满足了银行监管部门审查银行准备金是否充分的监管需要，是符合双方利益的政策选择，也是缓和双方矛盾冲突的一种有效渠道。

虽然机构间达成了一定的共识，但银行监管部门与会计部门之间的政策分歧并未消除。譬如联合公函给出了计提准备金的总指导原则。由于融合了会计部门与银行监管部门两方的意见，公函措辞隐晦，界定不明。"预期信用损失模型"是否得到承认、怎样区分已发生损失与未来损失、"未指定到具体贷款"的准备金如何才与 GAAP 相符等问题都未得到说明。这些模糊的规定并未改变银行在提取准备金过程中面临的两难境地。

第三节 SOP：AICPA 为制定详细准则所做的努力

一、SOP 征求意见稿的主要内容

虽然 FASB 发布了 Viewpoints 对 SFAS 5 和 SFAS 114 进行补充，但有关贷款损失准备金的 GAAP 仍有诸多疏漏和不明确之处。比如，对 SFAS 5 下的贷款组合未指定计量方式、未说明应如何区分已发生损失与未来损失、SFAS 5 和 SFAS 114 都没有完善的披露要求等。为了解决以上问题，自 1999 年 3 月联合公函发布后，AICPA 就开始致力于更详细的贷款损失准备金会计指引的制定。从 2000 年到 2003 年，AICPA 下属的会计准则执行委员会（AcSEC）每年都会就有关贷款损失准备金问题的"见解声明"（SOP）发布征求意见稿。SOP 的主要目的是：（1）为贷款损失准备金的会计处理提供更加权威的会计指引；（2）对报告的贷款损失准备金所需要的文件支持提出要求；（3）对贷款损失准备金的会计披露提出要求。下面就对 SOP 征求意见稿中的主要观点和内容进行总结。

（一）贷款损失的确认问题

首先，SOP 明确否定了预期信用损失模型。SOP 征求意见稿重申了 SFAS 5 和 SFAS 114 对贷款损失的定义及确认范围，强调"现行 GAAP 对贷款损失准备金的基本目标是让贷款人确认已经发生的损失以及确认已损失的金额。在损失很可能已经发生以前，即使预期信用损失很可能在未来发生，也不可以对其加以确认。反之，如果损失金额可以合理估计，则也不应该将在当期已经发生的损失推迟到以后确认"。对于银行监管部门提倡的预期信用损失模型，AcSEC 在征求意见稿中指出："尽管有些人认为应该用预期信用损失模型，也就是用确认贷款在整个存续期内预期将要

发生的损失的模型来代替已发生损失模型,但 AcSEC 认为这种预期信用损失模型与 SFAS 5 的要求不符。"即 SOP 明确否定了银行监管部门的预期信用损失模型。对于估计的损失落在一个合理区间的问题,之前的联合公函要求贷款人确认属于该损失区间的最佳估计,包括当管理者的最佳估计是该区间的最大值的时候。SOP 则进一步要求:"如果不存在最佳估计,那么贷款人应该确认该区间的最小值。"

其次,SOP 明确了贷款损失准备金的构成。虽然 Viewpoints 澄清了单笔大额贷款在根据 SFAS 114 提取准备金之后不能根据 SFAS 5 提取额外的准备金,但现行 GAAP 并没有排除其他形式的附加准备金,因为 GAAP 从未明确地规定贷款损失准备金到底由哪几部分构成。SOP 对贷款损失准备金的构成问题进行了明确的规定,征求意见稿指出:"贷款人的资产负债表报告的贷款损失准备金只能由以下两部分构成:(a)根据 SFAS 114 为单笔大额贷款确认和计量的损失提取的部分;(b)根据 SFAS 5 及 SOP 为贷款组合确认的损失提取的部分。除此之外,不允许确认其他形式的贷款损失准备金。"这一规定就排除了银行以其他方式提取的补充性准备金,银行以后提取的准备金必须有准则可循,要么是根据 SFAS 114 提取,要么是根据 SFAS 5 提取。实际上这是对银行监管部门准则的挑战,银行监管部门从准备金整体充分性出发所要求的"不精确性边际"以及"未指定到具体贷款"的准备金就无法明确地追溯到某一具体准则。根据 SOP 的要求,这种形式的准备金将不再允许存在。

SOP 早期的征求意见稿就曾明确排除"未指定到具体贷款"的准备金这种形式。AcSEC 于 2000 年 6 月 13 日发布的征求意见稿第 8 条指出:"额外的或附加的贷款损失准备金通常被称为补充性的、未指定到具体贷款的、未分配的,或者一般或有准备金。这些准备金是在按 SFAS 5 为贷款组合提取准备金后又额外提取的部分。这种额外的或附加的准备金不符合 GAAP 的确认要求,不应该被包括在贷款损失准备金当中。"这一条款显然与 1999 年 7 月发布的联合公函不符,因为该公函承认"未指定到具体贷款"的准备金。SOP 的这一规定遭到银行监管部门的强烈反对。于是在 2003 年 6 月 19 日发布的征求意见稿中,AcSEC 改变措辞,指出不再从名称或简化短语上来排除特定的贷款损失准备金的某些组成部分,但是要求每一部分必须有与贷款信用风险特征相关的数据支持,并且为贷款组合提取的准备金不能导致损失的双重计量。这一要求大大缩小了银行额外提取准备金的空间,实际上仍相当于否认"不精确性边际"和"未指定到具体贷款"的准备金的合理性。

(二) SFAS 5 下贷款组合的计量问题

由于 SFAS 5 未指定贷款组合的计量方式，AcSEC 试图解决此问题。SOP 的解决方案就是也对贷款组合采用现金流折现法来计量。AcSEC 认为贷款组合的损失计量方式不应该与单笔贷款的损失计量方式有所区别，只不过在贷款具体的可获得信息的基础上，对单笔贷款的计量会更精确一些。基于此种考虑，AcSEC 决定对贷款组合的计量也由损失确认模型 (loss recognition model) 转变为与 SFAS 114 相同的收入确认模型 (revenue recognition model)。具体要求是以贷款组合内所有贷款的综合利率 (composite interest rate) 来对贷款组合的未来现金流进行折现，将现值与贷款组合的账面价值相比较，从而确定为贷款组合提取的贷款损失准备金。

但由于贷款组合的可获得信息较少，预测未来现金流时有一定的难度。为此，AcSEC 曾考虑利用间接的现金流折现法，即"损失确认期法" (loss confirmation period) 来计算贷款组合的内在损失。这是一种只从可收回的贷款本金出发来估计贷款组合内在损失的方法。所谓"损失确认期"，就是从引发损失的事件发生开始到贷款被核销这段时间。贷款人若要评估贷款组合的已发生但未确认损失，首先要估计损失确认期，计算每期的核销率（核销率是以一期的核销值，如一年或一个季度的核销值，除以该期贷款组合的平均账面价值），然后用历史核销率乘以损失确认期，再乘以贷款组合的账面价值，就得出该贷款组合的内在损失。由于贷款组合的账面价值已经是一个折现值，就不必再进行折现计算了。因此，如果一个贷款人在期末有账面价值为 1 000 000 美元的贷款资产，年核销率为 2%，损失确认期为 2.5 年，那么贷款损失准备金中根据历史核销经验提取的部分就应为 50 000 (2%×2.5×1 000 000) 美元。应用这种方法，贷款人需要对每个贷款组合进行评估以确定损失确认期。确定损失确认期的方法是回顾检验 (back-testing) 已核销的贷款，从而决定引发损失的事件是在何时发生的。然而回顾检验要求识别导致损失的一个或一组事件，许多人认为即使有后见之明也无法识别每一笔贷款的损失事件。鉴于损失确认期法只有理论上的优点而缺乏实操基础，AcSEC 不强令使用这种方法，但认为这是一种合理的方法，并推荐银行采用。

AcSEC 未指定估计未来现金流的方法，但要求贷款人所建立的方法使预测的现金流不考虑预期将在未来发生的事件所造成的损失。

(三) 对支持性文件的要求

SFAS 5 要求在确认和计量资产损失时考虑可获得信息。SOP 提出更加具体的要求，要求在对贷款组合进行确认和计量的过程中特别考虑相关的"可观测数据"(observable data)，确保贷款组合损失的每一个组成部分都应该有一组或更多的可观测数据来支持。

可观测数据的含义是，它应向贷款人提供信息，这种信息或者证明了与贷款组合损失的发生概率有逻辑关系的因素的存在，或者表明了影响贷款组合已发生损失金额的因素。贷款人不必在可观测数据与贷款组合损失之间建立直接的数学关系，但可观测数据一定要足够充分，从而能直接显示损失的上升或下降。

AcSEC规定，根据SFAS 5确认的贷款损失准备金的组成部分，也就是贷款组合损失的组成部分，应该建立在预期未来现金流折现值的基础之上。在确定折现值的过程中，对贷款组合损失的每一个组成部分的估计，都应该建立在与当前情况相关的可观测数据的基础之上。贷款组合损失的所有组成部分都应该有与该贷款组合的特定信用风险特征相关的可观测数据来支持。对贷款组合损失的计量必须与每一期相关可观测数据的变动相一致。只有当环境变化显示其他的可观测数据变得更为相关或可获得新的更加相关的可观测数据时，贷款人才能对可观测数据进行调整。贷款人不应该用可能在未来发生的事件来调整可观测数据。AcSEC还指出，如果贷款人无法识别相关的可观测数据为贷款组合损失的确认和计量提供支持，那么该部分损失的确认就是不合理的，贷款人应该考虑只对其按或有事项进行披露，而不是确认损失。

尽管AcSEC承认就信用损失提取准备金仍将是一个需要大量主观判断的会计估计过程，但AcSEC认为所有的损失都应该有可观测数据的支持。把贷款损失准备金的确认和计量建立在可观测数据的基础之上，可以给贷款组合损失的估计过程带来更多的客观性，从而使这一过程有重大的改善。出于这一原因，SOP要求在损失的确认和计量过程中使用可观测数据。

（四）对披露的要求

AcSEC认为现行GAAP对贷款损失相关会计政策的披露要求既有限又宽泛，以致不利于对整体财务报告的充分理解，也不利于各主体之间或贷款人各期报告之间进行有意义的比较。AcSEC认为对引发主观判断的因素以及对准备金数额的判断应该有更加透明的披露，因此SOP制定了新的披露要求。具体地，贷款人应该披露以下信息：

（1）贷款损失准备金每一重要部分的计量方法（重要部分被定义为占贷款损失准备金总额10%以上的部分。同时，非重要部分不得超过全部金额的 25%)。

（2）贷款人对每一重要部分的贷款损失准备金所使用的会计确认和计量政策及方法。包括：(a) 对贷款损失准备金的每一重要部分进行描述；(b) 对贷款组合信用风险评估过程中使用的方法以及每项贷款所具有的相似信用风险特征进行描述；(c) 对每部分贷款损失准备金计量过程中使用的可观测数据以及各期报告的可观测数据的重大变化进行描述。

（3）对于进行了信用风险评级的贷款，披露其账面价值。

（4）对于未进行信用风险评级的贷款，通过偿还情况对其账面价值进行披露。

（5）贷款损失准备金总额。

根据 GAAP 确认的每一部分贷款损失准备金所采用的方法可能都不同。SOP 的披露要求希望能够反映出这一事实，并试图为财务报告使用者提供充分的额外信息，从而使他们可以理解各期之间坏账成本的变化、由此产生的贷款损失准备金，以及贷款人评估准备金数额时所使用的信息。另外，AcSEC 相信 SOP 的新披露要求既满足了机构间会计信息可比性的要求，又使财务报告使用者能理解特定贷款人的贷款损失准备金政策。

二、在各方反对下 SOP 无果而终

从上面的介绍可以看出，SOP 的要求比 SFAS 5、SFAS 114 以及 Viewpoints 的要求都更加详细、具体以及苛刻。如果 SOP 实施，将会对银行的实务产生重要影响。首先，预期信用损失模型不再允许采用，"不精确性边际"及"未指定到具体贷款"的准备金等补充性准备金将被排除在确认范围之外；其次，贷款组合也将采用现金流折现法来计量；最后，金融机构必须为每部分准备金提供大量的可观测数据支持并进行披露。这一系列要求都使准备金提取以及管理者主观判断的空间大大变窄，也改变了银行一贯的准备金提取实务。

SOP 受到了银行监管部门以及银行机构的强烈反对。ABA 曾多次致信 AICPA 对 SOP 提出反对意见。ABA 指出，SOP 要求对贷款组合也使用现金流折现法不符合银行实务，这种方法成本太大，若要实施的话需要大量时间和培训。ABA 希望 AICPA 能更好地意识到折现法的局限性；另外，ABA 认为 AICPA 的披露要求任务过于繁重且过于细化。SOP 要求银行将引发准备金提取的经济因素进行详细的分解，这种要求会导致信息超负荷，会增加很多页数的披露，也会给财务报告使用者带来困惑。而

且许多内容涉及商业秘密，不适合对外披露。2003 年 10 月 23 日，OCC、FRB、FDIC、OTS、国家信用合作社管理局（NCUA）五家机构针对 SOP 发布联合意见函。在意见函中，银行监管部门认为如果实施 SOP 的话，将会产生以下后果：

（1）使金融机构在决定合理的贷款损失准备金水平时，不再操作现代信用风险管理实务；

（2）使金融机构的贷款损失准备金达不到充分水平；

（3）完全束缚了专业人士的判断和"未指定到具体贷款"的准备金的使用，并在贷款损失评估过程中应用了人为的精确度；

（4）引入一个新的而又无可行性的概念——"损失确认期"。

事实上，SOP 的许多规定的确缺乏可操作性。比如，对贷款组合也采用现金流折现法来计量这一规定。一方面，贷款组合通常是由数量多、金额小的分散贷款所构成，如消费者分期付款贷款、住房抵押贷款等。这类贷款金额小，借款人多而分散，相关可获得信息并不像单笔大额贷款那样容易获取。当某借款人失业或发生意外时，银行很难及时获知，也无法据此对贷款组合的未来现金流做出调整。另一方面，如果直接估计现金流不可行，那么金融机构就要按 SOP 给出的间接法即损失确认期法来确定折现值。然而这种方法也缺乏可操作性，因为很难确定贷款损失到底是从什么时候开始发生的。因此，对贷款组合损失的最佳估计方式就是根据历史损失经验来判断。再比如，对贷款组合的每一组成部分及其变动都要提供可观测数据支持这一要求。在贷款损失评估过程中，主观判断是无法避免的，披露固然十分重要且必不可少，但为主观判断提供如此细化的支持性"数据"是十分困难的。SOP 的披露要求强迫机构将主观判断与具体数据联系在一起，这种做法既有难度又不合理。SOP 的规定不符合现实情况，过于追求精确性，必然会受到银行监管部门的阻挠。

银行界对 SOP 有诸多不满；五家机构认为 SOP 征求意见稿已经修改了现行 GAAP，只会引起混乱和疑惑，AICPA 应该放弃发布额外的指引。最后在各方的强烈反对下，原本定于 2003 年 12 月 15 日生效的 SOP 最终被取消，AICPA 放弃了对 SOP 的发布，表示将转向致力于进一步规范披露工作，而不是发布更具体的指引。

第四节 2006年联合公告：
银行监管部门对分歧的纠正

虽然 AICPA 的 SOP 由于过于苛刻和激进而未发布成功，但经过长达数年的争论，与 1993 年发布联合公告时相比，银行监管部门已经对 GAAP 有了更加深入的理解。充分的准备金对金融安全固然重要，但透明的财务报告体系同样是银行安全和稳健经营的关键。另外，不同部门之间的争论只会导致银行实务的混乱，危害银行的经营。因此，在 8 年的冲突与矛盾之后，银行监管部门的观点与会计部门日渐统一，分歧也日渐消除。银行监管部门与会计部门在贷款损失准备金问题上分歧的消除，在 OCC、FRB、FDIC、NCUA、OTS 五机构于 2006 年 12 月 13 日再次联合发布的《关于贷款及租赁损失准备金的联合政策公告》中得到了充分的体现。这份公告取代了 1993 年发布的联合政策公告，成为银行监管部门对贷款损失准备金的最新政策指引。这份公告的内容与 1993 年公告相比发生了很大变化，政策口径与会计部门实现了统一，基本消除了银行监管部门与会计部门在贷款损失准备金会计政策上存在的分歧。2006 年联合公告相对于 1993 年联合公告的变化主要体现在以下几个方面。

一、确认损失范围的改变

1993 年联合公告要求银行评估所有预计的信用损失，即"预期信用损失"，2006 年联合公告则使用了"已发生损失"的概念。2006 年联合公告指出，根据该联合公告评估的预计信用损失必须符合 GAAP，在注释 7 中对 GAAP 的解释为："在 GAAP 下，贷款损失准备金的目的不是吸收贷款资产的所有风险，而只是覆盖很可能已经发生的信用损失。"这与 1993 年联合公告要求准备金覆盖所有预计损失的说法有了明显的区别。

二、不再使用"预期信用损失模型"

1993 年联合公告在"董事会和管理当局责任"条款中将所确认的损失发生的时间扩展到未来 12 个月甚至贷款的整个剩余有效生命期限，比如次级和可疑类贷款剩余有效生命期限内所有预计信用损失，以及非次级或可疑类贷款未来 12 个月内的所有预计信用损失等。这种确定贷款在整个生命期限内损失的方法被 AICPA 称为"预期信用损失模型"，并被认为与 GAAP 不符。在 2006 年的联合公告中，银行监管部门取消了这些规定。取而代之的是要求确认根据 SFAS 5 或者根据 SFAS 114 计量的已发生损失。在联合公告所附的常见问题解答中，第一个问题就是金融机构在对贷款组合进行评估的时候可否预测资产负债表日后可能出现的环境变化。联合公告对此的回答是不可以，而要求机构在评估过程中只考虑资产负债表日存在的当前因素的影响。至此，银行监管部门在贷款损失准备金的确认上由"预期信用损失模型"转向"已发生损失模型"。

三、对 SFAS 5 与 SFAS 114 应用关系的明确

在有关 2006 年联合公告的常见问题解答中，第四个问题是："如果根据 SFAS 114 对单笔贷款进行评估的结果是贷款发生减损，但是计量的损失为零，那么机构可否将其放入贷款组合中根据 SFAS 5 为其提取准备金？"联合公告的回答是不可以。联合公告指出，如果单笔贷款确认受损，那么即使按 SFAS 114 对损失进行计量的结果为零，也不可以再根据 SFAS 5 为其提取准备金。这点就与 FASB 的 Viewpoints 完全达成了统一。联合公告还指出，层叠式（layering）地提取准备金是不合理的。金融机构应该采取措施避免对贷款损失准备金的层叠提取。层叠提取的一种情况就是将一笔贷款放入一个贷款组合中，在对贷款组合的损失进行充分的评估后，又将该笔贷款放入其他贷款组合，从而提取了额外的准备金。另一种不合理情况就是一笔贷款已经根据 SFAS 114 单独进行评估并确定受损，之后这笔贷款又被包括在各项贷款具有相似风险特征的贷款组合中按 SFAS 5 进行评估。在 SFAS 114 下为单笔受损贷款提取了准备金，绝对不可以再通过 SFAS 5 提取补充性准备金。通过这些表述，银行监管部门明确了 SFAS 5 与 SFAS 114 是一种并列而不是叠加的关系。

四、对"未指定到具体贷款"的准备金的解释

2006 年联合公告未再强调"不精确性边际"的影响，不再要求金融机构在评估贷款时考虑"不精确性边际"。但是，保留并强调了"未指定到具体贷款"的准备金这一说法，同时对其进行了进一步的说明和解释。联合公告认为，在 GAAP 中没有对"未指定到具体贷款"这一术语进行定义，在实务中不同的银行对其会有不同的理解。比如，有些机构将根据环境因素变化对历史损失率进行调整所导致的准备金视为"未指定到具体贷款"；还有一些机构认为凡是不在特定贷款组合的基础上提取的准备金就是"未指定到具体贷款"。由于解释不统一，就不能仅凭"未指定到具

体贷款"这一称谓否定一笔准备金的合理性。一笔"未指定到具体贷款"的准备金可能符合 GAPP，也可能不符合 GAAP。如果一个机构的贷款损失准备金包括了一部分"未指定到具体贷款"的准备金，只要它反映的损失得到合理的支持及证明，那么这部分就可以被认为是管理者对信用损失的最佳估计。比如，从管理者评估日到资产负债表日期间的经济发展变化以及资产负债表日前发生的自然灾害就是可能导致全部资产而非具体某一单笔贷款或特定贷款组合发生损失的环境因素。这种环境因素会导致"未指定到具体贷款"的准备金的产生。因此，被归类为"未指定到具体贷款"的准备金本身并不意味着不合理。管理者提供的客观证据、分析以及文件支持决定了一笔"未指定到具体贷款"的准备金是否符合 GAAP。2006 年联合公告对"未指定到具体贷款"的准备金的解释并不违背 GAAP。

五、不再以固定比例衡量准备金的充分性

1993 年联合公告在"检查者责任"条款中要求以分类贷款的一定比例来衡量贷款损失准备金的充分性，如可疑类贷款不低于总额的 50％，次级贷款不低于总额的 15％等。2006 年的联合公告废除了这些规定，不再以固定比例来衡量准备金的充分性。而且指出，单纯通过"标准比例"来确定贷款损失准备金金额是不合理的。另外，在金融机构已经通过某计量方式确定了适当的贷款损失准备金金额之后，也不应该再根据同业比例或"标准比例"对其进行调整。

综上，银行监管部门发布的 2006 年联合公告是对以往监管政策的一个根本性改变，它标志着银行监管部门与会计部门在贷款损失准备金会计政策上消除了分歧，最终达成了共识。2006 年联合公告指出："具有高风险贷款资产或者对可能的未来事件对资产的可收回性所造成的影响不确定的金融机构应该将重点放在保持较高的权益资本上，而不是任意提取超过 GAAP 标准的准备金。"这是银行监管部门第一次在发布的贷款损失准备金政策指引中将强调的重点放在了资本上。而在此之前，特别是在 1998 年的国会听证会上，这一直是会计部门与证券监管部门强调的重点。这意味着，贷款损失准备金这一科目正向其会计本质回归。

第六章 美国贷款拨备制度发展历程：次贷危机之后（2007年至今）

金融危机后，已发生损失模型的顺周期性备受质疑，国际社会一致纷纷呼吁改革金融工具减值模型。FASB 和 IASB 在金融危机之后开始合作，试图在金融工具减值问题上实现趋同。然而，两者分分合合，最终 FASB 基于美国国情，还是选择了与 IASB 不同的减值模型。本章将结合两者之间的合作与分离，介绍次贷危机之后美国贷款拨备制度的发展。

第一节 次贷危机简要回顾

次贷危机是指一场发生于美国，由次级贷款机构破产、投资基金倒闭、股市剧烈震荡所引发的金融危机。它致使全球主要金融市场出现流动性不足、信贷紧缩的现象。该危机于 2006 年春季初现端倪，2007 年 8 月开始席卷美国、欧盟和日本等世界主要金融市场。其后危机从资本市场一直传导至信贷市场并进一步渗透到实体经济，最终演变为金融海啸。在这里，我们并不详细阐述危机发生的完整过程以及危机对实体经济的具体影响，而是将重点放在次贷危机对资本市场以及信贷市场的影响上，为之后分析会计问题做准备。

一、危机的导火索：利率上升、房价下跌

美国次贷危机的直接导火索有两个：基准利率上升和住房价格持续下跌。随着美国住房市场的降温尤其是短期利率的提高，次级贷款利率大幅上升，购房者的还款负担大大提高。同时，住房市场的持续降温也使购房者出售住房或者通过抵押住房再融资变得困难。这种局面直接导致大批次级贷款借款人不能按期偿还贷款，银行收回房屋却卖不出高价，大面积亏损，引发次贷危机。

由于次级贷款的违约风险较高，它们往往比信用评级较高的贷款有更高的利率和不同的条款。许多次级贷款是利息贷款或可调利率抵押贷款（ARM），其中一些是负摊销贷款（未偿余额以每月未付未计利息的金额增长）。统计显示，2005 年美国已实施证券化的次级抵押贷款中约有 80% 属于可调利率抵押贷款（Michael，2006）。在贷款初期，贷款人常常把利率设定得比当时的市场利率低，称为诱惑性利率（teaser rate）。在贷款合同生效 2～3 年后，初始利率将被重新设定，称为可调整利率（adjustable rate）。利率从诱惑性利率调整为市场基准利率加上一定的风险溢价，从而使利率水平比初始利率高出许多。2004—2006 年，美联储迫于原油和大宗商品价格上涨的压力连续 17 次上调联邦基金利率，利率水平从最初的 1% 上升至 5.25%。利率上调使得次级贷款借款人的还款压力不断上升。由于次级贷款的发放对象主要是收入不稳定或者说信用不良的借款人，因而这种还款压力是不言而喻的。结果将是借款人每月的利息支付增加，这反过来导致借款人拖欠和违约的增加。不过在房地产价格不断上升的前提下，如果次级贷款借款人不能及时还款，那么他们可以申请房屋重新贷款，通过举借新债来偿还旧债。同时，借款人在利用新债来偿还旧债之后还可以获得部分现金以作他用。就银行而言，它们通过回收抵押房产并以较理想的价格进行拍卖来有效减少损失。然而，如果房地产市场调整导致价格回归，即使借款人申请房屋重新贷款，仍可能无法完全避免旧债的违约。如果房产价值跌到低于未偿还抵押贷款合同金额的水平，那么很多借款人就会索性采取消极做法，即直接违约，等着贷款机构回收房产。同样，银行为了迅速变现以减少损失，将回收的房产再次投入房地产市场，不过此时这一做法只会导致房价进一步下跌，从而导致更多人无法偿还贷款，面临房产被回收的窘境。从图 6-1 可以看到，在 2008 年第 4 季度以前，房产回收数量节节攀升，最高时期达近 76.6 万所。

对那些以发放次级贷款为主要业务的银行来说，亏损无疑是惨重的。于是，自 2007 年开始大量抵押贷款机构倒闭，其中包括新世纪金融公司、美国国家金融服务公司等知名的抵押贷款机构。

二、危机的蔓延：资产证券化

随着房价上涨和抵押贷款加速发展，投资银行找到了许多方法来重新打包——也就是证券化——数十亿美元的抵押贷款，并将它们分段出售给世界各地的投资者。金融家和监管机构支持证券化，预计证券化能分散风险，强化市场。证券化得以快速增长，这类工具增加了对潜在房主的信贷

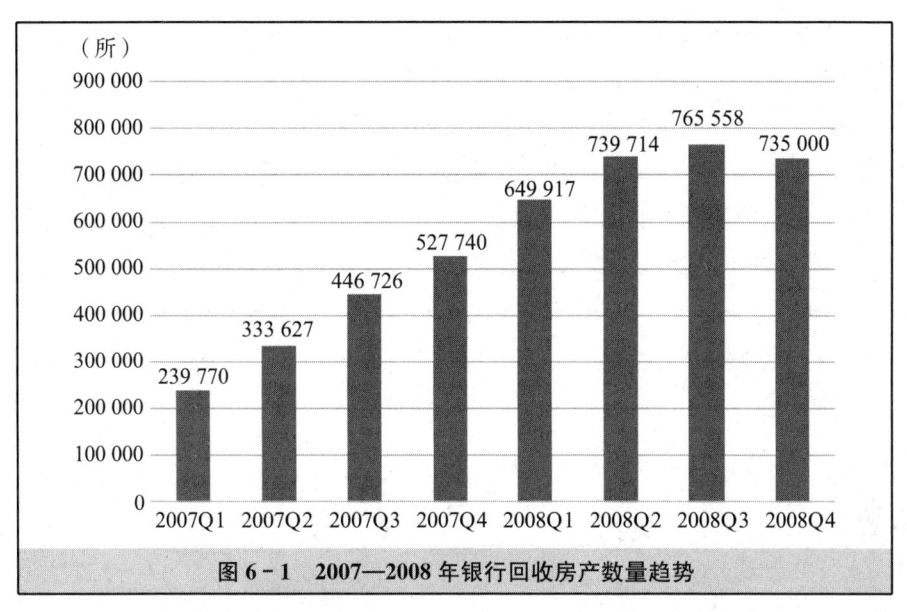

图 6-1 2007—2008 年银行回收房产数量趋势

资料来源：维基百科（英文版）。

供应，帮助投资者实现了风险多样化，并帮助贷款人释放资本用于他途。抵押贷款支持证券（MBS）的投资者包括多种类型的实体，包括商业银行和零售银行、投资银行和保险公司。MBS 也可以通过共同基金、对冲基金、养老基金和私募股权公司等间接持有。

所谓资产证券化，是指将缺乏流动性但具有稳定现金流的资产汇聚成池，通过结构性重组，转换为在金融市场上可以自由买卖的证券，使其具有流动性。于金融机构而言，它是一种良好的融资手段。

如果不存在资产证券化，次贷危机顶多危及银行业的贷款业务。但事实上，美国的金融体系庞大而复杂，资产通过证券化这一手段层层打包，风险随着杠杆操作层层放大，最终酿成了震惊全球的金融危机。

通过图 6-2 我们可以看到标准的资产证券化过程、市场参与者与资金流动方向。在标准的资产证券化过程中，首先银行或贷款公司即发起人（originator）从经纪商（broker）处收购抵押贷款，同时将具有相似特征的贷款汇聚成资产池后出售给特殊目的机构（SPV）。接着 SPV 重新打包，并通过内部信用增级或外部信用评级等方式创造出各种金融衍生品（如 MBS 等），随后在资本市场上出售给投资者（investor）。投资者的类型是多样化的，其中包括投资银行。接下来，投资银行将这些金融工具进行二次打包，设计出具有更大风险与收益的衍生品，如信用违约互换（CDS）、债务抵押债券（CDO）等。然后它们以承销商（underwriter）的身份将之出售，以吸引更多的投资者。于是传统商业银行、保险机构、对冲基金、个人投资者等都纷纷介入其中。在经济全球化的背景下，这些重要的参与者不仅包括美国，甚至涉及日本、欧盟等发达经济体。然而众所周知，金融衍生品大多利用杠杆操作——一些产品的杠杆率竟高达 20~30 倍，它们在产生高收益的同时也潜藏着巨大的风险。因此，当越来越多的参与者成为整条资金链中的各个环节时，风险也随之扩散开来。

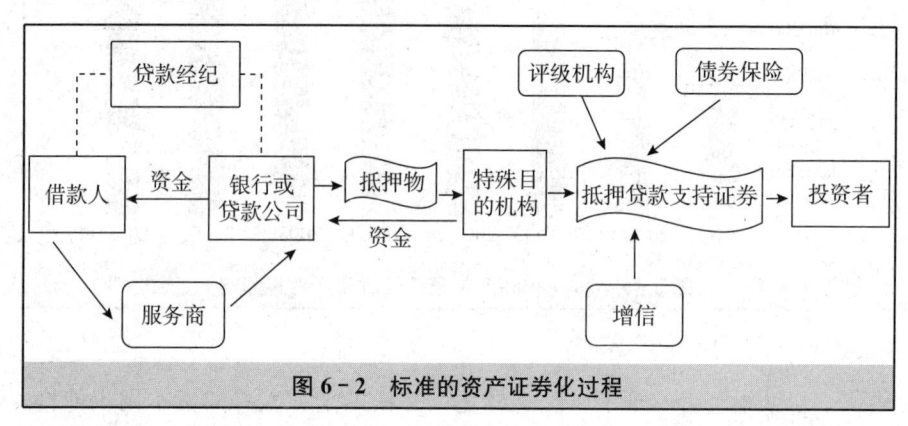

图 6-2 标准的资产证券化过程

资料来源：Sabry, F., Schopflocher, T. The subprime meltdown: a primer [R]. NERA Economic Consulting, 2007.

很明显，这条资金链既复杂又脆弱，因为它是建立在信用风险较高的次级贷款上的。一旦借款人的违约率达到一定程度，资金链就会从源头开始断裂，随后各个环节上的价值因为没有初始资产的支撑而瞬间蒸发。这就解释了为什么新世纪金融公司、美国国家金融服务公司等抵押贷款公司相继破产，贝尔斯登旗下的两只以次级贷款为收益基础的对冲基金瓦解，2008 年出现银行倒闭潮等一系列重大事件。

三、危机的深化：信贷紧缩

让我们利用金融危机传导模型来分析美国次贷危机的传导机制。在传导过程中，美国次贷危机形成了从信贷市场到资本市场、从资本市场到信贷市场、从金融市场到实体经济和从国内市场到国际市场的传导路径，在金融全球化的背景下，美国次贷危机通过金融市场和实体经济传导到全球市场，并对全球经济发展造成不确定性影响。

资本市场上五花八门的金融工具是少数数学天才的发明，它们的价值或多或少地显现出投资者起伏不定的心理。在经济上升时期，投资者风险偏好较高，从而导致经济泡沫的进一步变大。当危机来临时，投资者普遍产生悲观情绪，市场价值以残酷的方式重新回归。自 2007 年 8 月起有一种趋势开始显现：次级贷款违约率节节攀升，人们终于意识到个人住房抵押贷款支持证券（RMBS）和 CDO 的风险之所在，于是采取大量抛售的手段来避免产生更大的损失。然而这致使 RMBS 和 CDO 的价格暴跌，甚至出现有价无市的现象。流动性突然缺乏，直接导致货币市场利率与美国国债息差急剧上升。流动性短缺分别在 2007 年 8 月、12 月和 2008 年 3 月出现高峰。面对紧急情况，欧洲中央银行、日本中央银行和美联储采取统一行动，向货币市场注入大量流动性。流动性的注入使投资银行得以继续持有手中的 RMBS 和 CDO，不必将之疯狂抛售，从而在一定程度上避免了债券价格的进一步下跌。但是次贷危机却又很快从流动性危机发展为信贷紧缩危机。

由于许多抵押贷款是证券化过程中不可分割的一部分，MBS 有时可以掩盖潜在抵押贷款抵押品的风险和表现特征。例如，某一证券中特定贷款或贷款组合所遵循的承销标准可能与该证券中另一贷款或贷款组合所使用的标准不同。证券化的这一特性可以掩盖给定证券内合并抵押贷款的违约风险。而且，随着次级 MBS 市场在 2007 年年中变得越来越缺乏流动性，为这些证券不同部分建立估值基准的市场价格几乎消失了。

由于缺乏透明度和价格清晰度，再加上媒体对越来越多的抵押贷款欺诈案件的广泛报道，投资者和贷款机构越来越厌恶风险，进一步加剧了信贷紧缩。

四、危机的根源：公允价值惹的祸？

提到信贷紧缩，美国银行家协会、美国总统前候选人麦凯恩以及一些学者［余永定（2008）等］都认为公允价值会计是罪魁祸首。因为公允价值会计应用于 MBS 和 CDO 等资产，银行会参照市场上正在交易的相似金融资产的价格来确定自己所持有金融资产的账面价值，因此，次级 MBS 价值的缩水将会导致持有这些资产的金融机构的账面价值发生同样程度的缩水。事实上，公允价值会计在 2008 年国际金融危机中就是通过"市场交易价格下跌—资产减记—核减资本金—恐慌性抛售—价格进一步下跌"这一恶性循环致使金融危机进一步恶化。

然而，SEC 2009 年的调查报告显示：在 50 个银行样本中，公允价值计量只涉及金融机构资产负债表中 45% 的资产项目和 15% 的负债项目，影响损益的资产项目占比小于 25%。那么，真正影响报告利润的因素应涵盖：日益递增的贷款损失准备金、非暂时性损失（other-than-temporary impairment，OTTI）以及公允价值波动。其中，贷款损失准备金的计提攀升是迅速的，在2008年前三个季度，准备金的计提数量超过了1 210亿美元，占权益损失的10%以上，相比之下，2006年和2007年的计提数量仅为270亿美元和620亿美元，分别占权益损失的3%和5%（见图6-3）。因此，SEC认为，公允价值会计在金融机构倒闭中发挥的作用微不足道（did not appear to play a meaningful rule）。事实上，银行倒闭是由日益增长的潜在信贷损失、投资者对资产质量的担忧、交易对手和投资者缺乏信心、缺乏流动性等多种因素导致的。

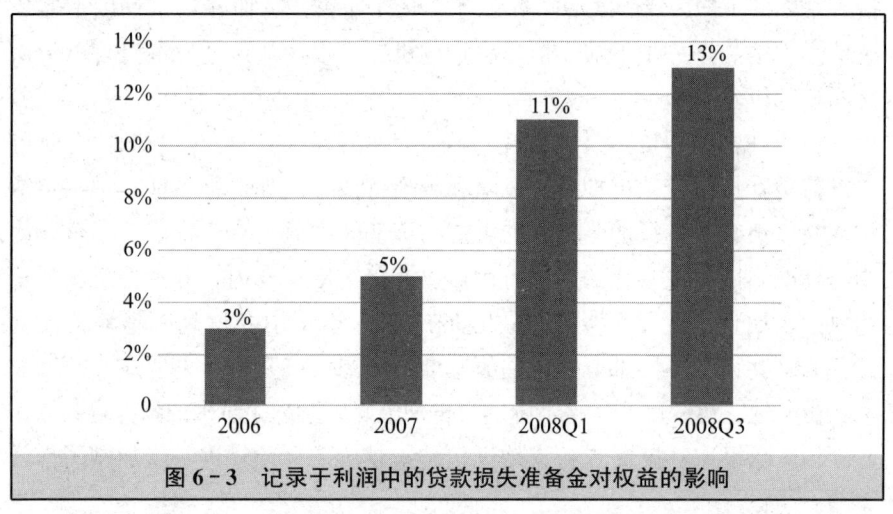

图6-3　记录于利润中的贷款损失准备金对权益的影响

资料来源：根据美国《2008年紧急经济稳定法案》第133节提出的报告和建议，按市值计算。季度数据已折算为年度数据。

那么，贷款损失准备金是如何影响金融机构财务报告的呢？以下通过新世纪金融公司破产案进行具体阐述。

案　例

新世纪金融公司破产案——贷款拨备计提的缺陷再次暴露

次贷危机的爆发以新世纪金融公司的倒闭作为标志性事件。新世纪金融公司是一家位于加利福尼亚州的知名贷款公司，成立于1995年，主业为次级抵押贷款，全职员工曾超过7 000人，曾是全美第二大抵押贷款公司。2007年以前，该公司未曾出现过亏损情况，而且净利润逐年增加（见表6-1）。可是就在2007年4月，该公司向法院提出了破产申请保护。为什么一家巨型企业就这么倒下了呢？

表 6-1　新世纪金融公司盈利状况

指标	2001年	2002年	2003年	2004年	2005年
净利润（亿美元）	0.484	1.797	2.455	3.756	4.165
每股收益（美元）	1.52	4.73	6.32	8.29	7.17

资料来源：新世纪金融公司年报。由于 2006 年的财务报告涉嫌造假，修改后的财务报告尚未公布公司就已经申请破产保护，因而缺少 2006 年的数据。

该公司的破产应归咎于失败的公司治理，其中会计信息失真最终将公司引向穷途末路。只要我们观察一下该公司对持有至到期资产贷款损失准备金的计提，就可以了解到：公司破产不是一朝一夕的事情，而是一个积累的过程。

在新世纪金融公司成立之初，优质抵押贷款被传统大型商业银行所垄断。为了在抵押贷款市场中获得比较竞争优势，公司选择另一个细分市场——次级抵押贷款市场。2006 年以前，联邦基金利率较低，房地产价值不断上扬，公司为了抢占市场份额大量增发次级抵押贷款。鉴于当时宏观经济的良性循环，公司并不担心借款人发生违约，因为房地产价值的升高增强了借款人的偿债能力。于是，公司的次级贷款发放规模从 2004 年的 60 亿美元迅速扩张至 2005 年的 160 亿美元。短短一两年的时间，信贷规模竟然增加了约 1.7 倍。

可是，面对巨额的贷款资产，计提准备金的却是凤毛麟角。从 2004 年 3 月 31 日到 2006 年 12 月 31 日，随着该公司贷款规模的不断增大，贷款损失准备金从 0.458 亿美元迅速攀升至 1.947 亿美元。但是从准备金对贷款的覆盖率来看，最小是 0.7%，而最大也仅仅为 1.6%（见表 6-2）。虽然覆盖率很低，但是根据该公司的历史数据建立起来的信用评级和管理体系显示，1%左右的准备金覆盖率已经足够。有趣的是，管理层甚至认为 2005 年已计提的贷款损失准备金超过了应计范围。然而，事实远非公司管理层所想。从宏观层面看，美国的房地产行业平均每 18 年可视为一个周期，2006 年美国的房地产萧条是 16 年来最严重的一次滑坡，而新世纪金融公司是一家仅仅成立 10 年的公司，其历史信用记录远不足以覆盖这个行业的风险。当房价开始下跌，违约率会上升到正常情况的 5~6 倍。截至 2006 年第三季度，美国次级住房抵押贷款的违约率已高达 12.6%（杜丽虹，2007），1%与 12.6%的差距成为公司倒闭的重要原因。

表 6-2 新世纪金融公司 2004—2006 年贷款损失准备金计提情况

报告日期	贷款账面净额（亿美元）	贷款账面价值（扣除准备金前，亿美元）	期末贷款损失准备金账面余额（亿美元）	准备金覆盖率（%）
2004-03-31	59.993	60.451	0.458	0.8
2004-06-30	91.465	92.091	0.626	0.7
2004-09-30	108.905	109.752	0.847	0.8
2004-12-31	131.953	132.855	0.902	0.7
2005-03-31	158.362	159.537	1.175	0.7
2005-06-30	184.830	186.286	1.456	0.8
2005-09-30	183.303	185.081	1.778	1.0
2005-12-31	161.439	163.420	1.981	1.2
2006-03-31	161.029	163.127	2.098	1.3
2006-06-30	159.056	161.155	2.099	1.3
2006-09-30	140.310	142.226	1.916	1.3
2006-12-31	122.187	124.134	1.947	1.6

资料来源：新世纪金融公司破产报告。

然而具有讽刺意味的是，新世纪金融公司在破产以前始终坚信公司内部对风险的管理是妥善的，计提的贷款损失准备金是充足的（尽管事后证明事实并非如此）。2005 年 10 月，公司因遇到税收问题每股收益下降了 0.26 美元。但是管理层却不以为意，反而试图利用部分转回减值准备的方法来增加季度利润。公司一名董事发现后慎重地考虑辞职。他在辞职信中明确反对管理层调整利润，并指出管理层的做法带有操纵盈余的意味（Missal and Richman，2008）。迫于董事会的压力，管理层最终未进行利润调整。

通过上述分析，我们可以看到：

从微观公司层面看，贷款损失准备金计提确实存在主观任意性。新世纪金融公司正是由于贷款损失准备金人为的计提不足，导致贷款资产的账面价值严重偏离内在价值，最终导致经营失败。

从宏观经济层面看，贷款减值损失表现出了顺周期性，贷款损失准备金同样表现出了顺周期性，没有起到应有的风险预警和资本缓冲作用。在经济上升时期，新世纪金融公司倾向于少提准备金，积累的信用风险只有在 2006 年房地产市场发展迅速放缓时才开始暴露，过往几年积累的准备金远不足以应对经济下滑时期的损失。

基于此，美国与国际社会开始将焦点放在逆周期的、前瞻的"预期信用损失模型"上。本章接下来将重点阐述美国贷款拨备制度在次贷危机之后的发展，其中涉及 IASB 的部分将在第八、九章详细讲述。

第二节 次贷危机后美国贷款拨备制度的发展：FASB 与 IASB 分离但趋同呼声强烈

金融危机后，国际社会纷纷呼吁改革金融工具减值模型。IASB 被寄予厚望，成为改革的主力机构，金融稳定理事会（FSB）、巴塞尔银行监管委员会（BCBS）、二十国集团（G20）纷纷要求 IASB 改变现有制度的顺周期性，建立全球统一的、高质量的会计准则，改进贷款减值会计准则，进一步提升贷款损失准备金的前瞻性。

由于需求一致，FASB 和 IASB 在金融危机后开始合作，试图在金融工具减值问题上实现趋同。为响应国际社会要求建立全球统一的、高质量的会计准则的号召，解决现有的已发生损失模型的亲周期性、确认损失"太少、太晚"等问题，IASB 与 FASB 在 2009 年 3—5 月每个月都举行联席会议商讨确定一致的未来减值方法。2009 年 11 月和 2010 年 5 月 IASB 和 FASB 先后发布相关的征求意见稿。

IASB 在 2009 年 11 月的征求意见稿中提出采用预期现金流模型来取代已发生损失模型。预期现金流模型要求会计主体在初始确认时评估包含未来信用损失的贷款现金流期望值，并以此计算贷款实际利率。该贷款实际利率在贷款的存续期内保持不变，并且将其与贷款余额相乘用来计算实际利息收入，而贷款的合同利息收入与实际利息收入之间的差额被计入贷款损失准备金账户。

2010 年 5 月，FASB 发布了《对金融工具会计以及衍生工具和套期活动会计的修订（征求意见稿）》，包括对分类和计量、信用损失和套期活动会计的建议。该征求意见稿中有关信用损失会计的目标是确保金融工具计提的减值准备余额能反映贷款存续期内预期的所有信用损失。FASB 要求当主体不能收回所有合同金额时，应当确认信用损失。同时，FASB 建议利息收入以实际利率和扣除信用损失后的摊余成本为基础来计算确认。

FASB 和 IASB 虽然都提出了预期信用损失模型，认同不需要等到客观证据产生才对减值资产计提准备金。然而，二者对预期信用损失的确认和计量却存在很大的差异：IASB要求通过综合实际利率法调减利息收入，在存续期内逐渐分摊确认预期信用损失（即"利润表观"），而FASB却要求在初始确认时即确认存续期内所有预期信用损失（即"资产负债表观"）。FASB在自己的征求意见稿中提出：两者的模型由于确认时点和实际利率计算的不同，确认的利息收入金额也将有所不同。那FASB的模型与IASB的模型，谁提供了更多的对决策有用的信息？

对于二者的差异，从反馈情况来看，各界对两者减值方法的巨大差异和可操作性质疑不断，征求意见稿的反馈者纷纷表达了希望IASB与FASB能达成共同的减值会计方案。因此，为进一步提高贷款损失准备金提取的可操作性，并协调两者之间的差异，IASB和FASB在相互妥协的基础上于2011年1月31日联合发布了《金融工具：减值（增补征求意见稿）》，试图将贷款损失准备金计提的逐期分摊法和立即确认法结合起来。

第三节 次贷危机后美国贷款拨备制度的发展：FASB与IASB趋同的实质性行动

鉴于国际上对IASB与FASB达成共同的减值会计方案的呼声十分强烈，2011年1月，IASB和FASB针对各自原来发布的征求意见稿，融合了各自的部分观点，联合发布了《金融工具：减值（增补征求意见稿）》，提出了基于信用风险特征的"二分法"。

联合征求意见稿把公开组合按照贷款的可回收性划分为"好账户"和"差账户"两类。对于差账户，要求采用FASB提出的立即确认法，按照所有差账户贷款的全部预期信用损失计提贷款损失准备金，并计入当期损益。对于好账户，按照时间比例逐期分摊预期信用损失。同时，为了解决对逐期分摊法下贷款损失准备金可能难以覆盖短期内预期信用损失的担忧，联合征求意见稿又引入立即确认法作为最低准备金计提要求。也即，当按照逐期分摊法应该计提的贷款损失准备金低于未来可预见期（最短不少于12个月）内贷款组合的所有预期信用损失时，应该按照孰高法依据可预见期内贷款组合的所有预期信用损失计提贷款损失准备金。假设好账户贷款组合A在存续期内的全部预期信用损失为1 000美元，A的加权平均账龄为2年，加权平均贷款期为5年，则在直线分摊法下每年应分摊200美元（1 000/5）的预期信用损失，账龄为2年时准备金账户余额应为400美元（1 000×2/5）。假如在未来可预见的2年内，A的全部预期信用损失为700美元，则准备金账户余额按照孰高法应为700美元，而不是400美元，因此应按照700美元计提贷款损失准备金。

联合征求意见稿把有效利率计算和预期信用损失计算相分离。IASB在2009年11月的征求意见稿中要求在计算实际利率时考虑包括预期信用损失在内的所有预期现金流。然而各界普遍认为，该方法将会造成较大的操作困难，因为当时各国商业银行的普遍做法是运用会计核算系统与风险管理系统分别单独计算实际利率和预期信用损失。因此，如果要采用IASB早先的建议，在计算实际利率时统筹考虑预期信用损失，就需要将会计核算系统和风险管理系统进行整合，这样做不仅成本较高，而且费时费力。因此，联合征求意见稿采取了分离法，允许会计主体分别运用会计核算系统和风险管理系统计算实际利率和预期信用损失。尽管分离法所产生的结果与IASB在2009年11月的建议产生的结果有些差异，但却大大降低了操作难度。

联合征求意见稿还在贷款损失分摊和预期信用损失折现方面提供了灵活性。例如在使用时间比例法进行贷款损失分摊时，IASB与FASB允许在直线法和年金法中进行选择。当会计主体选择运用直线法时，可以选择对预期信用损失进行折现，也可以选择不折现。当选择进行折现时，则又可以选择介于无风险利率和前述实际利率之间的任何合理的折现率。

然而，从反馈意见看，该提议由于缺乏理论基础以及操作困难等问题并未得到强烈支持。尽管如此，IASB与FASB继续努力发展共同的减值方法，2011年5月又提出了"三个桶模型"。截至2012年7月，IASB和FASB完成了对发展"三个桶模型"的一般框架所有相关问题的再考虑工作。此时看来，实现趋同似乎近在咫尺、指日可待。

第四节　次贷危机后美国贷款拨备制度的发展：FASB与IASB分道扬镳

虽然IASB和FASB试图在金融工具减值问题上实现趋同，但FASB基于美国国情，最终还是选择了与IASB不同的减值模型。

2012年8月，FASB听取了美国国内相关方对"三个桶模型"提出的反馈意见，认为该模型的可比性、可操作性不强，发表声明表示将开始单方面探索一个既不使用双重计量又能在每个报告日反映组合的所有信用风险的备选预期信用损失模型。2012年12月，FASB发布了《会计准则更新提案：金融工具——信用损失（征求意见稿）》，用以提高信用损失确认的及时性，并提高额外信用风险的透明度。该提案的明确目标是指导主体如何以合同现金流的可收回当前预期值为基础，确认和计量金融资产的信用损失。

该提案建议用"当前预期信用损失模型"（current expected credit loss model）替代当时 GAAP 下的"已发生损失模型"。当前预期信用损失模型要求实体以预期能够收回的现金流按原始实际利率折现的现值来计量净摊余成本，自初始确认起确认金融资产在整个存续期内的预期信用损失。该模型采取单一的减值测试方法，不因金融工具自初始确认以来信用质量是否恶化而区别对待，只是以相关的内部和外部可获得的信息为基础，包括过去事项的信息、相似资产的历史损失经验、当前状况、对未来合理和有依据的预测以及它们的影响来评估。

FASB 发布单方面探索声明后，IASB 开展了延展性活动，以确定是否继续发展"三个桶模型"。总体来看，IASB 大多数延展性活动的参与者都支持该模型，因为它能区分信用质量已经恶化的金融工具和信用质量未恶化的金融工具。然而，有一些人提到是否支持这个模型取决于这个模型提供信息带来的收益是否高于确定金融工具信用质量恶化所需要的成本。针对收到的对"三个桶模型"的反馈意见，IASB 对模型进行了相应的澄清和简化，从而得到了基于贷款所处信用质量恶化阶段的"三阶段法"。2013 年 3 月，IASB 单方面发布了《金融工具：预期信用损失（征求意见稿）》，以在全球范围内征求对"三阶段法"的意见和建议。2014 年 7 月，IASB 正式发布了完整版的《国际财务报告准则第 9 号——金融工具》（IFRS 9），确定了基于"三阶段法"的预期信用损失模型。关于该模型的具体内容见第九章。

FASB 自 2012 年 12 月发布更新提案后就开始了独自探索信用损失会计准则的漫长历程。2013 年 5 月，FASB 开始重新审议更新提案，2016 年 4 月召开过渡工作组会议，直至 2016 年 6 月才正式发布了《会计准则更新提案：金融工具——信用损失》，确定了关于金融工具减值的一系列模型和规定。该更新提案正式确立了与 IFRS 9 不同的减值方法——"当前预期信用损失模型"，回到了 2010 年 FASB 提出的"在初始确认时即确认整个存续期的预期信用损失"的方法，而不再将贷款区分为自初始确认后信用风险发生严重恶化和未发生严重恶化的情况，目的是使减值准备余额足以反映管理层对不能收回的合同现金流的当前预期。显而易见，"当前预期信用损失模型"单一的减值测试方法消除了"二分法"与"三阶段法"对类别的区分标准，克服了其不易理解、操作困难且难以计算的问题。然而，这种简单满足股东和准则使用者需求的减值模型却未必能真实公允地反映金融工具的减值情况。由于缺少"客观证据",该更新提案建议在确认"未知的未知"风险时,参考相关信息做出判断,比如"相似资产的历史损失经验""对未来合理和有依据的预测"等。这些信息不仅存在较大的模糊性和操纵空间,其相关性和公允性也不能得到保证。

IASB 和 FASB 两种减值方法的不同可用图 6-4 直观地表示。两者在预期信用损失模型上的重大差别主要有以下几个方面:

(1) FASB 主张基于主体预计无法收回的合同现金流的当前估计值来计算预期信用损失。这与 IFRS 9 规定的整个存续期的预期信用损失①相似。FASB 采用的模型不包括为任何资产确认 12 个月的预期信用损失。由图 6-4 可以清晰地看出,FASB 预期信用损失模型的示意线是一条平滑的曲线,即该模型自始至终都要确认整个存续期的预期信用损失;IASB 预期信用损失模型的示意线存在断点,即在信用质量显著恶化之前,IASB 只确认 12 个月的预期信用损失,在信用质量显著恶化之后才确认整个存续期的预期信用损失。因此,FASB 的模型不要求主体评估信用质量是否显著恶化,而 IFRS 9 要求进行该评估。

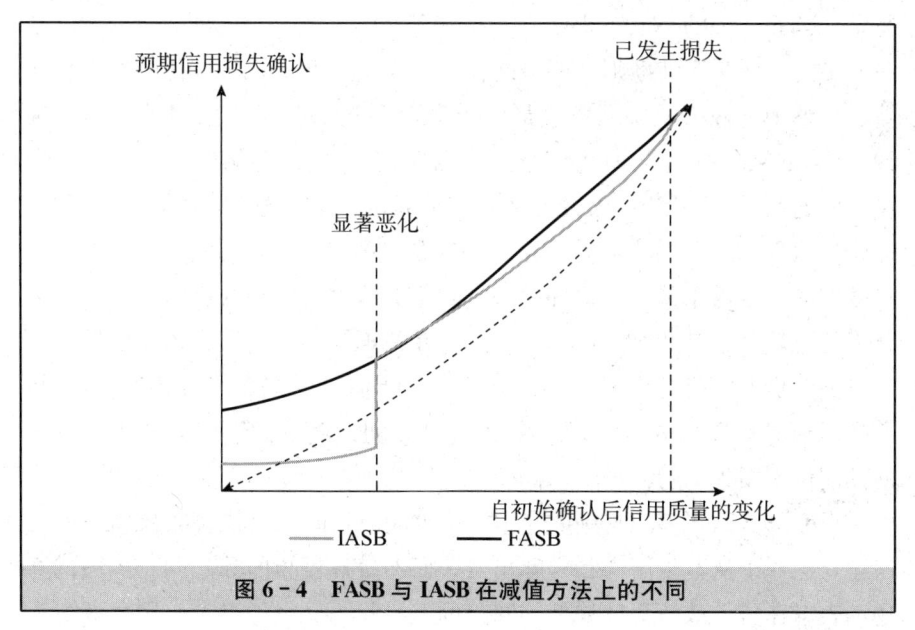

图 6-4 FASB 与 IASB 在减值方法上的不同

(2) FASB 的模型不适用于以公允价值计量且相应变动计入其他综合收益的债务证券(即美国 GAPP 下所谓的"可供出售"证券)。当然,FASB 将修改现有非临时减值模型以继续适用于该类证券。

---

① 详见第九章。

（3）对于所购买的已发生减值的资产，FASB主张主体在购买时通过预期信用损失准备金来提高其购买价格。这样，FASB的模型将有效地在资产账面金额上加上购买时已存在的预期信用损失，同时确认相应的信用损失准备金，从而使净账面价值等于购买价格。

（4）FASB的模型将继续允许使用现行非权责发生制的会计处理操作（即在某些情况下终止利息收入的确认），而不是在存在已发生损失的证据时特别要求对债务工具采取净利息收入确认方法。

总的来说，IASB建议的预期信用损失模型（三阶段法）更加准确如实地反映金融工具减值金额，但操作相对复杂；FASB建议的预期信用损失模型更为保守，最大限度地计提准备金，简单有效且反映股东需求，但对减值金额的反映未必足够真实准确。

可见，IASB和FASB在贷款拨备会计政策上经历了"分离但趋同呼声强烈—共同采取趋同的实质性行动—以分道扬镳收场"的分分合合过程，最终趋同变得遥不可及。尽管趋同是IASB和FASB的共同心愿（IASB，2008），并且IASB和FASB在2006年达成了实现准则趋同的谅解备忘录（Memorandum of Understanding，MoU）①，表示共同致力于形成一套高质量的全球化会计准则，但最终在减值问题上FASB与最初的约定相违背。从整个过程来看，之所以最终走向分道扬镳，主要是因为美国认为IASB和FASB共同开发的减值方法不符合美国的实际情况，难以代表美国各界的利益。IASB后来开发的"三阶段法"需要根据信用质量恶化阶段将贷款划分为不同的类别，并对不同的类别分别确认12个月或者整个存续期的预期信用损失。这种做法遭到了美国国内的一致反对，美国国内认为这样做过于复杂，操作方面仍然存在困难，而且确认为预期信用损失难以覆盖贷款的所有损失，不符合FASB所倡导的"资产负债表观"，故希望回到FASB最初在2010年提出的"在初始确认时即确认整个存续期的预期信用损失"的方法，从而使得趋同陷入僵局。

目前，美国在多项准则上与IASB实现了趋同，但在贷款减值方面最终还是选择了从本国国情和实际出发，而不是盲目与国际趋同。美国的立场和表态在贷款减值会计处理趋同问题上给我国提供了参考。因此，对于拨备政策的国际趋同问题，我国应当谨慎，从本国利益和实际出发，积极向IASB反映我国作为新兴经济体和发展中国家的特殊情况，并结合实际情况来对未来的贷款减值方法加以调整。

---

① 该MoU于2008年9月更新。

第七章 西班牙动态拨备制度

第一节 西班牙动态拨备制度的起源

20世纪80年代，银行危机在一些国家迭起，是继30年代大萧条之后最严重的20世纪银行危机。80年代中期，发展中国家不良资产占其贷款总额15%～30%的现象并不鲜见，在有些转型国家甚至高达55%～60%。80年代末，斯堪的纳维亚半岛国家（丹麦除外）、西班牙、美国均经历了银行资产质量不佳、盈利能力差进而清偿能力不足所导致的银行危机。

西班牙银行危机是自1974—1976年英国银行危机之后OECD国家经历的最严重的银行危机。与当时很多国家一样，西班牙银行危机发生在60年代和70年代早期的经济强劲增长之后。这次危机从1977年开始，一直持续到1985年，在1982年和1983年达到了最高峰。该国110家银行中的52家受到影响，受影响资产占行业总资产的25%～30%。在危机期间，实际利率下降，银行年均信贷增长率也仅为0.3%。

在西班牙中央银行的大力推动下，1969年、1974年、1977年和1981年银行业进行了重要的改革，目的在于开放银行体系以增加竞争，为市场引进新的金融工具。然而，银行监管比较落后，只着眼于银行是否符合法律和技术比率指标的规定。直到80年代中期，西班牙财政部仍保有很大的监管权和规则制定权，而西班牙中央银行则没有这些权力。1940年的银行法（银行的基本立法）和有关惩罚条例没有足够的惩罚效力，对银行业的违法行为追究不力，信息披露不充分，在这样的经济、金融和监管环境下，自由化给很多银行未来的发展埋下了隐患。

1974—1980年西班牙股票市场的惨淡形势更使银行及其相关或控股集团转向房地产投资。它们最初投资于日益增长的旅游业带动起来的房地产行业，追逐高额利润以弥补贷款利息以及其他由于受经济衰退影响而没有回报的贷款。在经济衰退、房地产价格下降时,为了确保自身生存,银行被迫向借款人发放新贷款,将逾期利息资本化。1973—1983年银行代理处的数目增加了3倍,银行从业人员从1975年的15万人增加到1980年的18万多人,同时也增加了金融中介成本。随后日益下降的销售毛利和恶化的负债资本结构最终导致了流动性困难和清偿性困难。此时银行为了追逐高额的毛利提高了贷款利率,这又进一步恶化了企业的财务状况。企业不良贷款的增多对清偿银行贷款造成了进一步的影响。这样在80年代末,西班牙的一些大型银行也面临着巨额贷款损失,一系列的关联事件诱发了西班牙的银行危机。

事实上,早在1977年西班牙银行危机就已经初露端倪。一个最显著的特征是,银行对关联企业和对某个人的贷款集中度超过了所允许的水平。虽然在1977年建立了存款担保基金,但后来证明该基金没有及时对逐渐暴露的银行危机采取有效措施。另外,相关法律制度不健全也加剧了危机的发生,比如中央银行最初既没有干预权,也没有足够的惩罚权。

危机之前,西班牙银行试图一起开发新的内部拨备模型用以防范风险,然而这项工作在银行危机的背景下被推迟了。直到危机的发生使西班牙传统贷款拨备制度的缺陷暴露无遗:一是表现出较强的亲周期性;二是不能有效地确认和弥补银行的不良贷款与损失。从2000年7月1日开始,西班牙着手引入新的贷款拨备制度。

第二节 西班牙动态拨备计提原理与发展

一、动态拨备计提的原理

在实施动态拨备制度以前,西班牙将贷款拨备分为一般拨备与专项拨备两类。从2000年7月1日开始,西班牙开始实施一套新的拨备制度,即在原来两项拨备的基础上新增统计拨备(statistic provision),统计拨备又称动态拨备(dynamic provision),从而构成一套包括一般拨备、专项拨备以及动态拨备的动态拨备制度(Laeven, 2001)。为了适应《巴塞尔协议Ⅱ》的需要,这套制度于2004年进行了修改,但是总体思路不变。其基本原理是在经济上升时期由于不良贷款相应减少,因而专项拨备计提较少,这时计提动态拨备用于防范潜在的信用风险;在经济下滑时期,不良贷款相应增加,但由于事前专项拨备计提不足可能导致无法覆盖信用风险,这时将原来计提的动态拨备释放出来弥补前者的不足。

动态拨备制度的具体做法是在计量动态拨备前先将经济周期的特征进行量化,在估值模型中将其表示为潜在风险指标。这一指标由风险系数和风险暴露(通常用贷款总额来表示)的乘积获得。根据西班牙当局的规定,其中的风险系数可以通过内部模型法和标准法确定。

(一)内部模型法

银行可以在自有数据库的基础上利用自己的内部模型来计算动态拨备金额。内部模型法依靠的数据基础是银行自身保存的完整贷款损失经验数据,通过历史完整经济周期的数据来估算未来经济周期所需的拨备数量。它会作为银行内部测量体系的一部分整合进银行内部的信贷风险测量和管理系统。首先,拨备系数通过对历史数据的回归分析或其他计量方法得出。这些历史数据必须至少涵盖一个完整的经济周期,并且内部模型必须得到监管当局的审批才能使用。其次,贷款组合会被分割成不同的齐性组别(即同质组别,同一组别中的贷款的收益率、违约率等特征大致相同)。如果银行的内部模型只用于其中的部分组别,西班牙中央银行将会进行审核,确定银行是否存在监管套利行为。这体现了西班牙中央银行的中央权力与严谨的监督机制。

西班牙中央银行允许商业银行采用内部模型法计提拨备,主要是为了鼓励商业银行采用与巴塞尔协议一致的信贷风险测量和管理技术。

(二)标准法

没有开发内部模型的银行,可以借鉴使用西班牙银行监管当局制定的标准法。该方法将贷款分为六个类别,每一类都有相应的风险系数(见表7-1)。风险系数与风险暴露的乘积等于潜在风险大小,也就是动态拨备的计量基础。

表7-1 西班牙银行贷款风险系数

风险程度	风险系数	贷款类型
无风险	0	面向公共部门的贷款
低风险	0.1%	贷款价值比(loan to value ratio,LVR,指的是住房抵押贷款规模与房产价值的比率)小于80%的住房抵押贷款,借款人的长期债券评级至少为A
中低风险	0.4%	金融租赁和其他抵押贷款
中等风险	0.6%	其他类别中没有提到的贷款

续表

风险程度	风险系数	贷款类型
中高风险	1.0%	购买耐用消费品的个人贷款
高风险	1.5%	信用卡、经常账户透支等

资料来源：2000年西班牙银行信贷数据。

标准法中的风险系数以1986—1998年的贷款损失数据为基础，可以估算同类别的减值损失。风险系数反映了西班牙整个经济周期的专项拨备平均水平。动态拨备从损益账户中提取，提取的金额是运用内部模型法或标准法计算出的贷款潜在风险估计值与当期所提取专项拨备的差额。一般来说，如果潜在风险估计值大于专项拨备，则意味着由于经济上升期信贷规模扩大增加了潜在的信用风险，违约率低导致专项拨备计提较少而不足以弥补潜在风险，这时应增提动态拨备作为补充，使当期利润减少。反之，则表现为利润增加。但是动态拨备有上限控制，具体为潜在风险估计值的三倍。以下通过数学公式将动态拨备的计提思想进行表述则会使之更为简洁明了（Santiago et al., 2000）。

1. 一般拨备

如果 L 代表贷款总额，g 代表一般拨备系数，且 $g \in [0.5\%, 1\%]$，那么一般拨备的账户余额 $GF = g \times L$，每年提取的一般拨备 $GP = g \times \Delta L$。

2. 专项拨备

如果 M 代表不良贷款总额，e 代表专项拨备系数，且 $e \in [10\%, 100\%]$，那么专项拨备的账户余额 $SF = e \times M$，每年提取的专项拨备 $SP = e \times \Delta M$。

3. 动态拨备

如果潜在风险估计值 $Lr = s \times L$（s 代表平均风险系数，在标准法下，$s \in [0\%, 1.5\%]$），那么每年提取的动态拨备 $STP = Lr - SP$。

如果 $SP < Lr$，则 $STP > 0$，表示潜在风险估计值大于已计提专项拨备，应增加计提动态拨备。

如果 $SP > Lr$，则 $STP < 0$，表示潜在风险已经变成现实损失，应释放计提的动态拨备。

因此，动态拨备期末余额 $STF_t = STP_t + STF_{t-1}$，且 $0 \leqslant STF \leqslant 3Lr$。其中，$STF_{t-1}$ 表示上一年度累计动态拨备。

假设在经济繁荣时期一家银行的潜在风险为8%，由于在经济繁荣时期不良贷款率相对较低，专项拨备计提也会较少，假如计提2%的专项拨备，这时该银行会提取6%的动态拨备；当经济下滑时，潜在风险上升至10%，这时专项拨备因不良贷款的迅速增加而上升至13%，这时银行就可以动用3%的动态拨备来弥补迅速增加的不良贷款带来的损失。

4. 拨备总额

拨备总额是一般拨备、专项拨备以及动态拨备的总和，用公式表示为：

$$AP = GP + SP + STP = g \times \Delta L + SP + (Lr - SP) = g \times \Delta L + s \times L$$

也就是说拨备总额＝一般拨备＋潜在风险估计值。

如果使用传统的拨备计提方法，那么拨备总额是一般拨备和专项拨备之和，即：

$$AP^* = GP + SP = g \times \Delta L + e \times \Delta M$$

与传统方法相比，动态拨备制度能在理论上克服经济周期的影响。这是因为从拨备总额公式看，拨备计提与不良贷款总额正相关，因此不可避免地产生顺周期效应。在新制度下，拨备计提与贷款总额直接相关，因此有利于克服传统方法的缺陷。根据2002—2007年的数据，西班牙当局在不到5年的时间内建立起了银行的超额拨备，弥补了传统拨备制度的不足。

综上所述，专项拨备用来弥补不良资产，即事后信贷风险（ex-post credit risk），动态拨备主要用来弥补贷款潜在风险估计值与专项拨备之间的缺口，是一种事前（ex-ante）确认，动态拨备是对专项拨备的补充而非替代。

二、动态拨备制度的发展

到了2005年，欧盟采用国际会计准则。该准则要求商业银行按照实际损失而非预期信用损失来计提贷款拨备，以防止银行利用拨备计提手段来操纵利润。作为欧盟成员国之一，西班牙针对国际财务报告准则（IFRS），修订了动态拨备制度。总体概念不变，这次修订包括把拨备恢复为两种：专项拨备和一般拨备。专项拨备可以覆盖单独确认的已发生损失；一般拨备覆盖虽然没有单独确认但在齐性组别中应用统计程序计算可归类为正常级别的损失。同时，为了修正过高的拨备水平，西班牙对计算拨备的模型参数也做了适当的调整。一般拨备包含2个参数，即 α 和 β。参数 α 是对信用损失的平均估计或一个周期年度的总体减值评估。参数 β

是为齐性组别计提的专项拨备的均值。尽管参数 α 和 β 会因贷款组合的结构不同而对每家银行产生不同的总体影响，但是它们对所有银行都一样。在贷款迅猛增长同时专项拨备数额很低的时期，β 为正数，因为它确认了已经发生但还没被单独确定的损失增量。但是到了经济衰退时期，那些潜在的损失就会转化为现实的损失，这时 β 会变为负数。

此时拨备的计算方法如下：

拨备总额是专项拨备（$dot.espe$）（dot. 是 Department of the Treasury 的缩写，这些科目一般是按照财政部的相关规定计算得出）和一般拨备（$dot.gen$）之和。一般拨备的计算公式为：

$$dot.gen_t = \alpha \Delta C_t + \left(\beta - \frac{dot.espe_t}{C_t}\right) C_t$$

式中，C_t 是时期 t 的贷款数额，ΔC_t 是从时期 $t-1$ 到时期 t 的贷款变化量（信贷扩张时为正，信贷萎缩时为负）。在理想的完整经济周期中，α 覆盖了潜在损失，β 是专项拨备均值。

这个公式简单地演示了它们之间的关系。实际上，信贷风险分为六个类别，每个类别的 α 值和 β 值都不同。

无风险：现金和公共部门的风险（包括贷款和有价证券）。

低风险：贷款价值比低于 80% 的抵押贷款以及风险评级为 A 或 A 以上的公司。

中低风险：贷款价值比高于 80%（含）的抵押贷款及以上没提及的其他抵押贷款。

中等风险：其他贷款，包括未经评级或风险评级为 A 以下的公司以及中小型企业。

中高风险：耐用消费品融资。

高风险：信用卡透支风险。

如前所述，这六个风险类别有不同的 α 值和 β 值：α 值分别为 0，0.6%，1.5%，1.8%，2%，2.5%；β 值分别为 0，0.11%，0.44%，0.65%，1.1%，1.64%。

因此，上述公式可以转化为每家银行所运用的公式：

$$dot.gen_t = \sum_{i=1}^{6} \alpha_i \Delta C_{it} + \sum_{i=1}^{6} \left(\beta_i - \frac{dot.espe_{it}}{C_{it}}\right) C_{it}$$

$$= \sum_{i=1}^{6} \alpha_i \Delta C_{it} + \left(\sum_{i=1}^{6} \beta_i C_{it} - dot.espe_t\right)$$

第三节 动态准备金制度的应用举例

为了更好地说明动态拨备制度的原理和作用，本节对该制度进行简单的应用举例。

假设银行拥有一批期限为5年的贷款，总额为100万元。贷款的合同利率为6%，筹资成本为3%，则合同净收益率为3%。一般拨备以正常贷款为计提基础（假设第一年计提0.5万元，此后每年计提0.1万元，此处的金额可以换成任何数字，并不影响分析过程），而专项拨备以不良贷款为计提基础。由于经济状况从第3年开始恶化，因此不良贷款从第3年开始计提拨备，并在第4年达到计提高峰。一般拨备和专项拨备的具体计提数额见表7-2。

表7-2　拨备计提明细　　　　　　　　　　　　单位：万元

	第1年	第2年	第3年	第4年	第5年
一般拨备	0.5	0.1	0.1	0.1	0.1
专项拨备	0	0	1	3	1

在传统拨备计提方法下，该批贷款对资产负债表和利润表的影响如表7-3所示，其中利润的波动较为明显，第2年的利润最高（2.9万元），而第4年的利润出现亏损（-0.1万元）。利润变化主要受到专项拨备计提比例的影响。专项拨备在第4年的计提比例上升了67%，当年利润被拨备吞没。

表7-3　原有拨备制度对财务报表的影响　　　　单位：万元

	第1年	第2年	第3年	第4年	第5年
资产负债表					
贷款总额	100	100	100	100	100
一般拨备（年末余额）	0.5	0.6	0.7	0.8	0.9
专项拨备（年末余额）	0	0	1	4	5
贷款余额（年末）	99.5	99.4	98.3	95.2	94.1
利润表					
利息净收入	3	3	3	3	3
计提拨备扣除	0.5	0.1	1.1	3.1	1.1
利润影响数	2.5	2.9	1.9	-0.1	1.9

在上述条件不变的情况下，为了便于计算，假设贷款总体潜在风险保持不变，风险系数为1‰，即每年的潜在风险估计值为1万元，那么动态拨备计提情况如表7-4所示。

表7-4 动态拨备制度对财务报表的影响　　　　单位：万元

	第1年	第2年	第3年	第4年	第5年
潜在风险估计值	1	1	1	1	1
减：专项拨备	0	0	1	3	1
动态拨备	1	1	0	-2	0

因而，在动态拨备制度下资产负债表和利润表的变化如表7-5所示。

表7-5 动态拨备制度对财务报表的影响　　　　单位：万元

	第1年	第2年	第3年	第4年	第5年
资产负债表					
贷款总额	100	100	100	100	100
一般拨备（年末余额）	0.5	0.6	0.7	0.8	0.9
专项拨备（年末余额）	0	0	1	4	5
动态拨备（年末余额）	1	2	2	0	0
贷款余额（年末）	98.5	97.4	96.3	95.2	94.1
利润表					
利息净收入	3	3	3	3	3
计提拨备扣除	1.5	1.1	1.1	1.1	1.1
利润影响数	1.5	1.9	1.9	1.9	1.9

由此可见，采用动态拨备制度进行核算以后，利润影响数发生了显著的变化，分布较为均匀。观察图7-1，会发现这种变化更为直观。

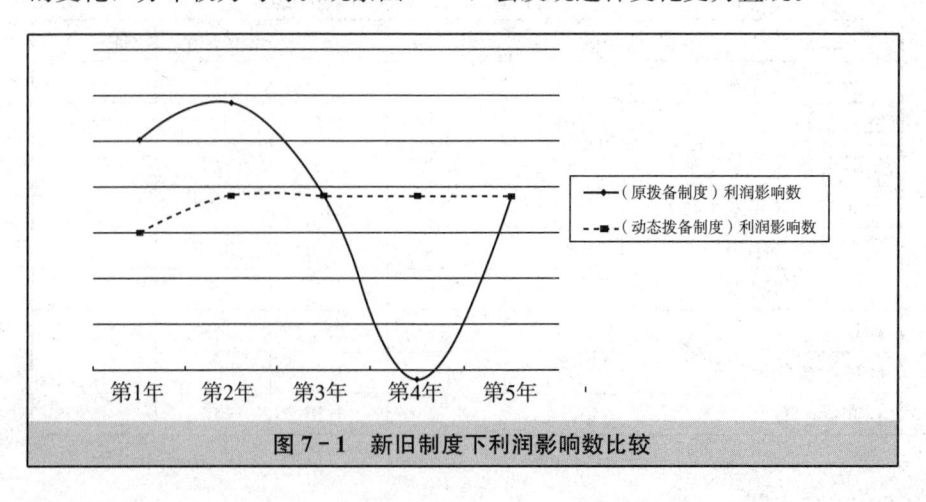

图7-1 新旧制度下利润影响数比较

如果将这5年视为一个经济周期,那么头两年可视为经济上升期,且在第2年达到顶峰,从第3年开始经济恶化,第4年落入谷底,从第5年开始逐渐复苏。在传统拨备制度下,由于贷款资产状况良好,因而少提的拨备以利润的形式体现在报表当中(如头两年不计提专项拨备,从而形成更多的利润)。在现实中,利润若不是用于风险防范很可能分配给股东,同时管理层在利益的驱动下会不断扩大信贷规模从而增加银行风险,并且这一风险只有在经济逆转时才充分显现。由于前期计提的拨备不足,这时却在"已发生损失"的思想要求下加速计提拨备,从而表现出明显的顺周期性。因此,银行的经营状况迅速恶化(如图7-1所示),许多银行因无法应对突如其来的变化而宣告破产。动态拨备的计提恰恰以潜在风险为出发点,成为专项拨备的缓冲垫,在经济上升期控制利润的增长幅度而促使银行内部增强风险意识,消除管理层扩大信贷规模的潜在动机。在经济下滑期,前期的未雨绸缪为银行渡过难关做好准备,在经济发生周期性波动之时起到了削峰填谷的作用。

值得一提的是,如果我们将上述例子当中的利润影响数进行加总,就会发现无论是在传统拨备制度下还是在动态拨备制度下,利润影响数总和都为9.1万元。这说明动态拨备的计提只改变了利润的时间分布,而没有改变持续经营情况下的利润水平。

第四节 西班牙动态拨备制度在2008年国际金融危机中的表现

2009年3月23—24日,IASB与FASB在伦敦召开了一次联合会议,对金融危机下暴露的会计问题进行广泛讨论,其中23日的议题涉及动态拨备制度。参会成员注意到了西班牙动态拨备制度在2008年国际金融危机中的优秀表现,甚至有成员直接提出应在其他国家同步推广此制度。本节介绍西班牙动态拨备制度在2008年国际金融危机中的优秀实践。

一、动态拨备制度的逆周期调节

图7-2展示了贷款拨备总额的变动情况。从中可以看出,在2000年中期以前,贷款拨备呈缓慢递减的趋势,但在动态拨备制度开始实施后,趋势明显反转。图7-3和图7-4展示了专项拨备和一般拨备从2001年6月到2009年6月占贷款总额的比例及各自提取的数额变化。为了进行对

比，2005 年之前将动态拨备与一般拨备加总作为图中的一般拨备绘出。图 7-3 的流量数据显示，在金融危机前的经济繁荣时期，即 2007 年以前，西班牙的专项拨备数额占贷款总额的比例保持在比较低的水平。实施动态拨备制度后，一般拨备数额占贷款总额的比例保持在相对高的水平，约为专项拨备数额所占比例的两倍。

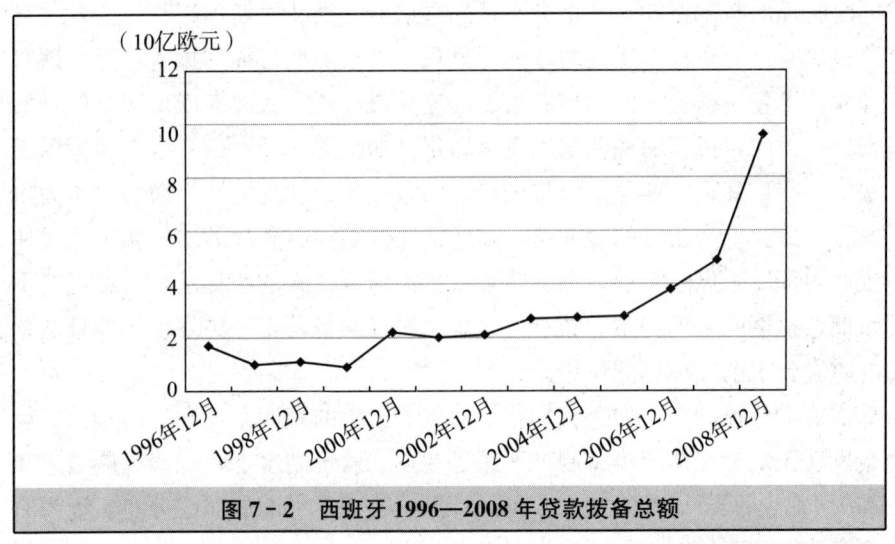

图 7-2 西班牙 1996—2008 年贷款拨备总额

资料来源：西班牙中央银行，而西班牙中央银行的数据来源于西班牙存款机构，如商业银行、储蓄银行和信用社。

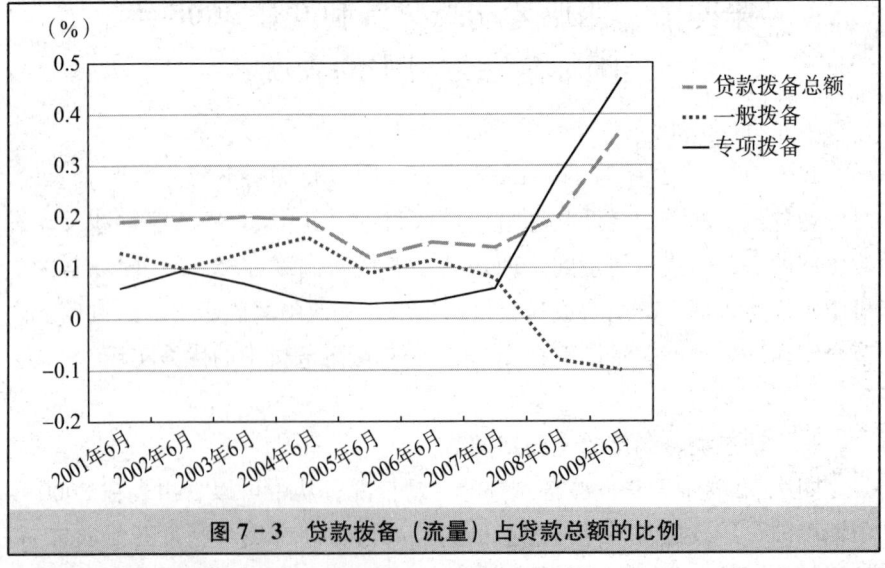

图 7-3 贷款拨备（流量）占贷款总额的比例

资料来源：西班牙中央银行，而西班牙中央银行的数据来源于西班牙存款机构，如商业银行、储蓄银行和信用社。

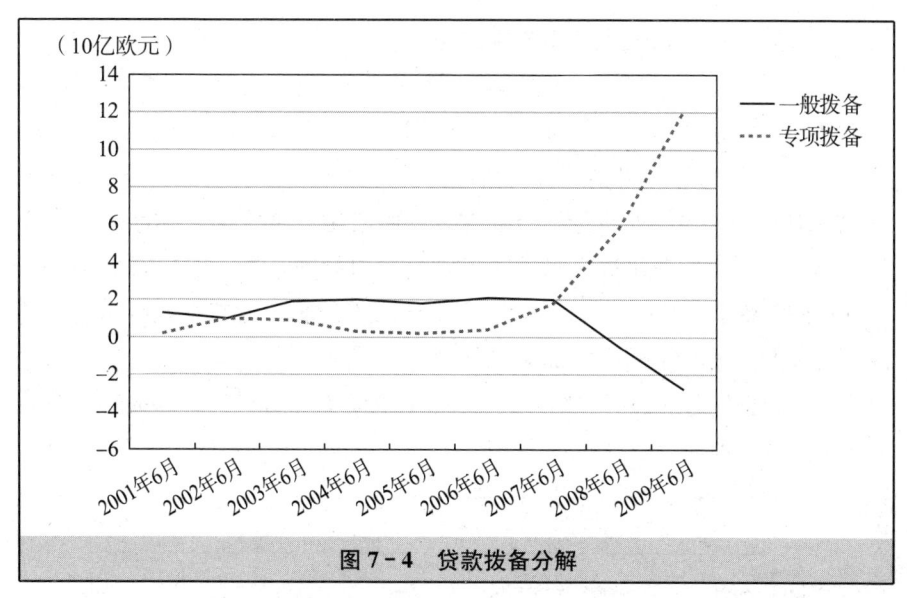

图 7-4 贷款拨备分解

资料来源：西班牙中央银行，而西班牙中央银行的数据来源于西班牙存款机构，如商业银行、储蓄银行和信用社。

2007年下半年西班牙的经济开始迅速恶化，经济增长和借贷业务明显下滑。由于西班牙的经济正处于60年来最严重的衰退期，不良贷款率急剧上升，因此提取的专项拨备随之急剧上升，专项拨备占贷款总额的比例在短期内的升幅为9倍，从2007年6月的约0.05%升至2009年6月的约0.5%。而且，到了2008年初，一般拨备进入负值区间，表明银行通过大量减少一般拨备以弥补专项拨备的短缺，以免贷款拨备总额过快增长。此外，同期提取的贷款拨备总额占贷款总额的比例从约0.15%逐步升至约0.35%，升幅还没有2倍，说明动态拨备制度起到了调节拨备数额的逆周期作用。

为了防止银行在经济扩张时期过度提取拨备，对动态拨备设置了上限。监管机构在设计此系统时，就明确了不让动态拨备在经济繁荣时期无限增长。当然，谨慎的监管人员倾向于尽可能地把上限定得比较高，因为上限越高银行承受风险的能力越强。

二、熨平银行净收入的波动性

由于动态拨备制度得以贯彻落实，西班牙国内银行的贷款拨备水平明显大幅提高。在2006年，西班牙国内银行贷款拨备总额对不良资产的覆盖率已经达到了250%，同期欧盟其他国家的平均覆盖率仅为58.6%，西班牙拨备覆盖率已居西欧国家首位。然而，高水平的贷款拨备会对商业银行利润表中的净收入表现产生较大的影响。

从图7-5动态拨备计提额(流量)占净收入的比例变动情况可以看出,在金融危机以前,经济处于繁荣时期,动态拨备占商业银行净收入的比例维持在15%~20%的水平小幅波动,比例相对较大,对净收入的影响也相对较大。当时西班牙银行业在这一阶段对动态拨备制度存在反对情绪。但是,在金融危机爆发后,之前年份累积的动态拨备账户余额可以用于补充监管资本。从图中可以观察到,自2007年起,动态拨备占净收入的比例大幅度持续下降,并在2008年下半年开始进入负值区间,这对银行的收入波动起到显著的熨平作用。动态拨备制度在危机期间的优秀表现,让原本持反对态度的银行纷纷转向认同。

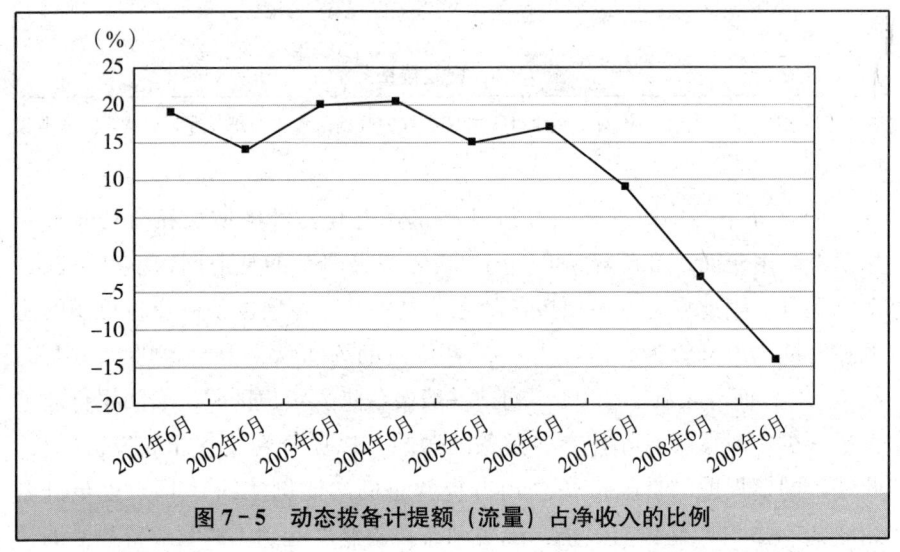

图7-5 动态拨备计提额(流量)占净收入的比例

资料来源:西班牙中央银行,而西班牙中央银行的数据来源于西班牙存款机构,如商业银行、储蓄银行和信用社。

三、提高本国银行业的竞争力

西班牙动态拨备制度只在本国银行中实施,国内的外资银行并不受该制度的约束。由于此制度的原理是在经济繁荣时期提取相对较高的贷款拨备,从而会影响及限制本国银行业的信贷业务和盈利水平,进而在一定程度上削弱本国银行相对外资银行的竞争力。然而,动态拨备制度对西班牙银行业竞争力的影响具有两面性:在经济扩张时期对银行收入及发展存在一定的不利影响,但在金融危机期间该制度的运用使西班牙银行业躲过了危机带来的全球性打击,免于银行大规模陷入倒闭的困境。同时在全球流动性紧缩、经济衰退的环境下，银行持有充足的资金用于跨国并购以扩大市场份额。例如西班牙桑坦德银行在危机期间收购了英国银行业巨头联合莱斯特（Alliance & Leicester）以及布拉德福德-宾利（Bradford & Bingley）的存款和分行业务，同时购入美国主权银行（Sovereign Bancorp）75%的股份，大大提高了在英美等国市场的影响力。此外，西班牙对外银行（BBVA）、马德里储蓄银行等也都利用金融危机提供的机遇，纷纷通过跨国并购在短期内提高了自身的国际竞争力。

第五节 关于西班牙动态拨备制度的争论

一方面，相较于原本的已发生损失模型，动态拨备制度在金融危机中表现出的最大特点是逆周期性，前瞻的拨备计提思想增强了银行的风险管理能力。另一方面，通过改变利润的时间分布减少了账面利润波动，根据信号传递理论避免了向投资者传递误导性信息。此外，动态拨备制度的运用与 BCBS 的监管目标相协调，使得会计操作与监管目标达到协调和统一，在一定程度上解决了会计部门与监管部门常常存在冲突的问题。

因此，这种制度受到了一些学者乃至 IASB 的关注。不过要全面推广这种制度也会遇到一定的阻力，存在争论。

第一，该制度要求银行业拥有较为完备的风险管理体系及先进的数据处理系统。在西班牙，动态拨备制度能够有效持续实施，隶属西班牙中央银行的机构西班牙中心信用登记处（Central Credit Register）起到了非常关键的作用（Jesús et al., 2002）。该登记处拥有自 1968 年以来西班牙国内的所有信贷相关数据。如果从 1980 年算起，那么该登记处覆盖了至少两个经济周期的可比数据，为西班牙银行业评估潜在风险提供了充分的依据。如果银行没有自己的内部计量模型，西班牙中央银行会提供基于西班牙银行业经验数据的模型，可以覆盖西班牙国内的借贷活动中贷款的固有损失。西班牙中心信用登记处的数据只为西班牙国内的借贷活动所用，但不包括西班牙国内的外资银行。然而，并非每个国家都拥有如此完备的数据，尤其是发展中国家，因此，要全面推广这种制度首先要提高数据监测水平，建立完整准确的数据库。

第二，上文分析到，在银行持续经营的条件下，动态拨备制度的执行没有改变银行整体的利润影响数，仅仅改变了利润的时间分布。这意味着动态拨备实际上是相对专项拨备在时间上往前调整。也就是说，从长远来看，专项拨备足够的话，动态拨备应趋于零，也就没有存在的必要了。对那些没有条件获得经济周期数据的国家来说，这是否意味着研究如何充分计提专项拨备以更符合本国国情？这一问题值得商榷。

第三，动态拨备制度是否具有前瞻性仍然存在争议。IASB的一些成员质疑动态拨备计提方法根本不具有前瞻性，因为银行在估计潜在风险时假设过去的经济周期适用于现在，即当下是对上一个经济周期的重复，因此不具有预测性，不能说是前瞻的。

总的来说，以"已发生"的历史成本原则为基础的传统拨备制度因存在时滞性而饱受指责，动态拨备制度的出现也许能为我们带来一个崭新的思路，尽管这种制度仍有许多地方值得商榷，但其思维方式毫无疑问具有积极的借鉴意义。

第八章 后危机时代 IASB 关于贷款拨备会计的争论

第一节 争论的起源：已发生损失模型

一、IAS 39 中关于已发生损失模型的规定

《国际会计准则第 39 号——金融工具：确认和计量》（IAS 39）对包括贷款在内的四类金融资产的确认和计量做出了规定，要求对贷款以摊余成本计量，在减值方面采用已发生损失模型。其对贷款减值损失确认、计量和披露等方面的具体规定如下。

（一）贷款减值损失的确认

按照 IAS 39，在每个资产负债表日，主体应当对贷款或者贷款组合进行评估，从而判断是否存在客观证据表明某项贷款或某个贷款组合可能发生减值（IAS 39 第 110 段）。如果存在客观证据，那么主体应估计该项贷款或该贷款组合的可收回金额，并进行减值测试。其中可收回金额等于以原始实际利率对预期未来现金流进行折现得到的现值。如果贷款账面价值（摊余成本）超过预计可收回金额，则表明该项贷款发生了减值，应当确认减值损失。

（二）贷款减值损失的计量

按照 IAS 39，以摊余成本计量的贷款在初始确认时不存在贷款减值损失。这是因为贷款在初始确认时是按照当时的公允价值计量的，相关触发事件所导致的损失已经包括在当时的贷款定价中，如果仍考虑初始确认时的减值，将导致重复计量。

IAS 39 第 111 段规定，贷款减值损失为贷款账面价值与可收回金额之间的差额，将贷款账面价值减至预计可收回金额，减记的金额即为贷款减值损失，计入当期损益。其中，可收回金额为贷款未来现金流的现值。

根据重要性原则，不同性质的贷款，其减值计量方法不同，主要有单项计提法和组合计提法。对于单项重大的贷款，必须单独进行减值测试，若发生减值，则按单项基础分别计量；如果单独测试未发生减值，则应将其纳入类似贷款组合按组合基础进行减值测试。对于单项非重大的贷款，应将其纳入类似贷款组合按组合基础进行减值测试，在贷款组合的基础上确认和计量减值损失。

IAS 39 规定的贷款减值测试和计量流程见图 8-1。

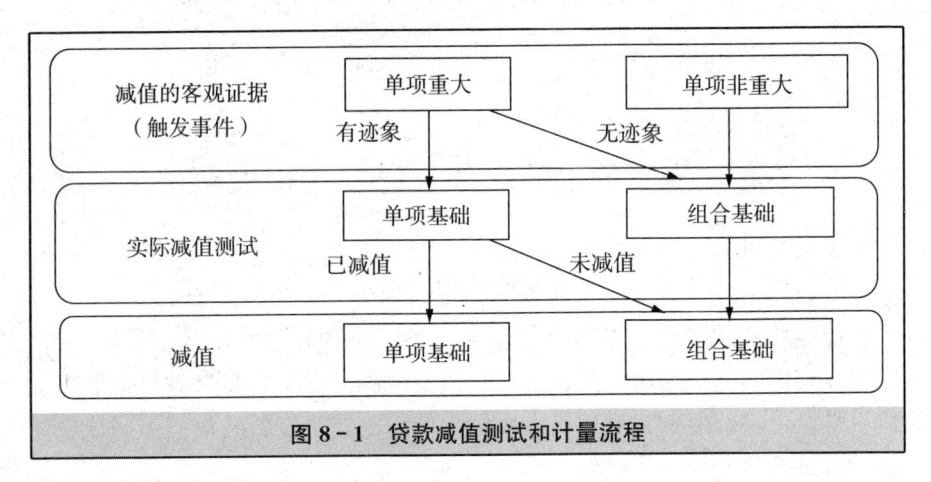

```
减值的客观证据        单项重大              单项非重大
（触发事件）      有迹象            无迹象

实际减值测试          单项基础              组合基础
                 已减值       未减值

减值                  单项基础              组合基础
```

图 8-1　贷款减值测试和计量流程

(三) 贷款减值损失的披露

根据 IAS 39 第 170 段的规定，对于每类重要金融资产［《国际会计准则第 32 号——金融工具：披露和列报》(IAS 32) 第 46 段对金融资产的分类提供了指南］，应当单独披露相关减值损失的性质和金额以及转销的减值损失。2005 年 IASB 发布的《国际财务报告准则第 7 号——金融工具：披露》(IFRS 7) 取代了 IAS 32、IAS 39 以及其他准则对金融工具披露的规定。

由此可见，IAS 39 规定的已发生损失模型只对那些有客观证据表明未来将遭受损失且损失能有效估计的贷款或者贷款组合计提减值准备，而对于将来可能发生的预期信用损失，无论发生可能性有多大，都不能确认为减值损失，也就是说计提减值准备的损失范围只限于已发生损失，而将预期信用损失排除在外。这是已发生损失模型的核心所在，而这也正是其在金融危机期间饱受质疑的根本原因。

二、备受争议：已发生损失模型的缺陷和问题

2008 年国际金融危机的爆发使已发生损失模型的缺陷和问题暴露无遗，

质疑的声音接踵而至。SEC（2009）研究表明，现有的贷款拨备制度——已发生损失模型，在执行过程中存在"顺周期效应"。这是因为已发生损失模型要求贷款在存在减值的客观依据时才能确认减值损失，减值准备计提时点较滞后。具体来说，在经济上升期，这种减值迹象尚未表现出来，因此银行经营者和监管者不能及时认识到银行风险的存在，提取的拨备就少；在经济下滑期，在经济上升期所发放贷款的信用风险集中显现出来，拨备计提突增，银行业绩集体下滑，从而导致信贷紧缩，加剧经济衰退，延缓经济复苏。Bouvatier 和 Lepetit（2010）通过比较欧洲、日本、美国、中南美洲和东南亚五个地区发现，除日本外，其他地区非自由裁量贷款拨备[①]（non-discretionary loan loss provision）均对银行的信贷供给产生显著的负面影响，尤其是在新兴市场国家。Bouvatier 和 Lepetit（2012）通过建立理论分析模型比较了后顾式拨备制度（已发生损失模型即为后顾式拨备制度）与前瞻性拨备制度，发现已发生损失模型将加大银行信贷的顺周期性，加剧金融体系的波动，对金融危机起到推波助澜的作用。

（一）理论层面：已发生损失模型的内在矛盾

1. 损失的初始确认和后续计量存在内在的不一致性

前面已经介绍，贷款资产的价值是由未来现金流的折现值来决定的，这表示贷款资产在最初定价时，其公允价值已经扣减了预期信用损失。这个时候的贷款实际利率已经包含了未来预期信用损失的风险溢价。然而在该模型的后续计量中，贷款资产的价值不被允许扣减预期信用损失，仅扣减了已发生损失，这就使得未来现金流被高估，贷款实际利率也被高估。这意味着，在损失事件发生之前，贷款资产一直在按偏高的实际利率计算利息，利息收入被高估；在损失事件发生后，之前被忽略的预期信用损失变成了实际损失并立即加以确认，从而导致损失被高估，这部分高估的损失实际上是对前期多确认的利息收入的抵销。已发生损失模型在初始账面金额中考虑了预期信用损失，但在损失发生后才允许贷款人考虑预期信用损失的后续变化，初始确认和后续计量存在内在的不一致性。

2. 单独测试和组合测试的双重要求存在内在的不一致性

针对单独测试未发现减值的贷款，已发生损失模型要求再次进行组合测试。按理来说，单独测试时未发生减值，说明该贷款并没有出现证明其发生损失的客观证据，减值测试应到此为止，但该方法仍要求将其放入各

---

① 将贷款拨备分为自由裁量部分与非自由裁量部分，非自由裁量部分是由实际情况客观决定的，自由裁量部分是由银行自主决定的。

项贷款具有相似风险特征的贷款组合中再次进行减值测试。此种带有"参照"其他同质资产风险信息意味而确认的损失，不正是没有"客观证据"触发的未来预期信用损失吗？这在无形中又与"已发生损失"原则相悖。

（二）实务层面：已发生损失模型的缺陷和问题

（1）损失事件的确定主观性强，损害了会计信息的可比性。已发生损失模型要求财会人员对减值客观证据进行认定，但不同的财会人员做出的认定必然会存在差异，这必然会影响会计信息的可比性。另外，该方法要求企业在减值损失已经发生时才予以确认，不对"未来事件引起的预期信用损失"（IAS 39.59）或"尚未发生的未来损失"（IAS 39.63）进行确认。这意味着已发生损失模型需要区分"已发生损失"和"未来损失"。然而，贷款损失在很多时候是由一连串事件导致的，本就很难做到从这些事件中挑出一件并证明损失是在那一刻发生的，而区分已发生损失和预期信用损失则是难上加难，这又进一步加重了这个科目确认与计量的主观性。

（2）已发生损失的确认依赖于客观事件的触发，这在一定程度上导致了信息的滞后和"悬崖效应"。已发生损失模型要求有客观证据表明贷款已发生损失才确认减值损失，即使是依据管理者的经验判断发生可能性很大的损失，比如可以预见经济萧条时期贷款的违约率会有所上升，但由于缺乏损失事件的支撑也不能予以确认。这使得会计信息不能很好地反映经济事项的本来面貌，导致信息的滞后。此外，一旦确认减值损失，将使银行利润大幅度下滑，形成"悬崖效应"。

（3）可以设想的是，在某些情况下，尽管原始预期未发生改变，但损失却以损益形式确认。当损失事件发生时，采用已发生损失模型将立即确认减值损失，然而此时对预计未来现金流的原始预期并未改变。也就是说，该贷款的未来经济利益的流入在已发生损失模型下确认损失前和确认损失后是一样的，理论上不存在损失，而已发生损失模型却已经确认损失，这明显有失妥当。

（4）不能反映信用风险的变化。已发生损失模型要求等到损失事件发生时才确认减值损失，因此，在损失事件发生前，即便对贷款未来现金流和信用风险的预期可能已经发生改变，也不能对该风险的变化加以确认和反映。

（5）对于何时转回先前确认的减值损失的规定不清楚，助长了盈余管理行为。IAS 39 规定，如果减值或坏账损失降低，且这种降低客观上与减记之后发生的事项（如债务人信用等级的提升）有联系，则金融资产的减记金额应直接或通过调整账务予以转销。此处，减值损失的降低客观上与减值之后发生的事项有联系，而对于什么样的情况才能叫有联系、联系的程度要求如何等都未有明确的规定，因而在转回减值损失时不同的企业可能会有自己的理由和做法，这无疑加大了盈余管理空间，使信息失去可比性。

（6）已发生损失模型面临的最大问题是应用困难。IAS 39 的实际利率法需要考虑对各种复杂问题的处理，例如交易成本和发行成本等成本都必须资本化并包括在实际利率的计算中、在 12 月 31 日以外日期的支付金额、部分支付和迟延支付、预付款项等，这些无疑都增加了 IAS 39 运用方面的复杂性和困难。审计师、报表编制者、银行监管者就反馈了 IAS 39 的规定经常给他们带来困难，而这种困难在新兴经济和非金融实体中尤为明显。新兴经济体的银行监管者曾向 IASB 反应，银行管理层缺乏信息和做出估计的能力，发达经济体的银行监管者也提到他们所在辖区内的小银行存在同样的问题。

由于 IAS 39 确认减值损失"太少、太迟"，表现出强烈的亲周期性，并具有一系列理论和实务方面的问题和缺陷，改变减值相关条款的呼声越来越强烈，IASB 承受的来自各方的改革压力也与日俱增。

第二节　国际社会为银行贷款拨备政策改革所做的努力

一、国际组织的反应

（一）金融稳定论坛①的反应

危机爆发后，金融稳定论坛（Financial Stability Forum，FSF）也积极关注态势的发展并迅速采取措施来应对。2008 年 4 月，FSF 发布了《增强市场和制度适应能力的报告》，指出解决金融体系的亲周期性问题是加强宏观审慎导向监管的重要组成部分；FSF 将调查导致金融体系亲周期性的因素并提出方案来缓解亲周期性。2009 年 4 月 2 日，FSF 发布了《关于金融体系亲周期性的报告》，提出了解决金融体系亲周期性问题的建议，认为应当从资本制度、银行拨备实务、定价和杠杆的相互作用这三大领域优先采取政策行动。为此，FSF 成立了三大工作小组：银行资本问题工作

---

① 金融稳定理事会（Financial Stability Board，FSB）的前身。鉴于金融稳定论坛（FSF）需要更大的权限来推进金融稳定，2009 年 4 月召开的 G20 峰会决定将 FSF 成员扩展至包括中国在内的所有 G20 成员，并更名为 FSB。

小组、拨备工作小组、杠杆和定价工作小组。报告中的建议是这些工作小组在过去 9 个月与各经济体当局、巴塞尔银行监管委员会（BCBS）、国际清算银行（BIS）、全球金融体系委员会（CGFS）、国际货币基金组织（IMF）、国际证监会组织（IOSCO）、国际会计准则委员会（IASB）和美国财务会计准则委员会（FASB）通力合作的工作成果。

在贷款拨备方面，FSF 认为更早确认贷款损失可能会缓解金融危机下的周期性波动，提前确认贷款损失不仅符合财务报告使用者对信贷趋势变化透明度的需要，而且符合审慎监管的安全目标。具体来看，提出了以下建议：

（1）FASB 和 IASB 应当重新考虑已发生损失模型，在考虑更大范围的可获得信贷信息的基础上，分析确认和计量贷款损失的备选方法。FSF 建议 FASB 和 IASB 组建一个工作组来解决技术方面的问题，并加快完成这个项目。准则制定者应当重新考虑现有的贷款拨备要求和相关的披露要求，包括分析公允价值、预期信用损失和动态拨备方法。

（2）BCBS 应当复审《巴塞尔协议Ⅱ》，以减少甚至消除计提贷款拨备的不利因素。《巴塞尔协议Ⅱ》框架的某些特征是改进拨备实务的潜在重要不利因素。比如，1.25% 和 60 个基点将限制计提的拨备金额。在标准化和内部以评级为基础的方法中（比如动态拨备的标准法和内部模型法），这些拨备能够计入资本，这对那些拨备水平接近阈值的银行计提拨备是不利的。

（3）BCBS 应复审《巴塞尔协议Ⅱ》，以评价在支柱三[①]下贷款拨备披露的充分性。BCBS 应当复审和强化支柱三关于贷款拨备实务、相关信用风险和贷款组合信用损失的内容，以提高拨备实务的透明度。

（二）G20 的反应

此次金融危机也引起了 G20 的热切关注。2009 年 4 月 2 日，G20 在伦敦举行了金融峰会。为应对金融危机，会议审核通过了改革会计准则等方面的重要决议。会上，G20 敦促会计准则制定机构在 2009 年底采取措施来做到：

（1）降低金融工具会计准则的复杂性，制定统一的高质量的全球会计准则。

（2）通过考虑更大范围的信用信息，强化贷款拨备的会计确认。

（3）改进包括贷款在内的金融工具的会计准则。

---

① 《巴塞尔协议Ⅱ》的三大支柱为最低资本要求、外部监管和市场约束。

(4) 在独立的会计准则制定过程中,更多地考虑包括审慎监管者和新兴市场在内的利益相关者,要加强与银行监管机构的合作(G20,2009)。

可见,金融危机后,FSF、G20 将矛头对准了包括贷款减值在内的会计准则,并向 IASB 施压,希望通过改进贷款拨备等相关会计准则来缓解危机带来的阵痛。

(三) BCBS 的反应

2009 年 12 月,BCBS 发布了《增强银行体系稳健性(征求意见稿)》,提出面对金融危机,IASB 应当改变国际会计准则关于贷款拨备的做法,使其更为稳健,并表示希望 IASB 不断推动贷款拨备计提向预期信用损失模型靠拢,另外还建议增加对银行拨备方法的披露。

二、危机后 IASB 的不懈努力

(一) 次贷危机后《降低金融工具会计复杂性(讨论稿)》的发布

为降低金融工具会计复杂性,改进贷款减值相关会计准则,让财务信息使用者更容易理解财务报告信息,2008 年 3 月,IASB 发布了《降低金融工具会计复杂性(讨论稿)》。IASB 讨论了取代现有计量规定的方法,即以公允价值为计量原则并规定一些可选择采用其他方法的例外情形(即讨论稿提到的方法 2),并对那些不以公允价值计量的工具应何时确认减值损失以及如何计量减值损失,广泛地征求意见。回应者意见多种多样,大致可分成以下三种:部分回应者建议采用预期信用损失模型(减值损失可转回);部分回应者建议采用当前 IAS 39 规定的已发生损失模型,理由是讨论稿提议将方法 2 作为阶段性方法,如果改变现有方法将在短期内增加复杂性;还有回应者建议实行已发生损失和预期信用损失相结合的方法,当减值损失可观察时采用已发生损失方法,当减值损失不可观察时采用预期信用损失方法,这样预期信用损失将能更好地反映金融工具的经济实质。

(二) FCAG 的组建和 FCAG 报告的发布

IASB 注意到了利益相关者希望金融工具会计能够迅速得到改善的迫切请求。2008 年 10 月,作为应对全球金融危机引发之问题的联合方法的一部分,IASB 联合 FASB 组建了金融危机咨询小组(FCAG)。该团队主要由国际资本市场经验丰富的高层领导组成,职责是考虑如何改进财务报告以增强投资者对金融市场的信心。2009 年 7 月,FCAG 发布了一份总结性报告,讨论的主要议题就是金融资产减值方法。该报告指出贷款(和其他金融工具)损失的递延确认和不同减值方法的复杂性是会计准则及其运用在这次金融危机中暴露出的主要缺陷。对此,FCAG 的建议之一就是探索将预期信用损失模型作为备选方法,以提供更具前瞻性的信息,取代现有的已发生损失模型。

(三) IASB "替代 IAS 39" 项目的启动与进展

组建 FCAG 后一个月,IASB 开会讨论了金融工具确认和计量项目是否应纳入紧急工作议程。最终,会议肯定了该项目满足以下五大标准,应纳入紧急工作议程:

(1) 国际金融危机爆发后,各国政府、监管者、投资者要求简化金融工具确认和计量的呼声强烈,可见金融工具确认和计量项目与全球的信息使用者具有很大的相关性,能向信息使用者提供更相关、可靠的信息。

(2) 目前虽然针对金融工具的确认和计量有许多指引,然而对《降低金融工具会计复杂性(讨论稿)》的回应表明 IAS 39 难以理解和应用,报告编制者和审计者也反映金融工具会计领域尤其复杂,信息使用者认为按照 IAS 39 得出的信息难以理解并且无益于他们做出投资决策。应用 IAS 39 的典型实务问题有:不同的账户单位问题(various unit of account questions)、实际利率计算问题、嵌入式衍生工具的分歧、减值损失何时发生、减值损失的转回、信用质量对衍生工具的影响以及不存在活跃市场的金融工具的定价。可见,现有 IAS 39 受到广泛的批评,存在实务问题。此外,IFRS 和 GAAP 关于这方面的规定也不尽相同,尤其是在细节层面,因此很有必要开展金融工具确认和计量项目。

(3) 该项目的实施将提高国际会计准则实现趋同的可能性。早在 2008 年 10 月的联合会议上,IASB 和 FASB 就声明将共同致力于增强金融工具会计透明性、降低金融工具会计复杂性。实施该项目将为实现趋同提供可能。

(4) 金融工具的确认和计量备选方案较多,IASB 的讨论稿已经提出了许多改进金融工具财务报告的备选方案,比如采用公允价值计量方法。鉴于目前已经开始了对备选方案的讨论,IASB 很有信心在合理时间内发展出一套可行的替代方案来改进金融工具财务报告。

(5) IASB 拥有丰富的内外资源来实施金融工具项目。IASB 通过金融工具工作组(FIWG)以及 FIWG 与其他利益相关方如 FSF 的沟通,可以获得大量宝贵的外部专家意见。此外,IASB 和 FASB 致力于一起解决金融工具确认和计量问题,项目团队将由两大委员会工作人员组成。这些工作人员有的具备金融工具会计的专业知识,有的具备银行及相关行业经验,有的特别了解现有规定存在的实务问题,对项目的工作大有裨益。

鉴于金融工具项目满足以上五大标准,IASB 决定启动 "替代 IAS

39"项目,并将该项目纳入紧急工作议程,以实现"简化金融工具的分类和计量要求,以改进财务报告对信息使用者的决策有用性"的目标。该项目分为三个阶段:第一阶段是金融工具的分类与计量,第二阶段是金融工具的减值方法,第三阶段是套期活动会计。2009年3月,IASB"替代IAS 39"项目第一阶段的工作取得了实质性进展,发布了关于金融资产终止确认(derecognition)的征求意见稿,并于2009年7月发布了《金融工具:分类与计量(征求意见稿)》。在总结反馈意见的基础上,最终在2009年11月12日,IASB发布了全新的国际财务报告准则IFRS 9,取代了IAS 39的相应规定,这标志着"替代IAS 39"项目第一阶段工作的圆满结束。

新发布的IFRS 9极大地简化了金融资产的分类与计量,是对G20提出的"降低金融工具会计准则的复杂性"的具体回应之一。新准则把金融资产从四类减少为两类,即按管理层管理金融资产的商业模式和合同现金流特征分为以摊余成本计量的金融资产和以公允价值计量的金融资产,并规定仅对以摊余成本计量的金融资产计提减值准备。确认为以摊余成本计量的金融资产,需要同时满足:(1)在以持有资产收取合同现金流为目标的商业模式范围内持有该资产;(2)金融资产的合同条款规定在特定时期产生的现金流仅是本金和以未偿付本金为基础的利息支付。显然,贷款具备以上两个特征,应作为以摊余成本计量的项目之一,在新发布的国际财务报告准则IFRS 9下,仍应该计提减值准备。而且,考虑到减值准备的重要性,IASB将减值方法作为"替代IAS 39"项目第二阶段的工作。

三、IASB在贷款拨备方法上的艰难选择

随着将包括贷款在内的金融资产的减值方法纳入"替代IAS 39"项目的第二阶段工作,IASB开始探索取代已发生损失模型的备选方法,先后于2009年3月、4月、5月召开会议讨论备选方法,主要有西班牙的动态拨备制度、预期信用损失模型(基于预期现金流量法)和基于公允价值的减值方法。

(一)IASB决定放弃动态拨备制度

会议讨论了西班牙的动态拨备制度。该制度通过在信用风险积累的早期计提拨备,避免了信用损失的延迟确认。从宏观经济角度看,它限制了拨备制度的过度亲周期性,并帮助银行度过了衰退期。但是动态拨备制度不符合IFRS的贷款拨备计提原则,拨备计提方法和国际会计准则规定的未来现金流折现法存在本质差异。它没有使用统计信息去预测未来损失,而是使用历史信息来确定资产负债表日的拨备水平,本质是一个后向模型,难以实现反映资产负债表日贷款真正经济特征的目的。经过再三权衡考虑,IASB决定不考虑动态拨备制度,仅针对预期现金流量法和基于公允价值的减值方法进行讨论。

(二) IASB在预期现金流量法与基于公允价值的减值方法之间徘徊

在2009年3月的会议上,IASB提出了与"已发生损失"相对应的"预期信用损失"概念。如前文所述,"已发生损失"所秉持的原则是信用损失必须由损失事件导致,即在损失事件发生前不存在内含于贷款或者贷款组合的损失。IAS 39的已发生损失模型正是遵循了此原则。"预期信用损失"的概念则不同,它提倡信用损失是贷款活动不可分割的组成部分,不同的合同利率反映了对损失的不同预期。简单来说,预期信用损失模型的基本设定就是贷款在未来必然违约。显然,预期信用损失模型比已发生损失模型更加审慎和保守,该方法考虑了未来损失,能把早期收益递延至后期确认,从而做到在现金流不平稳时也能够报告平稳的利润,在一定程度上缓解了亲周期性。此外,预期信用损失模型要求首先用估计的未来损失来调整未来现金流,再根据调整后的未来现金流来计算实际利率,这比已发生损失模型更加具有逻辑上的一贯性和可支撑性。然而,预期信用损失模型也有局限性。例如,由于涉及更多的专业判断,将对报告编制者和审计人员提出更高的要求,改革减值方法所需要的成本也将更高,对新兴经济和非金融实体尤其如此。鉴于此,IASB在当时对是否用预期信用损失模型取代已发生损失模型尚有犹豫。

经过对预期信用损失模型的进一步研究,IASB提出了预期信用损失模型更为清晰的具体应用方法——预期现金流量法。在2009年4月的会议上,IASB将基于公允价值的减值方法也纳入了备选方法。为了确定最终方案,IASB将预期现金流量法、基于公允价值的减值方法与已发生损失方法进行了对比分析,具体见表8-1。

表8-1　三种减值方法分析比较

主题	已发生损失方法	预期现金流量法	基于公允价值的减值方法
实际利率(EIR)的初始确定	根据初始计量和预期现金流,但不考虑预期信用损失	根据初始计量和预期现金流(包括预期信用损失)	根据初始计量和预期现金流(包括预期信用损失)
减值测试的触发	需要,基于表明贷款发生减值的迹象	不需要	需要,触发既基于价值,又基于减值迹象①

① 因为仅仅基于价值的方法与以摊余成本计量的金融资产减值的概念不相符。

续表

主题	已发生损失方法	预期现金流量法	基于公允价值的减值方法
修正账面价值的计量	a）预期现金流反映以初始 EIR 折现的已发生损失（针对固定利率工具） b）无市场调整 c）不含未来信用损失	a）持续更新的预期现金流反映以初始 EIR 折现的预期信用损失（针对固定利率工具） b）无市场调整 c）包括未来信用损失	a）公允价值（如果低于账面价值） b）包括与信用相关和不与信用相关（如流动性）的公允价值变动
减值的确认、披露与细分	a）收益还是损失 b）披露	a）收益还是损失 b）披露	a）收益还是损失 b）（在收益与损失的合计金额中，或者在收益与损失及其他综合收益中）尽可能将收益和损失分开 c）（在列报或披露中）根据提供信息有用的必要性决定是否进一步细分
后续减值的确认	是否发生了进一步的损失事件	通过持续重新估计现金流来自动确认	通过确定公允价值自动确认； 触发事件可用作确认的起始点
减值后收入的确认	根据初始 EIR（针对固定利率工具）确认利息收入，符合基于成本的计量目标	根据初始 EIR（针对固定利率工具）确认利息收入，符合基于成本的计量目标	a）可根据初始或修正后的 EIR 确认利息收入 b）根据初始 EIR 确认更符合基于成本的计量目标，但一般不能调整到预期现金流 c）根据修正后的 EIR 确认能调整到预期现金流，但削弱了利息收入确认与初始计量基础之间的关系 d）如果其他综合收益中的各个部分能够确认，那么就必须建立一个公布机制

续表

主题	已发生损失方法	预期现金流量法	基于公允价值的减值方法
减值损失的转回	a) 如果减值损失确认后发生了触发事件，则需要转回 b) 转回的上限为摊余成本	a) 通过调整预期现金流自动转回（无需触发事件） b) 上限是所有合同现金流以 EIR 折现的现值	a) 可能需要转回（上限一般为摊余成本） b) 可以仅根据触发事件或者恢复的价值
其他方面的考虑			
额外会计指引的要求	不需要或者只需少许（如果 IASB 想解决实务中产生的问题）	a) 对现有指引进行有限修改便可实施 b) 需要对如何估计预期现金流给出指引，尤其是针对量大而价值低的组合	根据模型的特征，需要增加大量的额外指引（如利息累计、分解）
利益相关者（如报告编制者、审计师、信息使用者）的成本	a) 不会增加复杂性 b) 无增量成本	a) 变化将不可避免地导致包括报告编制者、审计师、信息使用者在内的所有利益相关者成本的增加 b) 报告编制者面临的复杂性大量增强：生成原始数据（这些数据并不是在所有情形下都可获得）；估计预期现金流（而不是像现有的方法，只关注损失事件的辨认）；估计预期信用损失 c) 与相关监管规定相互影响（这种影响是有限的） d) 实施成本取决于数据的可获得性、数据的质量以及系统的准备状态 e) 对信息使用者来说，降低了与历史趋势数据的可比性	a) 复杂性大量增加，因为需要监控和追踪减值、转回、额外减值和累计利息 b) 公允价值应当是可获得的（根据 IFRS 7），然而运用这种方法不可避免地会增加成本和投入，尤其是这类计量处于公允价值的第三个层面，这个层面的数据比较少，而且估值技术欠发达 c) 后续的会计处理需要对系统进行重大修改

续表

主题	已发生损失方法	预期现金流量法	基于公允价值的减值方法
组合的适用性	a) 允许应用于由具有相似信用特征的资产构成的组合，这增强了估计的精确性，并将影响损失确认时点 b) 项目在组合之间的转移复杂（也即什么样的项目应当移出组合来作为单项减值项目或者不再具有相同特征的项目） c) 已发生但未报告的概念	a) 可用于组合，但需要制定指引来使得方法具有可操作性（增强估计的精确性） b) 项目在组合之间的转移复杂（也即什么样的项目应当移出组合来作为单项减值项目或者不再具有相同特征的项目）	a) 可用于组合，但需要制定指引来使得方法具有可操作性 b) 项目在组合之间的转移复杂（也即什么样的项目应当移出组合来作为单项减值项目或者不再具有相同特征的项目）

资料来源：IASB Agenda Paper 5D：Comparison between Possible Impairment Approaches, May 2009.

尽管基于公允价值的减值方法能帮助解决一些重大难题，如它能减少由于管理层在确认减值时点和金额方面的偏差带来的不利影响。该方法具有最强的相关性，不仅能反映信用变化，还能反映非信用变化（如流动性）。然而，该方法在不存在活跃的市场时需要管理层进行估计，主观性较强，而且一般认为公允价值具有明显的亲周期性（周长鸣，2010）。另外，该方法是有条件的公允价值会计（即一旦达到了减值标准），它混合了摊余成本法和公允价值法，将差异很大的两种方法结合在一起使用，使复杂性大大增加，从而引发严重的应用问题，可供出售的金融工具便是一个例子。基于此，IASB 更倾向于基于预期现金流量法的预期信用损失模型。

预期信用损失模型的最大优势在于能提供更为相关的财务信息，比如随着时间的推移损失预期如何变化的信息，这些信息有助于银行做出合适的放贷决策。但该方法可能导致盈余管理行为，影响信息的可靠性。另外，该方法的实施需要改变现有会计处理系统，将不可避免地增加所有利益相关者的额外成本，实施成本较高。该方法还面临一些操作层面的挑战，例如，如果资产组合中的特定资产发生损失是仍将其放在组合中还是对其进行单项评估，浮动利率工具如何应用该方法等。因此，IASB 对基于预期现金流量法的预期信用损失模型进行了认真的讨论。

第三节 基于预期现金流量法的预期信用损失模型

2009年6月,IASB发布了有关《金融资产减值:预期现金流量法(预期信用损失模型)》的信息需求函,广泛征求大家对预期现金流量法的意见。

从反馈意见看,大部分人都赞同采用预期现金流量法,但反馈意见对该方法的可操作性和实施成本也提出了质疑(FFSA[①],2009;FEE[②],2009;EFRAG[③],2009)。例如,FFSA认为预期信用损失模型可能适用于贷款资产,但不适用于债券,应修改适用范围;另外,该方法的实施将耗费高昂的成本,FFSA建议使用简化的方法(比如构建同质资产组合)来解决实施难题、降低实施成本;针对预期现金流量法主观判断过多的质疑,FFSA建议增加应对措施,比如披露所应用的方法、定期进行回溯测试等;FEE和EFRAG则认为预期现金流量法不够清晰,需要增加说明,比如当历史数据不可获得时采用什么信息、如何处理循环信贷(如信用卡组合、透支)等。

IASB在听取反馈意见的基础上,对预期现金流量法进行了修正和完善,并进一步在全球范围内公开征求意见。2009年11月5日,IASB发布了《金融工具:摊余成本和减值(征求意见稿)》,意见征求截止日期为2010年6月30日。这标志着"替代IAS 39"项目第二阶段工作"金融工具的减值方法"正式启动。

一、基于预期现金流量法的预期信用损失模型的主要内容

2009年征求意见稿提出采用预期现金流量法(预期信用损失模型)来对包括贷款在内的金融资产的减值进行会计处理,以解决已发生损失模型递延确认、确认损失太少的亲周期性等问题。贷款作为以摊余成本计量的金融资产之一,征求意见稿首先明确了摊余成本计量的目标,即通过在金融资产预计存续期内分摊利息收入或利息费用,提供关于金融资产实际回报的信息,其中实际回报不仅反映金融资产在整个存续期内的费用分

[①] 法国保险公司联合会(FFSA),代表法国保险和转保行业。
[②] 欧洲会计师联合会(FEE)。
[③] 欧洲财务报告咨询组(EFRAG)。

摊、交易费用、其他溢折价，还反映对整个存续期内预期信用损失的最初估计（IASB，2009）。从计量目标看，与以前相比最明显的一个变化是增加了对预期信用损失的考虑。这也是本次减值方法改革的关键所在。

基于预期现金流量法的预期信用损失模型要求在贷款初始确认阶段考虑其在未来整个存续期内的预期信用损失来估计预期现金流，并将该预期信用损失在整个存续期内不断分摊。由于考虑了更为前瞻的预期信用损失信息，因此能在损失触发事件（即表明发生减值的客观证据）发生前确认损失，避免了已发生损失模型延迟确认的缺陷，具有逆周期性。该方法改变了已发生损失模型不考虑预期信用损失的静态折现模式，实现了在整个存续期内动态分摊预期信用损失的历史性跨越（宋光磊，2012）。预期现金流量法的起点是对预期未来现金流（考虑预期信用损失）做出最佳估计，然后采用实际利率法倒推确定实际利率，也即通过迭代计算求出使预期未来现金流的现值等于初始账面价值的折现率。最后，根据得出的实际利率确认每期的利息收入、摊余成本和减值准备。

征求意见稿对预期现金流量法的规定是基于原则导向的，具体内容包括减值损失确认、计量、列报和披露。

（一）减值损失的确认

1. 减值损失的确认依据

预期现金流量法确认减值损失的依据是信用损失预期的不利变化，即当与先前预期的信用损失相比，后续计量日调整后的信用损失预期值增大，则需要确认减值损失。该方法消除了对损失触发事件的判断和认定，确认减值损失不再依据能证明贷款发生减值的客观证据，也无须进行减值测试，能做到在损失触发事件发生前确认减值损失，实现提前确认。

2. 减值损失的确认范围

在预期现金流量法下，减值损失的确认范围从已发生损失扩展到了预期信用损失，也就是说，不仅包括已发生损失，还包括信用风险管理中未来将发生的损失。确认范围比已发生损失模型更为广泛。

（二）减值损失的计量

在预期现金流量法下，贷款减值损失为以下二者的差额：（a）预期信用损失估计值调整前贷款的账面价值；（b）预期信用损失估计值调整后贷款的预期未来现金流以初始实际利率折现的现值。

1. 贷款初始确认时估计预期信用损失

预期信用损失模型的理论基础是，贷款按照合同利率所计算收取的利息包括了未来的预期信用损失，该部分金额不应在利息收入中确认。因此，预期现金流量法要求在贷款初始确认时就考虑该贷款在整个存续期内的预期信用损失，即在估计未来现金流时需扣减未来损失导致的现金流出，并以经该预期信用损失调整后的现金流为基础来计算初始实际利率。该实际利率一经确定，将不再调整。合同利率和计算出的初始实际利率的差值即为信用损失率。这样，按照初始实际利率计算利息收入就排除了预期信用损失，避免了已发生损失模型下高估利息收入的问题。按照预期现金流量法，得出预期信用损失初始估计值后，该值要在贷款的整个存续期内进行分摊。这种做法将贷款定价分为利息收入部分和预期信用风险部分，预期信用风险部分反映了在贷款决策中对预期信用损失的考虑。

2. 需在每个资产负债表日对预期信用损失进行重估

在每个资产负债表日，需要根据最新的模型参数数据重新评估贷款在剩余存续期内的预期信用损失和现金流。后续的减值损失是通过持续不断地对预期信用损失重新进行估计而确认的。若资产负债表日的预期信用损失估计值与信用损失初始估计值相同，则不计提减值损失。倘若二者存在差异，则区分有利变化和不利变化：若为有利变化（即资产负债表日的预期信用损失估计值低于信用损失初始估计值），则通过损益账户转回减值损失；若为不利变化，则补提。

3. 预期信用损失的估计方法

对预期信用损失的估计可以按单项基础，也可以按组合基础。另外，在数据信息方面，既可以使用内部历史数据，也可以采用行业可比数据。

（三）减值损失的列报和披露

征求意见稿将以摊余成本计量的金融工具（含贷款）的列报和披露总目标界定为：向财务报告使用者提供相关信息，以使其能够评价利息收入和费用的财务效应及影响，帮助其判断金融资产（考虑信用风险）的质量。

1. 减值损失的列报

为了实现该目标，IASB建议下列项目在综合收益表中分别单独列报：

（1）总利息收入（用考虑预期信用损失前的实际利率法计算得出）。

（2）对初始预期信用损失的分配，应列作项目（1）的扣减项。

（3）净利息收入［项目（1）－项目（2）］。

（4）预期信用损失估计值变动引起的利得和损失。

（5）利息费用（用实际利率法计算得出）。

可见，该列报要求在一定程度上体现了前文所述的列报目标，能向财务报告使用者提供影响资产质量的相关信息。

2. 减值损失的披露

为了增强信息有用性，征求意见稿对减值损失的披露做了如下要求：

（1）强制要求使用备抵账户来登记信用损失，并披露每类金融资产备抵账户的变化和转回政策。

（2）披露估计值及其变动，即经济实体应对决定摊余成本的估计值和估计值变动的解释性信息进行披露，具体包括：（a）关于决定信用损失所使用的输入值和假设的信息；（b）分别披露由估计值变化导致的对利得和损失的影响；（c）每类金融资产的信用损失准备在一段时期内的发展变化与累积的注销值之间的比较信息，若估计值变化重大，需要做出定性分析。

（3）如果出于内部风险管理目的进行了压力测试，则需要披露压力测试信息，以便财务报告使用者了解相关事实和信息，包括：（a）经济实体的财务状况和经营业绩的隐含意义；（b）经济主体对各种压力场景的承受能力。

（4）披露金融资产的质量，对以摊余成本为计量基础的金融资产而言，经济实体应对每类金融资产进行披露。

（5）金融资产的初始取得和到期相关信息。对以摊余成本计量的金融资产而言，经济实体应该披露每类金融资产的初始取得年份和到期年份信息。

可见，该披露要求在一定程度上体现了前文所述的披露目标，能向财务报告使用者提供影响资产质量的相关信息。

二、与已发生损失模型的比较分析

与已发生损失模型相比，预期信用损失模型最大的不同在于估计未来现金流时考虑预期信用损失，并将该损失通过实际利率法在整个存续期内进行分摊，从而做到及时确认损失，避免了利息收入在损失触发事件发生前的高估，防止了"悬崖效应"的出现。正是由于考虑了预期信用损失，预期信用损失模型与已发生损失模型在减值确认和计量方面存在较大区别（具体如表8-2所示），将对银行贷款减值准备的会计处理产生很大影响。

表8-2 预期信用损失模型与已发生损失模型对比分析

项目	差异点	预期信用损失模型	已发生损失模型
减值损失的确认	确认范围	已发生损失和预期信用损失	已发生损失
	确认依据	无需证明发生减值的客观证据（损失事件）	需要证明发生减值的客观证据（损失事件）

续表

项目	差异点	预期信用损失模型	已发生损失模型
减值损失的计量	计量金额的确定	账面价值与未来现金流（包括预期信用损失）以初始实际利率（包括预期信用损失）折现的现值之间的差额	账面价值与未来现金流（不包括预期信用损失）以初始实际利率（不包括预期信用损失）折现的现值之间的差额
	利息收入计量基础	基于初始实际利率（包括预期信用损失）	基于初始实际利率（不包括预期信用损失）
	后续减值计量	后续减值通过持续估计现金流来确定	损失事件发生时确认并计量
	减值损失转回	现金流估计值的调整变化使得减值损失实现自动转回	导致减值的客观事件消失

三、对基于预期现金流量法的预期信用损失模型的反馈和评价

2009 年征求意见稿意见征求截止于 2010 年 6 月 30 日，经过近 8 个月的评论期，IASB 共收到了 149 封评论信，分别来自银行机构、银行业团体、银行监管者、各国会计准则制定机构、公共会计组织和财务报告使用者。这些评论信主要涉及以下主题：

（一）对预期信用损失模型的强烈支持

绝大多数反馈者均支持将减值方法从已发生损失模型转向预期信用损失模型。例如，欧洲银行联合会（EBF）表示赞同 IASB 对现有的已发生损失模型进行修改，使用更具前瞻性的预期信用损失模型。BCBS 也表示强烈赞同，因为对包括审慎监管者在内的信息使用者而言，预期信用损失模型将提高财务报告信息的决策有用性和相关性，将能更好地促进金融机构内部风险管理与会计计量相协调。

很多反馈者都赞同已发生损失模型存在以下缺陷：具有内在的不一致性；已发生损失滞后于预期信用损失，导致信息缺陷；已发生损失对银行做出放贷决策参考意义相对较小；无法清晰辨别损失事件何时发生；在某些情况下，尽管初始预期未改变，损失却以损益的形式加以确认；未清晰界定何时转回之前确认的减值损失。凡此种种，它不能为了解金融机构近期的经营业绩和财务状况提供及时、有用的信息，故希望摒弃该方法。

预期信用损失模型之所以能获得广泛的支持，主要基于以下原因：（1）预期信用损失模型不再需要考虑和识别减值损失触发事件，避免了损失触发事件确认难题，也避免了现有的已发生损失模型在损失触发事件实

务方面的不一致性,更早确认减值损失降低了收益的波动性,克服了已发生损失模型的"悬崖效应"。(2) 与已发生损失模型相比,预期信用损失模型能更好地反映放贷业务的经济实质,在初始确认时即考虑预期信用损失对预期现金流的影响,用经预期信用损失调整后的预期现金流来计算实际利率,并以此实际利率计算利息收入,做到了在减值发生前不高估收入,使得收入与费用更相匹配。(3) 能反映金融机构是如何管理信用风险的,因此与已发生损失模型相比,预期信用损失模型与信用风险管理系统的联系更加紧密。(4) 要求在每个资产负债表日对预期信用损失进行重估,并将预期信用损失的变化及时反映在当期损益中,能提供预期信用损失和信用风险的变化信息,便于对信用风险进行监控。

(二) 预期现金流量法面临多重难题

1. 实务上的操作性难题

(1) 不符合内部风险管理程序。预期信用损失模型与内部风险管理程序和管理要求不一致,例如该模型只适用于封闭式组合,与很多银行机构以开放式组合进行管理的方式不一致。另外,在估计预期信用损失时采用预期信用损失的概率加权结果也与风险管理实务不相符。英国银行家协会指出,预期现金流量法只是根据纯粹的折现现金流分析理论,并没有较好地体现和反映银行贷款定价、信用风险管理、收集数据和维护系统的方式。预期现金流量法与内部风险管理程序的不一致将导致必须分别为减值管理和风险管理保有不同的数据来源和数据库,这显著增加了实施期间和后续应用的操作负担及成本。

(2) 现有系统将面临重大修改和调整,实施成本高昂。采用预期信用损失模型需要对现有系统进行重大修改和调整。因为当下减值的确定属于信用风险管理工作,相应信息存储在风险管理系统中,而实际利率的计算属于财务会计工作,相应信息存储在财务信息系统中。可见,信用损失信息和实际利率信息存储在相互独立的系统中,二者并没有融合在一起。这就不得不对系统做出重大修改,而对重要系统的修改将显著地增加实施成本。澳大利亚会计准则委员会认为,实施IASB提议的预期信用损失模型所产生的成本将不会少于2005—2006年采用IAS 39所产生的成本。

(3) 应用于开放式贷款组合、循环信贷的操作难度尤其大。加拿大银行家协会表示很担忧预期信用损失模型对开放的动态贷款组合和无固定支付条款的贷款产品(如循环信贷)的适用性。预期信用损失模型要求将预期信用损失初始估计值的后续变化立即确认为收益或者损失。然而,对于动态的、开放的、有贷款经常加入或者退出的开放式组合,要分清原组合中贷款预期信用损失的变化部分和后续加入组合的新贷款的预期信用损失，就当前的风险管理系统和财务信息系统来说，几乎是不可能的。而不能对二者做出区分就将妨碍预期信用损失模型的实施，因为原组合中贷款预期信用损失的变化部分要作为后续计量计入当期损益，而后续加入组合的新贷款的预期信用损失需立即确认损失。因此，预期信用损失模型应用于开放式组合仍然存在着较大的操作挑战。

（4）"权宜之计"适得其反。2009 年征求意见稿提出了一些计算摊余成本的实务权宜之计，比如 IASB 允许金融资产在预期存续期内不通过实际利率分配预期信用损失，降低了一定的操作难度，但 IASB 规定这样做的前提是导致的差异不重大。一些反馈者，如欧洲银行监管委员会就表示，要证明使用此种权宜之计导致的差异、带来的影响不重大，反而增加了使用权宜之计的复杂性，并不能达到采用此种方法的初衷。

（5）美国类似经验证明预期现金流量法的操作难度较大。花旗集团指出，征求意见稿提议的预期现金流量法正是当前美国 GAAP ASC 310-30（贷款与信用质量恶化的债券，SOP 03-3 对转让获得的特定贷款或债券的会计处理）中对受让取得的贷款组合的会计处理规定。这些具有运用预期现金流量法经验的美国反馈者表示，即使是那些善于使用复杂模型的大型金融机构，在按照折现现金流进行减值计量时，也大范围地遇到了重大的操作挑战。另外，按照 SOP 03-3 对受让取得的贷款组合进行大量会计处理时，主要是通过人工使用电子表格的方式，因为对系统进行修改以执行所要求的复杂计算存在很大的困难。此外，该模型需要对预期信用损失的金额和时点进行估计，较大的主观性也导致提供的信息并非十分有用。

2. 理论上的概念性问题

（1）模型涉及的重大主观估计大大增加，可靠性下降。许多反馈者认为 2009 年征求意见稿提议的预期现金流量法是"纯概念性的"（conceptually pure），存在理论上的概念性问题。瑞士信贷指出，运用预期信用损失模型看起来似乎提高了准确性，但由于需要更多的不可观察输入值（比如需要估计预期信用损失的金额和时点），反而增加了更多的主观估计，可靠性、可审计性大为降低，将影响信息对投资者的有用性。

（2）对预期信用损失初始估计值及估计值后续变化的处理不一致。预期现金流量法要求将金融工具在整个存续期内的预期信用损失初始估计值作为以实际利率计算的一部分并予以确认，而估计值的后续变化则立即确认为收益或者损失。之所以做此区分是因为在 IASB 看来，信用风险是资产定价的一个关键考虑因素，因此对未来损失的初始估计值应当作为利息收入确认的一部分，而估计值的后续变化是由信用恶化导致的，因此应当立即确认为收益或者损失。然而这种不一致的处理办法将带来套利机会，导致利润的更大波动以及财务报告可比性的下降，并且对初始估计值和估计值后续变化的不一致处理也没有理论基础来支撑（苏格兰皇家银行，2010）。具体来说，将估计值后续变化立即确认为收益或者损失将带来"悬崖效应"，从而使减值方法继续表现出亲周期性，这实质上是公允价值计量，有悖于摊余成本的计量原则。

（3）拨备计提不足问题。欧洲金融市场协会等指出：一个更深层面的概念性问题是，当预期信用损失在贷款存续期的早期发生并超过通过调低实际利率而累积的拨备时，为该项资产计提的拨备就可能出现借方余额。尽管这并不违背模型的原则，但如果想实现更早确认信用损失的目标，则应当重新对模型进行考虑，建议建立一个拨备下限（floor）以预防"负的拨备"。

（4）确定预期现金流时使用概率加权平均值存在概念性问题。2009年征求意见稿要求用概率加权结果来确定未来预期现金流，这存在概念上的困难，因为概率加权结果具有严重的主观性，权重的分配并不比一个单一的"最可能的"估计值更有意义，特别是对大额单个项目使用概率加权平均值极有可能导致最终的结果并不是预期的结果（被分配权重的结果）之一。另外，英格兰及威尔士特许会计师协会指出用概率加权方法来估计未来损失可能没有考虑到现金流发生时点的不同。

3. 披露要求存在问题

很多反馈者都表示预期现金流量法的披露项目和要求过于详细、烦苛，缺乏可比性，操作性差，要求在确定合理的备选方法后重新考虑披露要求。

（1）对敏感性分析的披露要求过于烦苛。2009年征求意见稿在披露方面提出：如果一个实体改变一个或者多个输入值将导致预期信用损失发生变化，那么该实体应当对其进行披露。由于在一段较长的时期内很多输入值都可能有大量的合理选项，这样的披露要求可能过于烦苛（Regions Financial Corporation，2010）。

（2）对压力测试的披露缺乏可比性。2009年征求意见稿提议，如果实体将压力测试作为内部风险管理程序的一部分，那么实体应当披露这一事实，同时提供有关压力测试对财务报告和实体应对压力的能力存在影响的信息。许多反馈者如欧洲财务报告咨询组认为这种披露意义并不是很大，因为只有上述所说的那类实体才需要披露这些信息，这会使信息缺乏可比性。

（3）对到期信息的披露有用性和可操作性较差。2009年征求意见稿要求披露每类以摊余成本计量的金融资产的初始取得年份和到期年份，而在确定多种类型的贷款（特别是开放式组合中的贷款）的损失估计值时，到期信息并非一项重要的考虑因素，因此这种披露要求将很难产生对投资者决策有用的信息。另外，许多反馈者提到当新的贷款加入开放式组合中时，现有系统可能并不会及时地更新到期信息，因此为了进行这项披露，必须对系统进行升级，存在可操作性差的问题（Barclays，2010）。

4. IASB 和 FASB 在减值方法上的趋同问题

金融危机爆发后，FASB 和 IASB 分别提出了不同的减值方法：FASB 提议立即确认预期信用损失，而 IASB 提议在资产的整个存续期内通过实际利率逐渐确认预期信用损失。以欧洲金融市场协会为代表的反馈者对 IASB 和 FASB 提出不同的模型表示失望，希望两大委员会能更加紧密地合作，消除它们在减值方法上的差异，达成趋同的目标，共同致力于发展全球统一的会计准则。

第九章 预期信用损失模型："二分法"与"三阶段法"

第一节 基于信用风险特征的"二分类"减值方法

为应对金融危机和贷款拨备计提的亲周期性，国际社会对如何改进贷款拨备会计政策展开了热烈的讨论。各国和社会团体虽普遍赞同用预期信用损失模型来取代已发生损失模型，但对预期信用损失模型的具体操作方法却难以达成一致的意见，早前提出的预期现金流量法也存在重大的操作性难题。因此，从"二分法"（即"二分类"减值方法）到"三阶段法"（即"三阶段"减值方法），IASB 走上了一条不断探索和完善预期信用损失模型的道路。

2014 年 7 月 24 日，IASB 对外发布了完整版的 IFRS 9，将金融工具分类与计量、金融工具减值和套期活动会计全盘纳入。该完整版是在 IFRS 9（2009）和 IFRS 9（2010）的基础上修改完成的，自 2018 年 1 月 1 日起生效。新 IFRS 9 对贷款减值会计处理做出了最新规定，正式提出了一个单一的前瞻性预期信用损失模型，积极地回应了由金融危机引发的各界对 IAS 39 的质疑，同时新 IFRS 9 的正式颁布也标志着 IASB 终于完成了针对金融危机采取的全面应对之举。然而，该模型的提案经历了漫长的讨论，具体的应用方法也几经修改，美国和欧洲的会计准则制定部门在减值方法的问题上一直争执不下。

一、"二分类"减值方法提出的背景和原因

（一）基于预期现金流量法的预期信用损失模型存在重大的操作性难题

IASB 在 2009 年发布的征求意见稿中提出，用更为合理和前瞻的预期信用损失模型取代已发生损失模型。这一提议获得了普遍的赞同，坚定了 IASB 继续发展预期信用损失模型的信念。然而，该征求意见稿提出的预期信用损失模型的具体应用方法——预期现金流量法存在较大的操作性难题，不符合成本效益原则。例如，与银行的内部风险管理程序不相符，实施成本高昂，不适用于开放式贷款组合、循环信贷等。美国的类似经验也证明了预期现金流量法难以操作。鉴于该模型在开放式贷款组合应用方面的突出问题，IASB 决定优先解决该重点难题，首先重新考虑并专门研究针对开放式组合的减值方法，再研究如何将针对开放式组合的方法运用于其他金融工具（如单个金融工具和封闭式组合）。

（二）要求 IASB 和 FASB 在减值方法上趋同的呼声强烈

金融危机发生后，针对已发生损失模型的缺陷，FASB 也做出了回应。2010 年 5 月，FASB 发布了《对金融工具会计以及衍生工具和套期活动会计的修订（征求意见稿）》，也提出了一个预期信用损失模型，但由于与 IASB 的立足点不同，其提案与 IASB 主张在整个存续期内对预期信用损失进行分摊的提议不同。FASB 的立足点是，应确保就整个存续期的预期信用损失提取充分的准备金，因此，主张将整个存续期内的预期信用损失立即确认为减值损失，同时要求实体在预期不能收回所有到期合同金额时确认信用损失。

针对 IASB 和 FASB 提出不同模型的做法，以 G20、FSB 以及欧洲金融市场协会为代表的反馈者都表示失望，并希望两大委员会能更加紧密地合作，共同发展出一套全球统一的、高质量的、关于金融资产减值的会计准则。IASB 经过了大量讨论，吸收了部分反馈意见和专家顾问组的观点，在与 FASB 充分协调的基础上形成了增补征求意见稿，并于 2011 年 1 月 31 日联合 FASB 发布了《金融工具：减值（增补征求意见稿）》，以作为对 IASB 2009 年发布的征求意见稿和 FASB 2010 年发布的征求意见稿的补充和完善。

二、"二分类"减值方法的内容

（一）依据信用风险特征划分为两类资产

在增补征求意见稿提议的基于信用风险特征的"二分类"减值方法下，以开放性方式进行管理的贷款将按照信用风险特征分成两类：一类是适合确认一段时期内的预期信用损失的贷款，即优良资产；除此之外的其他贷款则归入另一类，即不良资产。

实体应根据内部信用风险管理来区分这两类资产，也就是评估资产无法收回的风险是否超过对其收取利息的获利能力。具体来说，随着一项贷款或者一个贷款组合信用质量的恶化，假如收回的不确定性程度导致实体的信用风险管理目标从收取常规性付款（如利息）发展到收回贷款本金，那么实体对该资产的管理将更加积极，例如实体会执行担保物权（如根据抵押合同获取抵押物）、进行债务重组以降低对方违约的可能性或影响等。实体通常对这些金融资产进行单独管理，以与那些信用风险管理目标是收取常规性付款的金融资产相区分。对于这种信用风险管理目标已经发生了改变的资产或资产组合，就不再适合分类为优良资产，而应放入不良资产类别。

（二）两类资产的减值损失确认方法

两类资产所采用的预期信用损失确认方法有所不同。对于优良资产，采用的是"时间比例法"和"可预见的未来方法"；对于不良资产，则立即将贷款在整个存续期内的损失确认为贷款减值损失。为解决开放式组合的减值问题，增补征求意见稿提议，对于优良资产的预期信用损失变化，也将在金融工具剩余存续期内进行摊销，不需再对初始预期信用损失与预期信用损失变化进行追踪，从而减少了金融工具减值会计处理的复杂性。

1. 优良资产的减值损失确认方法

对于优良资产，确认的贷款减值损失为预期在剩余存续期内将发生的时间比例信用损失［基于时间比例法（time-proportional approach，TPA）］与预期在可预见的未来（不应少于自报告日起的 12 个月）将发生的信用损失［基于可预见的未来方法（foreseeable future method，FFM）］之间的较高者。在估计贷款将发生的时间比例信用损失或者可预见的未来的信用损失时，应考虑所有可获得的信息，如历史数据、当前经济状况、对未来事件和经济状况有支持力的预测等。

（1）时间比例法。实体可采用下列方法之一来确定时间比例预期信用损失。

A. 用资产组合剩余存续期内的所有预期信用损失金额乘以资产组合的年龄与资产组合的预计寿命的比值（即直线法），可用下式表示：

$$预期信用损失 = \frac{资产组合剩余存续期内的所有预期信用损失}{} \times \frac{资产组合的年龄}{资产组合的预计寿命}$$

B. 将资产组合剩余存续期内的所有预期信用损失转化为基于资产组合预计寿命的年金，然后将基于资产组合预计寿命的所有年金累加（即年金法，使用折现值），可用下式表示：

$$预期信用损失 = \sum \frac{资产组合剩余存续期内的所有预期信用损失}{寿命年金系数}$$

为了确定时间比例预期信用损失，资产组合的年龄和预计寿命均采用加权平均值。在每个报告日，这些加权平均值都需要更新。资产组合的年龄是基于资产组合内未偿付的金融资产自实体最初发行起的时间。资产组合的预计寿命是基于资产组合内预期的未偿付的金融资产从最初发行到成熟的时间（考虑预付款项、看涨、延展以及违约等）。

当对预期信用损失折现时，实体可以用介于无风险利率和实际利率（IAS 39 中的实际利率法）之间（包括无风险利率和实际利率）的某一合理利率作为折现率。

对于开放式金融资产池预计寿命内的损失估计，增补征求意见稿并没有强制要求使用一个具体的方法。从实际操作看，对于具有更长预计寿命的金融资产池，确认它们的时间比例信用损失时，需要估计短期的、中期的以及更遥远的未来的预期信用损失作为参考；对于预计寿命为中短水平的金融资产池，实体则应当基于具体明确的输入值信息（如预测信息）来估计预期信用损失。需要注意的是，实体在对短期和中期的事件或状况的具体预测结束后，才能开始对未来更遥远的时期做出长期平均损失的估计。

(2) 可预见的未来方法。可预见的未来是指在这段时期内能够对未来事件和经济状况进行详细明确的预测，并能够基于这些预测合理估计信用损失。这将是一段较为固定的时期。在估计可预见的未来的信用损失时，实体必须对未来至少 12 个月的状况做出具体明确的预测，除非资产组合的加权平均存续期少于 12 个月。对很多金融资产组合来说，可预见的未来将长于自报告日起的 12 个月。

优良资产的预期信用损失就是用以上两种方法计算所得出的较高者。

2. 不良资产的减值损失确认方法

对于不良资产，增补征求意见稿提议立即将贷款在整个存续期内的损失确认为贷款减值损失。

另外，IASB 单方面在增补征求意见稿的附录中提出了一套新的与减值确认相关的披露要求，以期为财务报告使用者提供对决策有用的信息，具体有：

(1) 准备金账户的变化；

(2) 影响优良资产信用损失的因素；

（3）由于预期信用损失估计值变化而产生的重大收益或者损失；

（4）信用风险管理程序以及区分优良资产和不良资产的具体方法；

（5）管理层对预期信用损失的评估；

（6）在估计信用损失时使用的输入值和假设；

（7）与实际结果相比，预期信用损失估计值的准确程度（比如回溯测试的结果）。

三、对"二分类"减值方法的反馈和评价

截至 2011 年 4 月 1 日，关于此次增补征求意见稿共收到 180 份评论信。从反馈者的地理分布看，北美洲和欧洲占据了大多数，合计比例高达 72.78%，其中来自北美洲的反馈者最多，占 41.11%；其次是欧洲，占 31.67%；之后是亚洲，占 11.11%。这三个洲的反馈者合计占 93.89%，而其他各项的合计比例仅为 16.11%。这也在一定程度上反映出国际会计准则的制定更多的是"发达国家的游戏"。具体的反馈者地理分布统计数据如表 9-1 所示。

表 9-1 增补征求意见稿反馈者地理分布

地理区域	数量	百分比（%）
非洲	3	1.67
亚洲	20	11.11
欧洲	57	31.67
北美洲（68 份来自美国）	74	41.11
大洋洲	10	5.56
南美洲	2	1.11
国际	13	7.22
不确定	1	0.56
合计	180	100.00

注：国际类别表示该反馈者是国际组织。其他反馈者按照其总部所在地理区域进行划分。

资料来源：http://www.ifrs.org/Current-Projects/IASB-Projects/Financial-Instruments-A-Replacement-of-IAS-39-Financial-Instruments-Recognitio/Impairment/Meeting-Summaries/Documents/FI0411b04Dobs.pdf.

从反馈者的类型看，有学术界人士、会计机构、审计师、个人、财务报告编制者、监管机构、准则制定机构、财务信息使用者等。反馈者中大

多数为财务报告编制者，占 63.9%，这是因为这些财务报告编制者是直接的利益相关方。该增补征求意见稿的提议直接关系到它们日后所使用的贷款拨备会计政策。会计机构、审计师、准则制定机构的占比都在 7% 左右，三者合计占到 21.11%。值得一提的是，监管机构只占到 6.11%，如此并不积极的参与态度可能是监管部门与准则制定部门长期存在矛盾冲突的原因之一。另外，从财务报告编制者的内部结构看，金融机构类的反馈者占比最高，达到了 43.89%，而保险业与其他分别只占 9.45% 和 10.56%。这也从侧面反映出，该增补征求意见稿对金融机构的影响更为重大、深远。具体有关反馈者类型的统计数据见表 9-2。

表 9-2　2011 年增补征求意见稿反馈者分类

反馈者类型	数量	占比（%）
学术界人士	2	1.11
会计机构	13	7.22
审计师	12	6.67
个人	6	3.33
财务报告编制者——金融机构		
公司	50	27.78
代表机构	29	16.11
财务报告编制者——保险业		
公司	12	6.67
代表机构	5	2.78
财务报告编制者——其他		
公司	7	3.89
代表机构	12	6.67
监管机构	11	6.11
准则制定机构	13	7.22
财务信息使用者	2	1.11
其他专业服务机构	6	3.33
合计	180	100.00

资料来源：http://www.ifrs.org/Current-Projects/IASB-Projects/Financial-Instruments-A-Replacement-of-IAS-39-Financial-Instruments-Recognitio/Impairment/Meeting-Summaries/Documents/FI0411b04Dobs.pdf.

(一)"二分类"减值方法取得的进步

1. 与信用风险管理实务的联系更为紧密

基于信用风险特征的"二分类"减值方法依据实体内部信用风险管理将包括贷款在内的金融资产分为优良资产和不良资产,将优良资产在一段时期内的预期信用损失确认为减值损失,而对于不良资产,则将其在整个存续期内的预期信用损失确认为减值损失。对于信用风险管理目标已经发生了改变的资产或资产组合,将其从优良资产转为不良资产,并采用相应方法确认减值损失。可见,新的减值方法比起基于预期现金流量法的预期信用损失模型更多地考虑了银行内部的信用风险管理,与信用风险管理实务的联系更为紧密。

2. 标志着 IASB 和 FASB 在减值方法趋同方面取得了实质性进展

2011 年增补征求意见稿中的"二分类"减值方法是 IASB 和 FASB 共同提出的,标志着金融资产减值方法的国际趋同取得了实质性进展。许多反馈者表示很赞赏 IASB 和 FASB 在达成趋同的金融资产减值方法方面所做出的努力,并强调了继续实现金融资产减值会计处理趋同的重要性。但是有部分反馈者对 IASB 单方面提出的列报和披露要求表示担忧,希望 IASB 和 FASB 不仅能在减值方法方面实现趋同,也能在与之相关的列报和披露要求方面实现趋同。

3. 可操作性有所增强

开放式贷款组合的减值是预期信用损失模型实施所面临的最大操作性挑战。基于信用风险特征的"二分类"减值方法致力于解决该问题,对于优良资产的预期信用损失变化,不再采用实际利率法,而是采用更为简化的时间比例法和可预见的未来方法对预期信用损失在剩余存续期内进行摊销。这样一来,会计人员就无须跟踪和记录初始预期信用损失及其相应变化,使包括贷款在内的金融资产减值损失确认的可操作性得到增强,也在一定程度上降低了减值损失确认的复杂性。

(二)"二分类"减值方法存在的问题

1. "折中"导致缺乏理论基础,丧失了会计的独立性

根据增补征求意见稿提议的"二分类"减值方法,优良资产将采用双重方法来确认减值损失,即时间比例法和可预见的未来方法二者孰高。但这种方法并没有理论基础作为支持,只是 IASB 和 FASB 对各自的减值计量目标做出妥协和让步的结果,是一种折中方案。具体来说,IASB 的主要目标是使贷款拨备能反映贷款定价与预期信用损失的关系,更加注重经济实质;而 FASB 的首要目标是确保计提的贷款拨备足以覆盖实际损失发

生前的预期信用损失，更关注谨慎性（王菁菁和刘光忠，2014）。可以发现，"二分类"减值方法就是对二者目标的折中，其中时间比例法体现了IASB的目标，而可预见的未来方法则反映了FASB的目标。但恰恰是这种妥协和让步，使得贷款减值的会计处理丧失了独立性，也缺乏合理的理论支撑，这可能是该方法无法得到广泛支持的根本原因。

2. 概念定义模糊，导致主观性过强

增补征求意见稿要求将贷款分为优良资产和不良资产，但对二者的定义却不够清晰。例如，增补征求意见稿对贷款何时转入不良资产所给出的范围很广。究竟是当主体向借款人第一次致电请求付款时，还是等到贷款发生违约并且抵押物被收回时？可以想见，不同的机构、不同的人群将对此做出不同的判断，存在着重大的主观不一致性，进而影响信息的可比性。"可预见的未来"这一概念同样存在这一弊病，在某些区域（如美国）可能是指12个月，而在另外一些区域（如实施巴塞尔协议的区域）可能被认为是24个月。

3. 适用范围、适用主体不够广泛

"二分类"减值方法仅仅适用于以开放式组合进行管理的金融资产，这从前文提到的该增补征求意见稿出台的初衷就能知道。该方法不适用于交易性应收款项、保险组合、高评级工具和循环信贷之类的金融工具，适用范围受限，应用性不强。另外，此种"二者孰高"的方法也存在固有的操作性难题，尤其是对于那些规模较小的银行和保险公司。首先，并不是所有主体都拥有实施时间比例法所需的历史数据；其次，由于时间比例法需要计算资产组合的加权平均寿命，而循环信贷（如信用卡）的加权平均寿命的计算十分复杂；最后，执行两次计算也将加重实施主体的成本和负担。对此，反馈者强烈要求IASB和FASB合作开发出一个适用范围、适用主体更为广泛，可应用于大多数甚至所有类型金融资产的减值方法。

4. 基于组合计提的拨备可能不够充分

根据增补征求意见稿，在一个资产组合中，不论是已发生减值的金融资产还是未发生减值的金融资产，在提取拨备时均采用金融资产组合的平均损失率。这尽管简化了操作，却可能导致已发生减值的贷款的拨备计提不够充分。因为已发生减值的贷款的损失率明显高于平均损失水平，若无法与未发生减值的金融资产的比例"抗衡"，该方法将很有可能无法覆盖预期信用损失，有悖于审慎的减值风险管理原则。

第二节 基于贷款所处信用质量恶化阶段的"三阶段"减值方法

一、"三阶段"减值方法提出的背景和原因

由于 2011 年增补征求意见稿的提议面临诸多问题，因此未得到全面的支持。但鉴于国际社会对 IASB 和 FASB 达成趋同的强烈呼声以及实现趋同的重大意义，它们再次合作，于 2011 年 5 月初步决定发展一个反映信用质量恶化情况的新模型，即"三个桶模型"。在该模型下，确认为减值损失的预期信用损失将取决于自初始确认起金融工具信用质量恶化的程度。2012 年 7 月，IASB 和 FASB 完成了对发展"三个桶模型"一般框架所有相关问题的再考虑工作。

然而不久之后，趋同态势急转直下。2012 年 8 月，美国国内的反馈意见称，该模型的可比性、可操作性不强，希望 FASB 发展出一个既不使用双重计量又能在每个报告日反映组合所有信用风险的预期信用损失模型。FASB 出于对美国实际情况和利益的考虑，听取了国内反馈者的意见，忽视希望达成趋同的呼声，于 2012 年 12 月单方面发布了《会计准则更新提案：金融工具——信用损失（征求意见稿）》，提出了不同于"三个桶模型"的减值方法——"当前预期信用损失模型"，回到了 2010 年 FASB 提出的"在初始确认时即确认整个存续期的预期信用损失"的方法，这标志着两大组织在金融工具减值问题上的趋同化为泡影。

IASB 在听取相关意见后，仍然决定继续完善"三个桶模型"。在对模型进行调整之后，IASB 提出了基于贷款所处信用质量恶化阶段的"三阶段"减值方法，并于 2013 年 3 月 7 日发布了《金融工具：预期信用损失（征求意见稿）》，试图对所有适用减值会计的金融资产采用统一的减值方法，以降低实务操作的复杂性。

二、"三阶段"减值方法的内容

与 2011 年增补征求意见稿提议的"二分类"减值方法不同，2013 年征求意见稿提出的"三阶段"减值方法适用于所有需要进行减值会计处理的金融资产。该模型使用三个阶段来反映最终发生违约的金融工具信用质量恶化的一般模式。金融工具所处的阶段不同，在预期信用损失的确认、利息收入的核算和列报等方面的要求也会有所不同，故称为基于贷款所处

信用质量恶化阶段的"三阶段"减值方法。该方法的具体内容如下：

阶段1：自初始确认后信用质量未发生显著恶化的金融工具以及在财务报告日信用风险级别为低的金融工具。对这类金融工具，确认12个月的预期信用损失，并按照资产的总账面价值计算利息收入（即不扣减预期信用损失）。

阶段2：自初始确认后信用质量发生显著恶化（除非在财务报告日信用风险处在低水平），但没有客观证据（信用损失事件）表明发生减值的金融工具。对这类金融工具，确认整个存续期内的预期信用损失，但仍按照资产的总账面价值计算利息收入（即不扣减预期信用损失）。

阶段3：在财务报告日，有客观证据（信用损失事件）表明发生减值的金融工具。对这类金融工具，确认整个存续期内的预期信用损失，且按照资产的净账面价值计算利息收入（即扣减预期信用损失）。

"三阶段"减值方法的相关会计处理见表9-3。

表9-3 "三阶段"减值方法会计处理

金融资产自初始确认后信用质量的变化		
未发生显著恶化	发生显著恶化，无发生减值的客观证据	有发生减值的客观证据
预期信用损失确认		
12个月的预期信用损失	整个存续期内的预期信用损失	整个存续期内的预期信用损失
利息收入确认		
总账面价值	总账面价值	净账面价值
阶段1	阶段2	阶段3

值得注意的是，该征求意见稿在适用范围上有两种例外情况。第一，针对购入的或初始发行的信用受损金融资产（purchased or originated credit-impaired financial asset），保留了2009年征求意见稿中的"预期现金流量法"，即实体应当用经信用风险调整后的实际利率对预期现金流进行折现，经折现得到的现值即为摊余成本，IASB认为此种减值方法更能如实反映这类资产的经济实质。第二，IASB针对交易性应收款项①和租赁性应收款项特别提出了简化法，因为IASB认为，对这两类流动频繁的资产来说判断是确认12个月的还是确认整个存续期内的预期信用损失是不符

---

① 特别说明，此处的交易性应收款项是指不构成《国际会计准则第18号——收入》（IAS 18）规定的融资交易。

合成本效益原则的。因此，IASB 建议，针对短期交易性应收款项，实体应当随时确认整个存续期内的预期信用损失；对于长期交易性应收款项和租赁性应收款项，则允许但不强制要求实体选择一项会计政策，使得随时确认的预期信用损失等于整个存续期内的预期信用损失。这种方法不再需要考虑金融资产的信用质量在初始确认后是否显著恶化，简化了模型的应用。

根据以上阐述，我们可以用流程图 9－1 来概括 2013 年征求意见稿提出的"三阶段"减值方法。

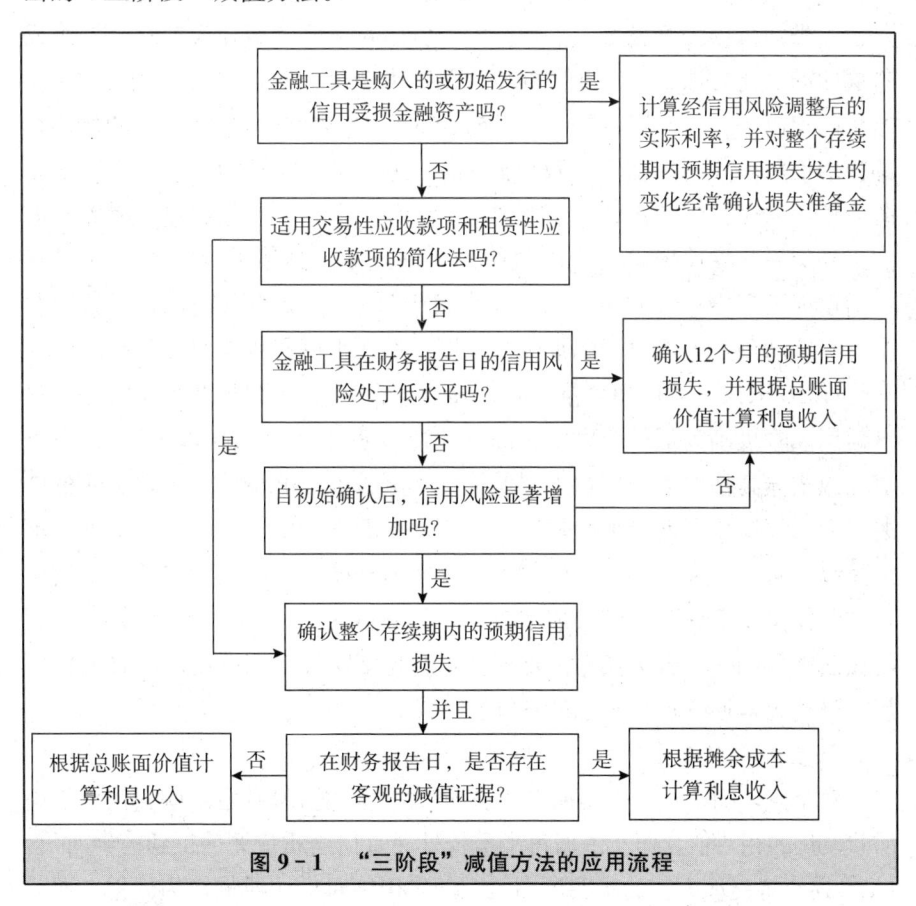

图 9－1　"三阶段"减值方法的应用流程

该征求意见稿提议的减值方法的内容具体包括预期信用损失的确认、计量、列报和披露。

（一）确认

如前所述，"三阶段"减值方法的确认原则为：针对自初始确认后信用质量未发生显著恶化的金融工具以及在财务报告日信用风险级别为低（如为投资级别）的金融工具，确认 12 个月的预期信用损失；针对自初始确认后信用质量发生显著恶化的金融工具（除非在财务报告日信用风险处在低水平），则确认整个存续期内的预期信用损失。

1. 12 个月的预期信用损失的确认

IASB 一直在思考的问题是，在初始确认时和在信用质量发生显著恶化前，如何计量预期信用损失将既适用又符合成本效益原则。有鉴于 2009 年征求意见稿和 2011 年增补征求意见稿提议的方法存在较大的操作性难题，以及考虑到任何估值技术都需要实体做出重大判断，在权衡之下，IASB 认为实体在信用质量发生显著恶化前，应当按 12 个月的预期信用损失来计量损失准备金。然而，"12 个月的预期信用损失"只是一个操作层面的简化方法，没有相关的理论依据来解释为何是"12 个月"。IASB 给出的理由是：（1）确认一个更长时期的预期信用损失将加剧对初始确认的预期信用损失的高估，导致不能如实反映潜在的经济实质；（2）12 个月的预期信用损失和金融监管机构（BCBS）的监管指标相似，因此将有利于降低一些发展成熟的金融机构的实施成本。具体来说，12 个月的预期信用损失是指，假如违约发生在自报告日起的 12 个月内，将导致的整个存续期内预期不能收回的现金流乘以违约发生概率所得到的金额。

IASB 承认，对信用质量未发生显著恶化的金融工具以及在财务报告日信用风险级别为低的金融工具确认"12 个月的预期信用损失"，很有可能导致实体高估预期信用损失、低估相关金融资产的价值，出现金融资产的账面价值低于公允价值的情况。然而，在 IASB 看来，2011 年增补征求意见稿主张的"在金融工具的整个存续期内分摊已经确认的初始预期信用损失"在操作上较为复杂，成本较高，而确认"12 个月的预期信用损失"的做法能得到一个较为实用的近似值，避免了对整个存续期内的预期信用损失进行经常性的、更复杂的计算。

2. 整个存续期内的预期信用损失的确认

对于何时确认整个存续期内的预期信用损失，IASB 指出应当依据信用质量变化的相对值，而非依据每个报告日通过信用质量评估得到的绝对值。IASB 摒弃绝对值方法的主要原因是，若采用绝对信用质量作为依据，那么作为判断标准的那个阈值就会对预期信用损失的确认产生很大的影响。如果阈值过低，许多金融工具的信用质量将高于这个阈值，预期信用损失可能被低估；反之，预期信用损失将被高估。而且令人为难的是，金融工具最初的信用质量千差万别，这个所谓的"阈值"通常不具有普适性。例如，有一项信用质量较差的金融工具，实体对其进行了合理的定价以补偿较高的信用风险，但由于其初始的信用质量就低于作为判断标准的绝对信用质量阈值，将总是需要确认其在整个存续期内的预期信用损失，但事实上，它的信用质量并没有出现显著恶化。因此，在确定是否确认整个存续期内的预期信用损失时，IASB 依据的是信用质量的变化，也即信用风险的增加，而信用风险的增加是通过评估金融工具发生违约的概率来确定的。

另外，IASB 认为，一个实体最初确认一部分的预期信用损失是合理且成本较低的，然而，如果一个实体遭受了重大的经济损失，信用质量"显著恶化"，只确认一部分预期信用损失就不再合适，而应当确认整个存续期内的预期信用损失。但对于何种程度才称得上信用质量"显著恶化"，IASB 并未给出详细规定，理由如下：

（1）并不是所有实体都采用违约概率来计量或评价信用风险，尤其是不受管制的金融机构。IASB 发现各实体使用不同的方法来管理金融工具和信用风险，其复杂程度不同，使用的信息也不同。如果 IASB 对恶化提出了一个严格的定义，例如违约概率变化 5%，那么实体将需要计算一个违约概率以做出评估。如此一来，评估信用质量变化的成本将增加。

（2）所选择的违约概率很难做到绝对合理，多多少少都存在一些任意性，很难恰当反映金融工具的信用结构和定价，因为各金融工具的类型、到期时间和初始信用质量都不同。

最后，IASB 建议，在评价是否应当确认整个存续期内的预期信用损失时，为与预期信用损失的前瞻性特征保持一致，实体应当使用前瞻性信息，如信用风险的价格、发生违约的概率、内部或外部信用评级等。然而，许多实体是以过去的信息为基础进行信用管理，并且以更加详细的方式逐项评估信用质量的能力有限。因此，为补充"显著恶化"的相关规定，并确保这个标准不会重蹈"已发生损失模型"的覆辙，IASB 提出了一项可驳回的推定：如果一项资产逾期超过 30 天且没有其他有利于债务人的前瞻性信息，则满足确认整个存续期内的预期信用损失的标准。

（二）计量

除交易性应收款项及租赁性应收款项、购入的或初始发行的信用受损金融资产以外的金融资产，实体应当于资产负债表日按照 12 个月计量预期信用损失。

在资产负债表日，如果金融资产的信用风险自初始确认后显著增加，应按照整个存续期计量预期信用损失，除非在资产负债表日该资产的信用风险为低。其中信用风险为低的含义是违约不会立刻发生，以及任何不利的经济环境变化可能最多导致借款人履行合同义务的能力减弱。例如，如果对贷款的内部信用评级相当于外部信用评级的"投资级别"，则该贷款将被视为具有低信用风险的资产。

对预期信用损失的估计既不是对最差情形的估计，也不是对最佳情形的估计。相反，即使最有可能的结果是没有信用损失，预期信用损失估计也应当总是体现信用损失发生或不发生的各种可能性。在估计预期信用损失时应当：

（1）不需要识别出所有可能的情形。然而，应当考虑信用损失发生的概率，即使该概率是非常低的；对于12个月的预期信用损失，应当估计金融工具在未来12个月内的违约概率；对于整个存续期内的预期信用损失，应估计金融工具在剩余存续期内的违约概率。

（2）考虑可合理获取的最佳信息。可合理获取的最佳信息包含历史信息、当前状况以及在资产负债表日对未来情形及经济环境的合理、可靠的预测。"合理获取"的信息是指无须为获得该信息投入过多的成本和努力，符合成本效益原则。

（三）列报

1. 利息收入

在初始确认后，没有客观证据（信用损失事件）表明发生减值，则按照金融工具的账面价值计算利息收入，反之，则按照摊余成本计算利息收入。应将利息收入在利润表及其他综合收益表中单独列示。另外，对于购入的或初始发行的信用受损金融资产，应自金融资产初始确认日起采用经信用风险调整后的实际利率乘以摊余成本来计量利息收入。

2. 减值利得或减值损失

应将计算得到的减值损失（包含转回的减值损失）或减值利得在利润表及其他综合收益表中单独列示。

（四）披露

2013年征求意见稿规定，应当披露有关预期信用损失金额以及金融工具信用风险变化的影响的信息。

1. 预期信用损失金额

对于下列金融资产，应当分别披露账面总额及相关减值准备的变动信息：按照12个月预期信用损失金额计量减值准备的金融资产；按照整个存续期内预期信用损失金额计量减值准备的金融资产；不是购入的或初始发行的信用受损金融资产，但于资产负债表日存在客观减值迹象；购入的或初始发行的信用受损金融资产。除此之外，应当披露初始计量时未经折现的预期信用损失的总金额。

企业应当披露估计12个月及整个存续期内预期信用损失所采用的参数、假设及估计技术；参数的基础（例如内部历史信息或评级报告，其中包含如何定义违约及定义的基础，金融工具的剩余期限及变卖抵押品的时间等）和估计技术（例如对金融资产进行组合评估时的分组依据）；预期信用损失估计变化的原因（例如损失的严重性、投资组合成分的变化）；估计技术的变化及其原因；选择折现率的相关信息（例如选择的原因、确定折现率的重要假设等）。

对于已经按照整个存续期内预期信用损失金额计提减值准备的金融资产，如果在某会计期间修订合同现金流，则应披露该金融资产在资产负债表日的摊余成本和因修订产生的利得或损失。此外，若下列情况发生，主体还应在修订后的各个资产负债表日披露如下信息：合同条款修改后，减值准备由按整个存续期内的预期信用损失金额计量变更为按 12 个月的预期信用损失金额计量的金融资产账面总额；修订后金融资产的再违约率。

2. 金融工具信用风险变化的影响

在确定金融工具的信用风险在初始确认后是否显著增加及是否有客观减值迹象时，应当披露做出判断所采用的参数、假设和估计技术；参数的基础和估计技术（例如信用风险如何显著恶化、如何判断减值迹象发生的时点等）；信用风险估计的变化及其原因；估计技术的变化及其原因。

另外，针对"可驳回的推定"，征求意见稿指出，如果主体认为某项金融资产虽逾期超过 30 天，但其信用风险并未显著增加，则应当充分披露推翻该假定的原因。

三、对"三阶段"减值方法的反馈和评价

（一）"三阶段"减值方法做出的改进

1. 与风险管理实务对接程度更高

2013 年征求意见稿根据信用质量的变化对贷款进行划分，对自初始确认后信用质量未发生显著恶化以及在财务报告日信用风险级别为低的贷款，确认 12 个月的预期信用损失；对信用质量显著恶化的贷款，确认整个存续期内的预期信用损失。可见，2013 年征求意见稿与风险管理实务的对接程度更高，在贷款减值的会计处理上更多地考虑和利用风险管理实践涉及的信用质量水平和风险恶化程度方面的信息，降低了实施新减值方法的成本，更加符合成本效益原则，也更加贴合实践中的风险管理做法。例如，在衡量信用风险的增加时，未采用预期信用损失的变化作为判断依据，而是采用内部信用风险管理中常见的违约率指标。

2. 可操作性增强

2009 年征求意见稿要求所有金融资产在计量资产减值时均考虑整个

存续期内的预期信用损失,这种做法使得减值方法的可操作性大打折扣。2011年增补征求意见稿仅要求对不良资产考虑整个存续期内的预期信用损失,对优良资产则采用"时间比例法"与"可预见的未来方法"二者孰高的方法,虽然该提议相较于2009年的征求意见稿可操作性有所增强,但各国、各区域对"可预见的未来"这一概念的理解难以达成共识,该方法的可操作性仍不够强。2013年征求意见稿明确指出,对信用质量未显著恶化和信用风险级别为低的贷款,仅确认12个月的预期信用损失。这种方法的复杂性大大降低,进而增强了可操作性,实施成本也更低。

3. 适用范围广泛、全面

不同于2011年发布的增补征求意见稿(仅适用于开放式组合),2013年征求意见稿适用于所有金融资产,如图9-1所示,它考虑了各种情形、各种形式的金融资产,并且针对交易性应收款项和租赁性应收款项提出了简化法,在适用范围上更为广泛、全面。

(二)"三阶段"减值方法仍存在的问题

1. "违约""信用质量显著恶化"等概念模糊不清

从前文可知,2013年征求意见稿提到的"违约""信用质量显著恶化"等概念是计量减值损失的重要考虑因素,然而对于这些重要概念,征求意见稿并未做出明确规定。对于"违约",2013年征求意见稿提出了一项可驳回的推定,即逾期付款90天可视为违约,但并未指出违约的确切定义,而是给主体以自由裁量权,要求主体在计量时根据具体实际情况来定义违约;对于"信用质量显著恶化",征求意见稿也提出了一项可驳回的推定,即如果一项资产逾期超过30天且没有其他有利于债务人的前瞻性信息,则满足确认整个存续期内的预期信用损失的标准,而对于信用质量显著恶化的具体发生时点,2013年征求意见稿并没有给出明确详细的规定,同样给主体提供自由定义"显著恶化"的选择权。

具体来说,2013年征求意见稿提议按信用质量恶化程度将金融资产分为三个阶段。如果信用质量显著恶化,则贷款将从阶段1转化为阶段2,确认的减值损失不再是12个月的预期信用损失,而是整个存续期内的预期信用损失;相反,如果信用质量显著恶化的情况得到缓解,信用风险水平低,贷款将从阶段2转回阶段1,确认的减值损失将从整个存续期内的预期信用损失变成12个月的预期信用损失。显然,阶段转换的依据是信用质量的变化,对于如此关键的概念,2013年征求意见稿也没有给出详细明确的规定,使得减值方法的主观性、随意性大大增加,进而影响信息的可比性、客观性。

尽管 IASB 的做法是希望新制定的减值准则能使主体更多地考虑自身的实际情况，遵循"原则导向"，然而，理想和现实往往存在巨大差距，IASB 的美好初衷可能会被主体的别有用心破坏。各主体很有可能站在自身立场上，考虑自身利益最大化，将模糊不清的定义变为操纵工具，使得损失准备金计提难以实现更好地反映经济实质的目标。另外，定义的模糊不清也将大大降低会计信息的横向可比性。

2. 仍需确定客观减值证据

由前文叙述可知，预期信用损失模型的诞生主要是为了克服已发生损失模型亲周期性的缺点，而亲周期性之所以存在，主要是因为在已发生损失模型下，减值损失的确认需要客观证据。然而，"三阶段"减值方法在区分阶段 2 和阶段 3 时仍然需要客观证据，这种做法就好像是加上了"三阶段"的包装，最终却让问题悄悄回到了原点。也许我们可以大胆地预测，"三阶段"减值方法也将或多或少受到亲周期性的困扰。

第三节 "三阶段"减值方法的最终完善

2014 年 7 月 24 日，IASB 发布了 IFRS 9，对贷款减值会计处理做出了最新规定，即正式提出了一个单一的前瞻性的预期信用损失模型（一般方法大致遵循 2013 年的征求意见稿，仅以图 9-2 表示，不再赘述）。同时，在此基础上针对反馈意见做了进一步的完善和明确。

	阶段 1	阶段 2	阶段 3
各报告日 预期信用损失	12 个月预期 信用损失	整个存续期内预期 信用损失	整个存续期内预期 信用损失
预期信用 损失确认标准	自初始确认后信用 风险未显著增加	自初始确认后信用风险显著增加	
^	^	未发生减值	发生减值
利息收入 计算基础	实际利率 （基于账面总额）	实际利率 （基于账面总额）	实际利率 （基于摊余成本）

自初始确认后信用风险的变化
◄──────────────────────────────►
改善　　　　　　　　　　　　　　　恶化

图 9-2　确认 12 个月或整个存续期内的预期信用损失的一般方法

一、关于"12个月"预期信用损失

12个月预期信用损失被定义为,在报告日未来12个月内金融工具可能发生的违约事件导致的整个存续期预期信用损失的一部分。该准则进一步解释,12个月预期信用损失是在报告日后12个月内(若金融工具的预计存续期少于12个月,则为更短的期间)金融工具发生违约将引致的并以违约概率加权的整个存续期预期信用损失的一部分。该12个月预期信用损失的定义与BCBS对预期信用损失的定义类似。

由于该计算基于违约概率,准则强调12个月预期信用损失并非主体预测该金融工具在未来12个月内将发生违约(即在未来12个月发生违约的概率大于50%)而引致的预期信用损失。例如,在违约概率可能仅有25%的情况下,尽管该资产不太可能发生违约,但仍应将其用于计算12个月预期信用损失。同样,12个月预期信用损失并非仅预测的未来12个月内的现金差额。对违约资产而言,整个存续期预期信用损失通常远远大于12个月内合同约定到期的现金流。

二、"违约"的定义

并非出于确定未来12个月发生违约风险的目的而对违约进行定义。由于不同机构对违约的定义不同(例如,逾期超过30天、90天或180天),IASB担心对违约进行定义会使其与进行内部信用风险管理时采用的定义不一致。因此,准则要求主体采用与其正常的信用风险管理实务相一致的违约定义,并在各个期间保持一致。由此可知主体可能已对不同类型的金融工具使用了不同的违约定义。然而,该准则强调,除逾期天数外,主体应适当考虑违约的定性指标,例如违反契约规定。

由于主体对违约的定义与该违约定义所导致的信用损失之间的相互制衡的影响,IASB预计预期信用损失的计算不会由于违约定义的不同而发生改变。例如,如果主体使用较短的拖欠时间,即逾期30天而非60天,相关的整个存续期内预期信用损失将相应较小,因为预期将会有更多的逾期超过30天的借款人适时归还欠款。

三、关于什么是"显著"

评估信用风险是否已显著增加,关键取决于对"显著"一词的解释。一些反馈者要求IASB对术语"显著"(significant)加以明确。然而,

IASB 出于以下原因，决定不这么做：

（1）明确固定的违约概率变化百分比可能要求所有主体使用违约概率法。由于并非所有主体（除受监管的金融机构之外的主体）均将违约概率用作明确的输入值，因此这将增加未使用此类方法的主体的成本。

（2）定义发生违约的风险变化会有些武断，而且这将取决于产品的类型、期限和初始信用风险。

该准则强调，确定发生违约的风险变化的显著性取决于：

（1）初始确认时的初始信用风险。与具有较高初始信用风险的金融工具相比，对具有较低初始信用风险的金融工具而言，相同违约概率的变化将更为显著。

（2）预期存续期或期限结构。对具有相似信用风险的金融工具而言，金融工具的存续期越长，发生违约的风险就越高。鉴于预期存续期和发生违约的风险之间的关系，主体不能简单比较一段时间内的绝对违约风险。例如，对初始确认时预期存续期为 10 年的金融工具而言，若 5 年后发生违约的风险保持相同，则表明信用风险已经增加。该准则还规定，对接近到期日才有重大付款义务的金融工具（例如，只在到期时才偿还本金的金融工具）而言，发生违约的风险可能不会随着时间的推移而有所降低。在这种情况下，主体需要考虑其他定性因素。

四、披露

与 2013 年征求意见稿提出的信用风险披露要求相比，IFRS 9 中新的信用风险披露要求略有简化。然而，与《国际财务报告准则第 7 号——金融工具：披露》（IFRS 7）中的信用风险披露要求相比，新的信用风险披露要求已明显扩展，并以部分详细的实施指南做出补充。

新的信用风险披露要求旨在使财务报告使用者能够了解信用风险对未来现金流的金额、时间和不确定性的影响。为实现该目的，应披露如下信息：

（1）关于该主体的信用风险管理实务及其如何与预期信用损失确认和计量相关联的信息，包括用于确认和计量这些损失的方法、假设等。

（2）允许财务报告使用者评估财务报告中预期信用损失金额的定量和定性信息，包括这些损失金额的变动以及产生这些变动的原因。

（3）主体信用风险敞口相关信息，即金融资产和承诺所固有的信用风险，包括重大信用风险集中情况。

主体需要确定披露的详细程度，对不同方面的披露要求的强调程度，适当程度的信息汇总或分解,以及评估已披露的定量信息和为满足上述目的所需要的额外解释。

另外,有关信用风险的若干披露需要按金融资产类别进行。确定类别时,同一类别的金融资产应反映信用风险的共同经济特征。例如,贷款人可能确定住房抵押贷款、无担保消费贷款具有不同的经济特征。

除此之外,相较于2013年的征求意见稿,准则有针对性地进行了很多完善。比如,为了减少实施成本,允许某些主体使用现有系统和方法作为确定信用风险显著增加的起点;通过按贷款质量充分细分投资组合,实现相对系统和绝对系统之间的转换,以帮忙判断信用风险是否"相对"增加;明确了组合评估的一系列问题。此外,IFRS 9还做出了许多细致的规定,比如提供一份关于信用风险变化的因素或指标的非完全列举的清单,指出披露要求包含信用风险管理实务(如主体关于违约的定义、确定信用风险显著增加的方式等),等等。

IFRS 9的基本逻辑是,以反映商业模式及其现金流特征的金融资产分类和计量为基础,针对所有需要考虑减值问题的金融资产采用单一的预期信用损失模型。然而,IFRS 9的出台并非一蹴而就。IASB为此发布了6份征求意见稿、1份补充性文件和1份讨论稿,共收到1 000多封评论信,其艰难程度可见一斑。即使如此,2013年征求意见稿存在的缺点依然没有完全被克服,比如阶段之间的转换依然掺杂较多的主观判断,易被操纵,仍需确定客观减值证据,等等。但是相较于之前,IFRS 9包含的预期信用损失模型无论是在清晰程度上还是在可操作性上均较有了很大的改善,不仅积极地回应了国际金融危机引发的各界对IAS 39的质疑,同时也标志着IASB终于完成了其针对国际金融危机采取的全面应对之举。

通过对IASB贷款拨备会计政策改革和发展历程的分析,我们可以预计未来的贷款拨备会计准则会呈现出与风险管理实践逐渐趋同的态势。最初,IASB考虑到在风险管理实务中银行对贷款的定价已经包含了预期信用损失,而当前的"已发生损失模型"并未加以考虑,因此在第一份征求意见稿中提议用考虑了预期信用损失的"预期信用损失模型"代替"已发生损失模型",从而更好地反映风险管理中贷款定价与未来预期信用损失二者的关系。然而该方法的可操作性面临巨大挑战,IASB对该方法进行了调整,但调整仍然是基于风险管理实务。由于风险管理实务一般是基于信用风险特征将贷款分为优良资产和不良资产,因此第二份征求意见稿提出的方法要求先将贷款分为两大类,再按照不同的方法确认贷款减值损失。但由于该方法是IASB和FASB相互妥协的结果,比较欠缺理论基础，因此 IASB 又对该方法做出进一步的改进。同样地，这次改进也是结合风险管理实务，基于贷款所处信用质量恶化阶段将贷款分为三大类，并根据这三大类的风险特点分别提出了不同的减值方法。

纵观 IASB 贷款拨备会计政策的整个改革和发展历程，可见，会计上的预期信用损失概念与风险管理中的预期信用损失估计越来越接近，贷款拨备会计政策逐步向风险管理实践靠拢，联系越来越密切——从最初的不分类到"二分类"再到"三分类"，对风险管理因素的考虑越来越深入——使得贷款减值的会计处理能充分、有效地利用风险管理实务中的数据和信息，实现对现有资源的有效利用和整合，降低银行实施贷款拨备新政策的成本，增强政策的可操作性，提高信息的有用性，促进会计信息透明。

第十章 我国贷款拨备会计政策研究

第一节 按单一比例提取阶段（1986—2000）

一、本阶段政策发展过程

（一）1988年贷款呆账准备金制度的建立

1986年，国务院发布的《银行管理暂行条例》第四十条规定："专业银行应当建立呆帐准备金，呆帐准备金的额度由中国人民银行总行会商财政部制定。"由此奠定了贷款呆账准备金制度建立的法律基础。

1988年，财政部发布了《关于国家专业银行建立贷款呆帐准备金的暂行规定》（以下简称《暂行规定》），首次对贷款呆账准备金的计提等内容做出了较为全面的规定。

1. 贷款呆账准备金的计提

《暂行规定》第五条规定，呆账准备金按各类贷款年初余额的一定比例在年初分别按人民币计算提取。各类贷款计提呆账准备金的具体比例为：

（1）工业、商业、建筑企业的流动资金贷款为1‰；

（2）农业贷款、乡镇企业贷款、私营企业贷款和个体户贷款为2‰；

（3）进出口贸易贷款为1.5‰；

（4）外汇贷款、固定资产贷款和技术改造贷款为2‰。

这种方式按照贷款所属行业性质或本身属性进行分类，再对每类贷款计提单一比例的准备金。这种方式存在两个较严重的问题：第一，这种分类方式规定的统一计提比例并不是完全依据贷款的质量与风险概率，缺乏科学性；第二，计提比例过小，最高比例也只有年初贷款余额的2‰，无法充分反映贷款资产的损失程度。

2. 计提呆账准备金的贷款范围

《暂行规定》指出，以各种财产（包括各种商品、有价证券）做抵押的贷款以及金融机构之间互相拆借的贷款不得提取呆账准备金。这一规定使得贷款呆账准备金的计提基础只包含信用贷款，抵押贷款、质押贷款和同业拆借资金被完全排除在外。

（二）1992年贷款呆账准备金制度的修订

随着改革的逐步深入和经济情况的发展变化，《暂行规定》中原有的某些条款已经难以适应经济发展的实际情况。1992年，财政部颁布《关于修订〈关于国家专业银行建立贷款呆帐准备金的暂行规定〉的通知》，主要对呆账准备金的计提方式及比例做了修订。

首先，呆账准备金将不再区分贷款类别，而是统一按年初贷款余额的一定比例计提。

其次，放宽了比例上限。呆账准备金的计提比例1992年为5‰，从1993年起每年增加1‰。当年提取的呆账准备金扣除经批准核销的呆账损失以后，按规定的税率补交所得税和调节税。补税后的余额可结转下年度使用。当历年结转的税后准备金余额达到年初贷款余额的1%时，从达到年度起，一律按1%的比例差额计提。补提的准备金不再补交所得税和调节税。

（三）1993年贷款呆账准备金制度的完善

1993年，财政部颁发了《金融保险企业财务制度》和《金融企业会计制度》。两份文件都对金融企业贷款呆账准备金的提取政策进行了进一步的完善，明确了贷款本金和利息所发生的损失要分别提取准备金。与贷款相关的损失准备金分别在"贷款呆账准备"以及"坏账准备"科目下核算。贷款呆账准备金是针对贷款本金计提的风险准备金，用于核销无法收回的贷款本金。每年按年初放款余额的1%差额提取，年初"贷款呆账准备"账面余额高于或低于应按贷款余额提取的呆账准备金的，应予调整，冲回多提的差额或补足少提的差额。呆账准备金应按照本外币汇总折合人民币计提，税前列支。坏账准备金是针对应收利息计提的风险准备金，用于核销无法收回的应收利息，按照原币应收利息余额的3‰差额提取，税前列支。

（四）1998年、1999年贷款呆账准备金制度的重要调整

1993年，《金融企业会计制度》颁布后，贷款呆账准备金制度仍有许多不足之处。1998年和1999年，财政部对一些问题进行了修正和调整，主要调整内容如下：

1. 对贷款呆账准备金计提基础的调整

自我国建立贷款呆账准备金制度以来，贷款呆账准备金就一直是按照年初贷款余额计提。1998 年，财政部发布的《关于修改金融机构应收利息核算年限及呆帐准备金提取办法的通知》对此做出了调整，规定："呆帐准备金由按年初贷款余额 1‰ 的差额提取改按本年末贷款余额 1‰ 的差额提取，并从成本中列支，当年核销的呆帐准备金在下年予以补提。具体计算公式如下：当年应提取的呆帐准备金＝本年末各项贷款余额（不含委托贷款和同业拆借资金）×1‰－上年末呆帐准备金余额。"所以自 1998 年开始，银行可以按年末贷款余额提取准备金。另外，对金融企业实际呆账比例超过 1‰ 的部分，当年应全额补提呆账准备金，但缴纳所得税时应做纳税调整，统一计算本年应纳税所得额并依法缴纳所得税。

2. 对允许计提呆账准备金的贷款范围的调整

1998 年以前，抵押贷款、质押贷款和同业拆借资金都不能提取呆账准备金，这一规定显然是不合理的。《贷款通则》已经明确规定银行贷款原则上都应实行抵押，严格控制信用贷款。但抵押物的变现价值未必能完全弥补贷款损失，在没有把握收回抵押贷款的情况下，把抵押贷款排除在计提准备金的贷款范围之外是不合理的；而在当时的情况下，同业拆借资金也并非完全没有风险。不允许对这几类贷款提取准备金，使得呆账准备金与实际贷款受损额之间的差距进一步扩大。1998 年的《关于修改金融机构应收利息核算年限及呆帐准备金提取办法的通知》将抵押贷款和质押贷款纳入允许提取准备金的贷款范围之内，但同业拆借资金仍然被排除在外。

3. 对贷款呆账准备金计提币种的调整

根据 1993 年的《金融企业会计制度》，坏账准备金是按原币计提，但贷款呆账准备金却是按折合成的人民币计提。1999 年，财政部为解决商业银行在计提与使用贷款呆账准备金时承担汇率风险的问题，将按照各币种汇总折合人民币计提调整为按原币计提。

二、对本阶段贷款呆账准备金政策的评述

（一）本阶段政策取得的成果

在本阶段，我国贷款呆账准备金制度实现了从无到有的过程，为我国银行业加强贷款管理、准确核算损益做出了重要贡献。同时，贷款呆账准备金的计提方式也在逐步改进：首先，计提比例逐步提高，由最初的最高 2‰，提高到 1‰。其次，计提基数逐渐放宽。1998 年之前，按年初贷款

余额提取准备金的方法导致呆账准备金数额无法真实反映当年部分新增贷款的损失状况，每年贷款额增加所产生的呆账准备金只能在次年补提，而且贷款呆账准备金在年初计提，坏账准备金在年末计提，也造成口径上的不统一与混乱。1998年，将计提基数由年初贷款余额改为年末贷款余额，使每年提取的贷款呆账准备金数额普遍有所增加且与当年贷款存量情况相对应，更能如实反映当年的财务状况。最后，允许提取准备金的贷款范围也逐渐扩大。经过几次调整，贷款呆账准备金的计提比例、计提基数、计提范围逐步放宽，贷款呆账准备金制度得以逐步完善。

（二）本阶段政策的不足

虽然贷款呆账准备金制度一直在不断完善，但是我国本阶段的贷款呆账准备金制度仍存在许多问题，主要体现为以下几个方面：

1. 贷款呆账准备金严重不足，违反了会计的谨慎性原则

会计的谨慎性原则是指在有不确定因素的情况下做出的会计判断应保持必要的谨慎，既不抬高资产或收益，也不压低负债或费用，对可能发生的损失和费用应加以合理估计。我国自1993年7月1日起实施的《企业会计准则》第十八条规定："会计核算应当遵循谨慎原则的要求，合理核算可能发生的损失和费用。"贷款呆账准备金作为贷款资产的减项，其目的是及时反映贷款所遭受的损失，避免由于只能在贷款最终核销时再确认损失所导致的前期资产高估及利润虚增，这符合会计的谨慎性原则并能真实反映银行的财务状况。但是我国本阶段的贷款呆账准备金政策是所有银行均按贷款余额的单一固定比例提取，未考虑不同银行的内部控制水平、不同债务人的还款能力、宏观经济条件变化等因素对贷款质量的影响。提取的准备金与真实的不良贷款额之间存在很大差距。并且，当年核销的准备金只能在下年补提，如果当年核销了不良贷款，呆账准备金就连贷款余额1%的比例都达不到。据统计，1998年国有商业银行不良贷款率平均在30%以上，只按1%计提所产生的缺口可想而知。相对于国有银行存在的大量不良贷款，此时的呆账准备金水平可谓杯水车薪，直接造成了我国银行业资产账面价值的高估，违反了会计的谨慎性原则。

2. 贷款本金与贷款利息分别计提准备金不合理

贷款本金，实际上是在贷款发放时按贷款实际利率对未来产生的现金流进行折现后所得到的现值。未来每一期间的现金流为偿还的所有本金与利息之和。如果本金或利息未得到足额偿还，贷款就会发生减损。因此可以说，贷款当前价值是由所有本金与所有应收利息共同构成的。将本金与利息区分开来，对利息单独按固定比例提取坏账准备金的方法缺乏科学

性：一方面，破坏了贷款价值的整体性；另一方面，只对那些在表内核算的利息计提坏账准备金，对逾期 90 天以上而不再计入表内核算的利息不计提，将导致不计入损益的利息引发的贷款价值的降低无法在表内反映，造成资产的高估。

3. 允许计提准备金的贷款范围仍然较窄

虽然 1998 年的调整把原排除在外的质押贷款、押抵贷款纳入可以提取贷款呆账准备金的贷款之列，但是仍然有某些类型的贷款无法提取贷款呆账准备金，如同业拆借资金。由于这些风险资产被排除在外，"贷款呆账准备"仍然无法覆盖全部可能受损的贷款。

4. 一般准备与专项准备混淆不清

按国际惯例，贷款损失准备金通常主要分为两类，即一般准备（general provision）和专项准备（specific provision）。一般准备是针对风险加权资产的一定比例提取的准备，专项准备则是针对某笔贷款或某个贷款组合已经出现的但还无法最终确认的损失提取的准备。因此，一般准备具有资本属性，在计算资本充足率时可以纳入附属资本当中；专项准备由于是针对不同贷款的具体受损情况而提取，具有成本属性，要计入当期损益。两种准备金在性质上有明显的差别。我国在该阶段提取的准备金，形式上是一般准备，实质上是专项准备，将两类准备混淆十分不利于银行的资本管理与风险管理。

第二节 按贷款质量分类提取阶段（2001—2004）

一、本阶段政策发展过程

（一）2001 年 5 月财政部对贷款呆账准备金制度的重大改革

1998 年以前，我国商业银行一直按照财政部 1993 年颁布的《金融保险企业财务制度》的要求，把贷款划分为正常、逾期、呆滞和呆账四类，其中逾期贷款、呆滞贷款和呆账贷款（即"一逾两呆"）共同构成商业银行的不良贷款。这种对不良贷款的分类方法简单易行，但从风险管理的角度看，与国际通用的以风险为基础的贷款五级分类法相比，该分类方法不能全面反映贷款风险及贷款质量，不能涵盖贷款资产中所有正在发生或潜在发生的呆账，同时，单一的期限和账龄标准忽视了借款人的还款能力和实际风险度，不利于对尚未到期但偿还能力已有疑问的贷款进行动态监控（李鸿洋，1999）。

鉴于以上问题和认识，1998年4月，中国人民银行颁布的《贷款风险分类指导原则》（试行）引入了国际上通行的贷款五级分类制度，要求商业银行根据借款人的实际还款能力改进贷款分类方法，以加强银行信贷管理，提高信贷资产质量，并在广东省进行试点。这为我国贷款呆账准备金制度向国际惯例过渡提供了条件。1999年7月，中国人民银行又发布了《关于全面推行贷款五级分类工作的通知》，要求国有独资商业银行、政策性银行、股份制商业银行和城市商业银行按照规定时间完成贷款五级分类工作。这标志着我国商业银行正式开始有步骤地实施贷款五级分类制度。

2000年12月，财政部颁布的《公开发行证券的商业银行有关业务会计处理补充规定》首次规定："贷款呆账准备应根据贷款对象的财务及经营管理情况，以及贷款的逾期期限等因素，分析其风险程度和回收的可能性，合理计提。"由于2000年的规定仅适用于我国上市银行，因此财政部于2001年5月发布《金融企业呆账准备提取及呆账核销管理办法》（以下简称《管理办法》），对金融企业（包括在中华人民共和国境内注册的政策性银行、商业银行、保险公司、证券公司、信托投资公司、财务公司、金融租赁公司和城乡信用社等经营金融业务的企业）贷款呆账准备金提取政策进行了重大调整。调整的内容主要有：

1. 贷款呆账准备金计提比例的放开

《管理办法》规定："金融企业应当根据提取呆账准备的资产的风险大小确定呆账准备的计提比例。呆账准备期末余额最高为提取呆账准备资产期末余额的100%，最低为提取呆账准备资产期末余额的1%。"这一规定意味着我国贷款呆账准备金的提取标准将不再是年末贷款余额的单一固定比例，而是取决于对贷款资产风险大小的判断，呆账准备金的提取比例从1%放宽到了受损资产余额的100%。这一规定既打破了一直以来对我国商业银行呆账准备金提取比例的束缚，在呆账准备金金额的确定问题上给了商业银行更大的自主性与空间，让商业银行可以根据自身贷款质量充分估计受损情况，也与我国商业银行在这一阶段开始实行的贷款五级分类制度相适应。

2. 对本金与利息统一提取准备金

《管理办法》将原针对贷款本金提取的贷款呆账准备金、针对应收利息提取的坏账准备金，以及针对投资本金提取的投资风险准备金统一合并为贷款呆账准备金。合并后的贷款呆账准备金既覆盖了本金损失，也覆盖了利息损失。各银行将不再单独针对贷款应收利息提取准备金。

3. 可以提取准备金的资产范围放宽

《管理办法》进一步放宽了可以提取准备金的资产范围。可以提取呆账准备金的资产具体包括贷款（含抵押、质押、担保等贷款）、银行卡透支、贴现、银行承兑汇票垫款、信用证垫款、担保垫款、进出口押汇、股权投资和债权投资（不含采用成本与市价孰低法确定期末价值的证券投资和购买的国债本息部分的投资）、拆借（拆出）、应收利息（不含贷款应收利息）、应收股利、应收保费、应收分保账款、应收租赁款等债权和股权。对由金融企业转贷并承担对外还款责任的国外贷款，包括国际金融组织贷款、外国买方信贷、外国政府贷款、日本国际协力银行不附条件贷款和外国政府混合贷款等资产，计提呆账准备金。不计提准备金的贷款将仅限于金融企业不承担风险和还款责任的委托贷款及代理贷款等资产。这次对可以计提准备金的资产范围的规定，基本涵盖了银行所有可能受损的资产，银行准备金覆盖范围及充分性得以完善。

(二) 2001年财政部对贷款损失准备金制度的完善

2001年，财政部发布了新的《金融企业会计制度》（以下简称"新《制度》"）（仅适用于外商投资银行、外商独资银行、股份制银行、上市银行等），进一步对贷款损失准备金制度进行了完善。完善的内容主要有：

1. 对谨慎性原则的强调

新《制度》第十一条对谨慎性原则进行了进一步重申，明确规定："金融企业的会计核算，应当遵循谨慎性原则，不得多计资产或收益，也不得少计负债或费用。"此外，还指出："各项资产减值准备应当合理计提，但不得设置秘密准备。如有确凿证据表明金融企业不恰当地运用了谨慎性原则设置秘密准备的，应当作为重大会计差错予以更正，并在会计报表附注中说明事项的性质、调整金额，以及对金融企业财务状况、经营成果的影响。"正确理解和合理运用谨慎性原则对规范贷款损失准备金的提取将起到重要作用。

2. 提出"资产减值"的概念

新《制度》使用了"资产减值"这一术语。原来使用的"贷款呆账准备"也改为"贷款损失准备"。新《制度》规定，金融企业应当在期末分析各项贷款的可收回性，并预计可能产生的贷款损失。对预计可能产生的贷款损失，计提贷款损失准备金。计提贷款损失准备金时，应根据借款人的还款能力、贷款本息的偿还情况、抵押品的市价、担保人的支持力度和金融企业内部信贷管理等因素，分析其风险程度和回收的可能性，合理计提。

3. 贷款损失准备金的构成

新《制度》第四十八条规定："贷款损失准备包括专项准备和特种准备两种。专项准备按照贷款五级分类结果及时、足额计提；具体比例由金融企业根据贷款资产的风险程度和回收的可能性合理确定。特种准备是指金融企业对特定国家发放贷款计提的准备，具体比例由金融企业根据贷款资产的风险程度和回收的可能性合理确定。"新《制度》也提到了一般准备，它是所有者权益的一部分，按一定比例从净利润中提取。

(三) 2002年中国人民银行对贷款损失准备的详尽指引

财政部2001年发布的各项规定只是就贷款损失准备金的提取提供了一个原则上的指引，2002年中国人民银行发布的《银行贷款损失准备计提指引》(以下简称《指引》) 对贷款损失准备金的评估和提取进行了更加详细的规定。其主要内容有：

1. 贷款损失准备金的构成

《指引》规定，贷款损失准备金包括一般准备、专项准备和特种准备。一般准备是根据全部贷款余额的一定比例计提的、用于弥补尚未识别的可能性损失的准备；专项准备是指根据《贷款风险分类指导原则》，对贷款进行风险分类后，按每笔贷款损失的程度计提的用于弥补专项损失的准备；特种准备是指针对某一国家、地区、行业或某一类贷款风险计提的准备。自此，根据中国人民银行的规定，我国银行业的贷款损失准备金将由以上三部分组成。

2. 贷款损失准备金的计提比例

新《制度》未对银行贷款损失准备金的计提比例提出明确要求。中国人民银行根据国际通行标准和惯例，对贷款损失准备金的计提比例提出了较明确的要求。具体比例为：对于一般准备，其年末余额应不低于年末贷款余额的1%。对于专项准备，关注类贷款的计提比例为2%；次级类贷款的计提比例为25%；可疑类贷款的计提比例为50%；损失类贷款的计提比例为100%。其中，次级类和可疑类贷款的损失准备，计提比例可以上下浮动20%。特种准备由银行根据不同类别（如国别、行业）贷款的特殊风险情况、风险损失概率及历史经验，自行确定按季计提比例。

3. 贷款损失准备金的计提机构

《指引》规定贷款损失准备金由银行总行统一计提。在中华人民共和国境内设立分行的外国银行可由其总行统一计提一般准备，专项准备由分行计提。

在上述财政部与中国人民银行的规定中，《金融企业呆账准备提取及呆账核销管理办法》从 2001 年 1 月 1 日起施行，新《制度》与《指引》从 2002 年 1 月 1 日起施行。各银行根据《指引》规定，应及时足额提取各类贷款损失准备金。国内银行无法一次提足贷款损失准备金的，将根据自身的经营情况，制定贷款损失准备金的计提及核销方案，采取分年平均或逐年递增（递减）的方式，分年逐步提足各类准备金，但最晚不超过 2005 年。

二、对本阶段贷款损失准备金政策的评述

（一）本阶段政策取得的成果

在本阶段，我国的贷款损失准备金会计政策实现了跨越式发展：从过去仅以 1‰ 的固定比例乘以贷款余额计提、既不充分又偏离贷款损失准备金实际意义的做法，发展到了充分考虑贷款质量，根据贷款质量分类结果确定准备金计提比例。这一转变对增强我国银行业抵御风险的能力，实现我国银行业逐步与国际通行标准接轨具有重大意义。贷款损失准备金计提比例的放开，使得我国银行业的准备金覆盖率逐年提高，使得准备金水平更能如实反映贷款资产的质量状况，使得过去高估资产和利润的情况有所缓解，使会计的谨慎性原则得以更好地贯彻施行。

（二）本阶段政策的不足

虽然在本阶段我国引入了国际上比较先进的贷款五级分类制度，使我国贷款损失准备金制度的改革取得了突破性进展，但由于我国银行业管理及制度落后以及不同部门的规定存在冲突与不明确，我国在这一阶段的贷款损失准备金政策仍然问题重重。这些问题主要包括：

1. 贷款损失的概念不清

概念能够反映客观事物的特有属性。从会计角度来说，会计事项具有明确的概念或定义，可以提高对该会计事项的认知水平，规范会计操作实务，为会计确认与计量提供理论支持与指导。但本阶段对贷款损失或贷款减值的概念并没有一个清晰的表述。新《制度》虽然运用了"资产减值"这一概念，但对于具体应怎样核算发生的资产减值却没有明确说明。对于何为贷款损失及判断贷款损失发生的标准也没有一个清晰的界定，仅要求"对预计可能产生的贷款损失，计提贷款损失准备"。《指引》也没有对贷款损失给出明确定义，仅指出："银行应当按照谨慎会计原则，合理估计贷款可能发生的损失，及时计提贷款损失准备。"这种表述含混不清，对贷款损失没有一个明确的界定。判断贷款损失发生的标准有哪些？"可能发生"是指多大概率的可能性？是否允许对未来损失提取准备金？贷款损失应如何计量？这些问题不明确，在贷款损失的判断上就会千差万别，使本就难以把握的对贷款损失这一或有事项的估计变得更加难以监管。

2. 损失计量方式仍然本末倒置

这一阶段的贷款损失准备金政策虽然在计提比例上有所放开，但采用的仍然是损失确认模式，也就是先计量发生的损失，再根据贷款原账面价值与损失额的差确定当前贷款净值。这实际上是一种本末倒置的做法。除了小额同质贷款在实务上不可行之外，贷款损失的计量应该在对贷款当前价值进行判断的基础上进行，将当前价值与原账面价值的差确认为损失。更何况本阶段按统一固定比例对某类贷款计提准备金的方式，使贷款损失准备金的计提与贷款内在损失程度无关，只与贷款余额有关，这就更加无法体现出贷款当前的真正价值。因此，先计量损失，特别是对某类贷款按某一固定比例计量的方式，不能真正体现"贷款损失准备"这一会计科目的本质。

3. 不同类别准备金关系不明

《指引》对专项准备和特种准备提出了要求：专项准备是指根据《贷款风险分类指导原则》，对贷款进行风险分类后，按每笔贷款损失的程度计提的用于弥补专项损失的准备；特种准备指针对某一国家、地区、行业或某一类贷款风险计提的准备。这里没有明确的一个问题是：专项准备与特种准备是互斥关系还是并行关系，即一笔贷款已按损失程度提取了专项准备，可否再根据其国别或行业提取特种准备？这一模糊的问题让银行对其实务的解释有了自主性，很有可能造成准备金的重复计提。银行可以充分利用两种准备的模糊关系来增提或减提准备金，这为银行操纵利润提供了更大空间。

4. 不同部门的规定之间存在差异

新《制度》与《指引》之间并不完全统一，尚存在一定的差异。

首先，政策制定的出发点不同。新《制度》从资产减值会计处理的角度来确定贷款损失准备金，是确定贷款损失准备金计提方法的基本框架，但对具体的计提比例并未做出明确要求，由商业银行自主决定；而《指引》则是从抵御风险、稳健经营的角度来确定贷款损失准备金，从有利于统一操作的角度出发，不但规定了计提方法，还规定了具体的计提比例。

其次，贷款损失准备金的构成不同。《指引》要求银行的贷款损失准备金由三部分构成，即一般准备、专项准备与特种准备，而新《制度》却明确规定贷款损失准备金只由两部分构成，即专项准备与特种准备。虽然新《制度》也提到了一般准备，但其含义与《指引》所要求的一般准备明显不同。新《制度》中的一般准备是所有者权益的一部分，按一定比例从净利润中提取；《指引》要求的一般准备却是资产类备抵科目，按贷款余额的一定比例扣除。财政部与中国人民银行在这一规定上的分歧，再次体现了政策制定者在出发点上的差异。而在规定上的分歧又令银行实务产生了一些差异，各银行对一般准备的理解各有不同。比如，深圳发展银行与浦发银行在2001年均是按贷款余额的1‰提取一般准备，之后根据分类情况确定准备金总额，再按扣除一般准备后的余额提取专项准备，当年提取的一般准备与专项准备均在税前扣除。这种理解虽然在实质上不与财政部的规定相冲突，却也不太符合中国人民银行的要求。从2002年开始，两家银行开始从净利润中提取一般准备。华夏银行、招商银行、民生银行早期也均按贷款余额提取一般准备，但未明确说明专项准备是不是在扣除一般准备后提取的，而三家银行提取的一般准备均在税前扣除。如果这几家银行的一般准备是在按贷款质量判断准备金总额之外提取的，那就明显与财政部的要求不符。自2003年，华夏银行开始从净利润中提取一般准备；招商银行、民生银行则是从2005年才开始从净利润中提取一般准备。这种局面使银行财务报表数据的可比性大大降低。本书在后文中都将按净利润计提的一般准备称为一般风险准备，以便区分。

5. 按贷款分类结果计提准备金为银行进行利润操纵提供了便利

实施贷款五级分类制度之前，贷款呆账准备金一律按年末贷款余额的1‰计提，不用考虑贷款的损失情况，无须进行主观判断，贷款呆账准备金的金额只与贷款资产余额有关。因此，该阶段贷款呆账准备金的可操控性不强，易于监管。贷款五级分类制度的实施，在将准备金计提的自主权交给银行的同时，也给银行留下了很大的操控空间。在对贷款进行分类时，没有严格的量化标准，在很大程度上取决于人为的主观判断，这就为有些银行在利润指标或盈利压力下故意少提或多提准备金提供了动机与可能性。银行可以在利润高时多提准备金，在利润低时少提准备金，从而达到平滑利润的目的。如何保证银行既足额提取准备金又不利用准备金来进行利润操纵，是一个值得思考和解决的问题。

6. 贷款损失不能及时核销

从1988年起，我国的贷款损失核销制度就十分严格。2001年的《管理办法》规定的呆账认定标准严格程度有增无减，具体标准有：借款人和担保人依法宣告破产、关闭、解散，并终止法人资格，金融企业对借款人和担保人进行追偿后，未能收回的债权；借款人死亡，或者依照《民法通则》的规定宣告失踪或者死亡，金融企业依法对其财产或者遗产进行清偿,并对担保人进行追偿后,未能收回的债权;借款人和担保人虽未依法宣告破产、关闭、解散,但已完全停止经营活动,被县级及县级以上工商行政管理部门依法注销、吊销营业执照,终止法人资格,金融企业对借款人和担保人进行追偿后,未能收回的债权;由于借款人和担保人不能偿还到期债务,金融企业诉诸法律,经法院对借款人和担保人强制执行,借款人和担保人均无财产可执行,法院裁定终结执行后,金融企业仍无法收回的债权;等等。为了核销呆账,金融机构还需提供与以上理由相关的各种证明文件或材料,对于不能提供确凿证据来证明的呆账,不得核销。这种呆账核销标准重程序轻实质,即注重手续的完备性,却忽略了贷款核销的及时性。一些呆账明明已经发生却因不能及时得到证明而不得不长期挂账,严重影响了金融机构资产负债状况的真实性。

除了呆账认定标准严格,呆账审批程序和核销过程也十分烦琐。《管理办法》规定,金融企业分支机构发生的呆账,经逐户、逐级上报,由一级分行(分公司)报经当地财政专员办审核后,由金融企业总行(总公司)审批核销。金融企业核销呆账,必须严格履行审核、审批手续,并填写呆账核销申报表。上级行(公司)接到下级行(公司)的申报表,应当组织有关部门严格审查和签署意见。如此烦琐的程序给不良贷款的核销带来了种种不便,影响了呆账的核销效率。某些银行工作低效又进一步拖延了呆账核销时间,造成已形成的贷款损失长期无法得到确认,银行潜藏着巨大的隐性风险。

7. 新政策不适用于国有银行

2001年的新《制度》并不适用于国有银行。各国有银行也没有按照五级分类结果计提准备金。只有中国工商银行(以下简称工行)从2003年开始按五级分类结果计提,但也只是对2001年以后新发放的贷款适用。所以,总体上看,在2001年的贷款损失准备金政策改革后,各国有银行仍然按贷款余额1%的比例计提准备金,唯一的不同就是按照《管理办法》的规定扩大了计提准备金的贷款范围。工行、中国银行(以下简称中行)、中国建设银行(以下简称建行)都是在上市前才改变了贷款损失准备金计提政策。比如,中行、建行在2004年才不再采用按1%计提的方法,工行在2005年才放弃按1%计提,而中国农业银行(以下简称农行)则是从2006年才开始按五级分类标准计提。所以,由于新《制度》不适用于国有银行,在随后的几年里国有银行的贷款损失准备金水平仍未显著提高。

第三节　按贷款现值计量结果提取阶段（2005—2011）

一、本阶段政策发展过程

（一）再次强调贷款损失准备金的构成

2005年5月，财政部发布的《金融企业呆账准备提取管理办法》明确规定：呆账准备，是指金融企业对承担风险和损失的债权和股权资产计提的呆账准备金，包括一般准备和相关资产减值准备。一般准备，是指金融企业按照一定比例从净利润中提取的、用于弥补尚未识别的可能性损失的准备，其计提基准从原来的不低于期末贷款余额的1%调整为不低于风险资产期末余额的1%。资产减值准备，是指金融企业对债权和股权资产预计可收回金额低于账面价值的部分提取的、用于弥补特定损失的准备，包括贷款损失准备、坏账准备和长期投资减值准备。其中，贷款损失准备是指金融企业对各项贷款预计可能产生的贷款损失计提的准备，坏账准备是指金融企业对各项应收款项预计可能产生的坏账损失计提的准备。贷款损失准备包括专项准备和特种准备两种。专项准备是指金融企业根据《贷款风险分类指导原则》对贷款资产进行风险分类后，按贷款损失的程度计提的用于弥补专项损失的准备（计提比例和要求同2002年《指引》）。特种准备是指金融企业就对特定国家、地区或行业发放的贷款计提的准备，具体比例由金融企业根据贷款资产的风险程度和回收的可能性合理确定。

（二）2005年金融工具确认与计量方式的重大变革

2005年8月，财政部印发《金融工具确认和计量暂行规定（试行）》（以下简称《暂行规定（试行）》），要求自2006年1月1日起在上市和拟上市的商业银行范围内试行。《暂行规定（试行）》参考国际会计准则，对我国商业银行金融工具的确认与计量做出了重大调整，使我国商业银行有关金融工具的会计处理发生了历史性变革。其中关于贷款减值的主要规定如下：

1. 以未来现金流折现法确定贷款减值额

《暂行规定（试行）》第三十五条指出："企业以摊余成本计量的金融资产发生减值，应当将该金融资产的账面价值减记至可收回金额，减记的金额确认为资产减值损失，计入当期损益。可收回金额应当通过对该金融资产的未来现金流量（不包括尚未发生的信用损失）按原实际利率折现确定，并考虑相关担保物的价值（扣除预计处置费用等）。原实际利率是初始确认该金融资产时计算确定的实际利率。企业的贷款、应收款项、持有至到期投资是浮动利率金融资产的,在计算可收回金额时可采用合同规定的当期实际利率作为折现率。"这一规定,改变了我国一直以来按贷款余额的一定比例提取准备金的惯例,使"贷款损失准备"这一科目的会计本质得以体现。

2. 不能对未来损失计提准备

以前的规定都未对贷款损失准备金覆盖的损失范围做出严格的界定,而《暂行规定(试行)》明确指出企业应当在考虑金融资产或金融负债所有合同条款的基础上对未来现金流做出预计,但不应考虑未来信用损失。也就是说,确认的损失应该是已发生的损失,而不是未来损失。

3. 不能重复计提准备金

《暂行规定(试行)》第三十六条指出:"企业对按摊余成本计量的金融资产计提减值准备,对单项金额重大的金融资产应当单独计提减值准备;对单项金额不重大的金融资产可单独计提减值准备,也可按类似金融资产组合计提减值准备。对不存在减值客观证据的单项金融资产,应当包括在具有类似信用风险特性的金融资产组合内进行减值测试;以单项为基础计提减值准备的金融资产,不应当再包括在此类金融资产组合中进行减值测试。"这一要求明确了同一笔贷款不可以通过两种方式重复计提准备金,避免了金融机构在这一问题上可能出现的误解。

(三) 2006 年《企业会计准则》全面与国际接轨

《暂行规定(试行)》只是初步尝试。2006 年 2 月,财政部颁布了修订的《企业会计准则》(以下简称"2006 年会计准则")。2006 年会计准则实现了与国际会计准则的全面接轨,要求自 2007 年 1 月 1 日起在上市公司范围内施行,同时鼓励其他企业执行。2006 年《企业会计准则第 22 号——金融工具确认和计量》与《暂行规定(试行)》的内容大体一致,未做更改,此处不再赘述。但 2006 年会计准则除了对金融工具的确认和计量做出规定之外,还特别对金融工具的披露提出了要求,这就是《企业会计准则第 37 号——金融工具列报》。下面是 2006 年会计准则第 37 号中与贷款减值相关的披露要求:

(1) 按第十五条的要求,在披露重要会计政策以及计量基础等信息时,需披露确定金融资产已发生减值的客观依据以及计算确定金融资产减值损失所使用的具体方法。

(2) 按第二十三条的要求,企业应当披露每类金融资产减值损失的详细信息,包括前后两期可比的金融资产减值准备期初余额、本期计提数、本期转回数、期末余额之间的调节信息等。

（3）第三十七条规定，企业应当按照类别披露已逾期或发生减值的金融资产的下列信息：1）资产负债表日已逾期但未减值的金融资产的期限分析；2）资产负债表日单项确定为已发生减值的金融资产信息，以及判断该金融资产发生减值所考虑的因素；3）企业持有的、与各类金融资产对应的担保物和其他信用增级对应的资产及其公允价值，相关公允价值确实难以估计的，应当予以说明。

2006年会计准则对金融工具问题的规定更加全面，不但涉及金融工具的确认与计量，还涉及金融资产转移、套期保值、金融工具披露等重要问题。另外，由于2006年会计准则面向的是所有上市公司，体现的是我国会计准则的根本性转变，因此其意义更加重大。

（四）2007年中国银监会要求全面执行2006年会计准则

对于非上市公司，不强制执行2006年会计准则。因此，除了我国的几家上市银行外，其他非上市金融机构仍可按旧会计准则对金融工具进行会计处理。为了提高会计信息的质量和可比性，完善风险管理，提高经营水平，加强银行业监管，中国银监会决定要求银行业金融机构全面执行2006年会计准则。2007年9月29日，中国银监会发布《关于银行业金融机构全面执行〈企业会计准则〉的通知》，要求我国银行业金融机构按以下时间安排执行2006年会计准则（见表10-1）。

表10-1 银行业金融机构执行2006年会计准则时间表

机构类别	执行时间	备注
上市银行（14家）	2007年	工行、中行、建行、交通银行（以下简称交行）、华夏银行、招商银行、浦发银行、深圳发展银行、民生银行、中信银行、兴业银行、北京银行、南京银行、宁波银行
中国农业银行	2008年	
中国邮政储蓄银行	2008年	
政策性银行	2008年	
股份制银行	2008年	
城市商业银行	2008年	
信托公司	2008年	安信信托、陕西国投已经上市
财务公司	2008年	

续表

机构类别	执行时间	备注
金融租赁公司	2008年	
汽车金融公司	2008年	
货币经纪公司	2008年	
外资银行	2008年	
农村商业银行	2009年	
农村合作银行	2009年	
农村信用社	2009年	鼓励具备条件的提前执行
城市信用社	2009年	
三类新型农村金融机构	2009年	
金融资产管理公司	改制完成后的次年	不晚于2009年

在贷款减值问题上，中国银监会强调，银行要健全贷款减值评估体系。各银行业金融机构应完善贷款风险管理，全面收集贷款减值历史数据，健全价值评估内部控制政策、程序和方法，准确计提贷款减值准备金，不得利用贷款减值准备金来调节利润。

同时，中国银监会也指出，银行业金融机构执行 2006 年会计准则后，中国银监会的各项监管政策、制度保持不变。各银监局必须继续督促银行业金融机构提高五级分类的质量，做实利润。考虑到 2006 年会计准则关于减值准备计提方法的变化，为增强减值准备计提的操作性、可靠性和可比性，中国银监会将另行发布减值准备计提和监管指引，对减值准备计提过程中的关键环节、重点因素进行规范。①

2008 年国际金融危机爆发以后，为应对金融危机、响应 G20 倡议，建立全球统一的高质量会计准则已成为各国共识。为此，2010 年 4 月，财政部公布了《中国企业会计准则与国际财务报告准则持续趋同路线图》，规定有关方面应按照路线图的要求，结合我国新兴市场和转型经济国家的实际情况，更加深入地参与 IFRS 的制定，积极推进我国会计准则持续与国际趋同。贷款拨备会计在该阶段的发展也在一定程度上体现了我国会计准则与 IFRS 趋同的战略方针。

---

① 此部分内容参见第十一章。

二、对本阶段贷款损失准备金政策的评述

(一) 本阶段政策取得的成果

2006 年会计准则的发布是我国会计准则与国际接轨、会计实务向国际标准靠拢的重要一步。对我国银行业来说，其意义更加深远。首先，2006 年会计准则下的金融工具确认和计量对银行管理者的职业判断能力提出了更高的要求，对国内商业银行的人员素质、信息系统建设以及配套管理制度建设等形成了一定挑战。从长远来看，这将有助于强化银行的公司治理，提高银行的风险控制能力与管理水平，是非常有利于银行发展的。其次，按照中国证监会 2000 年发布的《公开发行证券公司信息披露编报规则第 7 号——商业银行年度报告内容与格式特别规定》的要求，我国上市商业银行除了要依据中国的会计和信息披露准则编制法定财务报告外，还要按照国际通行的会计和信息披露准则编制补充财务报告。但国内准则与国际准则的不同所导致的两份报告的差异，降低了报告的可理解性。而 2006 年会计准则的实施使我国银行业根据我国会计准则和 IFRS 编制的两份财务报告之间的差异基本消除，提高了财务报告的相关性及可理解性，降低了信息披露成本，有利于我国银行业拓展国际业务。

具体到贷款减值问题，2006 年会计准则在本阶段主要解决了以下两个问题：

1. 贷款减值损失的含义

过去我国所有有关贷款损失准备金的会计准则或规章制度都没有对贷款损失或贷款减值给出一个明确的定义，只是要求企业进行合理判断。这不利于规范我国银行业计提贷款损失准备金的会计实务。在 2006 年会计准则下，资产减值损失有了明确的含义，即如果以摊余成本计量的金融资产发生减值，那么资产减值损失就是账面价值与可收回金额的差额。可收回金额指对金融资产的未来现金流按原实际利率折现所得的现值。另外，2006 年会计准则还指出在评估减值损失的过程中不应考虑未来信用损失。这些表述更加严谨和科学，既使贷款减值损失在会计上的含义得以体现，也使其作为贷款资产备抵科目的作用得以发挥。

2. 贷款减值损失的计量——未来现金流量法

2006 年会计准则在给出贷款减值损失的含义的同时，也确立了贷款减值损失的计量方法，那就是未来现金流折现法。未来现金流折现法通过以贷款初始实际利率对未来现金流进行折现来直接确定当前贷款价值，之后再按差额确认贷款减值损失。这种方法与以往先确定损失再按账面价值

与损失的差确定贷款净值的损失确认方法有着本质的区别，这是一种收入确认方法。收入确认方法更关注如实反映贷款当前价值，而不是关注估计损失。虽然从严格意义上讲两种方法的结果在理论上是相同的，但从会计处理的逻辑性来看，收入确认方法要比损失确认方法更具理论优势。

（二）本阶段政策的不足

2006年会计准则的颁布，在使我国银行业的贷款损失准备金制度得到完善的同时，也产生了许多新的问题。这些问题如果得不到有效解决，新贷款损失准备金制度的有效性就会大打折扣，不但难以改进会计信息质量，反而有可能使会计信息失去应有的可靠性和相关性。这些新问题主要包括：

1. 贷款减值损失确认标准不明确

确认是会计处理的第一步，也是十分重要的一步。确认标准的明确与否会对会计处理的规范性产生重要影响，可当时的贷款减值损失确认标准仍不明确和规范。

首先，对已发生损失的确认原则要求不到位。虽然2006年会计准则明确指出不能考虑未来信用损失，但准则并未对如何界定已发生损失加以明确。准则没有特别规定贷款减值损失的确认标准，但《企业会计准则第22号——金融工具确认和计量》的第四十一条对"表明金融资产发生减值的客观证据"进行了定义，即"指金融资产初始确认后实际发生的、对该金融资产的预计未来现金流量有影响，且企业能够对该影响进行可靠计量的事项"。根据这一定义推断的贷款减值损失确认标准是：其一，贷款减值有可能发生；其二，减值水平能够可靠计量。这种标准显然过于宽泛。如果不强调事件发生可能性的大小、将凡是对预计未来现金流有影响的事件都作为资产减值的客观证据的话，那么对未来现金流的估计就会渗透进太多的不确定性因素，已发生损失与未来损失之间的区分会更加模糊，对所确认的贷款损失的审计也将更加困难。

其次，贷款减值损失缺少明确的确认准则。正如上面提到的，2006年会计准则没有特别规定贷款减值损失的确认标准，可用以推断贷款减值损失确认标准的规定分散于不同条款。例如，《企业会计准则第22号——金融工具确认和计量》的第四十一条规定要有客观依据表明贷款减值可能发生，且减值水平能够可靠计量；第十四条和第四十二条指出预计未来现金流时不应考虑未来信用损失等。缺少专门的、明确的贷款减值损失确认标准，将十分不利于规范银行的贷款损失准备金提取实务。

2. 贷款组合的计量问题

IAS 39 并未对单笔大额贷款和贷款组合的计量方式进行区分，而是统一采用未来现金流折现法。我国的金融工具会计准则参照 IAS 39 制定，相关内容基本一致，因此依据我国 2006 年会计准则的规定，贷款组合也需按未来现金流量法确认损失。但 2006 年《企业会计准则——应用指南》提道："商业银行采用组合方式对贷款进行减值测试的，可以根据自身风险管理模式和数据支持程度，选择合理的方法确认和计量减值损失。"在这一规定下，有些银行使用了迁移模型法、滚动率模型法等。这里提到的迁移模型法、滚动率模型法在银行中一般被用于直接评估损失。应用指南的这一规定是否意味着允许贷款组合不采用未来现金流折现法呢？这两种模型是用于评估未来现金流还是用于直接评估已发生损失，应用指南并未指明，而究竟采用两种方法中的哪一种本质上是有很大区别的，在实务中要处理的实际问题也不一样。

如果对贷款组合也采用未来现金流量法，实务当中首先要解决的一个难题就是如何确定贷款组合使用的折现率。依据会计准则和银行实务，以组合方式进行评估的贷款包括两部分：一部分是由个人贷款形成的各种贷款组合，如消费者分期付款贷款、住房抵押贷款或银行卡透支等；另一部分是因并无任何损失事项，或因未能可靠地计算潜在损失事项对未来现金流的影响而未能以单项方式确认减值损失的贷款所构成的贷款组合。要确定这两类贷款组合的折现率并不容易：首先，贷款组合，特别是小额同质贷款组合中的贷款多而分散，利率可能会根据借款人的还款能力等因素而有不同的调整，这样确定对贷款组合的未来现金流进行折现所使用的折现率就成了一个问题；其次，对贷款组合的未来现金流的估计也与单笔大额贷款不同。一组贷款在初始发放后就可根据历史经验判断该贷款组合无法收回全部的合同现金流，如果仍按合同利率折现，那么在贷款发放时可能就需要确认损失。但这部分损失未必是应该确认的，因为银行如果在发放贷款时预计到这部分损失，就会在贷款定价时对这部分损失要求一个补偿利率。如果要求的合同利率无法覆盖预期信用损失，银行通常是不会发放贷款的。所以，以合同利率对贷款组合的未来现金流进行折现可能会高估损失。

IASB 曾试图对贷款组合的折现率问题加以明确。2002 年 6 月，IASB 发布了对 IAS 39 进行修改的征求意见稿，其中第 113D 条指出：在对以组合方式评估减值的金融资产的未来现金流进行折现时，会计主体要采用加权平均利率作为折现率，这一利率是被评估减值的资产组合内所有资产的初始实际利率的加权平均值。为了保证不在初始确认后立即确认损失，需将该资产组合内每项资产的初始实际利率按初始预计的未来现金流调整为期望收益率（也就是使按未来现金流折现法确认的损失为零的利率）。这一规定显然会导致银行实务操作不便。要确定每一贷款组合的加权平均利率，还要将其调整为期望收益率，这项工作既繁杂又难以保证合理性。2002年10月，BCBS在其对征求意见稿的评论意见中指出：同意IASB采用折现法计量贷款减值的做法。然而，我们发现一个很普遍的问题是银行将这种方法应用到小额同质贷款组合时遇到了实务困难以及存在潜在负担。对单笔大额贷款来说，采用未来现金流折现法的时机已经成熟。但是我们并不确定对同质贷款组合也采用这种方法所产生的好处会大于所产生的成本，尤其是对于那些小额贷款以及短期贷款。对于这类贷款组合，我们相信同基于贷款组合未来现金流现值来评估损失的方法相比，以历史损失率（以影响未来现金流可收回性的当前信贷条件进行调整）对账面价值确定损失这一传统方法是更好的替代。我们不认为根据IAS 39征求意见稿对同质贷款组合的指引所评估出的损失会与按传统方法评估出的损失有重大区别。IAS 39征求意见稿第113D条似乎暗示了预期信用损失总是能被定价中的适当的风险溢价所覆盖。然而，如果定价不充分，就会导致计算出的折现率不足以充分评估减值损失。最后，在各方的反对下，IASB放弃了征求意见稿第113D条等相关规定。在2003年最终发布的修改后的IAS 39的应用指南中，IASB指出基于公式或统计模型的方法也可以用于确定金融工具组合（比如小额同质贷款组合）的减值损失。尽管如此，IAS 39的主流做法仍是按未来现金流量法计量贷款组合的减值损失。

我国2006年会计准则与IAS 39存在同样的问题。我国会计准则只明确规定了短期应收款项的预计未来现金流若与其现值相差很小，在确定相关减值损失时，可不对预计未来现金流进行折现。而对于贷款组合，原则上仍要求使用未来现金流折现法，但对贷款组合的折现率如何确定等问题并未具体规定。这是一个在实务中不易操作的问题，会计准则对此避而不谈只会让银行实务更加混乱；同时，会计准则的应用指南并不排除使用传统方法，这就使对贷款组合减值损失计量方式的规定变得更加模糊，使银行到底采用何种方法来确认贷款组合的减值损失成为一个模棱两可的问题。

3. 2006年会计准则的披露要求仍不健全

对未来现金流进行估计需要较高水平的职业判断力，人为因素必然会对整个评估过程产生重要影响。如何尽量减少贷款损失评估过程中的主观成分，避免银行管理者利用贷款损失准备金进行利润操纵，使评估结果尽量客观、公允地反映贷款损失情况一直是会计部门的努力方向，也是会计界一直无法解决的难题。想完全排除贷款损失评估过程中人为因素的参与，追求精确性是不可能的，唯一可以对其加以控制的可行措施就是提高贷款损失评估过程的透明度，建立完善的关于贷款损失评估及贷款损失准备金计提的披露体系。

我国虽然已经有了专门针对金融工具的披露准则，但有关贷款减值损失评估的披露要求仍然不够细化和充分。比如，没有区分按单笔贷款评估和以贷款组合方式评估的不同披露要求；虽然要求披露计算资产减值所使用的具体方法，但未要求说明方法是如何具体应用的，如未来现金流是如何预测的、如何确认客观依据对未来现金流的影响额等；未要求披露历史损失经验数据的确定方式，如采用几年的经验数据、以当前经济因素对历史数据进行调整时所采用的方法等。

对披露的忽视会降低各银行财务报告的可比性，同时也给银行利用贷款损失准备金进行利润操纵提供了巨大的空间。要使贷款减值损失的确认及计量准则得到有效实施，必须有完善的披露体系做保障。

4. 与银行监管要求的潜在冲突

虽然中国银监会承认了2006年会计准则并将其在所有银行业金融机构中推广使用，但这并不意味着银行监管部门与会计部门在贷款损失准备金的计提问题上不存在冲突。中国银监会在要求各银行执行2006年会计准则的同时，也指出中国银监会的各项监管政策、制度保持不变，将继续督促银行业金融机构提高贷款五级分类的质量。同时，中国银监会将另行发布减值准备计提和监管指引，对减值准备计提过程中的关键环节、重点因素进行规范。这里可能存在的问题是：

对贷款进行五级分类是十分有必要的，但如果银行监管部门仍然依据五级分类下的计提比例来要求或约束银行计提贷款损失准备金，就会影响2006年会计准则的实施有效性。在贷款五级分类制度下，某类贷款都是按照一个比例计提准备金，不考虑贷款的具体损失情况和个体因素。而在未来现金流折现法下，对于单笔大额受损贷款，银行要根据与该笔贷款相关的具体可获得信息来单独对该笔贷款预计可收回的现金流进行调整，减值损失的计量结果可能大于也可能小于五级分类下的计提数额，不可能所有贷款都与五级分类要求的计提数额完全一致。如果继续以一个固定比例来衡量贷款损失准备金的充分性，那么当银行以未来现金流折现法评估的准备金低于五级分类计提标准时，就可能使银行有增提准备金以满足监管要求的压力。另外,如前文所述,银行监管部门与会计部门在政策出发点上是存在差异的,这种差异所导致的政策分歧很可能会引发两部门的政策争论与冲突,也会让银行在准备金计提问题上处于两难境地。而且,这种部门间政策的不统一所产生的不良影响很可能是深远的。本书第四章所述的美国实践经验就是一个很好的教训。

第四节 后危机时代动态拨备制度计提阶段(2012—2016)

一、本阶段政策的改革背景与内容

2008年,以雷曼兄弟破产为起点的全球金融危机爆发后,西方发达国家基本陷入经济衰退。我国为避免经济急速下行,确保"保八"目标实现,于2008年11月推出全球经济史上规模最大的投资计划——4万亿元经济刺激计划。在该计划的强烈刺激下,我国GDP年增长率成功实现了"保八"的目标,2010年更是实现了两位数的增长,高达10.4%。但与之相伴的是,我国商业银行信贷急剧扩张,信贷规模超常规扩大,增速远高于上述GDP年增长率。据统计,2009年我国信贷增加了约10万亿元,而2008年仅为4.91万亿元,计划实施前的2006年、2007年分别只有3.18万亿元、3.63万亿元。可见,信贷扩张速度之快。在接下来的2010年和2011年,尽管中国人民银行在信贷方面进行了调控,但贷款增量还是分别达到了7.95万亿元和7.47万亿元。另外,根据统计数据,2009年最大的16家商业银行的贷款规模实现了34.4%的高速增长,而在2010年,贷款规模又扩大了18.4%。这些数据很明显地反映出金融危机爆发后的几年内,我国的信贷增速远远快于GDP增速,信贷增长和经济增长的均衡关系被严重破坏,这将导致银行在做出放贷决策时会为追求贷款带来的高收益而忽视应有的谨慎,放松对风险的关注。银行所发放的贷款中超过经济增长需要的那部分并没有流入实体经济以产生经济效益,而仅仅是在金融体系中来回空转,最终这部分贷款将在其发放后的3~5年内由于无法正常支付本息而使得不良贷款和不良率突然大幅上升(薛文君,2012)。可见,当时发放的贷款存在很大的潜在损失风险。并且,信贷增速和经济增速的偏离程度越大,不良贷款和不良率突升的程度将越大,贷款的潜在损失风险就越大。

此阶段我国实行的贷款拨备会计政策是已发生损失模型。在该模型下，只有存在客观的减值证据才能确定贷款拨备，计提拨备的时点滞后，表现出强烈的亲周期性。在经济繁荣阶段，贷款或者贷款组合的信用风险未显现，也就不具备客观证据表明其存在，故计提的拨备额低。这将弱化银行的风险防范意识，刺激银行的信贷规模和经济进一步扩张。在经济萧条阶段，贷款或者贷款组合存在信用风险具备客观证据，按照已发生损失模型计提的拨备额就增加，此时银行业绩将出现大幅度的系统性降低，引发"悬崖效应"，从而抑制信贷规模的扩张，延缓经济的复苏（陈华和刘宁，2011）。可见拨备计提具有顺周期性：在经济繁荣时期少提，使得利润更高，助推经济繁荣和信贷扩张；而在经济不景气时期多提，加剧经济萧条和信贷紧缩。

为应对后金融危机时代贷款潜在风险的上升，弱化拨备计提的亲周期性，增强银行提取拨备的动态性和前瞻性，财政部着手对 2005 年的《金融企业呆账准备提取管理办法》进行修订，并于 2010 年颁布《金融企业呆账核销管理办法（2010 年修订版）》。又经过约两年的征求意见和讨论，最终在 2012 年 3 月 30 日颁布《金融企业准备金计提管理办法》（以下简称"新办法"，自 2012 年 7 月 1 日起实施）。新办法主要在以下方面做出了重大修订和调整：

（一）引入"逆周期的动态拨备"理念

新办法提出"逆周期的动态拨备"理念。动态拨备指的是银行依据宏观经济环境的变化，运用与经济周期相反的方法来计提拨备。具体来说，在经济繁荣阶段，提前考虑放贷业务的潜在风险而多提取贷款拨备，提升未来的抗风险能力，发挥财务缓冲功能；而在经济下行阶段，运用在经济繁荣阶段提取的拨备来消化和弥补贷款损失，少提拨备。该做法考虑了经济周期对贷款拨备的影响，能减轻拨备计提的亲周期性，增强拨备计提的前瞻性。

（二）准备金的构成

根据新办法的规定，准备金又称拨备，是指金融企业对承担风险和损失的金融资产计提的准备金，包括资产减值准备和一般准备。资产减值准备，是指金融企业对债权、股权等金融资产（不包括以公允价值计量并且其变动计入当期损益的金融资产）进行合理估计和判断，对其预计未来现金流现值低于账面价值部分计提的、计入金融企业成本的、用于弥补资产损失的准备金。该办法还明确了相关指标的计算。例如，不良贷款拨备覆盖率，是指金融企业计提的贷款损失准备与不良贷款余额之比。贷款拨备率，是指金融企业计提的与贷款损失相关的资产减值准备与各项贷款余额之比，也称拨贷比。

从字面意义上理解，贷款拨备就是与贷款损失相关的资产减值准备，又可称为贷款损失准备。贷款损失准备和一般风险准备的区别为：贷款损失准备是特定的资产减值准备，一般风险准备则是银行为应对各种风险，从税后利润中提取的准备金。虽然新办法和 2005 年颁布的旧办法的准备金构成一致，但计算方法却大为不同。首先，旧办法中贷款减值准备包括专项准备和特种准备，其中专项准备是根据贷款五级分类法提取的，而特种准备是针对特定国家、地区或行业的特殊风险而提取的；但新办法中贷款减值准备的计提方法与 2006 年企业会计准则的规定一致，采用未来现金流量法，即对贷款价值进行合理估计和判断，对其预计未来现金流现值低于账面价值的部分计提准备金。其次，旧办法中一般准备是根据承担风险和损失的资产余额的一定比例提取的，原则上不低于风险资产期末余额的 1%；新办法中的一般准备是在比较潜在风险估计值和贷款损失准备二者的基础上确定的，原则上不低于风险资产期末余额的 1.5%。

另外，新办法中的一般准备具有"动态"特征。具体是指，财政部将依据宏观经济环境变化，并结合银行的不良贷款情况、拨贷比情况，对一般准备的风险资产范围、标准风险系数等情况做出恰当合理调整，而不是静态地保持固定水平不变。

可见，新办法与 2006 年会计准则在贷款损失准备的计提方法上实现了统一，并且新办法正是通过一般准备实现了准备金的动态调整。

(三) 动态拨备计提方法

动态拨备主要是通过一般风险准备来实现的。可以说，一般风险准备是实践动态拨备理念的载体，需要比较潜在风险估计值和已计提的资产减值准备。如果前者大于后者，则将其差额确认为一般风险准备。该准备金是从净利润中提取的，用于补偿尚未识别的可能损失。如果前者小于后者，则无须计提。一般来说，在经济上行期，风险资产违约率相对低，因此资产减值准备也将处于低水平，但在经济上行期风险资产中可能隐藏潜在风险，这时通过内部模型法或者标准法计算出的潜在风险估计值可能就比较高，因此将潜在风险估计值和资产减值准备的差额确认为一般风险准备就可以弥补潜在的未来损失。而到了经济萧条期，风险资产违约率高，计提的资产减值准备也就多，而贷款减值准备是资产减值准备的主要组成部分。此时由于贷款新增速度明显放缓，潜在风险估计值就比资产减值准备小，就无须计提一般风险准备，而是用经济上行期积累的准备金来缓冲损失。这样，就达到了根据经济周期性波动而动态计提拨备的效果，实现了资产减值准备和一般风险准备的动态调整。计提动态拨备主要有以下三个步骤：

第一步，确定潜在风险估计值。对于如何计算潜在风险估计值，新办法规定金融机构应依据自身实际情况，选择内部模型法或者标准法。

（1）内部模型法是指银行利用自身开发的模型计算潜在风险估计值的方法。运用该方法时需要做到：使用至少包括一个完整经济周期的历史数据，综合考虑贷款资产存量及其变化、潜在损失平均覆盖率等因素，建立内部模型，并利用银行自有的损失历史数据进行回归分析，或者采用其他合理方法，最终得到潜在风险估计值。

（2）标准法。该方法适用于那些不具备采用内部模型法条件或不采用内部模型法的银行。在该方法下，对于信贷资产，银行根据金融监管部门的有关规定进行风险分类，按标准风险系数计算潜在风险估计值。对于标准风险系数，正常类为1.5%，关注类为3%，次级类为30%，可疑类为60%，损失类为100%。对于其他风险资产，可参照信贷资产进行风险分类，采用的标准风险系数不得低于上述信贷资产标准风险系数。对于未实施风险分类的非信贷资产，可按非信贷资产余额的1%～1.5%计提一般准备。用每类风险资产余额乘以相应的标准风险系数，再汇总求和就可以计算出潜在风险估计值。从上面可以看出，标准法的思想与贷款五级分类法类似，但相较于贷款五级分类法，标准法下的标准风险系数均有所提高（见表10-2），从而增强了拨备计提的审慎性，有利于银行的稳健经营。

表10-2　贷款五级分类法下专项准备和标准法下计算潜在风险估计值计提比例差异

贷款类型	贷款五级分类法下专项准备的计提比例	标准法下计算潜在风险估计值的计提比例
正常类	0	1.50%
关注类	2%	3%
次级类	25%（可上下浮动20%）	30%
可疑类	50%（可上下浮动20%）	60%
损失类	100%	100%

第二步，确定资产减值准备。新办法规定，发放的贷款和垫款至少应当按季进行分析，采取单项或组合方式进行减值测试并计提贷款减值准备。资产减值准备是指金融企业对债权、股权等金融资产（不包括以公允价值计量并且其变动计入当期损益的金融资产）进行合理估计和判断，对其预计未来现金流现值低于账面价值部分计提的、计入金融企业成本的、用于弥补资产

损失的准备金。这与 2006 年《企业会计准则第 22 号——金融工具确认和计量》的规定一致。

第三步，比较潜在风险估计值和资产减值准备。如果潜在风险估计值大于资产减值准备，则对该差额计提一般风险准备；若潜在风险估计值小于资产减值准备，可不计提一般风险准备。但原则上，一般风险准备不得低于风险资产期末余额的 1.5%。与旧办法规定的 1% 的比例相比，一般风险准备计提的最低比例提高了，表明拨备计提的审慎性增强了。

（四）新增一般风险准备使用范围的规定

新旧办法都规定将提取的一般风险准备作为利润分配处理，且是所有者权益的组成部分，但新办法在一般风险准备的使用范围方面做出了新规定："金融企业履行公司治理程序，并报经同级财政部门备案后，可用一般准备弥补亏损，但不得用于分红。因特殊原因，经履行公司治理程序，并报经同级财政部门备案后，金融企业可将一般准备转为未分配利润。"新办法还规定，准备金计提不足的，原则上不得进行税后利润分配，换言之，必须先提取一般风险准备，有剩余才能向股东分红。事实上，如果准备没有确实转化为损失，这种做法相当于提高了净利润的留存率，相应地，也会提高银行的核心资本充足率，有利于银行的稳健经营。

（五）废除了贷款损失准备分币种核算和反映的规定

旧办法要求贷款损失准备"以原币计提，即人民币资产以人民币计提，外币资产以外币或折合美元计提，人民币和外币资产减值准备分别核算和反映"。而新办法仅规定贷款损失准备以原币计提，但没有规定分币种确认和反映，那么即可按即期利率折算为记账本位币后一同确认。这在一定程度上降低了计提的复杂性，符合成本效益原则。

（六）对适用范围的调整

在适用范围方面，新办法增加了另外两类企业——金融资产管理公司和村镇银行，从原来的六类企业增加到了八类企业，这使得需要计提减值准备的资产范围更加广泛。

二、对后危机时代动态拨备制度的评价

（一）后危机时代动态拨备制度取得的进步

动态拨备制度最大的优点是显而易见的，它使得拨备计提发挥出逆周期的调节作用，具有一定的前瞻性。在不改变会计准则规定的已发生损失方法的基础上，2012 年财政部提出的动态拨备制度能增强拨备计提的逆周期性，是对当时贷款减值准备计提方法的一种补充改进。该制度考虑了

经济繁荣期激增的贷款在未来变成不良贷款的可能性，一定程度上保证了拨备总量的充分性，增强了银行的抗风险能力。

除了前文所提的主要内容之外，新办法通过不良贷款拨备率、贷款拨备率（拨贷比）这两个指标进一步将"贷款损失准备"的含义和 2011 年中国银监会发布的《商业银行贷款损失准备管理办法》中的表述相对应，有利于保证部门政策之间的协调性。此外，新办法还提出"贷款总拨备率"的概念，这是指金融企业计提的与贷款损失相关的各项准备（包括资产减值准备和一般准备）与各项贷款余额之比。明确这些定义使得贷款拨备的概念体系更加完整。

（二）动态拨备制度存在的问题和不足

1. 增大了银行利用拨备来操纵利润的空间

新办法指出：财政部将依据宏观经济环境的变化，并结合银行的不良贷款情况、拨贷比情况，对一般准备的风险资产范围、标准风险系数等情况做出恰当合理调整，而不是静态地保持固定水平不变。这种做法在提高拨备计提前瞻性的同时，也让银行拥有更多的空间来决定分别计入贷款损失准备和一般风险准备的金额，进而使得拨备、利润和监管资本等方面的确定更具有弹性，这为银行操控拨备、利润和监管资本提供了便利和机会（张萌和姜海洋，2012）。银行管理层很可能根据自身需要确定拨备水平，通过"适当"调高或者调低拨备计提比例来操纵盈余，使贷款拨备沦为管理层调节盈余的有效工具。

更令人忧心的是，这种动态拨备制度相比之前的计提方法显然更难被监管，但新办法却未明确提出更具体细化的披露要求。从这种意义上看，政策制定机构"以丰补歉"的初衷将有可能成为管理层进行利润操纵的借口，会计信息有可能难以实现"真实而公允的表达"，这将妨碍财务信息使用者做出有利的决策。

2. 国内、国际减值方法出现重大差异

2006 年，财政部颁布了《企业会计准则——金融工具确认和计量》，规范了金融资产减值的会计处理，其规定与 IAS39 基本趋同。若我国采用动态拨备制度进行贷款减值会计处理，而国际会计准则维持现状，则将导致国内外在减值处理这一问题上产生重大差异，背离了我国会计准则与国际会计准则趋同的路线图。同时执行国内、国际会计准则的商业银行，特别是一些规模较大的跨国银行，将不得不编制两套财务报告，从而大大增加会计管理、操作及信息披露的成本。

3. 相关概念名称不易区分

新办法指出："本办法所称准备金，又称拨备，是指金融企业对承担风险和损失的金融资产计提的准备金，包括资产减值准备和一般准备。"旧办法指出："本办法所称呆账准备，是指金融企业对承担风险和损失的债权和股权资产计提的呆账准备金，包括一般准备和相关资产减值准备。"可见，应用于贷款资产，无论是 2005 年的旧办法还是 2012 年的新办法，都规定贷款拨备（或称贷款准备金）包括贷款减值准备和一般准备。这种说法其实是令人困惑的，许多报道和实务都将"贷款拨备""贷款准备金""贷款损失准备""贷款减值准备"视为同一概念，本书的第一章也有提及。根据新办法的规定，并结合实务惯例，准备金应该包含两个层面的含义：广义的准备金应该包括资产减值准备和一般准备；狭义的准备金，如果不特别说明的话，通常指的是贷款减值准备。有了这样的共识，才不至于出现概念上的混淆。

4. 未从根本上对我国贷款拨备制度进行重新考量

如前文所述，新办法对贷款拨备制度的改革不是从减值的确认、计量、列报和披露等各个方面做出根本改进，而是在原有已发生损失模型的基础上进行修补，在未来损失的确认问题上也是立场模糊，显然这很难从根本上解决我国贷款拨备计提亲周期性的问题，许多实证研究（如丁友刚和严艳，2019）的结果也证明了这一点。相比之下，IASB 自 2008 年就开始考虑预期信用损失模型以计量未来信用风险为出发点，更加彻底地从本质上对贷款拨备的风险理念、会计程序进行改革。虽然预期信用损失模型作为会计处理方法仍然受到争议，但作为风险控制的一种手段，显然比动态拨备制度更加前瞻和有效。

第五节 与 IFRS 9 趋同的预期信用损失模型（2017 年至今）

一、本阶段政策内容

2017 年 3 月 31 日，财政部发布了修订的《企业会计准则第 22 号——金融工具确认和计量》、《企业会计准则第 23 号——金融资产转移》和《企业会计准则第 24 号——套期会计》等三项金融工具会计准则，修订版的《企业会计准则第 37 号——金融工具列报》也于 2017 年 5 月正式发布，正式提出了与 IFRS 9 基本一致的预期信用损失模型。

财政部会计司有关负责人在就新金融工具相关会计准则的修订完善和发布实施答记者问时提到，相关准则发布的必要性和意义主要有两个：

一是为切实解决我国企业相关会计实务问题。随着我国多层次资本市场的建立健全和金融创新的不断深化，有关金融工具会计处理实务出现了一些新情况和新问题。比如，现行金融工具的分类和计量过于复杂，主观性强，影响金融工具会计信息的可比性；金融资产转移的会计处理过于原则化，对金融资产证券化等会计实务的指导不够；套期活动会计与企业风险管理实务脱节；等等。2006年，财政部发布的《企业会计准则第22号——金融工具确认和计量》已难以适应企业金融工具业务发展的需要。为更好地对金融工具进行会计处理，如实反映企业的财务状况和经营成果，促进企业增强风险意识并提高风险管理水平，持续提升金融市场信息披露和透明度，充分发挥金融工具会计在金融市场发展和企业经营中的作用，不断提升财务报告的有用性、可比性和透明度，有必要进一步修改完善金融工具确认和计量的会计准则。

二是实现我国企业会计准则与IFRS的持续全面趋同。2014年发布的IFRS 9已于2018年1月1日生效。该准则引入了预期信用损失法，并将其作为金融工具减值的确认基础，简化了嵌入式衍生工具的会计处理，提升了套期活动会计的适用性，既符合我国强化金融监管的方向，也有利于我国企业更好地管理金融工具和更恰当地披露金融工具，能够在一定程度上防范和化解金融风险，提高企业竞争力。

其中，第二点在贷款减值会计政策中得到了充分体现。2017年，新修订的《企业会计准则第22号——金融工具确认和计量》的第八章"金融工具的减值"也要求按照预期信用损失法计提金融资产减值准备，其内容与IFRS 9的相关规定基本一致。首先，该章明确了适用于预期信用损失模型的四类资产：以摊余成本计量的金融资产（贷款资产属于这一类）和以公允价值计量且其变动计入其他综合收益的金融资产；租赁应收款；合同资产；企业发行的分类为以公允价值计量且其变动计入当期损益的金融负债以外的贷款承诺和符合规定的财务担保合同。此外，该准则还强化了金融工具减值要求，明确提出企业应采用预期信用损失法来代替已发生损失法对金融工具的减值进行会计处理，应当考虑包括前瞻性信息在内的各种可获得信息。具体方法可参考图9-2。

其余细节规定，如是否能依赖逾期信息确定信用风险显著增加等，也与IFRS 9的相关规定基本相同（具体参见第九章），因此关于该修订准则的基本内容本书不做过多重复阐述。

值得一提的是，考虑到我国 A 股上市公司、非上市公司等的情况和要求有所不同，在广泛听取有关企业、会计师事务所和监管部门意见的基础上，财政部兼顾了我国国情和会计准则的国际趋同需要，拟定了统一推进、分步实施新修订的金融工具相关会计准则的方案，具体如下：

一是对于在境内外同时上市的企业以及在境外上市并采用国际财务报告准则或企业会计准则编制财务报告的企业，要求自 2018 年 1 月 1 日起施行新金融工具相关会计准则，这一要求与 IFRS 9 的生效日期保持一致，以免出现境内外报表适用准则差异。

二是对于其他境内上市企业，要求自 2019 年 1 月 1 日起施行新金融工具相关会计准则。为这些企业预留近两年的准备时间，同时确保上市公司企业内执行新准则的一致性。

三是对于执行企业会计准则的非上市企业，要求自 2021 年 1 月 1 日起施行新金融工具相关会计准则。为这些企业预留近四年的准备时间，以确保准则执行质量。

四是对于条件具备、有意愿和有能力提前执行新金融工具相关会计准则的企业，鼓励其提前执行新准则。

同时，IASB 为了避免保险公司因执行新金融工具相关会计准则导致资产和负债错配，以及因执行即将发布的国际保险合同会计准则而需要两次调账，于 2016 年 9 月通过决议，允许符合条件的保险公司延迟执行 IFRS 9，但最晚不得晚于 2021 年 1 月 1 日。我国也借鉴了此做法。

从为企业预留的相对较长的过渡期也可以看出，现阶段在我国实施预期信用损失模型仍然任重而道远，可能面临诸多困难。

二、现阶段在我国实施预期信用损失模型可能面临的困难

2006 年颁布的《企业会计准则第 22 号——金融工具确认和计量》在贷款损失准备金的会计处理上规定采用账面价值与预期未来现金流现值孰低法。这一规定基本实现了与 IAS 39 的实质性趋同。2014 年，IASB 发布了完整版的 IFRS 9，提出了基于"三阶段法"的预期信用损失模型，拟在 2018 年开始实施。基于全面持续趋同的路线方针，我国也于 2017 年颁布了新修订的《企业会计准则第 22 号——金融工具确认和计量》。然而，从 IASB 的成员组成和相关征求意见稿的回复来看，该方法主要是针对欧美等发达国家的市场环境和实施条件提出的，我国作为新兴经济体和转型国家，要实施预期信用损失模型，可谓困难重重、挑战巨大。具体表现如下：

(一) 数据信息积累不充分

IASB 提出的减值方法即预期信用损失模型是建立在完善的数据库基础上的,不仅依赖内部数据和历史数据,还依赖外部数据和未来数据。我国自实施与国际趋同的已发生损失模型以来,在数据积累方面的确取得了一定的进步,也建立了相应的会计信息数据库,但更多的是基于已发生损失的数据,缺少有关信用损失、风险控制等方面的数据,很难满足实施预期信用损失模型的数据要求。另外,由于我国的数据积累还处于起步期,对数据积累的重视程度和审慎程度还不够,相关数据的真实性、可靠性、有用性、完整性仍需改进;不同部门对相同数据的统计口径存在差异,这也导致数据处理困难、匹配度不高。在这种不成熟的条件下要求我国银行业采用预期信用损失模型无异于削足适履。

(二) 我国银行业的风险管理能力尚处于初级水平

从 IASB 改革贷款拨备会计的历程来看,其先后提出基于预期现金流量法的预期信用损失模型、基于信用风险特征的"二分类"减值方法、基于贷款所处信用质量恶化阶段的"三阶段"减值方法,表明预期信用损失模型的具体应用方法与银行风险管理实务的联系越来越紧密。实际上,该模型的有效实施是以银行高水平的风险管理能力为基础的。然而,我国银行业的风险管理较为落后,很多银行仍然停留在贷款五级分类管理阶段,未有效构建适合自身的风险管理体系和内部风险管理模型,对整体环境的宏观判断能力,以及风险识别、风险衡量和风险管控能力仍然在初级阶段徘徊,特别是对未来信用风险的识别、预测和计量能力仍然较差,这将制约预期信用损失模型在我国的实施。事实上,如果不能有效计量预期信用损失,从而缓解贷款拨备亲周期性的影响,那么在这种情况下预期信用损失模型的实施效果与已发生损失模型并不会有显著差别。

(三) 会计人员的专业素质有待提高

实施预期信用损失模型对会计人员的专业素质要求很高。如前所述,预期信用损失模型要求会计人员能根据贷款所处的风险恶化阶段来对贷款进行分类,并对每一类做出不同的会计处理。具体来说,会计人员需要准确把握贷款信用风险的变化,对贷款做出恰当的评级,并在信用风险恶化程度达到规定限度时将贷款转移至不同类别。而将贷款划分为不同类别后,还需针对不同类别的贷款分别估计 12 个月的预期信用损失或者整个存续期的预期信用损失,并确认减值损失。整个过程都需要会计人员做出大量的主观判断和估计,对其专业判断能力提出了极高的要求。显然,我国许多会计人员尚不能做到这一点。特别是在准则本身仍然存在模糊之处、缺少量化标准的情况下，这种过于依赖会计人员主观判断的做法是很危险的。

（四）需要不断完善贷款拨备的信息披露制度

贷款拨备计提具有与生俱来的主观性。目前，我国现行的贷款拨备制度在披露方面存在着披露内容不全面、称谓不统一、"报喜不报忧"、披露比例与实际计提情况不符等问题。在预期信用损失模型下，涉及主观判断的选择将更多，比如判断违约和显著恶化的标准等。这些都为管理层进行盈余管理提供了便利，损害了会计信息的客观性、透明性。对此，行之有效的方法就是对贷款拨备计提的具体方法、采用的估计、使用的假设、变量的计算等相关信息进行充分披露，并要求提供详细的文件来佐证，以防止管理层暗箱操作，保证会计信息透明性。但这会在一定程度上增加会计披露成本，政策制定者也许需要在两者之间找到一个平衡点。

第十一章 我国贷款拨备监管政策研究

第一节 贷款风险分类、资本与贷款拨备

一、贷款风险分类

（一）与资本相关的贷款风险分类

1988年公布的《巴塞尔协议Ⅰ》确定了风险加权制，即根据资产的风险程度确定相应的风险权重，计算加权风险资产总额。一是将表内资产（on-balance-sheet-asset）的风险权重确定为五个等级，分别为0、10%、20%、50%、100%。二是确定表外项目（off-balance-sheet-item）的风险权重。首先确定了0、20%、50%、100%四个等级的信用转换因子（credit conversion factor），再将其与该项业务所对应的表内项目的风险权重相乘，作为表外项目的风险权重。

随着金融市场的日渐完善，各种复杂的金融创新工具层出不穷，较为刻板的1998年贷款风险分类方法已经不能满足实务需求。2004年公布的《巴塞尔协议Ⅱ》提出了两种处理信用风险的方法：标准法（the standardised approach）和内部评级法（internal rating-based approach）。标准法以《巴塞尔协议Ⅰ》为基础，简单来说就是根据借款人的外部评级结果确定风险权重，权重等级包括0、20%、50%、100%和150%五级。针对不同的债务主体，《巴塞尔协议Ⅱ》有不同的规定，比如，对于国家及中央银行债权风险，按外部出口信用评级结果核定（见表11-1）；对于银行、金融机构债权风险，既可按实际外部评级结果而定，又可按国家信用风险权重等级下调一级的简单方法处理；对于非金融企业债权风险，按外部评级结果确定，存在两个外部评级结果时取最大值，存在多个外部评级结果时取中值；等等。此外，《巴塞尔协议Ⅱ》的主要创新之一就是提出了计算信用风险的内部评级法。该方法的主要内容是银行对交易对象过去的交易记录进行分析，对违约

情况进行评定并给予相应的评级，同时针对每一等级根据风险权重函数将违约概率（the probability of default，PD）、特定违约下的损失（loss given default，LGD）、违约时的风险暴露（the exposure at default，EAD）和有效期限（effective maturity，EM）四个因素转化为相应的风险权重。

表 11-1 《巴塞尔协议 II》标准法下不同信用评级结果的国家及
中央银行债权对应风险权重

信用评级	AA-至 AAA	A-至 A+	BBB-至 BBB+	B-至 BB+	B-以下	未评级
风险权重	0	20%	50%	100%	150%	100%

2010 年 12 月，BCBS 发布了《巴塞尔协议 III》，之后对其进行多次修订。《巴塞尔协议 III》虽然没有抛弃以外部评级结果作为资产风险分类依据的做法，但也明确指出了其负面效应。比如，使用外部评级结果容易造成银行过度依赖外部评级制度，从而忽略自身独立的产品风险评估；过度依赖外部评级结果会导致评级机构不准确、保守地评估产品风险，倾向于给出"好评级"来吸引市场参与者；引起资本计提中的"悬崖效应"，即促使银行寻求信用评级刚好高于"悬崖边界"的产品，从而在资本计提中对应较低的风险权重；等等。针对这些问题，《巴塞尔协议 III》提出了一些建议，比如对长期风险暴露采用标准化推断评级（standardised inferred rating treatment），避免对评定风险暴露等级产生激励，将 IOSCO 发布的《信用评级机构行为基本准则》纳入新资本协议框架，等等。

根据中国银监会在 2012 年 6 月发布的《商业银行资本管理办法（试行）》，我国商业银行可以采用权重法或内部评级法计量信用风险加权资产，但商业银行采用内部评级法需要经过中国银监会核准。目前，我国大部分商业银行主要采用权重法（外部信用评级+固定权重）的方法来进行与资本相关的贷款资产分类，即境外债权的风险权重以相应国家或地区的外部评级结果为基准（见表 11-2），境内债权的风险权重则按对象规定固定的权重。

值得一提的是，2014 年 4 月，中国银监会根据《商业银行资本管理办法（试行）》，核准工行、农行、中行、建行、交行、招商银行等六家银行实施资本管理高级方法[1]——初级内部评级法，并于 2013 年 7 月发布

---

[1] 《商业银行资本管理办法（试行）》自 2013 年 1 月 1 日起正式实施。该管理办法整合了《巴塞尔协议 II》和《巴塞尔协议 III》，形成了中国版的巴塞尔协议。为了统一概念、方便实施，该管理办法对高级方法的内涵做了规范，包括信用风险内部评级法、市场风险内部模型法和操作风险高级计量法，其中内部评级法又分为初级内部评级法、高级内部评级法。同时，《商业银行实施资本管理高级方法监管暂行细则》又进一步将第二支柱内部资本充足评估程序与第一支柱资本计量高级方法一道统称资本管理高级方法。

《关于商业银行实施内部评级法的补充监管要求》，进一步完善了内部评级法的相关要求。这标志着我国银行业的风险治理能力建设开始迈上新台阶。

表 11-2 境外债权的风险权重分配

对象	评级结果	风险权重（%）
其他国家或地区政府及其中央银行	AA-以上（含AA-）	0
	A-（含）以上，AA-以下	20
	BBB-（含）以上，A-以下	50
	B-（含）以上，BBB-以下	100
	B-以下	150
	未评级	100
公共部门实体		与在所在国家或地区注册的商业银行债权的风险权重相同
境外商业银行	AA-以上（含AA-）	25
	A-（含）以上，AA-以下	50
	B-（含）以上，A-以下	100
	B-以下	150
	未评级	100
境外其他金融机构		100
多边开发银行、国际清算银行和国际货币基金组织		0

（二）与拨备相关的贷款风险分类

与拨备相关的贷款风险分类，是指商业银行按照风险程度将贷款划分为不同等级的过程，其实质是判断债务人及时足额偿还贷款本息的可能性（中国银监会，2007）。与全球相对统一的资本监管制度不同，针对拨备进行的贷款风险分类在国际上并没有普遍适用的统一标准，也没有权威的准则与指导方法，但各国监管当局及银行内部对最佳的贷款分类做法有较为统一的认识，那就是分类的标准应能揭示贷款的内在风险，要能及时、准确、全面地反映贷款的风险价值（邹平座和张华忠，2007）。

大体来说，可以将各国监管部门对与拨备相关的贷款风险分类要求分为以下三种类型。

第一种是较为常见的五级分类法,即把贷款划分为正常、关注、次级、可疑和损失五类,并规定了不同类别贷款的拨备计提比例。该种方法更为强调拨备监管标准的统一性(王兆星,2014)。采用此种分类方法的国家较多,如美国、中国、德国、意大利、加拿大以及东南亚国家等。

第二种是仅把贷款划分为正常和不良两类,采用此种方法的国家较少,如澳大利亚、新西兰等。

第三种是基本不对贷款分类做出规定,由银行自行设计分类方法。此种方法通常以会计准则作为提取拨备的监管标准。当前会计准则对拨备的提取方法正由已发生损失模型变革为预期信用损失模型,因为仍然处于过渡期,当前大部分国家在拨备计提实务中仍以实际发生的交易或事项为基础进行会计确认、计量和报告,要求出现可以确认减值的客观事项,如违约、市场重大变化等,才计提拨备。从监管的角度来看,这种方法只对不良贷款有计提拨备的要求,但具体计提比例由银行根据可能的损失自行判断。相比于五级分类法强调监管标准的统一,该方法更为强调商业银行的自我判断和度量(王兆星,2014)。

贷款质量无论被高估还是被低估,对银行的信贷政策、风险控制都会产生负面影响。所以,监管当局在推行贷款分类做法时常持积极态度,以充分发挥贷款分类对银行控制信贷风险的基础性作用,如美联储除要求银行使用五级分类法外,还鼓励银行在内部评级中使用更多的级数,优化分类体系。

在实务中,随着对贷款风险分类重要性的进一步认识,许多银行积极响应监管当局的要求,努力建立并完善自己的内部评级系统,在监管当局要求的分类级数基础上进一步细分贷款风险,以期实现信贷资产质量精细化管理,提高风险管理水平。这样的例子并不鲜见,世界顶级商业银行几乎全部建立了内部评级系统,如花旗银行将贷款分为13个级别,其中12个级别是正常贷款,1个级别是不良贷款;香港银行界实行5类12级贷款分类制度,其中正常贷款有8级,问题贷款有4级(邹平座和张华忠,2009)。我国内地的一些银行也实现了信贷资产5类12级分类,如中国建设银行于2007年通过了《中国建设银行信贷资产风险十二级分类管理办法》,在内部综合考虑借款人违约月数、预期信用损失率、信用状况、担保情况等定性和定量因素,将5类贷款细分为12级,其中正常类有4级,关注类有3级,次级类和可疑类均有2级,损失类维持1级不变。

(三)我国与拨备相关的贷款风险分类制度

我国银行业早期使用的与拨备相关的贷款风险分类方法被称为"正常+

'一逾两呆'"的四级分类法,即除正常贷款外,还包括逾期、呆滞和呆账三类不良贷款。1988年,财政部发布《关于国家专业银行建立贷款呆帐准备金的暂行规定》,规定可以列为"呆账"的四种情况:借款人和担保人经依法宣告破产,进行清偿后未能还清的贷款;借款人死亡,或者依照《中华人民共和国民法通则》的规定,宣告失踪或宣告死亡,以其财产或遗产清偿后,未能还清的贷款;借款人遭受重大自然灾害或意外事故,损失巨大且不能获得保险补偿,确实无力偿还的部分或全部贷款,或者保险赔偿清偿后未能还清的贷款;经国务院专案批准核销的逾期贷款。1993年,财政部印发《金融保险企业财务制度》,明确借款人逾期(含展期后)半年以上的贷款作为逾期贷款,其中逾期(含展期后)三年以上的贷款,作为催收贷款管理,应收利息不再计入当期损益,实际收到的利息计入当期损益。这后来约定俗成为"呆滞贷款"。

显然,"一逾两呆"分类管理主要是依据借款人的还款状况将贷款划分为正常、逾期、呆滞、呆账四类,是一种事后监管方法。该方法在我国经济转轨时期对识别特别严重的不良贷款和保证国家税收发挥了积极作用。但随着银行贷款风险管理要求的不断提高,四级分类法就显得过于滞后和僵化,对贷款风险的识别不充分,无法满足商业银行和监管当局精细化风险管理和监管的要求(王兆星,2014)。

1998年,中国人民银行颁布了《贷款风险分类指导原则》(试行),规定依据借款人的还款能力,即最终偿还贷款本金和利息的实际能力,确定贷款遭受损失的风险程度,并将贷款划分为正常、关注、次级、可疑和损失五类,其中后三类合称不良贷款。该方法建立在动态监测的基础上,通过对借款人的现金流、财务实力、抵押品价值等因素进行连续监测和分析,判断贷款的实际损失程度。该原则对银行的信贷管理水平和信贷人员的素质有较高的要求,有利于银行及时发现贷款发放后出现的问题、更准确地识别贷款的内在风险、有效地跟踪贷款质量,便于银行及时采取措施,从而提高信贷资产质量。该原则先在广东省试点,后于2001年对个别条款进行修订,并于2002年1月1日起在全国范围内全面实施。

中国银监会成立后,规定继续沿用五级分类法,并于2007年7月发布《贷款风险分类指引》,对该方法进行了进一步的完善和推广。与1998年《贷款风险分类指导原则》(试行)相比,《贷款风险分类指引》主要有四个变化:一是对零售贷款,包括自然人、小微企业和农户使用脱期法进行分类,允许商业银行依据贷款逾期时间和担保抵押情况的两维矩阵对其风险进行五级分类，而不必对数量众多的小额借款人逐户进行信用状况评价，从而简化小额贷款的分类流程；二是增加了审慎性原则，对难以准确判断借款人还款能力的贷款，应适度下调其分类等级；三是要求商业银行加强内控建设，提出商业银行高级管理层要对贷款分类制度的执行、贷款分类结果的可靠性承担责任，商业银行内部审计部门检查、评估的频率每年不得少于一次；四是扩大了风险分类的覆盖范围，要求对贷款以外的各类资产，包括表外项目中的直接信用替代项目也要根据资产的净值、债务人的偿还能力、债务人的信用评级情况和担保情况进行科学分类（王兆星，2014）。

贷款风险分类从"四级分类"发展为"五级分类"无疑是一次质的飞跃。从《贷款风险分类指引》提出的贷款分类应达到的目标来看，相比于原来"事后监管"的四级分类法，五级分类法能更真实、全面、动态地反映贷款质量，揭示贷款的实际价值和风险程度，便于银行更及时地发现信贷管理存在的问题，有助于银行加强信贷管理，同时能为判断贷款损失准备金是否充足提供依据。

二、资本与资本充足率

1988年，《巴塞尔协议Ⅰ》首次提出"资本充足率"这一概念，即银行资本与风险加权资产的比例。这一比例是巴塞尔协议的核心，用于衡量银行在存款人和债权人的资产遭受损失时能以资本承担损失的程度。巴塞尔协议对资本充足率设置了最低要求，目的在于防止银行过度运用财务杠杆，控制银行经营风险，保护存款人和债权人的利益。

关于这一比例的计算主要有两个概念需要界定，即资本和风险加权资产。《巴塞尔协议Ⅰ》《巴塞尔协议Ⅱ》在资本界定方面较为一致，将资本分为核心资本（一级资本）和附属资本（二级资本）两类。核心资本是所有资本中质量最高、银行在遭受冲击时最有效的缓冲项目，主要包括实收资本、资本公积、公开储备、盈余公积和未分配利润等（扣除商誉等无形资产）；附属资本主要包括混合型资本工具、长期次级债务等。《巴塞尔协议Ⅲ》重新界定并且细化了核心资本和附属资本的相关范围，将核心资本进一步分为核心一级资本和其他核心资本，核心一级资本主要由普通股构成。计算资本充足率的分母风险加权资产则是根据风险大小对资产进行分类[①]并赋予不同的风险权重后，将风险权重与资产金额相乘并求和得到

---

① 此处即可见与资本相关的贷款风险分类的重要性。

的。根据巴塞尔协议，计算资本充足率的风险加权资产涵盖了信用风险、市场风险和操作风险。各指标的计算详见下式：

$$信用风险加权资产 = 第i项资产 \times 第i项资产的风险权重$$

$$风险加权资产 = 信用风险加权资产 + 12.5 \times 市场风险 + 12.5 \times 操作风险$$

$$资本充足率 = \frac{资本总额}{风险加权资产} \times 100\%$$

$$= \frac{核心资本 + 附属资本}{信用风险加权资产 + 12.5 \times 市场风险 + 12.5 \times 操作风险} \times 100\%$$

$$核心资本充足率 = \frac{核心资本}{风险加权资产} \times 100\%$$

$$= \frac{核心资本}{信用风险加权资产 + 12.5 \times 市场风险 + 12.5 \times 操作风险} \times 100\%$$

规定资本充足率的目的在于抑制风险资产的过度膨胀，保护存款人和债权人的利益，保证银行的正常运营和发展。各国金融监管当局一般都对商业银行资本充足率进行管制，以监测银行抵御风险的能力。《巴塞尔协议Ⅰ》和《巴塞尔协议Ⅱ》的监管资本要求基本一致：资本充足率不得低于8%，核心资本充足率不得低于4%；核心资本应占资本总额的50%以上；长期次级债务不得超过核心资本的50%；坏账准备不得超过风险加权资产的1.25%。

2010年，BCBS通过了加强对银行体系资本要求的改革法案《巴塞尔协议Ⅲ》。表11-3为该协议对各项资本相关指标的要求。《巴塞尔协议Ⅲ》要求自2013年至2019年，核心一级资本充足率的下限由3.5%提至4.5%。此外，至2019年，银行还需要保留2.5%的资本留存缓冲，以更好地应对经济波动的冲击①。核心资本充足率的下限由原先的4.5%逐渐过渡到6%，最低资本充足率依旧维持在8%的水平。另外，《巴塞尔协议Ⅲ》还鼓励商业银行根据国家经济形势建立"逆周期资本缓冲"，建议逆周期资本缓冲占风险加权资产的比重在0~2.5%。可见，《巴塞尔协议Ⅲ》对监管资本的要求更高，旨在进一步增强银行资本抵御风险的能力。

---

① 银行可以在经济下行或金融危机期间使用这一资本来应对冲击。

表 11 - 3 《巴塞尔协议Ⅲ》对各项资本相关指标的要求

指标	2013 年	2014 年	2015 年	2016 年	2017 年	2018 年	2019 年
杠杆率	2013 年 1 月 1 日至 2017 年 1 月 1 日并行实施，从 2015 年 1 月 1 日开始逐步实施					逐步向第一支柱偏移	
最低核心一级资本充足率	3.5%	4%	4.5%				4.5%
资本留存缓冲				0.625%	1.25%	1.875%	2.5%
最低核心一级资本充足率＋资本留存缓冲	3.5%	4%	4.5%	5.125%	5.75%	6.375%	7%
核心一级资本的监管调整项按比例逐步扣除		20%	40%	60%	80%	100%	100%
最低核心资本充足率	4.5%	5.5%	6%				6%
最低资本充足率	8%						8%
最低资本充足率＋资本留存缓冲			8%	8.625%	9.25%	9.875%	10.5%
不符合非核心一级资本或核心二级资本资格的资本工具	从 2013 年起逐步淘汰						

尽管巴塞尔协议统一要求了最低资本充足率，但不同国家及地区的经济、金融环境不同，所要求的资本充足率也不尽相同，各国监管当局应根据实际情况制定最合适的资本充足率标准，因为过高或过低的资本充足率要求都会影响银行业的稳定和发展。存款额与资本之间有一个平衡点，提高资本充足率在增强银行安全性的同时会降低银行资本的盈利水平（即弱化财务杠杆的作用）。具体来说，当银行筹集自有资本的能力受到限制时，为了满足资本充足率的要求，其吸收存款的规模也必须相应缩小，这会进一步影响银行的发展和盈利能力。可见，过于严格的资本充足率要求会限制银行的规模，导致信贷紧缩。反之，过低的资本充足率要求则会导致银行风险过高，易造成挤兑。

三、资本、资本充足率与贷款损失准备金的关系

1. 被低估的贷款损失准备金会虚增资本，使得银行公布的资本充足率变得毫无意义

在《巴塞尔协议Ⅲ》最初的版本和 2017 年的修订版中，贷款损失准

备金均不被列入核心资本，但可并入附属资本计算资本充足率，且不能超过风险加权资产的1.25%，资本充足率原则上不得低于8%。但是，在贷款损失准备金计提不足的情况下，即使银行的资本充足率达到监管标准也毫无意义。例如，在2008年国际金融危机中倒闭的花旗银行在危机前三年（2006—2008年）的资本充足率分别为11.7%、10.7%、15.7%，远高于BCBS所要求的8%。单纯从数字上看，该银行的资本储备足以应对日常经营并能抵御一定程度的非预期信用损失，即便宏观市场环境恶化导致银行经营损失超过资本储备，也不至于破产清算。

举例分析资本充足率的计算不难发现，银行的低准备金政策会降低贷款资产必需的监管资本标准。一笔10 000万元的贷款，在足额准备金和低准备金政策下，所需的监管资本和融资决策（不考虑所得税）可见表11-4。

表11-4 低准备金政策对必需的监管资本的影响 单位：万元

	足额准备金	低准备金
资产		
贷款余额	10 000	10 000
减：准备金	300	210
贷款资产净值	9 700	9 790
融资		
必需的监管资本（权益资本）	776	783.2
其他融资	8 924	8 924
多余的监管资本	0	82.8

注：776=9 700×8%，783.2=9 790×8%，82.8=90−(783.2−776)。

在足额计提准备金的情况下，为覆盖该笔贷款的未来可能损失，需要776万元的监管资本，而低准备金政策使得必需的监管资本增加了7.2万元。另外，银行因少计提准备金使得资本增加了90万元，所以存在82.8万元的多余监管资本。若银行将准备金计提金额从300万元减少到210万元，变化前后资本充足率仍然可以达到8%的监管要求，但在相同的资本充足率背后，银行真实的资本水平以及风险防范能力显然存在较大差异。

另外，根据融资优序理论（Myers and Majluf, 1984），银行可以选择更廉价的债务资本来取代昂贵的权益资本，以相对较低的资本成本筹措等额资金。这意味着银行可以通过降低准备金计提比例来降低资本成本。这里假定银行杠杆率的微小变动不会立即引起权益资本成本的变化。下面通过一个更加直观的例子来分析准备金对资本充足率的影响。

假定一笔风险权重为100%的10 000万元商业贷款的真实准备金率是3%，即计提300万元的准备金，但银行实际计提的准备金仅为210万元，准备金短缺90万元。表11-5分别列出了考虑所得税和不考虑所得税的情况下，核心资本充足率和资本充足率的变化（假定银行所得税税率为25%，银行计提的贷款损失准备金可在税前扣除；假设在足额计提准备金时，应交所得税为0，若减少准备金的计提则需要相应增加税负）。

表11-5 低准备金政策对资本充足率的影响　　　　单位：万元

	足额准备金	低准备金	
		不考虑所得税	考虑所得税
资产			
贷款资产	10 000	10 000	10 000
减：准备金	300	210	210
贷款资产净值	9 700	9 790	9 790
负债			
存款	9 045.25	9 045.25	9 045.25
次级债	72.75	72.75	72.75
应交所得税	0	0	22.5
负债合计	9 118	9 118	9 140.5
权益资本	582	672	649.5
核心资本	582	672	649.5
附属资本	194	195.125	195.125
资本合计	776	867.125	844.625
核心资本充足率	6.00%	6.86%	6.63%
资本充足率	8.00%	8.86%	8.63%

注：194=9 700×8%-582，195.125=194+90×1.25%。

从上表可以看出，无论是否考虑所得税的影响，在其他条件不变的情况下，低准备金政策都提高了资本充足率和核心资本充足率，而贷款损失准备金的税收待遇则抑制了资本以及资本充足率的增幅。

$$\text{资本充足率} = \frac{\text{资本} - \text{资本扣除项}}{\text{信用风险加权资产} + 12.5 \times \text{市场风险} + 12.5 \times \text{操作风险}} \times 100\%$$

由以上资本充足率的计算公式和银行关于贷款损失准备金的会计处理可知，当银行少计提1个单位的贷款损失准备金时，分子则以税后利润的形式增加0.75个单位的报告期银行资本，分母则增加1个单位的风险加权资产。由于通常情况下银行资本充足率远小于75%，因此减少贷款损失准备金将会提高银行资本充足率。在考虑所得税的情况下，如表11-5所示，允许计入附属资本的贷款损失准备金受到限制，仅为风险加权资产的1.25%，所以银行少提准备金后仅增加了1.125万元（90×1.25%）的附属资本，可忽略不计，但核心资本增加了67.5万元（90×75%），资本充足率较原来的8%有所上升。可见，商业银行有通过少提取贷款损失准备金来虚高资本充足率的动机和可能。

因此，资本充足率的有效性必须以充分计提贷款损失准备金为前提。在没有足额、真实提取的情况下，资本的虚增将导致资本充足率的高估，此时资本充足率达标就成了一种假象，资本充足率管理也变得形同虚设。为了防止这种后果，各国银行监管当局都要求银行提取适当的贷款损失准备金，避免资本充足率虚高的假象。比如，中国银监会在对资本充足率提出相应要求的同时，还对拨备提出了"双指标组合"的监管要求，即要求贷款拨备率不低于2.5%，且拨备覆盖率不低于150%。

2. 各国贷款损失准备金的资本属性差异影响了资本充足率的计算，从而无法为国际银行业提供一个公平的竞争环境

资本与贷款损失准备金并不能绝对区分，不同国家在资本充足率的计算上存在差异，贷款损失准备金是否包括在资本中计算资本充足率，即贷款损失准备金是否具备资本属性，目前各国并不统一。《巴塞尔协议Ⅲ》规定，一般准备可以计入二级资本，但总量不能超过风险加权资产的1.25%。由于各国资本定义的差异，围绕一般准备是否应当划入资本范畴以及进入资本监管工具核算体系各国一直没能达成共识。如当前美国、意大利等国承认贷款损失准备金的资本地位，将一般准备计入二级资本（附属资本），但不参与核心资本充足率的计算；而西班牙、荷兰、巴西等国规定，一般准备不能计入二级资本，这些国家面临的资本监管压力更大。根据中国银监会2012年6月发布的《商业银行资本管理办法（试行）》，我国在这个问题上的处理办法是：将超额贷款损失准备计入二级资本。超额贷款损失准备是指商业银行实际计提的贷款损失准备超过最低要求的部分，而贷款损失准备最低要求是指100%拨备覆盖率对应的贷款损失准备和应计提的贷款损失专项准备两者中的较大者。可见，各国贷款损失准备金的资本属性差异影响了各自资本充足率的计算，从而无法为

国际银行业提供一个公平的竞争环境，也影响了银行数据之间的可比性。

事实上，以资本为基础的监管的意义在于，银行所有者用来承担风险的钱越多，银行就会尽可能避免失败或者承担过多的风险，因为银行获得的资本支持越多，股东就会对银行经营进行更多的质量控制。但是，监管机构对银行的资本要求也应该有个限度，资本要求过高将会制约银行的放贷能力和盈利能力，阻碍银行发展。并且，在其他条件保持不变的情况下，过于苛刻的资本要求将降低银行整体的股东权益收益率，使得银行对资本市场的投资者丧失吸引力，将来更加难以筹集资金，由此形成一个恶性循环。

第二节 我国贷款拨备监管制度

一、2006 年以前：贷款拨备的监管方法与会计方法一致

在 2003 年中国银监会成立以前，贷款拨备的相关制度基本由财政部和中国人民银行颁布，对贷款拨备的计提比例要求即可视为相关监管要求。此部分内容前文已有具体讲解，此处仅简单列示。

1988 年，财政部发布《关于国家专业银行建立贷款呆帐准备金的暂行规定》，按照贷款所属行业性质或本身属性分类，对每类贷款计提单一比例的准备金。

1993 年，财政部发布《金融保险企业财务制度》和《金融企业会计制度》，规定贷款呆账准备金按年初贷款余额的 1% 差额提取。

1998 年，财政部发布《关于修改金融机构应收利息核算年限及呆帐准备金提取办法的通知》，规定呆账准备金由按年初贷款余额的 1% 差额提取改为按本年末贷款余额的 1% 差额提取。

2002 年，中国人民银行正式发布《银行贷款损失准备计提指引》，对贷款损失准备金的计提比例提出了较明确的要求：对于一般准备，其年末余额应不低于年末贷款余额的 1%。对于专项准备，关注类贷款的计提比例为 2%；次级类贷款的计提比例为 25%；可疑类贷款的计提比例为 50%；损失类贷款的计提比例为 100%。其中，次级类和可疑类贷款的损失准备计提比例可以上下浮动 20%。特种准备由银行根据不同类别（如国别、行业）贷款的特殊风险情况、风险损失概率及历史经验，自行确定按季计提比例。

2003 年 4 月 25 日，中国银监会正式成立。中国银监会根据国务院授权，统一监管银行、金融资产管理公司、信托投资公司及其他存款类金融机构，维护银行业的合法、稳健运行。自此，贷款拨备作为银行风险管理的重要工具，主要由中国银监会进行监管。中国银监会成立后，继续沿用五级分类法。因此，在未来现金流量法提出以前，贷款拨备的会计方法与监管方法并无具体区分，或者说贷款拨备并没有专门的监管制度。

二、2007—2010 年：五级分类法与拨备覆盖率

（一）五级分类法与未来现金流量法并存

2005 年 8 月，财政部印发的《金融工具确认和计量暂行规定（试行）》参考国际会计准则，要求以未来现金流折现法来确定贷款减值额。2006 年 2 月，财政部颁布修订的《企业会计准则》，正式要求以"未来现金流量法"作为贷款拨备的会计计量方法，并对贷款减值提出了相关的披露要求，改变了商业银行按照《银行贷款损失准备计提指引》计提贷款拨备的状况。

在各银行 2006 年的年报中，大部分银行已不再披露五级分类法下贷款损失准备金的计提比例。除农行仍施行五级分类制度外，在其他几家已采用新会计准则的银行中，只有浦发、民生、华夏三家银行在 2006 年的年报中披露了五级分类法下贷款损失准备金的计提比例。但一个值得关注的问题是，由于我国实施未来现金流量法的时间尚短，银行在经验及估价技术上还存在局限性，难免会存在名为以未来现金流折现法计提，实为仍按贷款五级分类法计提的情况。本书作者所调研的银行就未对五级分类法下贷款损失准备金的计提比例进行披露，但在该银行的文件中发现如下规定："如按照现金流贴现法估算的次级、可疑和损失类贷款的损失率与按贷款质量分类对应的损失率（分别为 25%、50% 和 100%）的差异幅度超过 20%，各行要重新对该笔贷款进行质量分类或重新预计未来可收回现金，以合理确定其风险成本。"文件要求的差异不能超过 20%，不过该银行员工表示，不允许按五级分类法计提的结果与按未来现金流折现法计提的结果存在差异，结果要保持一致。由此，笔者产生疑问，到底是两种制度互相补充，还是一种制度的实施结果决定了另一种制度的结果，这一问题值得深思。

2006 年会计准则对非上市公司并不强制执行。为了提高会计信息的质量和可比性，完善风险管理，提高经营水平，加强银行业监管，中国银监会决定要求银行业金融机构全面执行 2006 年会计准则。2007 年 9 月 29 日，中国银监会发布《关于银行业金融机构全面执行〈企业会计准则〉的

通知》，规定了我国银行业金融机构执行2006年会计准则的时间。同时，中国银监会也指出，银行业金融机构执行2006年会计准则后，中国银监会的各项监管政策、制度保持不变。各银监局必须继续督促银行业金融机构提高贷款五级分类质量，做实利润。自此，贷款拨备的会计方法和监管方法发生了分离，开始了监管上的五级分类法与会计上的未来现金流量法并存的现象。

（二）对拨备覆盖率的要求不断提高

为应对金融危机，增强商业银行的抗风险能力，2008年12月，中国银监会提高了拨备覆盖率的监管标准，要求工行、农行、中行、建行、交行五大国有银行的拨备覆盖率由原来的100%提高到130%，而股份制银行的拨备覆盖率由原来的100%提高到150%。[①] 该要求在2009年1月召开的中国银监会2009年第一次经济金融形势通报会上得到了重申：银行拨备覆盖率至少要达到130%，而风险较高的银行应更加注重创造条件，进一步将拨备覆盖率提高到150%以上。

然而，已经提高的拨备覆盖率要求并不能覆盖银行业因贷款高速投放、急剧扩张而面临的风险。据央行发布的数据，2009年1—6月，我国新增人民币贷款达到7.37万亿元，同比多增4.92万亿元，而仅6月人民币各项贷款就增加1.53万亿元，同比多增1.20万亿元。值得注意的是，此时急速暴增的贷款是在我国产业结构调整和淘汰过剩产能的大环境下发生的，其受损的可能性很大。银行面临的信贷风险也呈现迅速增加之势，风险积累问题严重。

对此，监管部门对贷款拨备覆盖率提出了更高的要求。2009年7月17日，中国银监会2009年第三次经济金融形势通报会指出，各银行业金融机构要切实加强风险管理，而目前的拨备不足以充分覆盖风险，要求各商业银行严守拨备覆盖率底线，在年内将拨备覆盖率提高到150%以上。

在短短不到一年的时间，拨备覆盖率指标的最低要求两度提升，在贷款激增的背景下，这体现了中国银监会引导商业银行强化以丰补歉意识的决心。事实上，资本质量和水平、大额风险暴露和动态拨备三项共同构成了银行业金融机构吸收风险的最前端防线（刘明康，2010），拨备覆盖率的提高为我国银行业成功应对危机、挑战，打下了坚实的基础。

[①] 21世纪经济报道.银监会拟上调拨备覆盖率至150%. (2009-03-12). https://www.dzwww.com/finance/yinhang/yhzx/200903/t20090312_4335390.html.

三、2011 年至今：金融危机后的"新监管时代"

2008 年国际金融危机暴露了贷款拨备计提顺周期性的缺点。对此，2009 年 11 月，中国银监会副主席蒋定之在金融峰会上发表讲话，首次指出：为应对亲周期性，我国应当建立前瞻性的动态拨备监管机制，应当基于贷款在整个生命周期内的违约率来提取减值准备，改变当前仅考虑现阶段贷款违约率的方法。同年年底，中国银监会向国务院呈报了关于实施动态拨备制度的报告。该报告迅速得到国务院的肯定性批复：同意由中国银监会负责探索和研究动态拨备制度。

2010 年 8 月，与动态拨备制度相关的研究取得了实质性进展。中国银监会财会部动态拨备课题组完成了一份名为《动态拨备在中国银行业的实施研究》的报告。报告指出：当前信贷行为具有顺周期性，银行信贷增长与贷款质量（不良贷款率）具有显著的相关性，而现行的拨备制度并没有体现逆周期性，实施动态拨备制度可以降低银行系统内在的亲周期性，故中国亟待在保持现行贷款拨备框架的基础上通过建立和实施动态拨备制度来增强银行系统的稳定性、提高贷款拨备计提的逆周期性。但就模型来说，西班牙的动态拨备制度对我国并不适用，因为我国企业会计准则规定不能将未发生的损失在成本中列支，而且西班牙的动态拨备制度对历史数据的要求特别高，我国不具备实施条件。此外，报告建议通过计算贷款潜在损失和实际贷款减值准备金的差异来计提动态拨备。从后来的实施看，该建议在 2012 年财政部颁布的动态拨备制度相关文件中得到了很好的体现。同年，中国人民银行发布《中国金融稳定报告（2010）》，强调建立动态拨备制度的要求，并指出为更好地避免市场风险，将进行宏观审慎管理，尤其应当建立健全与新增贷款超常变化相联系的动态拨备制度。

多个报告的发布奠定了动态拨备制度的理论基础，由此，中国银监会开始制定有关贷款损失准备监管的具体执行措施。

（一）《中国银行业实施新监管标准指导意见》：强化贷款损失准备监管

2010 年，BCBS 的《巴塞尔协议Ⅲ》在 G20 首尔峰会上正式通过，标志着新的国际金融监管标准诞生。2011 年 4 月 27 日，为实现与 BCBS 同步、建立更具前瞻性的审慎监管制度、增强银行业金融机构抵御风险的能力，中国银监会根据《巴塞尔协议Ⅲ》，并在充分借鉴国际经验和结合国内具体实际情况的基础上，颁布了《中国银行业实施新监管标准指导意见》，推出了包括贷款损失准备、资本充足率、杠杆率、流动性在内的新监管框架，对贷款损失准备、资本充足率等方面提出了新要求和新标准。

其中，强化贷款损失准备监管的内容主要有两个方面：

1. 建立贷款拨备率和拨备覆盖率"双指标"监管标准

该指导意见提出，将建立贷款拨备率和拨备覆盖率相结合的贷款拨备监管标准，其中贷款拨备率（贷款损失准备占贷款的比例）不低于2.5%，拨备覆盖率（贷款损失准备占不良贷款的比例）不低于150%，原则上按两者孰高的方法确定对银行业金融机构贷款损失准备的监管要求。

2. 建立动态调整的贷款损失准备制度

监管部门将根据经济发展不同阶段、银行业金融机构贷款质量和盈利状况的不同，对贷款损失准备监管要求进行动态化和差异化调整：在经济上行期适度提高贷款损失准备要求，在经济下行期则根据贷款核销情况适度调低要求；根据单个银行业金融机构的贷款质量和盈利能力，适度调整贷款损失准备要求。

中国银监会有关部门负责人在就《中国银行业实施新监管标准指导意见》答记者问时指出，建立具有前瞻性的贷款损失准备制度具有很强的现实意义。

首先，国内银行信贷规模长期保持高速扩张，客观来说在一定程度上掩盖了资产质量问题，使得基于不良贷款计提的贷款损失准备难以充分覆盖潜在的信贷风险。长期以来，拨备覆盖率作为重要指标一直被用作衡量银行抗风险能力的核心监管标准，然而它主要覆盖已暴露风险，难以反映未来可能出现的不良贷款，不能真实反映潜在的不良贷款水平。在中国银监会改革贷款损失准备监管制度的过程中，一个重要的改革举措便是提出了《巴塞尔协议Ⅲ》所不具有的贷款拨备率（拨贷比）监管指标，形成了贷款拨备率与拨备覆盖率双指标监管的"组合拳"。引入与贷款规模挂钩但与贷款质量无关的贷款拨备率监管要求，增强了贷款损失准备计提的前瞻性，有助于银行业金融机构在信贷扩张期积累充足的经济资源，用于在经济下行期吸收损失，平滑由于低估或高估贷款损失导致的整个信贷周期内银行业金融机构的收益波动。将贷款拨备率、拨备覆盖率二者结合并进行动态调整，成为实施逆周期宏观审慎监管的应有之义和重要组成部分，有助于确保贷款损失准备计提的及时性和充足性。

此外，贷款拨备率弥补了拨备覆盖率依赖贷款准确分类的缺陷，增强了银行间数据的横向可比性。贷款拨备率的引入体现了监管机构对银行体系贷款五级分类结果的审慎与怀疑。拨备覆盖率的分母是不良贷款，即贷款五级分类中的次级类、怀疑类、损失类贷款。可见该指标依赖贷款五级分类结果，因而对不良贷款的准确划分是实现拨备覆盖率有效监管的前提条件。但不同银行对贷款分类的具体标准各不相同，尤其是正常贷款中的关注类贷款和不良贷款中的次级类贷款，各银行对两者的划分存在较大差异（巴曙松和朱元倩，2011），所以该指标的横向可比性受到了一定限制，影响了该指标效果的发挥。而贷款拨备率指标则无须考虑贷款分类，是以全部贷款作为分母，避免了监管机构对银行贷款分类不实和不准确的担忧。

（二）《商业银行贷款损失准备管理办法》：进一步细化贷款损失准备监管

2011年7月27日，中国银监会发布《商业银行贷款损失准备管理办法》，重申前文指导意见中关于贷款损失准备的规定：实施动态拨备制度，推行贷款拨备率和拨备覆盖率的双指标监管。

该管理办法新增以下内容：第一，明确贷款损失准备的定义，只包括银行计入成本中的准备金，将从净利润中提取的一般风险准备排除在外。第二，要求银行建立完备的贷款损失准备管理制度，具体包括：（1）贷款损失准备提取政策、程序、方法和模型；（2）职责分工、业务流程和监督机制；（3）贷款损失、呆账核销及准备计提等信息统计制度；（4）信息披露要求；等等。第三，提出贷款损失准备的披露要求，具体包括：（1）本期及上年同期贷款拨备率和拨备覆盖率；（2）本期及上年同期贷款损失准备余额；（3）本期计提、转回、核销数额。第四，要求银行业监管机构建立商业银行贷款损失数据统计分析制度，对贷款损失数据进行跟踪、统计和分析，为科学设定和动态调整贷款损失准备监管标准提供数据支持。

中国银监会有关部门负责人在就《银行业金融机构全面执行企业会计准则的通知》答记者问时指出，考虑到新会计准则关于减值准备计提方法的变化，为增强减值准备计提的操作性、可靠性和可比性，中国银监会将制定减值准备计提监管指引，对减值准备计提过程中的关键环节、重点因素、监管方法等进行规范。该管理办法就是此承诺的兑现。从新增部分可以看出，该管理办法是一个从概念定义到具体操作都较为细化的文件，清晰详细地阐述了与贷款损失准备相关的监管标准、管理要求和监管措施，大大增强了贷款损失准备监管的操作性，是对动态拨备制度的进一步明确和完善。同时，该管理办法的颁布是中国银行业贯彻落实巴塞尔协议的重要举措，标志着中国银行业动态拨备制度已开始逐步建立。

随后，中国银监会相继于2012年6月和2014年1月发布了《商业银行资本管理办法（试行）》和《商业银行流动性风险管理办法（试行）》，基本完成了贷款损失准备监管、资本监管、流动性风险监管三个大方向的政策制定。之后，中国银监会又在 2014 年和 2015 年陆续发布了一些更加细化的指导意见和通知。比如，2014 年 4 月发布《关于商业银行发行优先股补充一级资本的指导意见》，2014 年 6 月发布《关于调整商业银行存贷比计算口径的通知》，2014 年 9 月发布《关于加强商业银行存款偏离度管理有关事项的通知》，2015 年 1 月发布《商业银行杠杆率管理办法（修订）》。2022 年中国银保监会印发《商业银行预期信用损失法实施管理办法》。2023 年国家金融监督管理总局发布《商业银行资本管理办法》。这些文件细化和完善了原来在实务操作中模糊不清的地方，增强了银行实务的可操作性、可靠性和可比性。

一个总揽全局的《中国银行业实施新监管标准指导意见》，三个有关贷款损失准备监管、资本监管、流动性风险监管的管理办法，加上之后的一系列细化文件，共同开启了金融危机后我国与《巴塞尔协议Ⅲ》进行国际接轨的"新监管时代"。

第三节 不同部门多套制度的差异

从第四章所述的美国经验来看，在贷款拨备问题上，会计方法与监管方法似乎常常存在矛盾与冲突，不同部门的多套制度并存难免会引起实务上的混乱。我国早期的金融法规借鉴美国银行业监管规则，倡导基于五级分类法的贷款损失准备计算规则，会计法规借鉴国际会计准则，倡导基于预期未来现金流现值这一金融分析理念的已发生损失模型，但这些舶来品将我国贷款拨备的会计方法与监管方法带上了"荆棘之路"（周华和戴德明，2011）。金融危机后，我国银行监管机构和会计准则制定机构都提出了有针对性的动态拨备制度，以缓解拨备计提的亲周期性。目前我国规范贷款拨备计提的制度文件有 2017 年的《企业会计准则第 22 号——金融工具确认和计量》、2011 年的《商业银行贷款损失准备管理办法》、2012 年的《金融企业准备金计提管理办法》。本节将对三者之间的主要差异进行分析。

1. 拨备构成不同

2012 年，财政部管理办法中的拨备由两部分组成，除了按照《企业会计准则第 22 号——金融工具确认和计量》计提的贷款减值准备[①]，还

[①] 2006 年和 2017 年的《企业会计准则第 22 号——金融工具确认和计量》所指的"贷款减值准备"的概念是一致的，只是在计提理念和计量方法上有所不同，因此这里不做区分。

包括根据经济周期进行动态调整计提的一般风险准备,可见由于一般风险准备的计提,根据该管理办法计提的拨备总额要高于根据《企业会计准则第 22 号——金融工具确认和计量》计提的拨备总额。之所以会有这样的差异,是因为两份文件的制定者的政策出发点存在差异。《企业会计准则第 22 号——金融工具确认和计量》的具体起草工作由财政部会计司负责,出发点是确保会计信息的透明性(丁友刚和岳小迪,2009)。而 2012 年的管理办法是财政部金融司制定的。该机构虽然也隶属财政部,但由于专司金融模块,在一定程度上承担了部分金融监管职能,在政策制定过程中对银行稳定和安全有所侧重,故在政策方面加入一般风险准备,从制度上保证银行能根据经济周期的变化对拨备计提额度进行调整。该一般风险准备从利润中提取,作为利润分配来处理,是所有者权益的组成部分,因此计提一般风险准备不会对当期损益产生影响,但会减少可分配的利润,使更多利润留存在银行中作为资本缓冲,从而实现了财政部金融司维护银行体系稳定和安全的初衷。

而中国银监会 2011 年发布的管理办法在总则中指出:本办法所称贷款损失准备是指商业银行在成本中列支、用以抵御贷款风险的准备金,不包括从利润中计提的一般风险准备。也就是说,该管理办法所提到的两个指标(贷款拨备率和拨备覆盖率),其分子均指的是按照"未来现金流量法"计算的贷款损失准备。但同时该管理办法又要求银行监管机构依据经济周期、宏观经济政策、产业政策、商业银行整体贷款分类偏离度、贷款损失变化趋势等因素对商业银行贷款损失准备监管标准进行动态调整。从中可以窥见,银行监管机构既想在监管上减少主观随意性,降低监管成本,故而将动态的一般风险准备排除在计算之外,又不想彻底放弃动态调整,因此使得 2011 年的管理办法在一般风险准备的监管问题上立场摇摆,易使实务操作者无所适从。

2. 基于的理念有所不同

2006 年的《企业会计准则第 22 号——金融工具确认和计量》规定的已发生损失模型要求只在有减值迹象的客观证据表明发生损失时才确认计提减值准备,基于的是单一的已发生损失理念。而 2012 年的管理办法规定,除了基于已发生损失计提贷款减值准备外,还需计提用于弥补尚未识别的可能性损失的一般风险准备。可见该管理办法已经体现了预期信用损失理念,这也预示了之后几年会计准则制定机构在贷款拨备计提问题上的倾向是从已发生损失逐渐向预期信用损失过渡。中国银监会在这个问题上与财政部动态拨备制度立场一致。究其原因,亦如前所述,后两者的制定机构均担负着维护金融体系稳定的任务,而会计准则制定机构更在乎会计信息的透明性和可靠性。

但是,我国财政部会计司 2017 年 3 月 31 日正式发布的修订版《企业会计准则第 22 号——金融工具确认和计量》规定以预期信用损失模型代替已发生损失模型,要求银行考虑包括前瞻性信息在内的所有合理且有依据的信息,以发生违约的风险为权重计量信用损失的加权平均值。可以看出,会计准则也开始全面引入预期信用损失理念。可以想见,在未来,三者的计提理念将趋于一致。然而值得深思的是,这种"一致"究竟是会计准则的进步,还是会计独立性的丧失?究竟是大势所趋的国际趋同,还是不合时宜的盲目引进?这些问题将在后面章节继续讨论。

第十二章 我国贷款拨备税收政策研究

第一节 税收中性

税收中性（taxation neutrality）是指征税本身不会影响纳税人的决策。对纳税人来说，如果一项资产在征税前后相对价值没有发生改变，纳税人的资产配置决策不会改变，那么这样就达到了税收中性。税收政策如何才能保证征税前后资产相对价值不变？Samuelson（1964）认为，只要满足对一项资产的经济收益（确认潜在损失）征税，该项资产在征税之前与征税之后对纳税人的相对价值（初期现值）就不变。这就是萨缪尔森以税收中性为基础建立的"税收价值不变理论"，其中所谓经济收益，是指该项资产所获得的净现金流加资产价值的变化。

假定银行某一贷款组合的初始价值为 L_0，银行在各期实际可能得到的一系列税前支付为 $p'_1, p'_2, \cdots, p'_n$，该贷款组合的税前实际利率为 i_a。对一项贷款资产来说，它的价值等于未来获得的现金流现值。各期的贷款资产价值（L_t）及其变化（ΔL_t）分别为：

$$L_0 = \sum_{t=1}^{n} \frac{p'_t}{(1+i_a)^t}$$

$$L_t = \sum_{s=1}^{n-t} \frac{p'_{t+s}}{(1+i_a)^s} \quad (t=1,\cdots,n)$$

$$\Delta L_t = L_t - L_{t-1} = p'_t - i_a L_{t-1}$$

贷款资产各期的经济收益（EI_t）为：

$$EI_t = p'_t - \Delta L_t$$

假定所得税税率为 tr，按照经济收益征税之后，银行收到的支付（ATP_t）为：

$$ATP_t = p'_t - (p'_t - \Delta L_t) \times tr$$

税后实际利率为 i'_a，$i'_a = i_a \times (1-tr)$，则有：

$$L_0 = \sum_{t=1}^{n} \frac{ATP_t}{(1+i'_a)^t}$$

上述过程表明，如果以经济收益为税基，则该贷款组合在征税之前与征税之后的价值没有发生改变。换句话说，征税没有改变贷款资产的价值，该贷款组合的实际税负等于名义税负，符合税收中性原则。

如果不按照经济收益征税，则可能导致对税收中性的背离，出现征税过度或征税不足（见本章附录一）。征税过度或征税不足将导致两种经济后果：其一，征税不透明。资产的实际税率不等于名义税率，换句话说，纳税人不能根据名义税率确定其实际税负。其二，资产定价扭曲。资产的税前价值不等于税后价值，征税改变了资产价值，纳税人的资产配置决策就会受到税收政策的影响。比如，由于低风险资产的经济收益比高风险资产的经济收益更加确定，如果对高风险资产征税过度，导致高风险资产的收益降低，就会使得企业过度配置低风险资产，从而导致社会经济效率损失。

纳税人关心的仅仅是自身的税负，并不关心税收是否中性。税收非中性所导致的低增长与产业结构扭曲的成本最终将由社会承担，因此，税收中性是一种典型的公共产品（Kiesewetter，2002）。所以，从经济效率和制度供给的角度来看，税收中性是税收制度设计的基本原则。

第二节 贷款损失准备征税方法及税收中性分析

税收中性只是一个理论概念，因为在贷款没有到期之前，所获得的现金流及其分布是无法准确预知的，贷款的经济收益无法在事前知道，税务部门无法根据经济收益征税。因此，各国根据各自的情况确认不同的征税方法，主要包括核销法（charge-off method）和准备金法（reserve method）（可分为一般准备金法、特殊准备金法和全部准备金法）。那么哪种征税方法更接近税收中性呢？

一、核销法及其应用

核销法是一种国际上通用的对贷款损失进行税收减免的方法，是指某笔贷款已经部分或全部确认不能收回而被核销时获得的税收减免，即仅在宣布贷款无法收回且已从银行财务中核销的情况下才可以享受税收减免。对于前期已核销但本期重新转回的部分，需要加回到应税收益中。目前，采用核销法处理贷款损失的国家比较少，美国、澳大利亚、菲律宾、韩国、荷兰等采用这种税收处理方法。

假定该贷款组合各期的核销数分别为 $w_1, w_2, \cdots, w_n$；各期的转回数分别为 $w'_1, w'_2, \cdots, w'_n$；各期的净核销数分别为 $\Delta w_t = w_t - w'_t$；各期收回的本金数分别为 $RP_1, RP_2, \cdots, RP_n$；各期应计未收利息转增的本金数分别为 $RP'_1, RP'_2, \cdots, RP'_n$；各期的本金净变化为 $\Delta RP_t = RP_t - RP'_t$。令 L'_0 为核销法下贷款组合的价值，则（见本章附录二）：

$$L'_0 = L_0 + \sum_{t=1}^{n} \frac{(\Delta w_t + \Delta RP_t) \times tr}{(1+i'_a)^t} - \sum_{t=1}^{n} \frac{\Delta L_t \times tr}{(1+i'_a)^t} \quad (12-1)$$

因为 $\sum_{t=1}^{n}(\Delta w_t + \Delta RP_t) = L_0$，$\sum_{t=1}^{n} \Delta L_t = L_0$，所以核销法下的贷款资产价值与税收中性下的贷款资产价值之间的差异只是一种时间性差异。

当净核销数与本金净变化之和（$\Delta w_t + \Delta RP_t$）与贷款资产价值变化（ΔL_t）在数量与时间分布上完全相同时，核销法下的贷款资产价值 L'_0 等于税收中性下的贷款资产价值 L_0，核销法使税收达到税收中性。

当净核销数与本金净变化之和（$\Delta w_t + \Delta RP_t$）在数量与时间分布上超前于贷款资产价值变化（ΔL_t）时，核销法下的贷款资产价值 L'_0 大于税收中性下的贷款资产价值 L_0。即核销法导致该贷款组合的实际价值大于其名义价值，或者说导致该贷款组合的内含报酬率大于税收中性下的内含报酬率，也可以说导致该贷款组合的实际税率小于税收中性下的实际税率，即出现所谓的征税不足，银行获得了递延纳税的货币时间价值。

当净核销数与本金净变化之和（$\Delta w_t + \Delta RP_t$）在数量与时间分布上滞后于贷款资产价值变化（ΔL_t）时，核销法下的贷款资产价值 L'_0 小于税收中性下的贷款资产价值 L_0。即核销法导致该贷款组合的实际价值小于其名义价值，或者说导致该贷款组合的内含报酬率小于税收中性下的内含报酬率，也可以说导致该贷款组合的实际税率大于税收中性下的实际税率，出现所谓的征税过度。

从理论上看，采用核销法既可能导致征税过度，也可能导致征税不足，甚至税收中性。这取决于净核销数与本金净变化之和（$\Delta w_t + \Delta RP_t$）与贷款资产价值变化（ΔL_t）在数量和时间的分布上是否存在差异以及存在什么样的差异,而影响这两者之间分布差异的因素包括:其一,核销政策。如果一个国家的税收政策不允许银行对贷款损失进行部分核销,税务部门规定的核销条件非常严格,则会导致核销总是滞后反映贷款损失,容易导致征税过度。其二,司法效率。贷款核销通常需要经过一个法律或准法律过程。如果一个国家的司法效率较低,产权关系较为复杂,则必然会延迟核销的确认时间,进而导致征税过度。其三,会计审计制度。在核销法下,银行可能会尽可能提前核销,导致核销超前反映贷款损失,这样会导致征税不足。因此,采用核销法必须有赖于成熟的会计审计制度。

总体而言,核销法下的税收能否接近税收中性,取决于一个国家的核销政策、司法效率与会计审计制度。

二、准备金法及其应用

商业银行应提取适当的贷款损失准备金以防范和化解金融风险,且该风险补偿准备金应作为银行的一项成本费用享受税前扣除,这是准备金法的理论基础之一。目前,世界上大部分国家在对贷款损失进行税收处理时都采用准备金法,其中采用特殊准备金法的国家最多,一般准备金法只有较少的几个国家在实施,还有一部分国家采用全部准备金法,即同时允许计提的特殊准备金和一般准备金在税前扣除。

一般准备金法是指只有按照贷款余额的一定百分比计提的一般准备金和一般准备金不足的核销部分才可以享受税收减免。我国目前对一般金融企业实行的就是这种方法,即允许按贷款资产余额1%的标准在税前扣除贷款损失准备金。各国在一般准备金可在税前扣除的比例上有不同的规定,国际上确定税前扣除比例的方法主要有以下三种:(1)按照银行正常贷款的某一固定比例;(2)根据以前年度银行贷款损失占全部贷款比重的平均值确定;(3)由银行根据自身实际情况自行决定。不难想见,此种方法要想体现税收中性原则,对税前扣除比例精确度的要求是很高的。如果比例过低(高)或对银行贷款核销进行限制,则会导致银行实际贷款损失超过(低于)预期的税前扣除额度。从这个角度来看,一般准备金法是很难体现税收中性原则的。

特殊准备金法是指银行对贷款损失按照一定的风险分类标准和各自权重提取准备金,允许其在税前扣除的税务处理方法。由于贷款风险分类涉及会计人员的主观判断,该种方法也存在违反税收中性原则的可能。采取这种方法的国家有法国、英国等,我国金融企业中的涉农贷款和中小企业贷款也采用这种方法。

德国、日本、意大利、卢森堡、西班牙和瑞士则采用全部准备金法，对银行计提的特殊准备金和一般准备金都给予税收减免优惠，但大多数税收当局都规定了一般准备金税收减免限额，往往给出一般准备金在相关资产中所占的最高比例（意大利和日本）或明确将某些一般准备金排除在外（西班牙）。

那么，准备金法能否实现税收中性呢？下面以全部准备金法为例进行分析。

假定各期期末的准备金数分别为 $r_1, r_2, \cdots, r_n$；各期净增加准备金 $\Delta r_t = r_t - r_{t-1}$。令 L_0'' 为核销法下贷款组合的实际价值，则（见本章附录三）：

$$L_0'' = L_0' + \sum_{t=1}^{n} \frac{\Delta r_t \times tr}{(1+i_a')^t} \quad (12-2)$$

由于准备金都是先计提后转销，因此 $\sum_{t=1}^{n} \frac{\Delta r_t \times tr}{(1+i_a')^t} > 0$，$L_0'' > L_0'$，即全部准备金法下的贷款资产价值肯定大于核销法下的贷款资产价值。进一步将式（12-1）代入式（12-2），可得：

$$L_0'' = L_0 + \sum_{t=1}^{n} \frac{(\Delta r_t + \Delta w_t + \Delta RP_t) \times tr}{(1+i_a')^t} - \sum_{t=1}^{n} \frac{\Delta L_t \times tr}{(1+i_a')^t}$$

$$(12-3)$$

由上式可知：

（1）当净增加准备金、净核销数与本金净变化之和（$\Delta r_t + \Delta w_t + \Delta RP_t$）与贷款资产价值变化 ΔL_t 在数量与时间分布上完全相同时，全部准备金法下的贷款资产价值等于税收中性下的贷款资产价值，即 $L_0'' = L_0$，采用全部准备金法可以实现税收中性。

（2）当净增加准备金、净核销数与本金净变化之和（$\Delta r_t + \Delta w_t + \Delta RP_t$）在数量与时间分布上超前于贷款资产价值变化 ΔL_t 时，全部准备金法下的贷款资产价值大于税收中性下的贷款资产价值。由于全部准备金法下的贷款资产价值肯定大于核销法下的贷款资产价值，即 $L_0' < L_0''$，这样全部准备金法、核销法与税收中性下的贷款资产价值三者之间可能出现两种情况。

第一，税收中性下的贷款资产价值小于核销法下的贷款资产价值，这意味着核销法会导致征税不足。由于全部准备金法下的贷款资产价值大于核销法下的贷款资产价值，所以全部准备金法比核销法更会导致征税不足，

即 $L_0 < L_0' < L_0''$。这种情况说明，在核销政策宽松与司法效率较高的国家，核销法可能已经倾向于征税不足，如果允许采用全部准备金法，就会导致更加严重的征税不足。

第二，税收中性下的贷款资产价值大于核销法下的贷款资产价值，小于全部准备金法下的贷款资产价值，即 $L_0' < L_0 < L_0''$。这种情况意味着尽管采用核销法出现征税过度，但是采用全部准备金法出现了征税不足。哪种方法更加接近税收中性取决于在该国经济环境下，净增加准备金、净核销数与本金净变化之和（$\Delta r_t + \Delta w_t + \Delta RP_t$）与净核销数与本金净变化之和（$\Delta w_t + \Delta RP_t$）的数量和时间分布，何者更加接近贷款资产价值变化 ΔL_t 的数量和时间分布。

(3) 当净增加准备金、净核销数与本金净变化之和（$\Delta r_t + \Delta w_t + \Delta RP_t$）在数量与时间分布上滞后于贷款资产价值变化 ΔL_t 时，全部准备金法下的贷款资产价值小于税收中性下的贷款资产价值。同时，由于核销法下的贷款资产价值小于全部准备金法下的贷款资产价值，所以当采用全部准备金法出现征税过度时，采用核销法也会出现征税过度，核销法的征税过度程度大于全部准备金法，即 $L_0' < L_0'' < L_0$。这种情况说明，在司法效率低下与核销政策严格的国家，核销法可能倾向于征税过度。但是如果采用全部准备金法，可以加速贷款损失的税前扣除，缓解核销法导致的征税过度，使税收更加接近税收中性。

美国财政部1991年的研究报告通过两个特殊的数字示例得出结论：核销法比准备金法好。但是，上述理论模型分析表明，任何一种方法都可能更接近税收中性，其结果取决于净增加准备金、净核销数与本金净变化之和（$\Delta r_t + \Delta w_t + \Delta RP_t$）与贷款资产价值变化 ΔL_t 在数量和时间分布上的关系。而分布又取决于一个国家的核销政策、司法效率与会计审计制度，没有哪一种方法可以保证税收能绝对接近税收中性。因此，不能从规范上认为一定就是哪种税收政策好，只能说在特定环境下某种政策更加接近税收中性。因而，不存在最佳国际惯例，即便是采用相同准备金法的国家，其在制度环境、计提方法等方面的差异也会导致不同的结果。

值得一提的是，与相对客观的核销法相比，准备金法对会计审计制度的依赖程度更高。在会计审计制度不太成熟的国家，准备金法会让银行操纵报表项目有可乘之机。这种操纵包括：(1) 信息操纵。核销法下的对象是确定的贷款损失，准备金法下的对象是可能的贷款损失，两者的信息含量是不同的。在准备金法下，银行为了获得"两害相权取其轻"的报告效果，可能会尽量推迟核销，因为以准备金法替代核销法可以享受同等的税收待遇，但是对外报告的效果却大不相同。(2) 税收操纵。在利润高的年份，银行尽可能多提准备金，以获得税收利益；在利润低的年份，银行尽可能少提准备金，因为超过亏损线的准备金就不再享有税收减免待遇。这些操纵将会推动准备金偏离潜在损失，因此对可税前扣除的准备金的审核要严格一些。

第三节　我国贷款拨备税收政策

在我国未建立贷款损失准备金制度前，银行在报告期内不计提贷款损失准备金，仅在某笔贷款部分或全部被核销时进行税前扣除，因此关于贷款损失准备金税前扣除的问题在贷款损失税收制度中也没有相关规定，即我国在建立贷款损失准备金制度前对银行贷款损失采用核销法进行税收处理。

1988年在我国建立贷款损失准备金制度以后，银行贷款损失税收政策大致经历了三个发展阶段。

第一阶段是1988年至2001年。在该阶段，在会计计提与税前扣除上一直采取同一比例：1992年，将按贷款期初余额的5‰差额提取逐步调整为按贷款期初余额的1％差额提取；1998年，将按贷款期初余额的1％差额提取转变为按贷款期末余额的1％差额提取。1999年，国家税务总局发布《关于加强金融保险企业呆账坏账损失税前扣除管理问题的通知》，明确准备金在税法层面的合法合理性："企业的呆账损失和坏账损失，应按实际发生额据实扣除，报经税务机关批准也可以采取提取准备金的办法。采取提取准备金办法的企业发生的呆账损失和坏账损失，首先应冲减准备金，不足冲减的部分据实扣除。"该通知对准备金的比例限制与当时会计制度的规定一致，即按本年末允许提取呆账准备金的各项贷款余额的1％差额提取。

第二阶段是2002年至2008年。在该阶段，银行贷款损失会计处理方法的变化使得税法与会计制度在准备金计提和扣除问题上产生了一定的差异。

2000年12月，财政部发布《公开发行证券的商业银行有关业务会计处理补充规定》，允许上市商业银行按照贷款资产质量计提贷款损失准备金，计提比例不限。紧随其后，《金融企业呆账准备金提取及呆账核销管理办法》、《金融企业会计制度》和《银行贷款损失准备计提指引》一致规定，商业银行贷款损失准备金一律按照贷款资产质量计提，不受1%的比例限制。

计提比例的放开引发了人们对一个问题的关注：商业银行贷款损失准备金的税前扣除比例是否也要发生变化？（"中国商业银行会计制度规范与信息披露及银行监管研究"课题组，2001）2002年3月，财政部、国家税务总局联合发布《关于金融企业所得税前扣除呆账损失有关问题的通知》。该通知明确规定"金融企业依据规定计提的呆账准备，其按提取呆账准备资产期末余额1%计提的部分，可在企业所得税前扣除"。2002年9月，国家税务总局以局长令的形式发布《金融企业呆账损失税前扣除管理办法》，进一步明确呆账准备金的税前扣除比例为资产期末余额的1%，并将准备金税前扣除范围由贷款余额扩大到风险资产口径。[①]

这一政策出台之后，引起了一些争议。首先是全国111家城市商业银行中有104家在天津集体签署了"关于对城市商业银行处置不良资产给予税收政策支持的联名呼吁书"，建议税务部门提高贷款损失税前扣除比例，从2003年起每年提高0.5%的税前扣除比例，至2005年止，按提取呆账准备金资产期末余额2.5%计提的部分在税前扣除。国家税务总局有关人士对此的回应是："城市商业银行对处置不良资产需税收政策支持的联名呼吁不一定合适，要求提高呆账准备计提实际上是把金融企业的风险转嫁给了国家。"[②] 这意味着，尽管会计制度有所变迁，但贷款损失税前扣除仍然采用一般准备金法，仍然要遵循以往1%的比例限制。

第三阶段是2009年至今，在此期间，我国贷款损失相关税收规定开始有成熟的体系。

经济的不断发展和金融产品的创新使得经济关系复杂化，原有的办法已经不能满足现实经济的要求，因此迫切需要进行一定的改革。由于2007年3月颁布的《企业所得税法》及2007年12月颁布的《企业所得税法实施条例》的全面施行，基于《企业所得税暂行条例》及其实施细则的一系列贷款损失税前扣除管理办法均停止执行。而2007年《企业所得税法》第十条第七项指出，在计算应纳税所得额时，未经核定的准备金支出不得扣除。《企业所得税法实施条例》解释该项所称未经核定的准备金支出，是指不符合国务院财政、税务主管部门规定的各项资产减值准备、风

[①] 由于延续政策的出台，2011年，《财政部关于公布废止和失效的财政规章和规范性文件目录（第十一批）的决定》明确规定废止前述政策文件。

[②] 城市商业银行呼吁税收优惠，税务总局称转嫁风险. 国际金融报，2002-10-09.

险准备等准备金支出。可见，2007年的《企业所得税法》不再允许扣除包括贷款损失准备在内的任何形式的资产减值准备，这是自1992年[①]以来税收法规首次明确否认估计损失的税前可扣除性（周华和戴德明，2011）。此举引起了银行业和监管部门的热议，因为取消贷款拨备的税收优惠无疑会打击银行业计提风险准备金的热情，不利于银行的稳健经营和金融体系的稳定。

经过多方沟通，2009年4月，财政部和国家税务总局联合发布《关于企业资产损失税前扣除政策的通知》和《关于金融企业贷款损失准备金企业所得税税前扣除有关问题的通知》；2009年5月，国家税务总局颁发《企业资产损失税前扣除管理办法》[②]；2009年8月，财政部和国家税务总局再次联合下发《关于金融企业涉农贷款和中小企业贷款损失准备金税前扣除政策的通知》。考虑到前述政策具有三年有效期（2008年1月1日至2010年12月31日），到期后发布新的延续政策，具体执行的时间和政策分别是：(1) 2011年1月1日至2013年12月31日，《财政部 国家税务总局关于金融企业贷款损失准备金企业所得税税前扣除政策的通知》和《财政部 国家税务总局关于延长金融企业涉农贷款和中小企业贷款损失准备金税前扣除政策执行期限的通知》；(2) 2014年1月1日至2018年12月31日，《财政部 国家税务总局关于金融企业贷款损失准备金企业所得税税前扣除有关政策的通知》和《财政部 国家税务总局关于金融企业涉农贷款和中小企业贷款损失准备金税前扣除有关问题的通知》；(3) 2019年1月1日至2023年12月31日，《财政部 税务总局关于金融企业贷款损失准备金企业所得税税前扣除有关政策的公告》和《财政部 税务总局关于金融企业涉农贷款和中小企业贷款损失准备金税前扣除有关政策的公告》，以及《财政部 税务总局关于延长部分税收优惠政策执行期限的公告》（第四条明确前述两个政策到期后继续执行）。

前述一系列政策法规共同构成了我国现行的贷款损失税收优惠制度，其主要内容包括以下四个方面：

第一，贷款损失的认定。《关于企业资产损失税前扣除政策的通知》规定坏账损失不再包括贷款损失。该通知第五条将贷款损失单独列出来，

[①] 在贷款损失准备金问题上，我国税收法规曾长期与会计法规保持一致，但自1992年起会计法规试图"国际化"，理论界甚至提出了使"会计制度与税收法规分离"的主张，两者差异渐次扩大（周华和戴德明，2011）。

[②] 目前已经废止，延续政策为《企业资产损失所得税税前扣除管理办法》等。

并明确列举了十一种具体确认贷款损失的条件①。

第二，贷款损失税前扣除的申报管理和证据要求。根据《关于企业资产损失税前扣除政策的通知》、《企业资产损失税前扣除管理办法》、《国家税务总局关于发布〈企业资产损失所得税税前扣除管理办法〉的公告》、《国家税务总局关于企业因国务院决定事项形成的资产损失税前扣除问题的公告》和《国家税务总局关于企业所得税资产损失资料留存备查有关事项的公告》等政策文件的相关规定，对企业符合规定的部分资产损失实行自行计算扣除而不再实行层层审批，资产损失证据资料、会计核算资料、纳税资料等相关资料自2017年1月1日起也不需要报送税务机关。与此同时，《企业资产损失所得税税前扣除管理办法》第三章对资产损失的确认证据提出一般性要求，第四、六、七章对货币资产损失、投资损失、其他资产损失的确认提出具体性要求。比如，第七章第四十七条规定："企业将不同类别的资产捆绑（打包），以拍卖、询价、竞争性谈判、招标等市场方式出售，其出售价格低于计税成本的差额，可以作为资产损失并准予在税前申报扣除，但应出具资产处置方案、各类资产作价依据、出售过程的情况说明、出售合同或协议、成交及入账证明、资产计税基础等确定依据。"这为金融机构打包处置贷款资产提供了具体业务指导。

与此同时，为鼓励金融企业加大对涉农贷款和中小企业贷款的支持力度，及时处置涉农贷款和中小企业贷款损失，增强金融企业抵御风险的能力，根据《企业所得税法》及其实施条例、《关于企业资产损失税前扣除

---

① （一）借款人和担保人依法宣告破产、关闭、解散、被撤销，并终止法人资格，或者已完全停止经营活动，被依法注销、吊销营业执照，对借款人和担保人进行追偿后，未能收回的债权；（二）借款人死亡，或者依法被宣告失踪、死亡，依法对其财产或者遗产进行清偿，并对担保人进行追偿后，未能收回的债权；（三）借款人遭受重大自然灾害或者意外事故，损失巨大且不能获得保险补偿，或者以保险赔偿后，确实无力偿还部分或者全部债务，对借款人财产进行清偿和对担保人进行追偿后，未能收回的债权；（四）借款人触犯刑律，依法受到制裁，其财产不足归还所借债务，又无其他债务承担者，经追偿后确实无法收回的债权；（五）由于借款人和担保人不能偿还到期债务，企业诉诸法律，经法院对借款人和担保人强制执行，借款人和担保人均无财产可执行，法院裁定执行程序终结或终止（中止）后，仍无法收回的债权；（六）由于借款人和担保人不能偿还到期债务，企业诉诸法律后，经法院调解或经债权人会议通过，与借款人和担保人达成和解协议或重整协议，在借款人和担保人履行完还款义务后，无法追偿的剩余债权；（七）由于上述（一）至（六）项原因借款人不能偿还到期债务，企业依法取得抵债资产，抵债金额小于贷款本息的差额，经追偿后仍无法收回的债权；（八）开立信用证、办理承兑汇票、开具保函等发生垫款时，凡开证申请人和保证人由于上述（一）至（七）项原因，无法偿还垫款，金融企业经追偿后仍无法收回的垫款；（九）银行卡持卡人和担保人由于上述（一）至（七）项原因，未能还清透支款项，金融企业经追偿后仍无法收回的透支款项；（十）助学贷款逾期后，在金融企业确定的有效追索期限内，依法处置助学贷款抵押物（质押物），并向担保人追索连带责任后，仍无法收回的贷款；（十一）经国务院专案批准核销的贷款类债权。

政策的通知》、《国家税务总局关于发布〈企业资产损失所得税税前扣除管理办法〉的公告》，进一步出台了《国家税务总局关于金融企业涉农贷款和中小企业贷款损失税前扣除问题的公告》，给出个性化的鼓励政策，明确三种特殊情形的损失认定要求。(1) 金融企业涉农贷款、中小企业贷款逾期1年以上，经追索无法收回，应依据涉农贷款、中小企业贷款分类证明，按下列规定计算确认贷款损失进行税前扣除：单户贷款余额不超过300万元（含300万元）的，应依据向借款人和担保人的有关原始追索记录（包括司法追索、电话追索、信件追索和上门追索等原始记录之一，并由经办人和负责人共同签章确认），计算确认损失进行税前扣除；(2) 单户贷款余额超过300万元至1 000万元（含1 000万元）的，应依据有关原始追索记录（应当包括司法追索记录，并由经办人和负责人共同签章确认），计算确认损失进行税前扣除；(3) 单户贷款余额超过1 000万元的，仍按《国家税务总局关于发布〈企业资产损失所得税税前扣除管理办法〉的公告》有关规定计算确认损失进行税前扣除。

第三，贷款损失准备金的税前扣除。按照最新规定，《财政部 税务总局关于金融企业贷款损失准备金企业所得税税前扣除有关政策的公告》第一条明确了允许计提贷款损失准备金的贷款资产的范围，具体包括以下三类：(1) 贷款（含抵押、质押、保证、信用等贷款）；(2) 银行卡透支、贴现、信用垫款（含银行承兑汇票垫款、信用证垫款、担保垫款等）、进出口押汇、同业拆出、应收融资租赁款等具有贷款特征的风险资产；(3) 由金融企业转贷并承担对外还款责任的国外贷款，包括国际金融组织贷款、外国买方信贷、外国政府贷款、日本国际协力银行不附条件贷款和外国政府混合贷款等资产。并且，第三条进一步明确，金融企业的委托贷款、代理贷款、国债投资、应收股利、上交央行准备金以及金融企业剥离的债权和股权、应收财政贴息、央行款项等不承担风险和损失的资产，以及除本公告第一条列举资产之外的其他风险资产，不得提取贷款损失准备金在税前扣除。

具体到扣除比例和计税方法上，该公告仍旧维持原有1%的规定："金融企业发生的符合条件的贷款损失，应先冲减已在税前扣除的贷款损失准备金，不足冲减部分可据实在计算当年应纳税所得额时扣除。准予当年税前扣除的贷款损失准备金＝本年末准予提取贷款损失准备金的贷款资产余额×1%－截至上年末已在税前扣除的贷款损失准备金的余额。金融企业按上述公式计算的数额如为负数，应当相应调增当年应纳税所得额。"

值得一提的是，对于金融企业涉农贷款和中小企业贷款损失准备金税前扣除，自 2009 年起（即《关于金融企业涉农贷款和中小企业贷款损失准备金税前扣除政策的通知》）就一直获得税收政策支持，采用的征税方法和一般贷款损失准备金扣除有所不同。按照企业所得税政策，如果是金融企业涉农贷款和中小企业贷款损失准备金的税前扣除，按照《财政部税务总局关于金融企业涉农贷款和中小企业贷款损失准备金税前扣除有关政策的公告》的规定执行，即金融企业根据《贷款风险分类指引》，对其涉农贷款和中小企业贷款进行风险分类后，按照以下比例计提的贷款损失准备金准予在计算应纳税所得额时扣除：关注类贷款计提比例为 2%；次级类贷款计提比例为 25%；可疑类贷款计提比例为 50%；损失类贷款计提比例为 100%。非常明显，针对金融企业涉农贷款和中小企业贷款损失准备金税前扣除，我国采用的是特殊准备金法，表现了政策对增加"三农"、中小企业等薄弱环节的信贷资金来源的持续支持。

第四，收回已扣除贷款损失的处理。根据《关于企业资产损失税前扣除政策的通知》的规定，银行在以后年度收回已在税前扣除的贷款损失时，必须将其作为收入计入收回当期的应纳税所得额，缴纳企业所得税。

由此可见，我国的银行贷款损失税收处理仍旧主要采用一般准备金法，如果有确凿证据表明出现资产损失则可以在税前扣除。具体到企业所得税纳税申报，《企业所得税年度纳税申报表（A类，2017年版）》涉及《贷款损失准备金及纳税调整明细表》（A105120）以及《资产损失税前扣除及纳税调整明细表》（A105090）两个明细表单，二者能有效解决银行贷款损失准备金和资产损失税前扣除的纳税申报问题。

第四节 我国现行贷款损失税收政策中性分析

如前所述，我国税法目前对贷款损失准备金的规定是，按照贷款资产余额的1‰差额在税前扣除，这种不区分风险大小、统一按贷款余额一定百分比差额扣除的方法为一般准备金法。本节对这一方法进行税收中性分析。

假定一个贷款组合各期的核销数分别为 $w_1, w_2, \cdots, w_n$，则在一般准备金法下各期可税前扣除的数额分别为 $0.01L_0 + (\Delta w_1 - 0.01\Delta w_1 - 0.01\Delta RP_1)$，$\Delta w_2 - 0.01\Delta w_2 - 0.01\Delta RP_2$，$\Delta w_3 - 0.01\Delta w_3 - 0.01\Delta RP_3$，$\cdots$，$\Delta w_n - 0.01\Delta w_n - \Delta 0.01 RP_n$。令 L_0''' 为一般准备金法下贷款组合的实际价值，则（见本章附录四）：

$$L'''_0 = L'_0 + 0.01 \times \left[\frac{L_0 \times tr}{1+i'_a} - \sum_{t=1}^{n} \frac{(\Delta w_t + \Delta RP_t) \times tr}{(1+i'_a)^t} \right] \quad (12-4)$$

代入式（12-1），得：

$$L'''_0 = L_0 + \frac{0.01 L_0 \times tr}{1+i'_a} + \sum_{t=1}^{n} \frac{0.99(\Delta w_t + \Delta RP_t) \times tr}{(1+i'_a)^t}$$

$$- \sum_{t=1}^{n} \frac{\Delta L_t \times tr}{(1+i'_a)^t} \quad (12-5)$$

从式（12-5）中可以看到，当各期可税前扣除的一般准备金、净核销数与本金净变化之和的现值与贷款资产价值变化的现值相等时，一般准备金法可以达到税收中性。令该贷款组合各期的特殊准备金分别为 Δsr_1，Δsr_2，…，Δsr_t，则：

$$L'''_0 = L''_0 - \sum_{t=1}^{n} \frac{\Delta sr_t \times tr}{(1+i'_a)^t} \quad (12-6)$$

在式（12-4）中，因为 $\frac{L_0 \times tr}{1+i'_a} > \sum_{t=1}^{n} \frac{(\Delta w_t + \Delta RP_t) \times tr}{(1+i'_a)^t}$，所以 $L'_0 < L'''_0$。在式（12-6）中，因为特殊准备金是先计提后使用，所以 $\sum_{t=1}^{n} \frac{\Delta sr_t \times tr}{(1+i'_a)^t} \geq 0$，$L'''_0 < L''_0$，即一般准备金法下的贷款资产价值肯定大于核销法下的贷款资产价值，小于全部准备金法下的贷款资产价值。进一步比较一般准备金法、核销法、全部准备金法与税收中性下的贷款资产价值，由于各国的经济环境不同，可能会出现下列四种情况：

（1）$L_0 < L'_0 < L'''_0 < L''_0$，即核销法、一般准备金法和全部准备金法三种方法下的贷款资产价值都大于税收中性下的贷款资产价值。这种情况意味着如果采用核销法导致征税不足，则三种方法都将会导致征税不足，而且一般准备金法比核销法更会导致征税不足，全部准备金法比一般准备金法更会导致征税不足。

（2）$L'_0 < L_0 < L'''_0 < L''_0$，即核销法下的贷款资产价值小于税收中性下的贷款资产价值，一般准备金法下的贷款资产价值大于税收中性下的贷款资产价值。这种情况意味着，采用核销法会导致征税过度，采用一般准备金法会导致征税不足，但是其征税不足程度小于全部准备金法。

（3）$L'_0 < L'''_0 < L_0 < L''_0$，即核销法与一般准备金法下的贷款资产价值小于税收中性下的贷款资产价值，全部准备金法下的贷款资产价值大于税收中性下的贷款资产价值。这种情况意味着核销法与一般准备金法都会导致征税过度，但一般准备金法的征税过度程度小于核销法，全部准备金法

会导致征税不足。

（4）$L_0' < L_0''' < L_0'' < L_0$，即三种方法下的贷款资产价值都小于税收中性下的贷款资产价值，即三种方法都会导致征税过度，但是一般准备金法导致的征税过度程度小于核销法和全部准备金法。

从上面的分析可以看到，任何一种贷款损失税收政策都有可能但也都无法保证达到绝对的税收中性。尽管如此，从资源配置与经济效率的角度来考察，税收政策在制定上应该始终坚持税收中性原则。

第五节 政策建议

从会计理论来说，特殊准备金反映了贷款损失，核销是对贷款损失的及时注销，一般准备金是针对非预期信用损失的一种资本性质的缓冲储备。如果银行能够准确地预测贷款的未来现金流，会计审计制度也非常成熟，特殊准备金就能够准确地反映贷款损失。在这种情况下，也不需要计提一般准备金了。特殊准备金就是全部准备金，采用特殊准备金法和全部准备金法是一样的，二者都可以达到税收中性。进一步，如果核销政策很成熟，司法效率也很高，银行能够及时核销贷款损失，采用核销法也能够达到税收中性。

理论上确实如此，但是，在一个经济不确定、会计审计制度不完善的环境中，银行无法准确预测贷款的未来现金流，特殊准备金究竟能否反映贷款损失，本身面临着很多问题[①]。如果允许特殊准备金在税前扣除，可能会进一步诱致特殊准备金偏离贷款损失实质以及过度征税或征税不足。如果一个国家的司法效率低下、核销政策以及会计审计制度不成熟，贷款核销就不能及时反映贷款损失，贷款损失税收政策若采用核销法就不能保证税收中性。

在这种情况下，以税收中性原则为基础的税收政策与以公认会计准则为基础的会计政策相互分离就是一种必然的选择。贷款损失税收政策也就不能简单地从会计理论出发，规范地认为应该如何，而应该以税收中性与环境的依赖关系为基础进行实证测试：在某一特定环境下，何种方法更加

---

① 从理论上看，特殊准备金是否应包括非预期信用损失仍然是一个有争议的问题。从实证的角度看，在按五级分类计提的做法下，贷款的分级以及每种分级状态贷款的准备金计提比例又是一个令人困惑的问题。比如，为什么关注类贷款的特殊准备金计提比例是2%而次级类就是25%？各国经济环境不同，这些比例理应不同，但是这些比例现在变成了"圣经"。笔者在境外调研过程中发现，制定政策的监管官员也并不清楚这些比例究竟是如何确定的。

接近税收中性。

Escolano（1997）认为一般准备金法对所有的贷款都给予一定比例的税前扣除，对于那些优质贷款，实际上是一种税收补贴。但是笔者认为，从税收中性与环境的依赖关系角度考虑，在核销政策严格的情况下，一般准备金法的这种补贴正是对使核销法的过度征税倾向朝着税收中性方向转变的修正与补偿。

我国目前的银行会计审计制度尚不完善，如果采用特殊准备金法或全部准备金法，不仅不能保证税收中性，而且可能面临比较严重的税务操纵与盈余管理问题，进而可能导致严重的征税不足，对税收的冲击也将变得不可预测与不可控。另外，由于贷款核销不仅涉及税收收入，还涉及复杂的国有资产管理问题，资产市场与破产机制缺失、债权债务纠纷司法效率不高等都会导致银行坏账长期挂账且得不到核销。采用核销法肯定会存在过度征税的倾向。采用一般准备金法，按照贷款余额差额比例给予银行由于核销滞后可能导致征税过度一定的补贴。尽管这样做可能会存在时期、地区或银行间的差异问题，但是相对于全部准备金法或核销法，也不失为一个"次优"选择。等到经济环境与配套制度成熟，可以逐步调整扣除比例，或转向全部准备金法、特殊准备金法或核销法。美国在1986年以前也是根据各银行过去三年的核销经验数据确定各银行的税前可扣除数，1986年才转向大银行采用核销法、小银行采用准备金法的做法。

在我国目前的环境下，一般准备金法的扣除比例或可扣除的贷款余额差额比例究竟是多少才能够保证贷款损失税收政策更加接近税收中性呢？笔者尝试建立下列模型，即对式（12-5）进行一般化处理，令税前可扣除的一般准备金计提比例或可扣除的贷款余额差额比例为 α，则：

$$L'''_0 = L_0 + \frac{\alpha L_0 \times tr}{1+i'_a} + \sum_{t=1}^{n} \frac{(1-\alpha)(\Delta w_t + \Delta RP_t) \times tr}{(1+i'_a)^t} - \sum_{t=1}^{n} \frac{\Delta L_t \times tr}{(1+i'_a)^t}$$

银行和税务部门可以根据上述模型，令 $L'''_0 = L_0$ 对 α 进行测算。α 就是使银行税收待遇比较接近税收中性的一般准备金计提比例或可扣除的贷款余额差额比例[①]。限于数据的可获得性，本章无法根据上述模型进行进一步的经验数据测试。

---

① 当然，如果测试出来的比例不等于目前会计上的一般准备金计提比例，那么这种方法也就不应该继续叫作"一般准备金法"，而应该叫作"贷款期末余额的差额百分比法"。

附录一：税收中性、征税过度与征税不足的数字示例

假定一个资产组合包含两项资产，其期初和期末价值以及收益如下表所示。

资产	期初	期末	
		本金	收益
甲	50	50	5
乙	50	48	5

乙资产的潜在损失为2。

期末该资产组合的税前价值为：$(98+10)/(1+8\%)=100$。这说明其税前名义收益率为10%，但是税前实际收益率为8%。

经济收益 $=(98+10)-(100-0)=8$

假定名义税率为40%，则按经济收益征税，税额为3.2，税后实际收益 $=8-3.2=4.8$。

该资产组合的税后价值为：$(100+4.8)/(1+4.8\%)=100$。

按照经济收益征税，征税前后资产价值不变，税前价值为100，税后价值也为100，资产实际收益率税前为8%，税后为 $8\times(1-40\%)=4.8\%$，所以名义税率等于实际税率，名义税率为40%，实际税率也为40%。为什么说征税前后资产价值不变？因为对资产所有者来说，征税之前的108与征税之后的104.8是等价的。

会计收益 $=5+5=10$

税务部门认定的税前收益为10，名义税率为40%，税额为4，银行的税后实际收益为 $8-4=4$。

在本例中，若不确认潜在损失，不按经济收益征税，资产的税前实际收益率仍然为8%，但是税后实际收益率为4%，小于税收中性下的税后实际收益率，即 $4\%<4.8\%=8\%(1-40\%)$。因为资产的税前实际收益率为8%，$8\%(1-50\%)=4\%$，所以实际税率为50%，大于名义税率40%，该资产组合出现了征税过度。资产组合的税后价值为 $104/(1+4.8\%)=99.24$，小于税前价值100，企业的资产配置决策受到影响。在

征税过度的情况下，企业就会回避投资此类"高风险且不能及时确认潜在损失"的资产。

当然，不按经济收益征税也有可能是过度确认潜在损失，这样就有可能导致资产的税后实际收益率大于税收中性下的税后实际收益率，实际税率小于名义税率，即该项资产出现征税不足。在这种情况下，资产的税后价值大于税前价值，企业的资产配置决策同样也会受到征税影响。企业会因此热衷投资于此类"高风险且能够自由确认潜在损失"的资产。

附录二：核销法下的贷款资产价值

在核销法下，应税收益（TI_t）采用间接法计算为：

$$TI_t = p'_t - \Delta w_t - \Delta RP_t$$

在该贷款组合上所获得的税后支付为：

$$ATP'_t = p'_t - TI_t \times tr = p'_t - (p'_t - \Delta w_t - \Delta RP_t) \times tr$$

与税收中性下的税后支付之差为：

$$\Delta ATP_t = ATP'_t - ATP_t = [(\Delta w_t + \Delta RP_t) - \Delta L_t] \times tr$$

令 L'_0 为核销法下贷款组合的价值，则：

$$L'_0 = \sum_{t=1}^{n} \frac{ATP'_t}{(1+i'_a)^t} = \sum_{t=1}^{n} \frac{ATP_t + \Delta ATP_t}{(1+i'_a)^t}$$

$$= L_0 + \sum_{t=1}^{n} \frac{(\Delta w_t + \Delta RP_t) \times tr}{(1+i'_a)^t} - \sum_{t=1}^{n} \frac{\Delta L_t \times tr}{(1+i'_a)^t} \quad （附 12-1）$$

$$\sum_{t=1}^{n} \Delta ATP_t = [\sum_{t=1}^{n} (\Delta w_t + \Delta RP_t) - \sum_{t=1}^{n} \Delta L_t] \times tr$$

因为 $\sum_{t=1}^{n} (\Delta w_t + \Delta RP_t) = L_0$，$\sum_{t=1}^{n} \Delta L_t = L_0$，即净核销数与净收回数之和与贷款资产价值变化之和在数量上都等于贷款的初始价值，所以 $\sum_{t=1}^{n} \Delta ATP_t = 0$。换句话说，核销法下的贷款资产价值与税收中性下的贷款资产价值之间的差异只是时间性差异。

附录三：全部准备金法下的贷款资产价值

全部准备金法下的应税收益和税后支付为：

$$TI_t = p'_t - \Delta r_t - \Delta w_t - \Delta RP_t$$
$$ATP''_t = p'_t - TI_t \times tr = p'_t - (p'_t - \Delta r_t - \Delta w_t - \Delta RP_t) \times tr$$

比较全部准备金法与核销法可以看到，全部准备金法与核销法的税后支付之差（$\Delta ATP'_t$）为：

$$\Delta ATP'_t = ATP''_t - ATP'_t = \Delta r_t \times tr$$

因为 $\sum_{t=1}^{n} \Delta r_t \times tr = 0$，所以 $\Delta ATP'_t$ 是全部准备金法与核销法之间的时间性差异。令 L''_0 为核销法下贷款组合的价值，则：

$$L''_0 = \sum_{t=1}^{n} \frac{ATP''_t}{(1+i'_a)^t} = \sum_{t=1}^{n} \frac{ATP'_t + \Delta ATP'_t}{(1+i'_a)^t} = L'_0 + \sum_{t=1}^{n} \frac{\Delta r_t \times tr}{(1+i'_a)^t}$$

(附 12 - 2)

附录四：一般准备金法下的贷款资产价值

一般准备金法下的应税收益为：

$$TI_1 = p'_1 - \Delta RP_1 - [0.01L_0 + (\Delta w_1 - 0.01\Delta w_1 - 0.01\Delta RP_1)]$$
$$TI_t = p'_t - (\Delta w_t - 0.01\Delta w_t - 0.01\Delta RP_t) - \Delta RP_t \quad (t \geqslant 2)$$

在该贷款组合上所获得的税后支付为：

$$ATP'''_1 = p'_1 - \{p'_1 - [0.01L_0 + (\Delta w_1 - 0.01\Delta w_1 - 0.01\Delta RP_1)] - \Delta RP_1\} \times tr$$
$$ATP'''_t = p'_t - [p'_t - (\Delta w_t - 0.01\Delta w_t - 0.01\Delta RP_t) - \Delta RP_t] \times tr \quad (t \geqslant 2)$$

比较一般准备金法与核销法，可以看到：

$$\sum_{t=1}^{n} \Delta ATP''_t = \sum_{t=1}^{n} ATP'''_t - \sum_{t=1}^{n} ATP'_t$$

$$= 0.01 \left[L_0 - \sum_{t=1}^{n} (\Delta w_t + \Delta RP_t) \right] \times tr$$

令 L_0''' 为一般准备金法下贷款组合的价值，则：

$$L_0''' = \sum_{t=1}^{n} \frac{ATP_t'''}{(1+i_a')^t} = \sum_{t=1}^{n} \frac{ATP_t' + \Delta ATP_t''}{(1+i_a')^t}$$

$$= L_0' + 0.01 \left[\frac{L_0 \times tr}{1+i_a'} - \sum_{t=1}^{n} \frac{(\Delta w_t + \Delta RP_t) \times tr}{(1+i_a')^t} \right]$$

（附 12-3）

因为 $L_0 \geqslant \sum_{t=1}^{n} (\Delta w_t + \Delta RP_t)$，所以 $\frac{L_0 \times tr}{1+i_a'} - \sum_{t=1}^{n} \frac{(\Delta w_t + \Delta RP_t) \times tr}{(1+i_a')^t} \geqslant 0$，即 $L_0''' \geqslant L_0'$。

将式（附 12-1）代入式（附 12-3），得：

$$L_0''' = L_0 + \frac{0.01 L_0 \times tr}{1+i_a'} + \sum_{t=1}^{n} \frac{0.99(\Delta w_t + \Delta RP_t) \times tr}{(1+i_a')^t} - \sum_{t=1}^{n} \frac{\Delta L_t \times tr}{(1+i_a')^t}$$

（附 12-4）

比较一般准备金法与全部准备金法：

按照我国规定，准备金包括一般准备金和特殊准备金。令该贷款组合各期的特殊准备金分别为 $\Delta sr_1, \Delta sr_2, \cdots, \Delta sr_t$，则：

$$\Delta r_1 = [0.01 L_0 + (\Delta w_1 - 0.01 \Delta w_1 - 0.01 \Delta RP_1)] + \Delta sr_1$$

$$\Delta r_t = (\Delta w_t - 0.01 \Delta w_t - 0.01 \Delta RP_t) + \Delta sr_t \quad (t \geqslant 2)$$

$$\sum_{t=1}^{n} \Delta ATP_t''' = ATP_t''' - ATP_t'' = -\Delta sr_1 \times tr - \sum_{t=2}^{n} \Delta sr_t \times tr$$

$$= -\sum_{t=1}^{n} \Delta sr_t \times tr = 0$$

一般准备金法与全部准备金法之间的税后支付差异为时间性差异。

$$L_0''' = \sum_{t=1}^{n} \frac{ATP_t'''}{(1+i_a')^t} = \sum_{t=1}^{n} \frac{ATP_t'' + \Delta ATP_t'''}{(1+i_a')^t} = L_0'' - \sum_{t=1}^{n} \frac{\Delta sr_t \times tr}{(1+i_a')^t}$$

第十三章 我国商业银行贷款拨备实务分析

第一节 贷款损失准备金计提严重不足（1994—1997）

在分别梳理了我国贷款拨备的会计政策、监管政策和税收政策后，本章将结合这几章的政策变迁与银行业面临的具体经济环境，将贷款拨备的提取实务划分为五个阶段，并对我国商业银行贷款拨备的计提水平、政策实施效果等实务情况进行比较和分析。

在我国类型众多的银行中，四大国有银行无疑是特殊的。尤其是在20世纪90年代与21世纪初，规模巨大、政策性业务众多、历史遗留问题严重的四大国有银行与其他银行在发展轨迹上是有所区别的。因此，在前三个阶段，本章将关注点放在这些"系统重要性银行"上，分析其贷款拨备实务的发展状况及背后原因。到了21世纪，我国金融体系日渐成熟，上市银行逐渐增多，股份制改革后的国有商业银行抛却了历史包袱，与其他银行的可比性增强。因此，在拨备实务发展的第四和第五个阶段，我们将样本从四大国有银行扩大到了16家商业银行，并进行了更为细致的分析。通过五个阶段的分析，本章试图展示我国商业银行贷款拨备实务的发展历程，并结合各时期的历史背景，探寻每一时期不同现象产生的原因。

依据1997年之前的会计政策，贷款损失准备金水平应跟随期初贷款余额的变化而变化。另外，1998年之前，四大国有银行尚未获得国家直接的资金支持，银行监管当局对银行资本充足率、拨备覆盖率等指标的监管也比较薄弱，消化不良贷款及提取准备金主要依靠自身盈利水平。因此，影响贷款损失准备金计提的主要因素是期初贷款余额的变化以及利润水平的变化。在这个阶段，四大国有银行的贷款损失准备金计提情况见表13-1。

表 13-1　四大国有银行 1994—1997 年贷款损失准备金相关比率变化情况

		1994 年	1995 年	1996 年	1997 年
工行	贷款损失准备金/年初贷款余额	0.55%	0.88%	0.85%	0.44%
	贷款损失准备金增长率	—	82.55%	11.60%	-37.53%
	年初贷款余额增长率	19.18%	14.74%	16.00%	20.69%
	税前利润增长率	—	10.12%	24.44%	-47.49%
中行	贷款损失准备金/年初贷款余额	—	—	2.13%	2.21%
	贷款损失准备金增长率	—	—	—	14.63%
	年初贷款余额增长率	—	43.66%	10.17%	10.79%
	税前利润增长率	—	-13.66%	11.20%	-49.26%
建行	贷款损失准备金/年初贷款余额	0.81%	0.89%	0.75%	0.09%
	贷款损失准备金增长率	263.66%	34.04%	16.72%	-84.40%
	年初贷款余额增长率	33.19%	21.11%	39.63%	27.98%
	税前利润增长率	9.43%	120.59%	-21.69%	-76.87%
农行	贷款损失准备金/年初贷款余额	0.43%	0.75%	0.61%	0.44%
	贷款损失准备金增长率	—	54.32%	-2.94%	-4.75%
	年初贷款余额增长率	19.40%	-11.38%	19.28%	30.19%
	税前利润增长率	—	268.18%	8.76%	-83.21%

资料来源：各银行年报。

从上表可以看出这一阶段贷款损失准备金计提的一些特点：

第一，贷款损失准备金水平严重不足。

从表 13-1 中列示的贷款损失准备金与年初贷款余额之比可看出，除了中行占到 2% 以上，相对水平较高之外，其他三家银行的贷款损失准备金与年初贷款余额之比普遍偏低。若用年末贷款余额来衡量，这一比值将更低。截至 1997 年，四大行的不良贷款率已将近 30%。所以，即使是中行，2% 的贷款损失准备金水平也远不足以覆盖巨额的不良贷款。

第二，贷款损失准备金与年初贷款余额同向变动的趋势不明显。

理论上说，这一阶段的贷款损失准备金增长率应与年初贷款余额增长率同向变动。但是从上表的数据来看这种趋势并不明显。比如，工行 1995—1997 年年初贷款余额增长率是上升，但贷款损失准备金增长率却下降；建行 1996 年的年初贷款余额增长率比 1995 年高出 18.52 个百分点，但贷款损失准备金增长率却降低了 17.32 个百分点；农行 1995 年的年初贷款余额出现负增长，贷款损失准备金增长率却高达 54.32%，而在年初贷款余额增长率较高的 1997 年，贷款损失准备金却出现负增长。

第三，利润增长至高点或至低点对贷款损失准备金期末余额有影响。

一些年份贷款损失准备金的期末余额变化无法用年初贷款余额增长率来解释，但却与税前利润增长率呈正相关。比如，受 1997 年亚洲金融危机的影响，四大国有银行的利润均出现较大幅度下降，除了中行贷款损失准备金的期末余额仍保持正增长外，其余三家银行的贷款损失准备金期末余额都呈负增长；在建行贷款损失准备金增长率降低了 17.32 个百分点的 1996 年，其税前利润增长率为 -21.69%；农行 1995 年的税前利润增长率高达 268.18%，贷款损失准备金增长率为 54.32%，使贷款损失准备金与年初贷款余额之比从 0.43% 提高到 0.75%。所以，仅从以上数据来看，利润增长至高点或至低点对贷款损失准备金的期末余额会产生影响。基本上，贷款损失准备金会在利润有较大提高时随之提高，而在利润较低时随之降低，可见有平滑利润之嫌。

第二节 在多种因素共同影响下，贷款损失准备金缓慢提升（1998—2002）

1998—2002 年这几年，四大国有银行的贷款损失准备金呈现出缓慢增长态势。这种增长很难归因于某一特定因素，事实上是会计政策、银行监管政策、国家扶持政策、银行自身经营环境改善等内外因素共同作用的结果。表 13-2 列示了 1998—2002 年四大国有银行贷款损失准备金率及相关因素的变化情况。

表 13-2 四大国有银行 1998—2002 年贷款损失准备金相关比率变化情况

		1998 年	1999 年	2000 年	2001 年	2002 年
工行	贷款损失准备金/年末贷款余额	0.35%	0.68%	0.43%	0.30%	0.43%
	贷款损失准备金增长率	0.76%	109.82%	-37.52%	-22.46%	57.82%
	年末贷款余额增长率	13.86%	6.85%	-0.56%	10.19%	11.22%
	税前利润增长率	13.11%	19.56%	23.29%	15.84%	4.77%

续表

		1998年	1999年	2000年	2001年	2002年
中行	贷款损失准备金/年末贷款余额	2.17%	2.09%	1.80%	4.09%	4.85%
	贷款损失准备金增长率	21.60%	0.24%	-21.95%	128.39%	33.60%
	年末贷款余额增长率	13.08%	3.93%	-9.36%	0.78%	12.53%
	税前利润增长率	-40.04%	23.25%	36.86%	10.96%	13.84%
建行	贷款损失准备金/年末贷款余额	0.22%	0.97%	0.76%	1.53%	1.54%
	贷款损失准备金增长率	215.78%	308.35%	-9.74%	117.89%	18.34%
	年末贷款余额增长率	16.32%	-7.38%	15.44%	8.62%	17.30%
	税前利润增长率	47.05%	348.05%	15.16%	-38.81%	-16.45%
农行	贷款损失准备金/年末贷款余额	0.52%	0.91%	0.89%	1.19%	1.24%
	贷款损失准备金增长率	82.92%	97.73%	-8.53%	48.69%	21.25%
	年末贷款余额增长率	38.04%	13.10%	-6.62%	10.90%	16.21%
	税前利润增长率	-216.16%	61.12%	183.66%	287.88%	153.21%

注：从1998年开始，贷款损失准备金由按年初余额计提，改为按年末余额计提（详见第十章），因此本表的相关指标均按年末余额计算。

资料来源：各银行年报。

从表13-2可以看出，主要的增长有两次。第一次是1999年。在这一年，工行的贷款损失准备金与年末贷款余额之比从1998年的0.35%提高到0.68%，建行从0.22%提高到0.97%，农行从0.52%提高到0.91%；贷款损失准备金增长率分别为109.82%、308.35%以及97.73%。第二次是2001年。中行的贷款损失准备金与年末贷款余额之比达到4.09%，建行与农行则突破1%，分别达到1.53%和1.19%。导致这两次贷款损失准备金增提的原因是多方面的，主要包括：

第一，会计政策变更。

在这一阶段，会计政策经历了两次比较重要的调整或改革。1998年，财政部发布的《关于修改金融机构应收利息核算年限及呆帐准备金提取办法的通知》对呆账准备金政策做出的调整主要有两点：一是将计提标准从按年初余额的1%计提改为按年末余额的1%计提，对实际呆账比例超过1%部分，当年应全额补提呆账准备金；二是将抵押、质押贷款纳入可提取准备金的贷款范围。这使银行计提准备金的基数有了很大程度的提高。2001年，财政部发布《金融企业呆账准备提取及呆账核销管理办法》，解除了呆账准备金1%的计提比例束缚，呆账准备金期末余额最高可达提取呆账准备金资产期末余额的100%。同时，可计提呆账准备金的风险资产范围也进一步扩大了，详见第十章。这两次会计政策的调整或改革在推动银行增提准备金方面起了重要作用。

从上表可以看出，在2001年，建行与农行的贷款损失准备金与年末贷款余额之比都首次超过了1%，中行则达到4.09%的历史水平。中行在年报中对准备金增加的解释是，受2001年会计政策变更的影响，当年核销的贷款不必等到下年补提，因此2001年在提取当年核销呆账所动用的准备金的同时，需要补提2000年核销呆账所动用的准备金。除此之外，又加强了呆账核销力度，最终2001年的准备金比上年有所增加。可见，2001年准备金计提比例的放开对贷款增长起到了重要作用。

但同时也应注意到，1998年会计政策的变更所产生的影响并不是很明显。理论上说，由于1997年的贷款损失准备金数额是1996年不包含抵押与质押贷款的年末贷款余额的1%，而1998年的贷款损失准备金数额则是包含了抵押与质押贷款的年末贷款余额的1%，且1998年对实际发生的呆账可以全额补提贷款损失准备金，因此1998年贷款损失准备金余额应该有一个较大幅度的增长。但是，从上面的数据可以看出，在1998年，除了农行，其他三大行的贷款损失准备金水平似乎并未受到会计政策变更的影响。工行1997年的贷款损失准备金余额为78.56亿元，1998年为79.16亿元，增长率仅为0.76%；中行1997年的贷款损失准备金余额为234.45亿元，1998年为285.09亿元，增长率为21.6%。这样的水平与会计政策变更实际应产生的影响比起来是远远不够的。在2001—2007年，中行抵押、质押贷款占比都在40%以上，接近50%。即使对1996年抵押、质押贷款按30%的比例估计，在贷款范围扩大和两年跨度的影响下，中行1998年贷款损失准备金的增长率也应将近80%。而建行的贷款损失准备金虽然在1998年增长了215.78%，但是从余额的绝对水平上看，之所以有如此高的增长率，是因为建行在1997年大量核销了不良贷款，使贷款损失准备金余额从1996年的58.09亿元降低到1997年的9.06亿元。如果与1996年的水平相比，1998年贷款损失准备金的增长率是−50.75%，不但没有提高，反而降低了。所以，总体来看，1998年国有银行对会计政策的变更不敏感，执行效果不明显。

第二，银行监管力度的加强及国家扶持政策的推动。

1997年，亚洲爆发了严重的金融危机，虽然我国未直接受到金融危机的冲击，但金融危机对我国经济造成的不良影响及带来的启示都是深远的。金融危机给我国带来的启示是，必须要加强金融监管，防范金融风险。金融部门要及时清理不良贷款与补充资本金，强化资本基础。同年9月，BCBS向世界各国的银行监管当局推出《有效银行监管的核心原则》，其提出的25条原则中第8条就是：银行监管机构应确保银行建立评估银行资产质量和贷款损失储备金及贷款损失准备金充足性的政策、做法和程序。《巴塞尔协议Ⅰ》仅以G10为适用范围，而该核心原则适用于所有国家和地区，中国人民银行也自始至终参与了该文件的草拟、修改和定稿全过程，因此我国有必要也乐于推动该核心原则的实施。在金融危机的警示以及银行监管原则的强化下，1997年之后，四大国有银行的资本充足率、不良贷款及拨备充足率问题日益受到监管部门重视。

为了帮助四大国有银行提高资本充足率以及解决不良贷款问题，1998年，政府向四大国有银行注资2700亿元，以改善四大国有银行的资本充足率；1999年，政府成立四家金融资产管理公司，剥离四大国有银行1.4万亿元的不良贷款。国家的扶持政策帮助国有银行提高了资本充足率，减轻了一定负担，从而国有银行有能力提高准备金的计提力度。另外，在国家政策的日益重视下，为了满足监管标准，国有银行也不得不增加准备金的计提。因此，1999年准备金的大幅增提可以说是银行监管加强与国家扶持政策共同作用的结果。

第三，银行自身利润水平提升。

银行要提高贷款损失准备金，除了有主观意愿，也需要有客观条件的支持。受1997年亚洲金融危机影响，四大国有银行1997年的利润水平均出现大幅下滑。1998年国内出现通货紧缩，失业率上升，结构性矛盾和体制性矛盾突出，经济增长遇到困难，工行和农行的利润继续下滑。进入1999年后情况出现好转，特别是在四大国有银行普遍增提准备金的1999年和2001年。比如，1999年建行税前利润增长率达348.05%，2001年农行税前利润增长了287.88%。虽然在2001年建行的税前利润是负增长，但提取准备金前利润从2000年的139.18亿元提高到241.18亿元，增长率为73.29%，而当年建行提取了189.27亿元的准备金，较2000年的54.35亿元增长了248.24%。可见，利润增长对四大行增提准备金来说也是不容忽视的支持因素。

总之，在这一阶段，四大国有银行的贷款损失准备金是在多种因素的共同影响下才得以提高。

第三节 股份制改革助推不良贷款实现多年"双降"[①]（2003—2011）

2003—2006年，建行、中行、工行先后开展并完成了股份制改革，由原来的国有独资银行转变为国家控股的股份制商业银行。在上市重组的过程中，三大银行在国家财政的支持下解决了历史遗留的不良贷款问题，贷款损失准备金水平大幅提高。表13-3呈现了建行、中行以及工行2002—2006年的不良贷款拨备覆盖率［贷款损失准备金年末余额（不包括从净利润中提取的一般风险准备）/不良贷款年末余额］的变化情况。

表13-3 建行、中行和工行2002—2006年不良贷款拨备覆盖率情况

建行			
年份	不良贷款年末余额（亿元）	贷款损失准备金年末余额（亿元）	不良贷款拨备覆盖率（%）
2002	2 680.32	271.89	10.14
2003	1 935.21	790.38	40.84
2004	873.45	538.29	61.63
2005	944.69	630.85	66.78
2006	943.99	776.33	82.24
中行			
年份	不良贷款年末余额（亿元）	贷款损失准备金年末余额（亿元）	不良贷款拨备覆盖率（%）
2002	4 085.31	902.56	22.09
2003	3 512.24	2 363.42	67.29
2004	1 099.20	747.69	68.02
2005	1 032.26	831.53	80.55
2006	982.20	942.93	96.00

---

① 不良贷款"双降"指不良贷款总额及不良贷款率较基期均有所下降。

续表

工行			
年份	不良贷款年末余额（亿元）	贷款损失准备金年末余额（亿元）	不良贷款拨备覆盖率（％）
2002	7 598.78	135.28	1.78
2003	7 207.57	209.87	2.91
2004	7 036.44	211.91	3.01
2005	1 544.17	836.92	54.20
2006	1 377.45	971.93	70.56

资料来源：各银行年报。

从表13-3可看出，五年间建行、中行以及工行不良贷款拨备覆盖率的大幅提高，除了有准备金提升的原因外，更为重要的原因是不良贷款的大幅降低，即不良贷款拨备覆盖率的提高主要是相对水平的提高。这一提高过程主要是在不良贷款剥离政策和政府注资下完成的。

第一，通过四大金融资产管理公司剥离不良贷款。

在上市前，三家银行进行了继1999年后的第二次资产剥离。2003年，建行核销了本金为569亿元的贷款，并将其划转给信达资产管理公司，按照本金50％的价格以无追索权基准处置了本金总额为1 289亿元的不良贷款；2004年，中行向信达资产管理公司和东方资产管理公司出售了账面原值为2 539亿元的不良贷款；2005年，工行向华融资产管理公司出售损失类信贷资产及非信贷资产2 460亿元，向四大金融资产管理公司转让可疑类贷款4 590亿元。通过剥离，三家银行的不良贷款得以大幅下降。

第二，政府注资。

2004年，政府宣布中行和建行为股份制改革试点银行，动用外汇储备450亿美元，通过汇金公司对这两家银行进行注资。2005年，政府又批准工行的股份制改革方案，中国人民银行以外汇储备150亿美元、财政部以资本金权益1 240亿元，共同对工行进行注资。

第三，银行大幅提高准备金。

通过注资，三家银行的资本充足率得到提高，在资本增强的条件下，三家银行开始动用所有者权益来补充贷款损失准备金，并加快核销不良资产。中行在获得注资的当年，将2003年末的所有者权益余额（包括2003年集团实现的净利润）2 196亿元转作专项准备，用以消化历史遗留的不良资产；建行在2003年将大约495亿元实收资本转化为贷款损失准备金；

工行则在获得注资后补提了包括贷款损失准备金在内的各种资产减值准备共 6 664 亿元。经过剥离不良贷款以及政府注资前提下准备金的大幅提升，三家银行的不良贷款拨备覆盖率最终得以达到较高水平。

工行、中行、建行在国家的支持下完成了股份制改革，解决了历史遗留问题。在此种剥离方式下，三家银行虽然避免了为不良贷款付出代价，但也并未因此改善经营，提高盈利能力。产生不良贷款的机制并没有通过剥离不良贷款而根本改变，因此剥离不良贷款并不能防止新的不良贷款产生。

作为最后一家进行股份制改革的国有银行，农行则由于多方面原因，历史包袱更重，具有机构数量众多、管理链条长、队伍庞大、资产质量较差、承担大量政策性任务等突出特点，因此，农行进行股份制改革面临的挑战更大（陈鑫飙，2009）。一直到 2009 年，农行才整体改制为股份有限公司，完成了从国有独资银行到股份制商业银行的历史性跨越。

由图 13-1 可知，截至 2007 年，农行的不良贷款率仍然高达 23.57%。但 2008 年剥离了不良资产后，不良贷款率显著降低，2009 年完成股份制改革后长时间稳定在 1.5% 左右，可见股份制改革对农行的贷款质量有巨大影响。

图 13-1　农行 2003—2015 年的不良贷款率

资料来源：各银行年报。

值得一提的是，工行、农行、中行、建行四大国有银行不良资产的剥离呈现出了三种模式，即中行、建行两行模式，工行模式及农行模式。

2003 年，在对中行、建行两行进行注资时，动用了两家银行的资本金、拨备和利润，将损失类贷款全部冲销，央行再通过发行票据来置换两家银行的可疑类贷款。这样，两家银行的财务重组工作几乎一步到位。由于资本金全部用于损失类贷款的冲销，中行、建行两行的资本金归零，财政部在两家银行完成股份制改革后并未持有股份。由于可疑类贷款是以央行票据置换的，改革成本挂在央行的资产负债表上，并未最终支付。

但到 2005 年工行进行财务重组时，对不良资产的剥离分两步操作。工行约 4 590 亿元的可疑类贷款按照中、建两行可疑类贷款的剥离模式进行，即按账面价值置换为金融债券（央行票据），并以竞标形式卖给资产管理公司。而 1 760 亿元的损失类贷款及 700 亿元的非信贷风险资产则划归财政部和工行共管基金账户，工行获得等值的财政部优质债权。然后，财政部将共管基金账户中的资产委托给华融资产管理公司进行处置。这样，工行的改革成本支付实际上就分成了两块：可疑类贷款仍按照中、建两行模式；损失类贷款则以工行未来收益的形式进行支付，在账务上体现为对共管基金的偿还。共管基金账户的收入不仅包括损失类资产的处置收益，还包括工行给财政部的股权分红、工行上缴财政部的所得税收入。据工行的资产负债表，通过损失类资产的置换得到了来自财政部的应收款项，这将在五年内分年偿付，年利率为 3%。通俗来讲，这一机制类似于按揭，即工行用以后每年产生的收益来支付股份制改革的一次性成本。

农行在股份制改革时对不良资产的剥离则完全采用了工行剥离损失类贷款的模式，即农行与财政部建立共管基金，将所有需要剥离的不良资产划入共管基金账户。财务重组后，农行剥离的不良资产变成了农行持有财政部等额优质债权。在农行的资产负债表上，这部分资产表现为对共管基金的应收账款，实际上是用共管账户置换农行的不良资产。时任农行副行长的潘功胜在回答记者提问时介绍，农行对共管基金的偿还主要由四部分组成，包括财政部持有农行股权的分红、农行每年上缴财政部的所得税、处置不良资产收回的现金，此外，如果财政部在农行上市后部分减持农行股票，溢价部分也将进入这一账户。潘功胜预计，由于农行剥离到共管账户中的资产规模比工行大，农行需要十几年的时间来付清共管账户，完成共管基金偿还。用共管账户置换银行不良资产的模式，使很行在资产负债表上撇清了不良资产，而且这些资产的收益无疑比不上其他资产。这种模式有利于激励银行更多地产生利润，将这部分资产变成流动性和收益率更好的现金。前文提到，工、中、建三家银行虽然避免了为不良贷款付出代价，但其产生不良贷款的机制并没有通过剥离不良贷款而根本改变。反观农行模式，有关部门在机制设计上注重对银行的激励，试图在剥离不良资产的同时提高其盈利能力，改善银行的经营。

另外，由图13-2可以清晰地看到，除了上市的助推作用，四大国有银行在连续多年间实现"双降"，与贷款规模的扩大也密不可分。自2002年我国银行业正式实行贷款五级分类管理以来，监管部门将"双降"，尤其是不良贷款率的降低作为考核银行资产质量的重要指标。不良贷款率的降低是由不良贷款余额与贷款总额共同决定的，商业银行在实践中往往通过"增大分母"——扩张信贷来换取不良贷款率的下降。2009年以来，我国商业银行不良贷款率之所以能快速降到2%以内，与投放天量信贷不无关系。比如，我国在2008年国际金融危机期间主张积极的货币政策，4万亿元的投资计划等宏观调控手段起到了立竿见影的扩张信贷的作用。

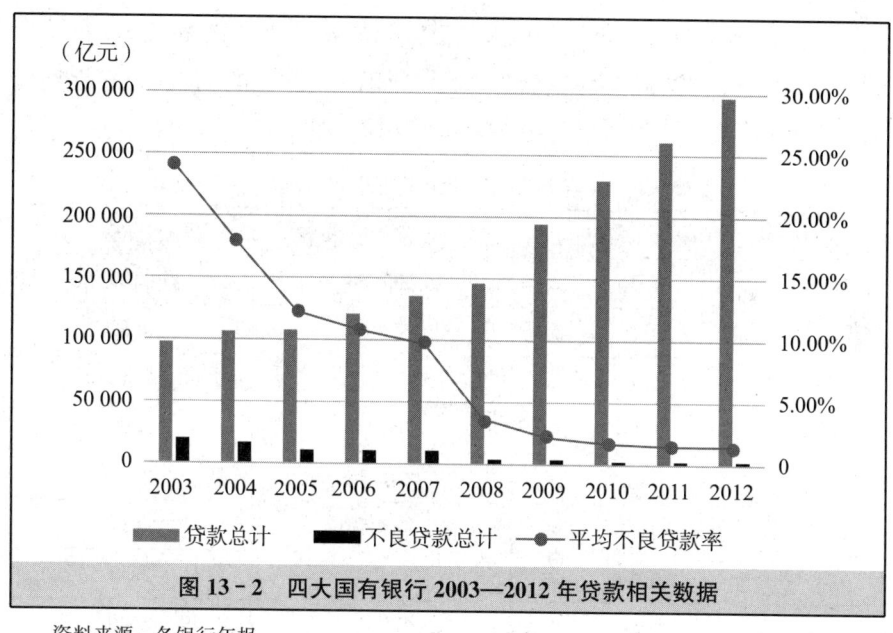

图13-2 四大国有银行2003—2012年贷款相关数据

资料来源：各银行年报。

第四节 后金融危机时代的贷款拨备（2012—2015）

2012年3月，财政部颁布《金融企业准备金计提管理办法》，规定自2012年7月1日起在我国实施。该管理办法要求我国商业银行等金融机构实施逆周期的动态拨备制度。这一制度的诞生主要是因为原有拨备制度在2008年国际金融危机期间表现出了顺周期性，这一特性会扩大金融危机的影响①。毫无疑问，这是对过往我国拨备计提方法的重大变革，标志着我国银行业贷款拨备的计提方法开始追求"前瞻性"，开始考虑未来损失。为了更好地分析该管理办法实施之后我国商业银行贷款拨备的实务情况，同时考虑到数据可得性，本节将样本从四大国有银行扩大到16家较早上市的商业银行。

一、16家上市银行贷款拨备总体情况分析

动态拨备制度于2012年7月1日正式施行。如第十章所述，动态拨备制度主要依靠一般准备来实现。由于一般准备是在每年年末提取，故从2012年末开始我国银行业需要按照规定计提一般准备，即2012年为不同拨备政策的分界点。

常用的衡量银行贷款信用风险的三大指标是不良贷款率、拨备覆盖率和贷款拨备率（也称拨贷比）。本节选取我国16家上市银行在新管理办法实施前后共10年（2006—2015年）的数据进行研究（见表13-4）。

表13-4　16家上市银行三大监管指标平均水平（％）

年份	年均不良贷款率	年均拨备覆盖率	年均贷款拨备率
2006	4.40	109.68	6.50
2007	3.59	127.67	7.89
2008	1.74	150.10	3.12
2009	1.20	183.37	2.09
2010	0.89	251.52	2.13
2011	0.76	323.14	2.30
2012	0.81	315.91	2.46
2013	0.90	276.40	2.49
2014	1.13	233.01	2.62
2015	1.48	202.18	2.84

注：对单家银行来说，贷款拨备率等于不良贷款率与拨备覆盖率的乘积。但是在本表中，年均不良贷款率和年均拨备覆盖率是16家银行的算术平均数，不严格满足上述关系。
资料来源：各银行年报。

不良贷款率为不良贷款与贷款总额之比，反映的是收回贷款的风险大

---

① 周期效应是贷款拨备研究领域的一个重要话题，有关我国商业银行贷款拨备计提顺周期效应的介绍详见第十四章。

小，指标数值越低，则收回贷款的风险越小，资产质量越高。中国银监会2005年发布的《商业银行风险监管核心指标（试行）》规定该指标不应高于5%。从表13-4可看出，2006—2012年16家上市银行的年均不良贷款率始终达标，从2006年的4.40%降到了2012年的0.81%，说明在这期间我国商业银行的资产质量持续提升，风险管理能力持续增强。值得一提的是，该指标在2008年有一个跨越性的下降，从3.59%下降到1.74%，降幅高达51.53%。这可能与2008年国际金融危机时期的宏观调控政策有关：该特殊时期发放的天量信贷大大增大了该指标的分母。但进入2012年以后，年均不良贷款率开始上升，从2011年的0.76%上升到2015年的1.48%。这很可能是2008年投放天量信贷的后续负面效应，即这些为刺激经济而发放的巨额贷款经过几年的时间开始逐渐变为不良贷款。

关于拨备覆盖率和贷款拨备率的现行管理办法是中国银监会2011年发布的《商业银行贷款损失准备管理办法》。该管理办法规定，对商业银行的贷款拨备率和拨备覆盖率进行综合考核，贷款拨备率基本标准为2.5%，拨备覆盖率基本标准为150%。这一要求与巴塞尔协议的要求一致，更具科学性和普适性。因此，本节在分析16家银行拨备覆盖率和贷款拨备率的总体情况时将以此为标准，下一节再结合不同时期监管要求的变化对16家银行做具体分析。

从表13-4可见，16家银行的年均拨备覆盖率在2006—2012年是上升的，从2006年的109.68%上升到了2012年的315.91%。具体来看，该指标从2008年开始超过150%，且从2010年开始始终保持较高水平，超过了250%，说明在此期间16家银行的贷款拨备计提充分，贷款拨备覆盖损失的能力不断增强。但2012年后，16家银行的年均拨备覆盖率显著下滑，从2012年的315.91%下降到2015年的202.18%，降幅较大。究其原因，可能是受到宏观经济下行和利率市场化加速的双重影响：一方面，银行处于后金融危机时代，不良贷款率和不良贷款额持续上升，通过核销、转让等方式对不良资产进行清收处置消耗了大量的拨备；另一方面，自2013年中国人民银行决定全面放开金融机构贷款利率管制开始，银行为了提高竞争力，倾向于提高存款利率、降低贷款利率，结果就是银行利润增速开始放缓，在此种形势下，管理层就有动机适当减少贷款拨备。两方面原因导致2012年后银行拨备覆盖率不断下降。但事实上，世界多数国家银行业的拨备覆盖率都低于100%，我国现行的2.5%的贷款拨备率及150%的拨备覆盖率监管要求高于世界平均水平

（傅苏颖，2016）。此外，相较于部分国家将抵押物计入拨备，我国只将现金计入拨备，拨备计提含金量更高。并且，拨备覆盖率也并非越高越好，降低拨备覆盖率也并非只是为了美化财务报表，恰恰可能是动态拨备制度在发挥逆周期的调节作用。根据宏观经济形势变化和银行业转型发展的需要，动态调整拨备覆盖率有利于银行加快处置不良资产和可持续经营，用之前的利润核销不良资产，以丰补歉，发挥逆周期的调节作用，更好地支持实体经济的发展。

从年均贷款拨备率指标看，其呈现先下降后上升的趋势。2006—2009年，该指标不断降低，从2006年的6.50%降到了2009年的2.09%，但进入2010年后，该指标稳健上升，从2.13%上升到2.84%，说明进入2010年后我国贷款拨备计提越来越充分，这很可能是动态拨备制度发挥了作用。此处值得注意的是，不能因为2006—2007年的年均贷款拨备率比后续年份显著高就认为2006—2007年拨备计提比后续年份充分得多。这是因为贷款拨备率为贷款拨备与贷款总额的比值，等于不良贷款率与拨备覆盖率的乘积，也就是说提高贷款拨备率有两种途径：一是提高不良贷款率，二是提高拨备覆盖率。因此，如果不良贷款率提高，贷款拨备率也有可能提高，而这种因不良贷款金额大而得到的高水平贷款拨备率是极其不健康的。2006—2007年，贷款拨备率之所以能高达6%~8%，很大一部分原因是这两年的不良贷款率高达约4%（此时农行的股份制改革尚未完成，不良资产尚未完全剥离，较高水平的不良贷款率可能与此有关），从而使得该指标数值很大。可见，贷款拨备率这个指标还是存在一定缺陷，需要结合不良贷款率和拨备覆盖率两个指标来综合分析银行贷款拨备计提的充分性。

通过对16家上市银行三大监管指标平均水平所做的简单统计分析，我们发现，后金融危机时代，银行的不良贷款率不可避免地有所上升；拨备覆盖率虽然在多重因素的影响下呈现下降趋势，但始终保持在较高水平；贷款拨备率在使用新制度后实现了动态调整，后期呈现上升趋势。总体来看，我国银行业的贷款拨备计提越来越充分、科学，银行业抵御风险的能力越来越强。

二、16家上市银行三大监管指标具体分析

接下来对16家银行在2006—2015年的三大监管指标进行具体分析，指标数值见表13-5。

表13-5 16家上市银行2006—2015年三大监管指标具体情况（%）

银行	指标	2006年	2007年	2008年	2009年	2010年	2011年	2012年	2013年	2014年	2015年
中行	不良贷款率	4.04	3.12	2.65	1.52	1.10	1.00	0.95	0.96	1.18	1.43
	拨备覆盖率	96.00	108.02	121.72	151.17	196.67	220.75	236.30	229.35	187.60	153.30
	贷款拨备率	3.88	3.37	3.23	2.30	2.17	2.20	2.25	2.62	2.68	2.62
建行	不良贷款率	3.29	2.60	2.21	1.50	1.14	1.09	0.99	0.99	1.19	1.58
	拨备覆盖率	82.24	104.41	131.58	175.77	221.14	241.44	271.29	268.22	222.33	150.99
	贷款拨备率	2.70	2.72	2.91	2.63	2.52	2.64	2.69	2.66	2.66	2.39
工行	不良贷款率	3.79	2.74	2.29	1.54	1.08	0.94	0.85	0.94	1.13	1.50
	拨备覆盖率	70.62	103.66	129.88	164.87	228.20	266.92	295.55	257.19	206.90	156.34
	贷款拨备率	2.68	2.84	2.97	2.54	2.46	2.50	2.50	2.43	2.34	2.35
农行	不良贷款率	23.43	23.57	4.32	2.91	2.03	1.55	1.33	1.22	1.54	2.39
	拨备覆盖率	5.05	6.04	63.53	105.37	168.05	263.10	326.14	367.04	286.53	189.43
	贷款拨备率	1.18	1.42	2.75	3.06	4.01	4.08	4.35	4.46	4.42	4.53
交行	不良贷款率	2.01	2.06	1.92	1.36	1.12	0.86	0.92	1.05	1.25	1.51
	拨备覆盖率	94.79	95.40	116.88	151.02	185.84	256.37	250.68	213.65	178.88	155.57
	贷款拨备率	1.91	1.96	2.24	2.05	2.08	2.20	2.30	2.24	2.24	2.35
兴业	不良贷款率	1.53	1.15	0.83	0.54	0.42	0.38	0.43	0.76	1.10	1.46
	拨备覆盖率	126.40	154.60	226.80	254.31	325.51	385.30	465.82	352.1	250.21	210.08
	贷款拨备率	2.11	1.93	1.78	1.88	1.37	1.46	2.00	2.68	2.76	3.07

续表

银行	指标	2006年	2007年	2008年	2009年	2010年	2011年	2012年	2013年	2014年	2015年
浦发	不良贷款率	1.83	1.46	1.21	0.80	0.51	0.44	0.58	0.74	1.06	1.56
	拨备覆盖率	151.55	190.58	193.09	246.90	380.56	499.60	399.85	319.65	249.09	211.4
	贷款拨备率	2.77	2.78	2.34	1.98	1.95	2.19	2.31	2.36	2.65	3.30
民生	不良贷款率	1.23	1.22	1.20	0.84	0.69	0.63	0.76	0.85	1.17	1.60
	拨备覆盖率	108.89	113.14	150.04	206.04	270.45	357.29	314.53	259.74	182.20	153.63
	贷款拨备率	1.52	1.53	13.81	1.81	1.88	2.23	2.39	2.21	2.12	2.46
招商	不良贷款率	2.12	1.54	1.11	0.82	0.68	0.56	0.61	0.83	1.11	1.68
	拨备覆盖率	135.76	180.87	222.64	246.87	302.41	400.13	351.79	266.00	233.42	178.95
	贷款拨备率	2.88	2.79	2.47	2.02	2.05	2.24	2.16	2.22	2.59	3.00
中信	不良贷款率	2.50	1.48	1.41	0.95	0.67	0.60	0.74	1.03	1.30	1.43
	拨备覆盖率	84.62	110.01	136.11	149.36	213.51	272.31	288.25	206.62	181.26	167.81
	贷款拨备率	2.11	1.62	1.92	1.42	1.44	1.62	2.12	2.13	2.36	2.39
光大	不良贷款率	7.58	4.49	2.00	1.25	0.75	0.64	0.74	0.86	1.19	1.61
	拨备覆盖率	67.40	91.64	150.11	193.98	313.38	367.00	339.63	241.02	180.52	156.39
	贷款拨备率	67.02	91.63	3.00	2.43	2.34	2.36	2.53	2.07	2.16	2.52
华夏	不良贷款率	2.73	2.25	1.82	1.50	1.18	0.92	0.88	0.90	1.09	1.52
	拨备覆盖率	84.16	109.27	151.22	166.84	209.04	308.21	320.34	301.53	233.13	167.12
	贷款拨备率	2.30	2.46	2.76	2.50	2.48	2.82	2.82	2.73	2.54	2.55

续表

银行	指标	2006年	2007年	2008年	2009年	2010年	2011年	2012年	2013年	2014年	2015年
平安	不良贷款率	7.98	5.62	0.68	0.68	0.58	0.53	0.95	0.89	1.02	1.45
	拨备覆盖率	47.63	48.28	105.14	161.84	271.50	320.66	182.32	201.06	200.90	165.86
	贷款拨备率	3.81	2.80	0.72	1.10	1.58	1.70	1.74	1.79	2.06	2.41
宁波	不良贷款率	0.33	0.36	0.92	0.79	0.69	0.68	0.76	0.89	0.89	0.93
	拨备覆盖率	405.28	359.94	152.50	170.06	196.15	240.74	275.39	254.88	285.17	308.67
	贷款拨备率	1.32	1.28	1.40	1.34	1.36	1.63	2.10	2.27	2.53	2.85
北京	不良贷款率	3.58	2.06	1.55	1.02	0.69	0.53	0.59	0.65	0.86	1.12
	拨备覆盖率	87.28	119.88	180.23	215.70	307.12	446.39	419.96	385.91	324.22	278.39
	贷款拨备率	3.13	2.47	2.79	2.21	2.13	2.35	2.50	2.50	2.78	3.11
南京	不良贷款率	2.47	1.79	1.64	1.22	0.97	0.78	0.83	0.89	0.94	0.83
	拨备覆盖率	107.25	146.88	170.05	173.74	234.71	323.98	316.74	298.51	325.72	430.95
	贷款拨备率	2.65	2.63	2.79	2.13	2.27	2.53	2.64	2.66	3.06	3.57

资料来源：各银行年报。

(一) 不良贷款率分析

2006—2012年，16家银行的不良贷款率均呈下降趋势，下降幅度最大的是农行，从2006年的23.43%降至1.33%，原因在前文已有阐述（通过股份制改革剥离不良资产）。然而，从横向比较来看，农行2012年的不良贷款率1.33%仍明显高于16家上市银行不良贷款率的平均水平0.81%，可见农行的不良贷款率有待进一步降低，贷款质量有待进一步提高。可能由于承担众多政策性任务、股份制改革模式有所不同等，所以农行的不良贷款率在所有样本银行中处于最高水平。2013—2015年，除了个别银行在个别年份有持平或轻微下降的情况，大部分银行的不良贷款率均呈上升趋势。如前文所述，这很可能与金融危机时期扩张信贷的宏观决策有关，即该特殊时期发放的巨额信贷在几年后逐渐转化为不良贷款，影响了银行的资产质量。

此外，2012年是一个值得关注的年份。从这一年开始，大部分银行的不良贷款率出现上升趋势，但中行、建行、工行、农行、华夏银行却是例外。为了探究这5家银行的不良贷款率在2012年继续降低的真正原因，特对这5家银行2012年的不良贷款率进行分子、分母贡献度分析（见表13-6）。

表13-6 2012年不良贷款率下降的5家银行的分子、分母贡献度分析

银行	年份	不良贷款率（%）	不良贷款率变化量（%）	不良贷款余额（亿元）	贷款总额（亿元）	分子贡献度（%）	分母贡献度（%）
中行	2011	1.00		632.74	63 428.14		
	2012	0.95	－0.05	654.48	68 646.96	0.03	－0.08
建行	2011	1.09		709.15	64 964.11		
	2012	0.99	－0.10	746.18	75 123.12	0.05	－0.15
工行	2011	0.94		730.11	77 888.97		
	2012	0.85	－0.09	745.75	88 036.92	0.02	－0.11
农行	2011	1.55		873.58	56 399.28		
	2012	1.33	－0.22	858.48	64 333.99	－0.03	－0.19
华夏	2011	0.92		56.00	6 114.63		
	2012	0.88	－0.04	63.39	7 201.68	0.10	－0.14

资料来源：各银行年报。

从表13-6可知，2011年中行的不良贷款率为1.00%，2012年为0.95%，不良贷款率下降了0.05%。下降的0.05%其实是由于不良贷

款率的分子不良贷款余额上升导致不良贷款率上升0.03%，以及分母贷款总额增加使得不良贷款率降低0.08%，也即－0.05%＝0.03%＋（－0.08%），可见中行不良贷款率的下降完全是由于贷款规模扩张。建行、工行、华夏银行不良贷款率下降的原因亦是如此。农行有所不同，不良贷款率下降0.22%是由于分子不良贷款余额减少使其降低0.03%和分母贷款总额增加使其降低0.19%，即－0.22%＝（－0.03%）＋（－0.19%）。可见，除农行不良贷款率下降的部分原因的确是不良贷款余额减少之外，其他四家银行不良贷款率的下降均是因为分母即贷款总额扩张。因此，不能由于这几家银行的例外情况就得出其资产管理水平较高的结论。

另外，我们可以发现，国有银行的不良贷款率普遍高于非国有银行，除了表明国有银行要加强不良贷款管理之外，还有可能是因为国有银行特殊的企业性质。其经营目标并不是追求单一的"利润最大化"，国有银行可能会承担一些政策性任务，比如在金融危机时期发放了更多的"指令性"贷款，发放这些贷款的目的可能是维持某个特殊行业的稳定，可能是鼓励某个行业的发展，等等，因此对贷款对象的审核也相对宽松，后期则自然会出现更多的不良贷款。

综上可见，2012—2015年，16家银行均经受着前期信贷扩张政策带来的不良贷款率上升的负面影响。对此，我国银行业应当特别警惕后金融危机时代不良贷款率的上升，应采取措施提高贷款质量。

（二）拨备覆盖率分析

拨备覆盖率是衡量银行拨备计提是否充分、财务是否稳健的重要指标。在2011年以前，银行业及监管部门普遍认同该指标越高越好，即该指标越高，银行计提拨备越充分，财务越稳健，对风险的控制力越强。从图13-3可以直观地看出，2006—2012年16家银行的拨备覆盖率呈上升趋势，而且上升幅度较大；2013—2015年则普遍下降，中行、建行等多家银行的拨备覆盖率在2015年甚至逼近150%的警戒线。拨备覆盖率之所以会在两个阶段有不同的表现，除了受到后金融危机的影响，与我国在不同阶段的监管政策和监管理念也有很大关系。

2008年底，为增强银行的抗风险能力，中国银监会要求工、农、中、建、交五大国有银行的拨备覆盖率提高到130%，其他股份制银行提高到150%。由表13-5可知，2008年底，五大国有银行中，只有建行以131.58%的拨备覆盖率勉强达标。而其他四家银行均未达标，特别是农行

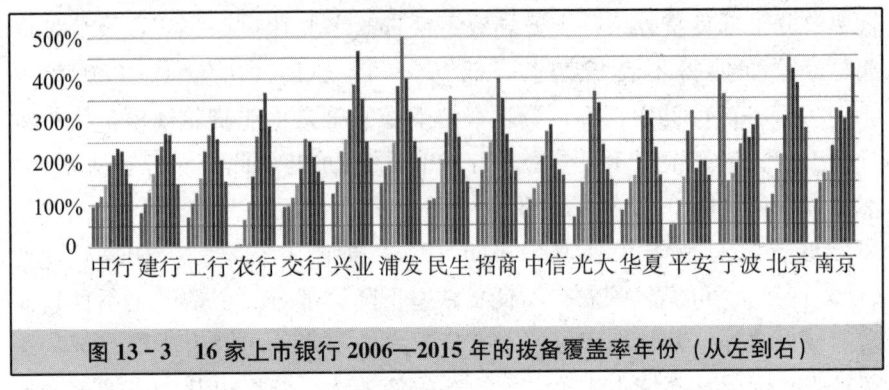

图 13-3　16家上市银行 2006—2015 年的拨备覆盖率年份（从左到右）

资料来源：各银行年报。

距130%的标准十分遥远，只有 63.53%[①]，工行、中行、交行分别为 129.88%、121.72%、116.88%，达标压力比农行小很多。与五大国有银行相比，其他银行 2008 年的达标情况更为理想，除中信银行和平安银行外，其他银行都积极响应监管号召，拨备覆盖率都高于 150%，部分银行如招商银行（222.64%）、浦发银行（193.09%）、北京银行（180.23%）、南京银行（170.05%）甚至远远高于监管标准。而中信银行和平安银行的拨备覆盖率分别为 136.11%、105.14%，未来达标压力也较小。可见，2008 年，其他银行的达标情况优于国有银行。

2009 年 7 月 17 日，在中国银监会 2009 年第三次经济金融形势通报会上，主席刘明康指出，各银行业金融机构要切实加强风险管理，而目前的拨备数额不足以充分覆盖风险，要求各商业银行严守拨备覆盖率底线，在年内将拨备覆盖率提高到 150% 以上。2009 年国有五大行的达标情况较 2008 年好转不少，除农行为 105.37%（相比 2008 年已有很大提升）外，其他银行均达到 150% 的标准，但中行和交行分别为 151.17%、151.02%，非常接近 150% 的监管红线，存在以监管标准为基准来计提拨备以满足监管要求的套利嫌疑（杜艳，2009）。2009 年，其他银行中除中信银行为 149.36% 之外均达标，并且许多银行是大比例超额完成任务，如浦发银行和招商银行的拨备覆盖率分别高达 246.90% 和 246.87%，兴业银行更是高达 254.31%。总体来看，纵向层面，2009 年的达标情况优于 2008 年，尤其是国有银行提升明显；横向层面，其他银行的拨备覆盖率仍然远高于国有银行。

从实务来看，2010 年，所有上市银行的拨备覆盖率均高于 150%，农

[①] 农行在 2008 年经历了财务重组，所以年报数据可能并不能反映农行的真实盈利水平。

行和中信银行都已达标,而且中信银行的拨备覆盖率高达213.51%,远远超过监管标准。2010年,16家银行的拨备覆盖率水平很高,平均值高达251.52%。这反映出在监管部门的高度重视之下,我国商业银行拨备计提的充分性大大提升,贷款拨备的风险覆盖能力得到了很大提高。

2011年4月,中国银监会发布的《中国银行业实施新监管标准指导意见》提出了"双指标"监管,其中对拨备覆盖率的监管标准仍保持150%。2011年7月,中国银监会发布《商业银行贷款损失准备管理办法》,重申了150%的拨备覆盖率监管标准。从图13-4中我们可以较为直观地看出,2011年16家银行的拨备覆盖率均远远高于150%,平均水平为324.14%,超过标准174.14个百分点,浦发银行的拨备覆盖率更是高达499.60%,招商银行也达到了400.13%,其中拨备覆盖率最低的中行(220.75%)也以较大的差额(70.75%)高于150%的标准。2012年的情况大致相同,即该年所有银行也均以超高水平达标。从横向看,兴业银行最高(465.82%),平安银行最低(182.32%),最低水平亦比标准高32.32%;从纵向看,与2011年比,中行、建行、工行、农行、兴业、中信、华夏、宁波等8家银行的拨备覆盖率上升了,交行、浦发、民生、招商、光大、平安、北京、南京等另外8家银行出现下降。平均来看,该指标稍有下降,但降幅不大,从2011年的323.14%降低到了2012年的315.91%,依旧大比例超额达标。

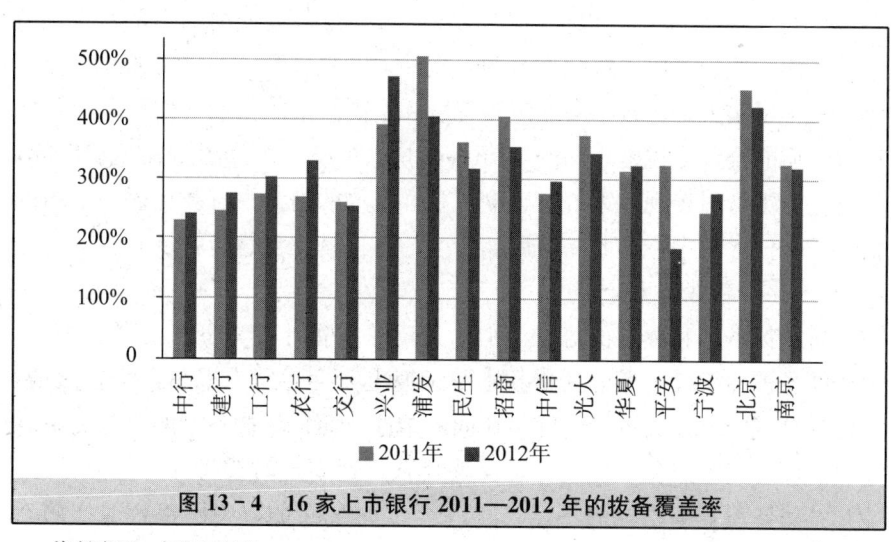

图13-4 16家上市银行2011—2012年的拨备覆盖率

资料来源:各银行年报。

与不良贷款率的情况类似,进入2012年后,商业银行的拨备覆盖率开始出现转折。由表13-5可知,除了宁波银行与南京银行外,其他银行的这一指标在 2013—2015 年均有明显程度的下降，中行、建行、工行、交行等多家银行的拨备覆盖率甚至逼近 150％的警戒线。如前所述，这主要是受宏观经济下行和利率市场化加速的双重影响。并且近几年，银行监管理念也开始发生转变，不少学者与业界人士主张，拨备覆盖率并非越高越好。在后金融危机时代该指标的下降，恰恰可能是 2012 年开始实行的动态拨备制度在发挥作用。实际上，动态调整拨备覆盖率有利于银行加快消化和处置金融危机时期因信贷扩张而积累的不良资产，发挥动态拨备制度的逆周期调节作用，这也是动态拨备制度出台的目的之一。

另外，从银行类型来看，其他银行的拨备覆盖率普遍高于五大国有银行。2006—2015 年，其他银行拨备覆盖率的平均水平为 245.56％，而五大国有银行的均值只有 185.81％，大大低于前者。但这并不能说明五大国有银行的风险防范意识不如其他银行。出现此种差距主要是因为两者在拨备覆盖率的分母——不良贷款余额上存在很大差异，两者并不在一个数量级上，因此，提高拨备覆盖率的难度也大不相同。以 2013—2015 年为例，五大国有银行在此三年间的不良贷款余额平均为 1 083.95 亿元，其他 11 家银行为 156.86 亿元，基数不在一个数量级上，相差巨大。而宁波银行与南京银行在此三年间之所以可以保证拨备覆盖率不下降，也主要是由于这个原因。这两家银行在 2013—2015 年不良贷款余额平均仅为 17.96 亿元，提高或维持拨备覆盖率的难度并不大；同理，同为地方性银行的北京银行在 2015 年依旧可以保持 278.39％的高拨备覆盖率也不足为奇。而基数不同的原因，除了银行本身的规模外，宏观政策影响程度的差异也不可忽视。事实上，行政手段的干预程度和宏观政策的"信号作用"对不同产权性质的企业来说是不同的（Liu et al.，2016）。比如在金融危机时期，国有商业银行对宏观政策的敏感度更高，发放的指令性贷款更多，承担的信贷扩张任务更多，如此一来后期产生的不良贷款自然会更多。

（三）贷款拨备率分析

贷款拨备率和拨备覆盖率类似，是反映拨备计提充分性的又一指标。由于拨备覆盖率没有考虑到贷款水平迅速上升会导致未来不良贷款激增，因此单独观察该指标可能会得出片面的结论。而贷款拨备率的分母为贷款总额，因此贷款拨备率可以动态反映贷款迅速增加时拨备计提的充分性，能弥补拨备覆盖率指标的不足。2011 年 4 月发布的《中国银行业实施新监管标准指导意见》和同年 7 月发布的《商业银行贷款损失准备管理办法》对贷款拨备率提出了要求。二者都规定贷款拨备率不低于 2.5％，且拨备覆盖率不低于 150％，原则上按两者孰高的方法确定贷款拨备水平。

从整体看，我国商业银行的贷款拨备率呈上升趋势。

从 2010 年的银行实务看，只有建行和农行达到了 2.5%的标准，分别为 2.52%、4.01%，最低的为宁波银行，仅有 1.36%，兴业、浦发、民生、中信、平安、宁波 6 家银行都低于 2%，剩余 8 家银行在 2%～2.5%。总体看，2010 年 16 家上市银行要达标仍存在一定压力，而非国有银行的贷款拨备率普遍低于国有银行，达标压力更大。2011 年，共有 5 家银行达标，除去 2010 年已经达标的建行和农行，增加了工行、华夏、南京 3 家银行，分别为 2.50%、2.82%、2.53%，最低的为兴业银行，仅有 1.46%，但低于 2%的银行与 2010 年相比减少了 2 家，即只有 4 家，其余 7 家银行则在 2%～2.5%。总体看，2011 年该指标的执行情况要优于 2010 年。到了 2015 年，16 家银行中还剩 6 家尚未达标，分别为建行（2.39%）、工行（2.35%）、交行（2.35%）、平安（2.41%）、民生（2.46%）、中信（2.39%），但这 6 家银行的贷款拨备率距监管标准并不远，可以想见未来达标难度并不是很大。从 2010—2015 年的执行情况看，越来越多的银行向监管标准靠拢，不断提高拨备计提水平，这不仅是为了满足监管要求，也是银行有效防范和降低经营风险的必然选择。

（四）三项监管指标在实务中存在的问题

第一，"双指标"监管的逆向激励问题。通过观察 16 家银行贷款拨备率与拨备覆盖率的大小，我们发现二者并非时常同向变动，而是有所背离，呈现出一定的反向变动，兴业和农行在这方面的表现尤为明显。比如，在 2011—2012 年拨备覆盖率方面（见图 13-4），处于最高水平的有兴业、浦发、北京三家银行，但这几家银行的贷款拨备率水平（见图 13-5）却处于较低水平，尤其以兴业最为明显；在贷款拨备率方面，农行一枝独秀，两年均高达 4%以上，但其拨备覆盖率却处于偏低水平。另外，通过分类比较，我们还可以发现，五大国有银行的贷款拨备率总体高于其他银行，但其拨备覆盖率却相对低于其他银行。那么，同为衡量拨备充分性的指标，为什么会出现拨备覆盖率高（低）而贷款拨备率低（高）的奇怪现象呢？

究其原因，我们可以发现，不良贷款率水平（见图 13-6）是导致该现象出现的重要原因。贷款拨备率等于拨备覆盖率与不良贷款率的乘积。从计算过程来看，正是不良贷款率差异导致了上述两个指标的反向变动。农行在拨备覆盖率水平偏低的情况下，由于不良贷款率居于 16 家银行的最高水平，贷款拨备率才达到了中国银监会的监管标准 2.5%，并且位居榜首、遥遥领先；同理，尽管兴业、浦发的拨备覆盖率很高，但由于不良贷款率最低，2011 年和 2012 年贷款拨备率均未达标。这一情况可能带来

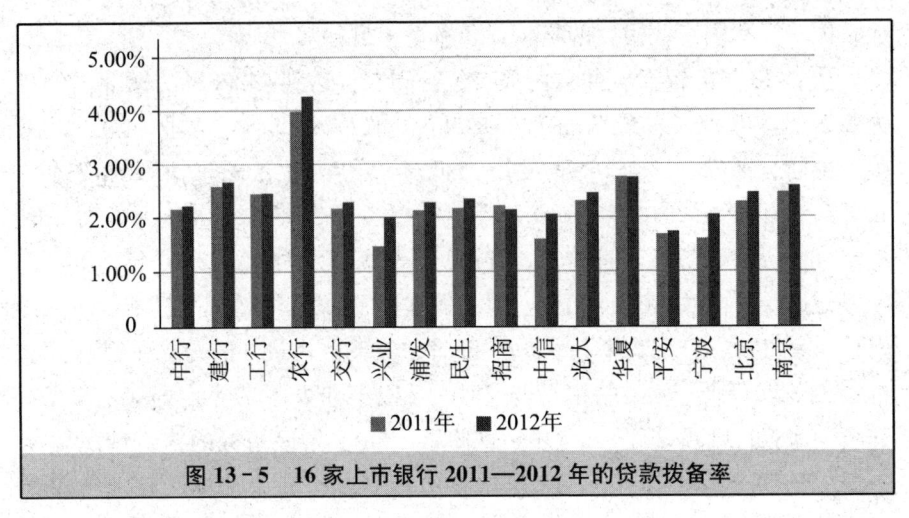

图 13-5　16家上市银行2011—2012年的贷款拨备率

资料来源：各银行年报。

图 13-6　16家上市银行2011—2012年的不良贷款率

资料来源：各银行年报。

逆向激励的不良后果，即对那些风险管理好、资产质量高的银行形成政策性打压，伤害银行管理层加强贷款风险管理的积极性。具体来说，像兴业这样不良贷款率较低、资产质量较高的银行，其贷款拨备率却与监管标准差距较大，根据"双指标"孰高的原则，其需要补提的准备金较多，这将对银行的利润产生很大的冲击。而类似农行这类不良贷款率较高、贷款质量较低的银行，反而能更轻松地达到监管标准。这种政策的逆向激励存在"奖劣惩优"的不良倾向，使得风险管理水平高的银行需要大量增提拨备来实现达标，而风险管理水平低的银行反而能轻易凭借较高的不良贷款率来实现"非实质性"达标。对此，应当采取行之有效的措施解决"双指标"监管带来的逆向激励问题。比如，监管部门可以积极主动与税务部门沟通，争取使税务部门同意对新计提的拨备进行税前扣除，从而降低对这些银行的利润的短期冲击，或者针对不同资产质量、不同规模的银行实施差异化的监管要求，避免犯"一刀切"的错误。

第二，贷款拨备率监管标准影响不良贷款的核销力度。与上一个问题类似，由于高水平的不良贷款率将带来较高的贷款拨备率，面对中国银监会提出的贷款拨备率要求，银行可以通过增大分子，具体来讲可以通过增加拨备计提或者减少不良贷款核销来达到提高贷款拨备率的目的。而增加拨备计提将导致银行账面利润下降，因此银行很可能会做出减少不良贷款核销的选择（施其武等，2011）。当银行的不良贷款率处于较低水平而拨备覆盖率远远高于监管标准时，银行将更有可能通过降低不良贷款的核销力度来达到贷款拨备率的监管标准。以 2010—2012 年宁波银行为例。该行的贷款拨备率由 2010 年的 1.36% 上升到 2012 年的 2.1%，不良贷款率则同步上升，从 2011 年的 0.69% 上升到 2012 年的 0.76%。其财务报告附注显示，2010 年的不良贷款核销数为 7 031.1 万元，2012 年的核销数却显著降低为 1 546.9 万元，两者相差巨大，而这一差距为其贷款拨备率的提高做出了很大贡献。由此可知，我国银行业可能存在通过减少不良贷款核销来实现贷款拨备率达标的情况，这不但不利于不良贷款管理，损坏会计信息的真实性、可靠性，更会扭曲监管部门的政策导向，不利于化解金融体系积累的风险。

三、16 家上市银行资本充足率分析

资本充足率反映了银行资本覆盖非预期信用损失、抵抗风险的能力[①]。2011 年出台的《中国银行业实施新监管标准指导意见》和 2012 年出台的《商业银行资本管理办法（试行）》都对资本充足率的最低标准提出了更高的要求，将监管资本从当时的两级分类（一级资本和二级资本）修改为三级分类，即核心一级资本、其他一级资本和二级资本，并且规定了核心一级资本充足率、一级资本充足率和资本充足率的最低标准分别为 5%、6% 和 8%，改变了原来一级资本充足率和资本充足率分别不低于 4% 和 8% 的监管标准。

此外，为推动《商业银行资本管理办法（试行）》平稳、有效实施，2012 年 12 月，中国银监会又发布《关于实施〈商业银行资本管理办法（试行）〉过渡期安排相关事项的通知》，对过渡期内分年度资本充足率提出了明确要求：到 2013 年末，对国内系统重要性银行的核心一级资本充足率、一级资本充足率和资本充足率的最低要求分别为 6.5%、7.5% 和

---

① 关于该指标的详细介绍可见第十一章。

9.5%；对非系统重要性银行的核心一级资本充足率、一级资本充足率和资本充足率的最低要求分别为5.5%、6.5%和8.5%。所谓系统重要性银行，是指全球银行业监管机构于2011年7月圈定的28家具有"全球系统重要性的银行"。这28家全球系统重要性银行关系到全球金融体系的稳定，因此需要具备额外的抵御损失的能力，建议对其实施1%~2.5%的附加资本要求。2011年，国际化程度最高的中行最早入选，随后，工行、农行和建行分别在2013年、2014年和2015年入选。因此，对四大行资本充足率的要求会比其他银行高出1%。此外，该通知还分别针对已达标银行和未达标银行提出差异化的监管要求：对于已达标银行，鼓励在过渡期内资本充足率保持在《商业银行资本管理办法（试行）》规定的资本充足率监管要求之上；对于未达标银行，要求在过渡期内达到分年度资本充足率监管要求并制订资本规划，稳步推进资本充足率提高。我国16家上市银行2012—2015年资本充足率的实际情况详见表13-7。

表13-7 16家上市银行2012—2015年资本充足率情况（%）

银行	年份	核心一级资本充足率	一级资本充足率	资本充足率	银行	年份	核心一级资本充足率	一级资本充足率	资本充足率
中行	2012	—	10.54	13.63	招商	2012	8.34	8.34	11.41
	2013	9.69	9.70	12.46		2013	9.27	9.27	11.14
	2014	10.61	11.35	13.87		2014	10.44	10.44	12.38
	2015	11.10	12.07	14.06		2015	10.83	10.83	12.57
建行	2012	—	11.32	14.32	中信	2012	9.29	9.29	12.42
	2013	10.75	10.75	13.34		2013	8.78	8.78	11.24
	2014	12.12	12.12	14.87		2014	8.93	8.99	12.33
	2015	13.13	13.32	15.39		2015	9.12	9.17	11.87
工行	2012	—	10.62	13.66	光大	2012	—	8.00	10.99
	2013	10.57	10.57	13.12		2013	9.11	9.11	10.57
	2014	11.92	12.19	14.53		2014	9.34	9.34	11.21
	2015	12.87	13.48	15.22		2015	9.24	10.15	11.87
农行	2012	—	9.67	12.61	华夏	2012	—	8.18	10.85
	2013	9.25	9.25	11.86		2013	8.03	8.03	9.88
	2014	9.09	9.46	12.82		2014	8.49	8.49	11.03
	2015	10.24	10.96	13.40		2015	8.89	8.89	10.85

续表

银行	年份	核心一级资本充足率	一级资本充足率	资本充足率	银行	年份	核心一级资本充足率	一级资本充足率	资本充足率
交行	2012	—	11.24	14.07	平安	2012	—	8.59	11.37
	2013	9.76	9.76	12.08		2013	8.56	8.56	9.90
	2014	11.30	11.30	14.04		2014	8.64	8.64	10.86
	2015	11.14	11.46	13.49		2015	9.03	9.03	10.94
兴业	2012	—	9.29	12.06	宁波	2012	—	11.49	15.65
	2013	8.68	8.68	10.83		2013	9.36	9.36	12.06
	2014	8.45	8.89	11.29		2014	10.07	10.07	12.40
	2015	8.43	9.19	11.19		2015	9.03	10.12	13.29
浦发	2012	—	8.97	12.45	北京	2012	—	10.90	12.90
	2013	8.58	8.58	10.97		2013	8.81	8.81	10.94
	2014	8.52	9.05	11.25		2014	9.16	9.16	11.08
	2015	8.48	9.38	12.23		2015	8.76	9.14	12.27
民生	2012	—	8.13	10.75	南京	2012	—	12.13	14.98
	2013	8.72	8.72	10.69		2013	10.10	10.10	12.90
	2014	8.58	8.59	10.69		2014	8.59	8.59	12.00
	2015	9.17	9.19	11.49		2015	9.38	10.35	13.11

注：各大银行都是按照中国银监会2012年颁布的《商业银行资本管理办法（试行）》及其他相关规定的要求来计算资本充足率的，因此大部分银行从2013年开始实行资本三级分类，招商银行和中信银行对2012年的数据按新办法进行了追溯调整。

资料来源：各银行年报。

从2012—2015年的整体趋势来看，无论是核心一级资本充足率、一级资本充足率还是资本充足率，16家银行的达标情况均良好，许多银行还超额完成任务。2013年，三个指标的均值分别为9.25%、9.25%、11.50%，均大大高于监管标准，并且核心一级资本充足率几乎与一级资本充足率完全一致，说明我国商业银行的一级资本质量很高，银行抵御风险、稳健经营的能力较强。之后几年，我国商业银行该三项指标的均值继续稳步上升。到了2015年，该三项指标的均值分别为9.93%、10.42%、12.70%，继续大幅高于最低标准。核心一级资本充足率与一级资本充足率开始出现差距，但这不一定就代表我国商业银行一级资本的质量有所下降，也可能是由于资产种类增多。从单家银行来看，基本都在高于最低要求的基础上稳步上升，除个别银行稍有下降，但下降幅度并不大，比如农行的核心一级资本充足率从2013年的9.25%下降到2014年的9.09%。

核心一级资本充足率与一级资本充足率的差距也各自拉大，除招商、华夏、平安三家银行依旧保持一致外，其他银行均出现了不同程度的差距，差距最大的是宁波银行，达到了1.09%。

从银行类型看，四大行2012—2015年三项指标的平均水平分别为10.95%、11.09%、13.70%，其他银行为9.14%、9.39%、11.85%，可见，排除监管因素①，系统重要性银行自身对资本充足率也有更高的要求，这也在一定程度上证明了"特许权价值"假说②（franchise value hypothesis，Galloway，1997）。在如今利率市场化、银行业竞争加剧的时代背景下，特许权价值较高的系统重要性银行更加不愿意冒险。

总体来看，16家银行无论是核心一级资本充足率、一级资本充足率还是资本充足率，均维持了很高的水平，这为银行抵御非预期信用损失、维持银行体系稳定提供了强有力的保障。

第五节 过量计提贷款拨备及监管要求调降（2016—2023）

作为商业银行的重要监管指标，拨备覆盖率反映了银行抵御信用风险的能力，也关系着银行的稳健性。笔者对国家金融监管机构发布的2008—2023年商业银行主要监管指标情况表中的不良贷款率、拨备覆盖率以及贷款拨备率三大指标进行了汇总，见表13-8。如前所述，2011年《商业银行贷款损失准备管理办法》要求的贷款拨备率基本标准为2.5%，拨备覆盖率基本标准为150%。该两项标准中的较高者为对商业银行的监管标准。该管理办法从2012年1月1日起施行，但由表13-8可知，我国商业银行拨备覆盖率早在2009年就已顺利达到150%以上，2010—2014年以及2022—2023年更是维持在200%以上，其中2011—2013年为拨备覆盖率最高的三年，分别达到278.10%、295.51%和282.70%，其他年份稳定在180%左右。贷款拨备率从2010年的2.39%逐年上升至2019年的3.46%，2020年以来稍有回落。另外，从不良贷款率来看，2010年以后总

---

① 三项指标均大幅超过监管标准，因此其提升不存在受到监管压力影响。

② 特许权价值假说认为，对市场势力弱的银行来说，竞争意味着个体银行的特许权价值受到侵蚀，采取风险行为的成本变小，因此愿意在资本储备不足的情况下增加风险承担行为；相反，市场势力强的银行更加重视特许权价值，采取风险行为的成本较大，因此往往更"自律"，有意愿持有更高的资本水平和贷款损失准备水平，以减少风险承担行为。

体呈现缓慢上升并趋于稳定的状态,特别是 2016 年及以后五年的均值约为 1.79%。截至 2023 年,商业银行的平均拨备覆盖率为 205.14%,较 150% 的标准高出近 55 个百分点,而大型商业银行、股份行、城商行、农商行和外资银行的拨备覆盖率分别为 248.48%、219.07%、194.94%、134.37% 和 293.92%,除农商行外均明显高于 150% 的标准,具体如图 13-7 所示。

表 13-8 我国商业银行 2008—2023 年主要监管指标情况 (%)

年份	不良贷款率	拨备覆盖率	贷款拨备率
2008	2.40	116.40	2.79
2009	1.58	155.02	2.45
2010	1.10	217.70	2.39
2011	1.00	278.10	2.78
2012	0.95	295.51	2.81
2013	1.00	282.70	2.83
2014	1.25	232.06	2.90
2015	1.67	181.18	3.03
2016	1.74	176.40	3.07
2017	1.74	181.42	3.16
2018	1.83	186.31	3.41
2019	1.86	186.08	3.46
2020	1.84	184.47	3.39
2021	1.73	196.91	3.40
2022	1.63	205.85	3.36
2023	1.59	205.14	3.27

资料来源:国家金融监督管理总局网站。

	大型商业银行	股份行	城商行	农商行	外资银行
2019年	234.33%	192.97%	153.96%	128.16%	313.90%
2020年	215.03%	196.90%	189.77%	122.19%	367.87%
2021年	239.22%	206.31%	188.71%	129.48%	362.75%
2022年	245.04%	214.18%	191.62%	143.23%	301.97%
2023年	248.48%	219.07%	194.94%	134.37%	293.92%

图 13-7 我国商业银行 2019—2023 年的拨备覆盖率

资料来源:国家金融监督管理总局网站。

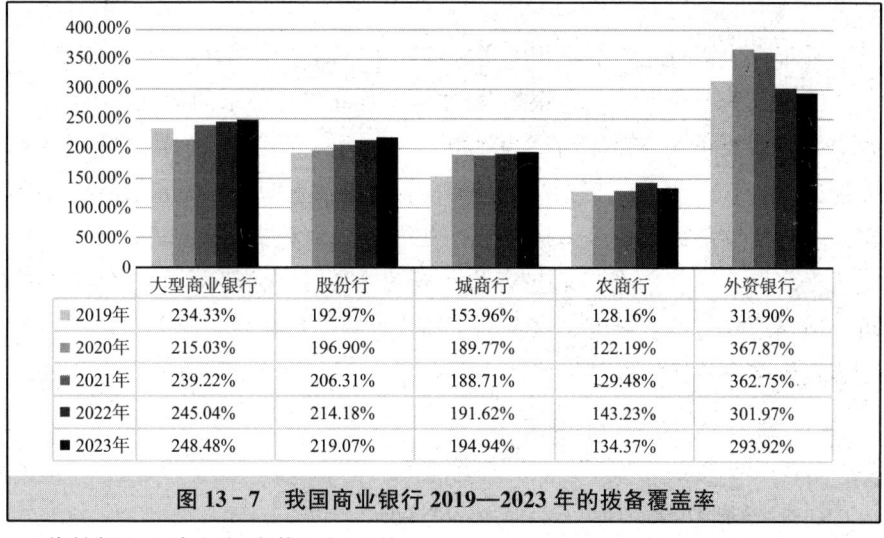

我国商业银行的平均拨备覆盖率大幅超过监管红线，不难推测肯定存在拨备计提严重超标的商业银行。笔者统计了2019—2023年拨备覆盖率排名前十的银行，见表13-9。银行维持超高拨备覆盖率，可以为抵抗后续风险做足准备，即在经营状况好的时候通过拨备"隐藏"当期利润，同时为后续年度的利润调节做铺垫。表13-9显示，这些拨备覆盖率远超同业平均水平的银行大多是中小银行，这折射出中小银行的生存压力，及防范后续风险、隐藏利润的倾向。此类银行由于成立不久、大部分业务仍处于探索期、风险尚未充分暴露等因素，资产质量表现相对优异；但同时，它们更有可能存在贷前调查严重不审慎、违规放贷、贷款五级分类不准确等重大风险问题。随着我国监管部门先后对互联网渠道异地扩张、存款定价等方面展开整治行动，中小银行的生存空间受到挤压，银行业两极分化态势势必更加显著。

具有超高拨备覆盖率的十家银行是否只是极端情况？通过对2009—2023年国泰安数据库所有银行进行分析及对其拨备覆盖率进行分组①统计，总览各分段银行家数占比情况，见表13-10。在2011—2013年，超过50%的银行拨备覆盖率超过300%，2021—2023年也有40%以上的银行处于300%以上的区间。2011—2023年拨备覆盖率超过150%的银行所占比例约为94%。尽管拨备覆盖率的监管红线是150%，"约为94%"表明绝大部分银行完成了监管目标，但是远超监管红线的银行仍然占大多数。那么长期维持超高拨备覆盖率是否存在隐患？对比世界多数国家的银行业拨备覆盖率低于100%，我国现行监管标准要求150%是否过高？

近年来，银行呼吁下调相关指标的呼声不断增大。直到2018年2月，中国银监会发布《调整商业银行贷款损失准备监管要求的通知》，将拨备覆盖率监管要求由150%调整为120%~150%，贷款拨备率监管要求由2.5%调整为1.5%~2.5%。时任中国银监会副主席的王兆星表示：中国银监会近期调整拨备覆盖率是由于过去几年银行经营状况较好，所以银行提了很多拨备，目前全行业拨备水平超过180%，远超国际水平。因此，可以适当地降低拨备要求。这有利于加快处置不良贷款，同时也使银行有更多资金来支持实体经济发展。

---

① 拨备覆盖率共分为五组：(-∞, 100%]、(100%, 120%]、(120%, 150%]、(150%, 300%]和(300%, +∞)。

第十三章　我国商业银行贷款拨备实务分析

表 13-9　我国商业银行 2019—2023 年拨备覆盖率前 10 名情况（%）

排名	2019年 银行名称	拨备覆盖率	排名	2020年 银行名称	拨备覆盖率	排名	2021年 银行名称	拨备覆盖率	排名	2022年 银行名称	拨备覆盖率	排名	2023年 银行名称	拨备覆盖率
1	瑞穗银行（中国）	4 935	1	盘谷银行（中国）	4 543	1	盘谷银行（中国）	8 601	1	盘谷银行（中国）	13 249	1	瑞穗银行（中国）	3 732
2	德意志银行（中国）	1 731	2	瑞穗银行（中国）	3 787	2	瑞穗银行（中国）	3 774	2	瑞穗银行（中国）	3 774	2	汇丰银行（中国）	1 558
3	深圳福田银座村镇银行	1 589	3	德意志银行（中国）	2 361	3	德意志银行（中国）	3 356	3	首都银行（中国）	1 310	3	德化联社	1 385
4	平潭农商银行	1 067	4	平潭农商银行	1 129	4	云安惠民村镇银行	2 416	4	平潭农商银行	1 103	4	平潭农商银行	1 069
5	东山联社	981	5	法国巴黎银行（中国）	993	5	平潭农商银行	1 139	5	德化联社	1 089	5	惠安联社	922
6	法国巴黎银行（中国）	944	6	德化联社	921	6	深圳福田银座村镇银行	1 092	6	天台农商银行	1 082	6	邵武联社	869
7	华安联社	938	7	龙岩农信社	869	7	德化联社	1 079	7	惠安联社	945	7	将乐联社	862
8	江山农商银行	936	8	苍南农商银行	860	8	法国巴黎银行（中国）	1 077	8	尤溪联社	859	8	尤溪联社	805
9	德化联社	908	9	惠安联社	834	9	江山农商银行	1 043	9	南安农商银行	857	9	东山联社	797
10	古田联社	899	10	天台农商银行	834	10	惠安联社	983	10	东山联社	841	10	上杭农商银行	787

资料来源：根据国泰安数据库整理。

表 13-10　我国商业银行 2009—2023 年拨备覆盖率各分段家数占比（%）

年份	(−∞, 100]	(100, 120]	(120, 150]	(150, 300]	(300, +∞)
2009	7	5	6	74	9
2010	2	4	2	56	36
2011	1	1	1	38	60
2012	0	0	1	42	57
2013	1	1	1	47	51
2014	1	1	1	62	35
2015	2	1	1	77	18
2016	1	1	2	79	17
2017	2	2	2	74	19
2018	3	3	7	59	28
2019	2	2	4	59	34
2020	2	1	9	53	34
2021	2	1	6	50	41
2022	1	1	7	51	41
2023	1	1	6	48	45

资料来源：根据国泰安数据库整理。

调降政策的发布表明相关部门已经关注到银行业过量计提拨备的问题。除了以上提到的调降原因，过量计提拨备更是指向了一个很明显的严重问题——银行通过计提拨备进行盈余管理。

为进一步加强金融企业财务管理、治理金融乱象，财政部金融司对 2006 年颁布的《金融企业财务规则》进行修订。2018 年 12 月发布的《金融企业财务规则（征求意见稿）》要求金融企业按照国家有关规定，结合自身财务状况和风险抵御能力，及时足额提取各项准备金。金融企业准备金计提不足的，原则上不得进行税后利润分配，因少计提准备金增加的利润不得用于发放奖金、增加分红。金融企业不得利用多计提准备金来隐藏利润。原则上，金融企业计提的准备金不得超过国家规定最低标准的 2 倍，如超过 2 倍，将超过部分于年终还原成未分配利润进行分配。同时还规定，金融企业主观故意通过提前或延迟确认收入，虚列或隐瞒收入，虚列、多列、不列或少列费用、成本等手段，虚增或隐瞒利润的，责令改正，处以虚增或隐瞒利润金额一倍以上五倍以下的罚款。涉嫌犯罪的，移交司法机关处理。2019 年 9 月，财政部发布了修订版《金融企业财务规则（征求意见稿）》，再次强调准备金若"超过国家规定最低标准的 2 倍"将被视为"隐藏利润"这一违法行为。

从上述分析可以得知，约有三分之一的银行有"隐藏利润"之嫌，但也仍有少数银行尚未达到监管要求。我国商业银行的贷款拨备计提实务不禁引发我们思考：一是，如今经济环境和行业发展迅速变化，国家每年调整的政策监管红线是否合理，制定的标准是否有充分的依据；二是，商业银行能否真正按照相关部门的标准去恰当估计贷款拨备且不会衍生出其他新问题，例如增大人为操控的空间从而损害会计透明性。无论是监管机构对政策的制定还是会计人员在实务中的操作，在很大程度上都会受到人为主观估计影响。今后是否可以利用大数据、人工智能和机器学习等技术来计提贷款拨备，有效地解决实务中的系列问题，无疑是一个值得探讨的问题。

第六节 贷款拨备整体计提质量评价

本节将以新的视角来考察我国商业银行贷款拨备的计提质量。关于贷款拨备的计提质量，学术界尚未有一致的定义。根据会计准则和监管政策，当前也没有具体统一的有效指标来评估贷款拨备的计提质量。本节将以数理统计为基础对贷款拨备计提质量进行深入分析，为相关政策制定者提供参考，同时为后文进一步使用机器学习来提高会计估计的准确性奠定基础。

目前，我国有关商业银行贷款拨备的主要监管指标是贷款拨备率和拨备覆盖率。还有一个与贷款拨备相关的指标是逾期90天以上贷款纳入不良贷款，用于衡量商业银行贷款分类偏离度。贷款拨备计提的准确性有赖于银行对贷款的准确分类，事实上这些指标并不能有效评价商业银行贷款拨备计提质量的好坏。学术界较多地使用"前瞻性"（下一年不良贷款变化额与本年贷款拨备计提数之比）、"及时性"（与"前瞻性"类似）和"准确性"（下一年核销金额与贷款拨备期末余额或本年贷款拨备计提数之比）等来衡量贷款拨备计提质量，也以回归方程中估计的系数变化来表示贷款拨备计提质量的提高或降低，但未有学者利用数量统计方法来直观地展示贷款拨备与实际损失之间的关联，也没有相关的专业研究报告对外公开披露二者的关系，因此本节将深入分析贷款拨备与核销金额之间的关系，并思考我国贷款拨备计提实务当前可以改进的地方，最后提出有益的政策建议。

一般而言，核销金额可以直接反映银行在贷款业务中客观发生的实际损失。下面将对贷款拨备与核销金额的关系进行探索，在一定程度上揭示我国商业银行贷款拨备计提质量。图13-8展示了我国商业银行贷款拨备当年计提额与核销金额之间的线性关系，图中横轴为贷款拨备当年计提额，纵轴为核销金额，其中核销金额有三种不同的衡量方式，分别为下一年核销（即未来一年核销金额）、累计两年核销（即连续未来两年核销金额之和）和累计三年核销（即连续未来三年核销金额之和）。由于商业银行计提贷款拨备通常是为了应对未来一年可能发生的损失，因此本节以下一年核销金额与贷款拨备当年计提额之间的关系作为对比的基线，并考虑到商业银行当年计提的贷款拨备未必在下一年度全部核销，于是同时设置了累计两年和累计三年的核销金额并将二者分别与贷款拨备当年计提额进行对比分析。图中体现的有益信息是我国商业银行当年计提的贷款拨备平均能承担多少年的贷款损失，在一定程度上可以直观地反映银行计提贷款拨备的准确性和审慎性。当贷款拨备当年计提额与下一年核销金额相等时，表示二者关系的直线的斜率应为 1（截距项忽略不计）。如图 13-8 所示，我国商业银行当年计提的贷款拨备足以支撑未来一两年的核销金额，可以起到一定的风险缓冲功能。类似地，图 13-9 展示了我国商业银行贷款拨备期末余额与核销金额之间的线性关系。不难发现，贷款拨备期末余额可以支撑未来三年以上的核销金额。从安全性角度来说，商业银行的保守计提行为具有较好的风险防范作用，但会损害会计透明性，也无法实现股东价值最大化。由于会计部门与监管机构的政策导向存在差异，这就导致贷款拨备计提面临多种因素的影响，而贷款拨备期末余额则是历年来贷款拨备计提的累积数额与核销金额不断动态变化的结果，因此可能会累积更多包含人为操纵动机的贷款拨备，而这种并不那么纯粹的数值将造成会计边界逐渐模糊。

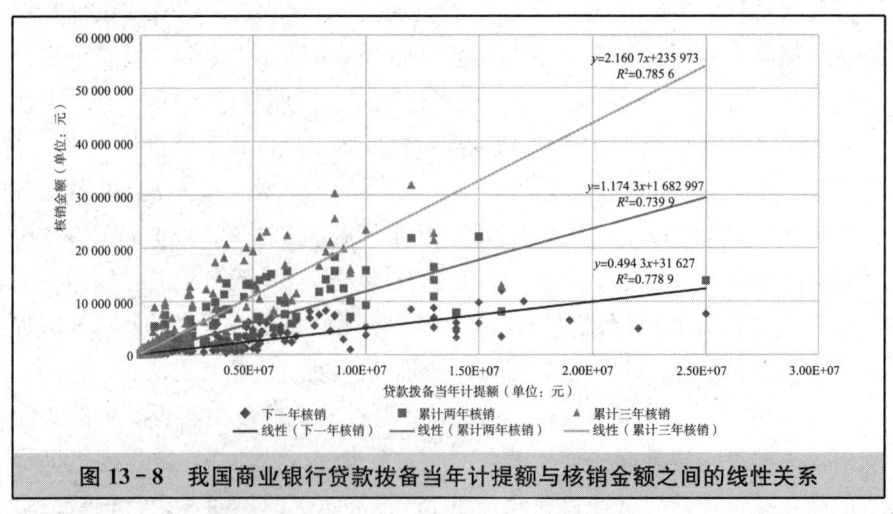

图 13-8　我国商业银行贷款拨备当年计提额与核销金额之间的线性关系

资料来源：国泰安数据库。

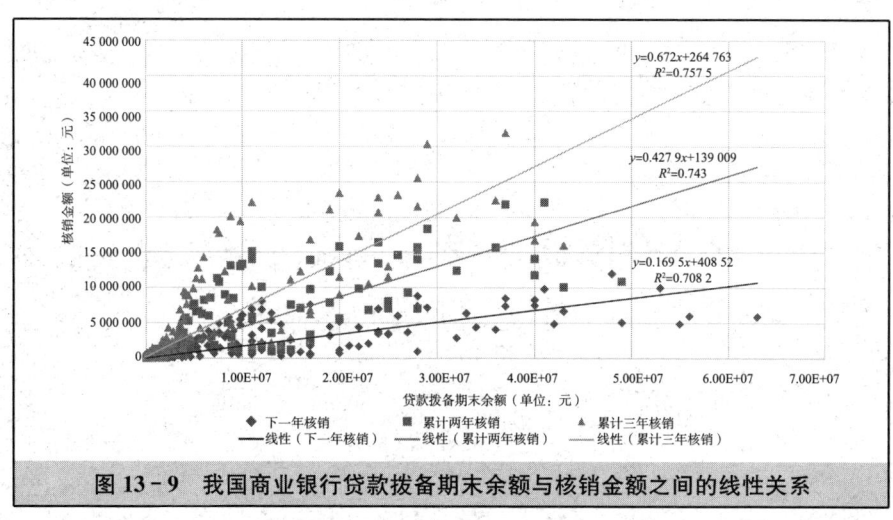

图 13-9 我国商业银行贷款拨备期末余额与核销金额之间的线性关系

资料来源：国泰安数据库。

第十四章　我国商业银行贷款拨备计提实务：周期效应研究

第一节　引　言

2008年，金融危机席卷全球，金融市场的波动通过信贷传导至实体经济，实体经济的震荡反过来进一步增加了金融体系的风险，构成了一个不断反馈的恶性循环。这一效应又被金融体系的顺周期性进一步放大。商业银行作为连接实体经济和金融业的重要媒介，在这一过程中扮演了重要的角色。具体来说，目前，国际通行的贷款拨备计提政策因基于历史导向而非未来导向被命名为"已发生损失模型"。该模型有显著的后顾性特征，容易受到经济周期的影响。该影响具体表现为：经济上行时期，贷款拨备延迟计提，而经济下行时期，频繁确认累积的贷款损失。该方法会进一步加剧信贷的周期效应，使得宏观经济的周期性波动更为剧烈。

国内外对贷款拨备的周期效应的关注度日益提高。G20在2009年4月的伦敦峰会上提出改善会计估计与拨备标准，共同建立一个高质量的全球会计准则，要求在经济上行时期计提足够的拨备，在经济下行时期减少拨备，以使市场恢复信心，促进经济复苏，从而使得新的监管制度减少而不是放大经济周期性波动。此外，BCBS对《巴塞尔协议Ⅱ》进行修订，出台《巴塞尔协议Ⅲ》，意在增强金融体系的稳健性，降低金融体系的顺周期性特点，将逆周期因子引入资本流动和流动性管理框架，并正式提出动态拨备制度。在动态拨备制度下，贷款拨备与宏观经济波动的关系呈现逆周期性，即在经济上行时期，基于已发生损失模型计提的贷款拨备较少，计提的动态拨备较多，在经济下行时期相反。在国内，中国银监会也在2011年出台《关于中国银行业实施新监管标准的指导意见》，建议在我国建立动态拨备制度。

基于现有贷款拨备计提模型的问题及其带来的经济后果的严重性，IASB 和 FASB 对贷款拨备计提模型进行进一步改良。2009 年 3 月，IASB 与 FASB 提出"预期信用损失"概念，该概念与"已发生损失"概念有明显的差异："已发生损失"概念的核心是贷款拨备计提首要考虑损失事件是否"已经发生"，具有明显的后顾性特征；然而，"预期信用损失"概念认为信用损失是信贷中必不可少的重要部分，在信贷发放之初需要先考虑预期信用损失。随后，2014 年 7 月，IASB 发布 IFRS 9。该准则于 2018 年 1 月 1 日生效，替代现有的 IAS 39。随着新准则的执行，"预期信用损失模型"取代了"已发生损失模型"。

显然，贷款拨备的周期效应及其经济后果受到的关注度日益提高，然而，国内学术界却鲜有文献探讨此项内容。因此，本章基于我国的政策制度背景，对我国商业银行的贷款拨备计提行为本身是否具有顺周期性，若存在该种效应，该顺周期性是否会传导至信贷市场，进一步导致信贷周期效应产生，从而放大经济的周期性波动进行了研究。此外，随着金融改革的深化，利率市场化和存款保险制度实质性推进，以及民营银行不断获得经营牌照，互联网金融的快速发展，传统银行的垄断地位受到了巨大的冲击，净利润连续下滑，部分银行甚至出现负增长现象，银行业的竞争度日益提高。那么，在不同的经济周期下，银行竞争度对银行贷款拨备与信贷关系的影响是否存在差异？考虑到我国商业银行的重要地位，银行竞争若进一步加剧宏观经济的周期性波动将对我国经济发展产生重大影响。因此，本章进一步分析了银行竞争对贷款拨备与信贷关系的影响。

本章的研究贡献包括如下方面：首先，银行通过计提贷款拨备放大信贷的顺周期性会导致宏观经济的周期性波动加剧，进一步危及金融市场以及经济稳定发展，那么，我国商业银行的贷款拨备是否存在周期效应？若存在，是否会扩大到信贷供给从而导致经济波动？遗憾的是，与之相关的研究成果匮乏。本章弥补了现有文献的不足，探讨了我国贷款拨备的周期效应的存在性以及贷款拨备与信贷关系的周期效应的存在性，为贷款拨备的周期效应研究提供部分理论支撑与数据支持。其次，本章进一步分析了银行竞争对贷款拨备与信贷关系的影响，有助于进一步探讨贷款拨备与信贷关系的周期效应的影响因素，从而为进一步探讨我国商业银行完善动态拨备制度、增强商业银行风险抵御能力提供成果支持。

本章的研究结果发现：第一，贷款拨备计提行为总体上随经济周期负向变动；第二，具体来看，在经济上行时期，商业银行非自由裁量贷款拨备与信贷增长率负相关，但在经济下行时期，商业银行非自由裁量贷款拨备与信贷增长率无关；第三，进一步分析发现，在经济上行时期，银行竞争度对贷款拨备和信贷关系的顺周期性具有显著的正向影响，但是，在经济下行时期，银行竞争度对贷款拨备与信贷的关系没有显著影响。

第二节　文献综述

在后顾式计提现状下，贷款拨备特别是非自由裁量贷款拨备的经济后果会进一步放大顺周期性。这种不利影响在金融危机后逐渐显露。国内外文献研究贷款拨备的顺周期性特征，一般包含两种顺周期性：一种是贷款拨备计提行为的顺周期性，即贷款拨备计提是否与经济周期反向变动；另一种是贷款拨备管理对信贷供给的顺周期性影响，即贷款拨备是否与信贷供给反向变动。此外，在我国特殊的背景下，银行竞争度的提高有可能会进一步影响贷款拨备与信贷的关系，从而加剧经济波动。因此，本章的文献综述分贷款拨备与经济周期、贷款拨备与信贷的周期效应以及银行竞争与信贷供给三部分开展。

一、贷款拨备与经济周期

基于不同的经济背景，学者们对不同经济体的贷款拨备与经济周期关系的研究结论不一。Borio 等（2001）在研究中以 10 个 OECD 国家[①] 1980—1990 年的数据为研究对象，发现贷款拨备与经济周期显著负相关。Caporale 等（2015）进一步将贷款拨备按其计提的主观能动性分解为自由裁量部分和非自由裁量部分，发现意大利银行贷款拨备的非自由裁量部分与经济周期负相关，在经济危机时更为显著。然而，在新兴经济体方面，结论有所不同。Angklomkliew 等（2009）探讨了亚洲区域性银行在次贷危机后的贷款拨备情况，他们以 1998—2008 年的数据为研究对象，发现 8 个亚洲国家[②]的贷款拨备计提都有显著的逆周期特征。

贷款拨备不但是贷款资产损失的资本缓冲机制，而且是商业银行的早期预警机制（丁友刚和岳小迪，2009）。我国宏观货币政策调控力度大、信贷供给非市场化决定的研究背景与其他经济体的研究背景有显著区别，因此，基于我国特殊的背景，对我国商业银行贷款拨备计提的周期效应展

[①] 美国、日本、德国、意大利、英国、西班牙、澳大利亚、瑞典、芬兰、挪威。
[②] 中国、印尼、印度、韩国、马来西亚、菲律宾、新加坡、泰国。

开研究对稳定经济发展以及银行的持续经营具有重要意义。然而，由于我国商业银行在早期市场化程度低，信息披露机制不完善，国内关于贷款拨备与经济周期关系的研究成果匮乏。孙天琦和杨岚（2005）分析了2000—2004年五家上市银行①的贷款拨备计提情况，研究发现，在计提比例方面大多没有体现显著的周期性，但在经济上行时期存在少计提的可能。许友传等（2011）提出了一种动态和前瞻的贷款拨备计提方法，该方法能够使对贷款拨备计提的监管更加现实，并且能降低贷款拨备管理导致的潜在周期效应的作用。上述研究成果对我国商业银行贷款拨备的顺周期性及其应对方法有一定的认识和启示意义。

二、贷款拨备与信贷的周期效应

银行计提贷款拨备可能会通过银行信贷渠道影响宏观经济的稳定，因此，贷款拨备与信贷关系的周期效应受到实务界和学术界的关注。有学者研究了信贷活动的周期效应。Lown 和 Morgan（2006）在研究中探讨了GDP增长率、通货膨胀、货币因素与商业银行信贷活动的关系，发现了信贷活动的顺周期效应。此外，Caporale 等（2013）的研究表明在2008—2009年、2011—2012年经济下行时期，意大利的商业银行出现了不良贷款盈余情况，即出现了超出财务因素以及宏观经济因素预期决定的不良贷款，原因之一是在经济上行时期扩张性放贷政策导致的不良贷款在经济下行时期开始显露。

关于贷款拨备周期效应与信贷周期效应的研究成果较为稀缺且众说纷纭，而且以国外成果为主。部分学者认为贷款拨备的周期效应会通过对资本充足率的影响来加剧信贷周期效应。资本充足率影响信贷的周期效应本质上支持资本紧缩理论。具体而言，在经济上行时期，银行计提的贷款拨备不足，在经济下行时期，银行利润下滑，贷款拨备难以弥补经济下行时期的信贷损失，因此，银行不得不动用资本来核销部分信贷损失，从而导致银行的监管资本减少以及资本充足率下降，为了满足监管资本要求，银行会减少信贷供给（Bouvatier and Lepeti，2008）。Bushman 和 Williams（2012）进一步融合了融资约束和资本紧缩理论，研究发现，在经济下行时期，市场受到权益融资约束，银行由于延迟确认预期信用损失资本充足率下降，在这种双重效应的影响下，银行会减少信贷供给。然而，有学者提出信贷的周期效应是多重因素共同作用的结果。Bikker 和 Hu（2002）认

---

① 招商银行、浦发银行、民生银行、华夏银行和深圳发展银行。

为信贷的周期效应是贷款拨备政策、供给因素以及其他宏观因素多重影响下的经济后果。

三、银行竞争与信贷供给

现有研究证明，银行竞争与信贷供给具有相关性。Leon（2015）通过计算三个非结构性测度（Boone 指标、Lerner 指数和 H 统计量）来评价银行竞争度。研究结果表明，银行竞争能够缓解信贷约束。部分学者研究发现，银行竞争度与信贷供给在经济上行时期和经济下行时期的变动具有异质性。具体而言，在经济上行时期，银行竞争度对信贷供给产生正向的影响，而在经济下行时期，银行竞争度对信贷供给产生负向的影响。Ruckes（2004）的研究发现，在经济上行时期，扩张中的低筛选活动在放贷机构之间造成了激烈的价格竞争，贷款发放质量较低，其后，随着经济前景恶化，价格竞争减弱，信贷标准显著收紧。Saurina（2009）集中研究了经济上行时期银行竞争度和信贷供给的关系，而 Sääskilahti（2016）集中研究了经济下行时期银行竞争度和信贷供给关系的变动情况。Saurina（2009）的研究表明，在经济上行时期，竞争度的提高会使得信贷供给过度增加，提倡宽松的信贷政策并且将来的贷款违约率显著提高。Sääskilahti（2016）在研究中使用了芬兰的银行数据，研究发现，金融危机爆发后，在经济下行时期，银行每月新增企业贷款减少但平均贷款利润率上升，进一步分析发现，在危机前竞争更激烈的银行的贷款量减少但平均贷款利润率上升幅度更大。

此外，有学者从银行市场势力的角度分析了银行竞争度与信贷供给的关系。Fungáčová 和 Weill（2014）研究了 2002—2010 年银行竞争对欧元区国家银行借贷行为的影响。研究发现，银行竞争度会影响贷款供给对货币政策的反应。具体而言，对市场势力较强的银行来说，货币政策通过银行贷款渠道传导的效果不那么明显，而市场势力较弱的银行只在金融危机之前对货币政策更加敏感。

在有关银行竞争与信贷供给的现有文献中，以国外的研究成果为主，缺乏专门针对我国经济周期对银行竞争与信贷供给关系的影响的研究成果。对该空白的填补在我国银行业市场化的大背景下尤为重要，有利于了解我国商业银行的竞争是否会对信贷产生影响从而加剧宏观经济的周期性波动。

第三节 研究假设及研究设计

一、研究假设

根据 IAS 39 的要求，银行需要针对"已知的未知"风险对贷款计提拨备。具体而言，在资产负债表日，有客观证据证明贷款已发生减值才能计提贷款拨备，该方法被称为"已发生损失模型"（丁友刚和王彬彬，2017）。此外，我国目前适用的《金融企业准备金计提管理办法》要求银行对贷款资产进行合理估计和判断，对预期未来现金流现值低于账面价值的部分计提贷款拨备以弥补贷款损失，不对未来损失计提贷款拨备，这种方法明显属于后顾式计提方法。无论是 IAS 39 要求使用的"已发生损失模型"还是我国《金融企业准备金计提管理办法》的后顾式计提方法，本质上均会导致贷款拨备计提的滞后。贷款拨备计提的滞后是造成贷款拨备"顺周期性"后果的关键因素。具体而言，经济上行时期，由于使用"已发生损失模型"需要有客观证据证明贷款已发生减值并且"已知的未知"风险发生的概率和金额难以估算，对经济下行时期的损失预计的及时性和准确性降低，因此，经济上行时期计提的贷款拨备无法覆盖经济下行时期产生的损失，表现出显著的"顺周期性"（丁友刚和王彬彬，2017）。基于此，本章提出如下假设：

H1：我国商业银行贷款拨备与经济周期负向变动。具体而言，在经济上行时期，银行贷款拨备计提少，在经济下行时期，银行贷款拨备计提多。

经济上行时期，后顾式计提方法导致信贷快速增长。具体而言，经济上行时期，非自由裁量贷款拨备计提少使得资本充足率较高，从而提高了信贷增长率。然而，经济上行时期的贷款质量没有考虑未来经济下行时期的潜在损失，因此，在经济下行时期，银行无法及时对经济周期的转换做出应对，经济上行时期累积的贷款质量恶化会对银行体系产生重大冲击（孙天琦和张观华，2008）。具体来说，经济下行时期，由于经济上行时期所遗留的风险的出现，银行信贷损失严重，资本充足率急剧下降，为了应对资本监管要求，银行会减少信贷，然而，银行信贷的减少会进一步加剧经济衰退（刘斌，2005）。此时，为了支持经济发展，政府干预将对信贷起关键性的影响作用。基于我国银行业股权结构的特殊性、银行业对实体经济的传导机制，以银行为通道调控实体经济是政府最直接的宏观调控手段之一。例如，2008

年推出 4 万亿元经济刺激政策①以及金融危机发生后连续四次降息导致 GDP 增速迅速下降与银行贷款增速快速提高一同出现。

基于以上情况，本章提出在经济周期的不同阶段，我国贷款拨备计提对信贷的周期效应具有异质性的假设。具体而言，在经济上行时期，银行信贷受到政府干预的影响甚微，非自由裁量贷款拨备与信贷增长表现出一定的顺周期性；然而，在经济下行时期，由于受到政府干预的影响，贷款拨备并非影响信贷的关键因素，此时，银行非自由裁量贷款拨备与信贷增长可能无关。因此，本章提出如下假设：

H2a：在经济上行时期，商业银行非自由裁量贷款拨备与信贷增长率负相关。

H2b：在经济下行时期，商业银行非自由裁量贷款拨备与信贷增长率没有显著关系。

根据资本紧缩理论，资本充足率会影响信贷发放。此外，贷款拨备对资本充足率有重要的影响作用。因此，贷款拨备可能会通过对资本充足率的调整来影响信贷发放。此外，银行竞争度会对贷款供给及损失确认产生影响。Bushman 等（2016）的研究表明，竞争越激烈，贷款损失确认的及时性越低。Saurina（2009）的研究表明，在经济上行时期，竞争度的提高会使得信贷供给过度增加，并提倡宽松的信贷政策。信贷增长率的提高可能是银行竞争促使银行调整贷款拨备从而影响资本充足率的结果。

贷款拨备政策以及其他宏观因素共同作用会影响信贷的周期效应（Bikker and Hu，2002）。在经济下行时期，在我国特殊的金融体系下，政府会通过干预信贷渠道来缓解宏观经济不景气问题。因而，尽管贷款拨备急剧增加导致银行资本紧缩，但信贷增量受到政府干预的影响可能不减反增。换言之，在经济下行时期，由于受到政府干预的作用，银行竞争度对贷款拨备与信贷的关系可能没有显著影响。基于此，本章提出如下假设：

H3a：在经济上行时期，银行竞争度对银行贷款拨备和信贷的关系顺周期性具有显著的正向影响。

H3b：在经济下行时期，银行竞争度对银行贷款拨备和信贷的关系没

---

① 2008 年 11 月，为应对金融危机，中央政府推出扩大内需、促进经济平稳增长的十项措施，到 2010 年底约投资 4 万亿元。同一时期地方政府也推出 18 万亿元的投资方案。随后中国政府不断完善和充实应对金融危机的政策措施，形成一揽子计划。本章所指 4 万亿元经济刺激政策，并不是指 4 万亿元投资本身，而是指中国政府出台的公共投资、货币、财政、产业等一系列经济刺激政策。

有显著影响。

二、模型设计

基于 H1，本章借鉴 Ahmed 等（1999）、Bouvatier 和 Lepetit（2008）的研究思路，建立如下模型：

$$LLP_{i,t} = \alpha_0 + \alpha_1 \times LLP_{i,t-1} + \alpha_2 \times cycleGDP_{i,t} + \alpha_3 \times NPL_{i,t}$$
$$+ \alpha_4 \times NPL_{i,t+1} + \alpha_5 \times LOAN_{i,t} + \alpha_6 \times EBPT_{i,t}$$
$$+ \alpha_7 \times CAP_{i,t} + \alpha_8 \times HCAP_{i,t} + \alpha_9 \times SIGN_{i,t} + \varepsilon_{i,t}$$

(14-1)

模型（14-1）中的变量解释如表 14-1 所示。

表 14-1 贷款拨备周期效应模型的变量定义

变量	变量解释
LLP	拨备计提比例，为当期计提的贷款拨备与当期贷款总额的比值
LLP_{t-1}	被解释变量的滞后一期
$cycleGDP$	各银行所在省份 GDP 增长率的周期成分（%）
NPL	当期不良贷款率，为不良贷款余额与贷款总额的比值
NPL_{t+1}	$t+1$ 期不良贷款率，反映预期贷款损失
$LOAN$	贷款总额与总资产的比值
$EBPT$	拨备前税前利润与总资产的比值
CAP	资本充足率
$HCAP$	核心资本充足率
$SIGN$	t 期拨备前税前利润与 $t-1$ 期拨备前税前利润之差与总资产平均余额的比值

贷款拨备是在对贷款损失进行分析以及评估后计提的，具备人为主观判断特征。由于管理层在贷款拨备计提时具有自由裁量权，国内外学者在研究中把贷款拨备计提的影响因素划分为非自由裁量因素和自由裁量因素两部分。非自由裁量因素决定的贷款拨备不因管理层主观能动性而改变，一般包括预期贷款损失。非自由裁量因素包含宏观层面的经济周期性波动以及微观层面的银行信用风险，使用贷款规模以及不良贷款率来度量银行信贷的预期信用风险。管理层为达到某种特定目的而计提的贷款拨备被认为是自由裁量因素决定的贷款拨备。其中，该特定目的涵盖了利润平滑、

资本管理以及信号传递三方面。上述三方面主要用拨备前税前利润、资本充足率、核心资本充足率、拨备前税前利润增长率与贷款拨备的相关系数来衡量。此外，由于贷款拨备的动态调整会影响下一期的贷款拨备调整，因此，本章加入贷款拨备的滞后一期为解释变量来展开研究。

以往考察银行贷款拨备的周期效应的研究在衡量经济周期时一般使用全国 GDP 增长率的原始序列作为代理变量。该衡量方法实则是一种静态因果判断法。正如刘金全等（2007）在研究中发现，通过静态因果判断的原始序列成分分析难以进一步考察数据的纵向动态变化特征。因此，本章借鉴 Stock 和 Watson（1987）的研究思路，采用 H-P 滤波法（Hodrick and Prescott, 1997）将 GDP 增长率原始序列分解为趋势成分和周期成分。其中，周期成分代表变量偏离其趋势的离差。基于此，以 GDP 增长率的周期成分作为衡量经济周期的代理变量更加恰当。GDP 增长率的周期成分代表了宏观经济波动状况，以"已发生损失"为基础计提的贷款拨备和经济周期具有负向关系，换言之，贷款拨备具有顺周期特征。基于此，本章预期 GDP 增长率的周期成分系数显著为负。此外，由于全国 GDP 增长率属于时间序列数据，数据量少而且在实证检验中容易导致多重共线性，因此，本章对四大行①以及 12 家全国性股份制商业银行②采用全国 GDP 增长率，对地方性银行则采用银行总行所在省份的 GDP 增长率。

本章借鉴 Bouvatier 和 Lepetit（2008）的研究设计，构建如下模型以验证 H2a 和 H2b。鉴于中国商业银行的特殊情况，本章将总样本按照经济周期划分为经济上行时期的和经济下行期的。通过模型对分样本进行回归，检验贷款拨备对银行信贷增长率的影响在不同的经济背景下是否存在差异。

$$Dloan_{i,t} = \beta_0 + \beta_1 \times Dloan_{i,t-1} + \beta_2 \times NDISCLLP_{i,t} + \beta_3 \\ \times DISCLLP_{i,t} + \beta_4 \times CAP_{i,t} + \beta_5 \times HCAP_{i,t} + \beta_6 \\ \times \ln Assets_{i,t} + \beta_7 \times cycleGDP_{i,t} + \beta_8 \times Ddeposits_{i,t} \\ + \beta_9 \times Lrat_{i,t} + \beta_{10} \times Inflation_{i,t} + \beta_{11} \times Depositreserve_{i,t} \\ + \gamma_{i,t} \tag{14-2}$$

本章参考董进（2006）以及 Hodrick 和 Prescott（1997）的研究成果使用 H-P 滤波法来划分经济周期，趋势图如图 14-1 所示。2002—2016

---

① 具体包括：中国工商银行、中国农业银行、中国银行、中国建设银行。
② 具体包括：招商银行、浦发银行、中信银行、光大银行、华夏银行、民生银行、广发银行、兴业银行、平安银行、浙商银行、恒丰银行、渤海银行。

年，全国 GDP 增长率的周期成分在 2007 年以及 2010 年两次达到波峰。但是，2007 年属于实体经济处于发展顶峰所形成的波峰，而 2010 年是由宏观货币调控政策引起的。因此，本章设置虚拟变量 $Boom$ 衡量经济周期。其中，将 2002—2007 年划分为经济上行时期，此时，$Boom=1$；将 2008—2016 年划分为经济下行时期，此时，$Boom=0$。

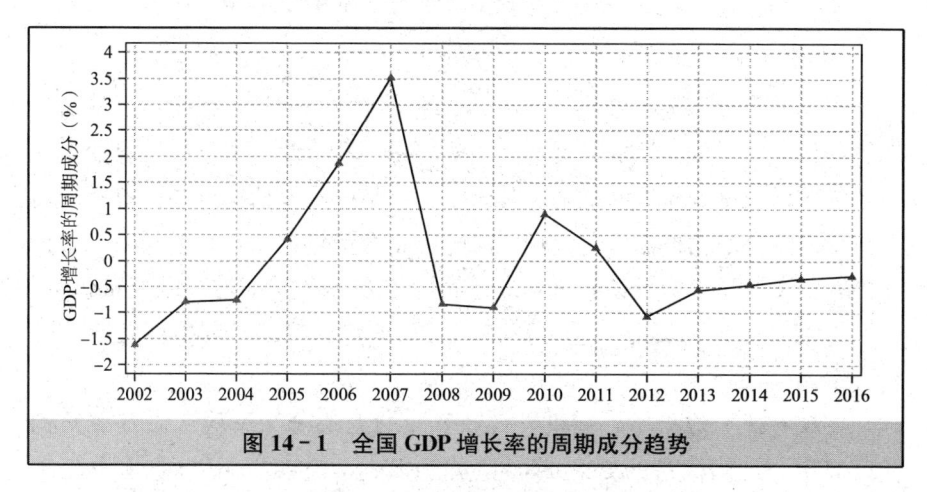

图 14-1 全国 GDP 增长率的周期成分趋势

模型（14-2）中的一些变量解释如表 14-2 所示。

表 14-2 贷款拨备与信贷关系的周期效应的变量定义

变量	变量解释
$Dloan$	贷款增长率（%），为 t 期贷款余额与 $t-1$ 期贷款余额之差与 $t-1$ 期贷款余额的比值
$Dloan_{t-1}$	被解释变量的滞后一期
$NDISCLLP$	非自由裁量贷款拨备
$DISCLLP$	自由裁量贷款拨备
$\ln Assets$	总资产的自然对数
$Ddeposits$	存款增长率（%），$Ddeposits=(Ddeposits_t-Ddeposits_{t-1})/0.5(Assets_t+Assets_{t-1})$（Bouvatier and Lepetit，2008）
$Lrat$	中国人民银行一年期贷款基准利率（%）
$Inflation$	通货膨胀率（%）
$Depositreserve$	存款准备金率（%）
$Boom$	2002—2007 年，$Boom=1$；2008—2016 年，$Boom=0$

假定 $DISCLLP$ 和 $NDISCLLP$ 都是模型（14-1）中相关变量的线性函数（Bouvatier and Lepetit，2008），根据模型（14-1）的估计结果计算

NDISCLLP 和 DISCLLP：

$$NDISCLLP_{i,t} = \alpha_1 \times LLP_{i,t-1} + \alpha_2 \times cycleGDP_{i,t} + \alpha_3 \\ \times NPL_{i,t} + \alpha_4 \times NPL_{i,t+1} + \alpha_5 \\ \times LOAN_{i,t} \quad (14-3)$$

$$DISCLLP_{i,t} = \alpha_6 \times EBPT_{i,t} + \alpha_7 \times CAP_{i,t} + \alpha_8 \times HCAP_{i,t} \\ + \alpha_9 \times SIGN_{i,t} \quad (14-4)$$

银行的贷款调整一般被认为是货币政策调整的信号，银行本期的信贷总量的变动会对下一期的信贷产生调整压力，基于此，本章在解释变量中加入贷款增长率的滞后一期来展开研究。控制变量包括银行层面以及宏观经济层面两个层面的变量。银行层面的控制变量包括：存款增长率、银行规模、资本充足率以及核心资本充足率。宏观经济层面的控制变量包括：GDP 增长率的周期成分、通货膨胀率、一年期贷款基准利率以及存款准备金率。

在现有研究成果中，衡量银行竞争度的方法分为结构法以及非结构法。其中，结构法是以传统 SCP 范式为基础，主要采用行业集中度指标，如 CR_n、HHI 指数来衡量银行竞争度。CR_n 是指市场中规模排前 n 名的竞争主体代表的市场份额，而 HHI 则以市场中所有竞争主体分别占市场总收入（或总资产）的百分比的平方和来衡量。结构法通过衡量银行集中度来判断市场竞争度，是一种间接衡量方法，但非结构法可以直接衡量不同竞争度下银行的行为特征（边文龙等，2017）。非结构法指标是基于银行个体竞争行为，估计反映银行竞争度的参数，包括 Lerner 指数（Lerner，1934）和 H 指数（Panzar and Rosse，1987）。H 指数和 Lerner 指数均可代表银行在市场上的价格行为，但使用 H 指数时只能在宏观数据的基础上估算银行业的整体竞争度，使用 Lerner 指数时却能在微观面板数据的基础上计算银行个体的竞争度，Lerner 指数更能反映微观信息的变化情况（杨天宇和钟宇平，2013）。因此，本章选取 Lerner 指数来衡量银行个体的竞争度，刻画银行个体的竞争行为。

Lerner 指数的取值为 0 到 1，银行个体的竞争度越高，定价能力越低，价格与边际成本越接近，Lerner 指数越小。当银行处于完全竞争状态时，Lerner 指数取 0；当银行处于完全垄断状态时，Lerner 指数取 1。换言之，银行竞争度越高，Lerner 指数越小。

本章通过设置交乘项，将 Lerner 指数转变为哑变量 $XLerner$，以衡量银行个体竞争度对贷款拨备与信贷关系的周期效应的影响。Lerner 指数在中位数以上时，$XLerner=1$，否则 $XLerner=0$。为了检验 H3a 以及 H3b，本章构建如下模型：

$$\begin{aligned}Dloan_{i,t} = &\gamma_0 + \gamma_1 \times Dloan_{i,t-1} + \gamma_2 \times NDISCLLP_{i,t} \\ &+ \gamma_3 \times DISCLLP_{i,t} + \gamma_4 \times XLerner_{i,t} \\ &+ \gamma_5 \times XLerner_{i,t} \times NDISCLLP_{i,t} + \gamma_6 \times CAP_{i,t} \\ &+ \gamma_7 \times HCAP_{i,t} + \gamma_8 \times LnAssets_{i,t} + \gamma_9 \times cycleGDP_{i,t} \\ &+ \gamma_{10} \times Ddeposits_{i,t} + \gamma_{11} \times Lrat_{i,t} + \gamma_{12} \times Inflation_{i,t} \\ &+ \gamma_{13} \times Depositreserve_{i,t} + \varepsilon_{i,t} \end{aligned} \quad (14-5)$$

三、样本选取

2001 年,《金融企业呆账准备提取及呆账核销管理办法》实施，这意味着适用于我国金融企业的统一的呆账准备金制度的建立。基于此，本章以 2002—2016 年 Bankscope 数据库中的上市以及非上市银行为研究样本。Bankscope 数据库中部分数据缺失，但缺失部分已通过公开披露的财务报表搜集。本章按以下规则对研究样本进行进一步筛选：第一，剔除三大政策性银行的数据；第二，保证研究样本中的每一家银行至少有连续三年的数据，否则剔除。经过筛选后得到 88 家商业银行 2002—2016 年的非平行面板数据。另外，通货膨胀率、贷款基准利率、存款准备金率和经济周期数据来源于《中国金融年鉴》《中国统计年鉴》以及中国人民银行官网。为了消除异常值的影响，本章对所有的连续变量分别进行了上下 1% 的缩尾调整。

银行可能出于平滑利润等因素考虑贷款拨备的前期计提金额的影响以及前期信贷量来发放信贷，贷款拨备计提有明显的动态调整特征，基于此，应当构建动态面板模型。由于动态面板模型中的解释变量包括被解释变量的滞后项以及滞后项与随机误差项可能相关而产生内生性问题，模型估计的有效性将会受到影响，因此，本章使用可解决内生性问题的系统广义矩估计法来对动态面板模型展开统计估计并采用稳健标准误来衡量其合理性。此外，需要进行自相关检验和 Sargan 检验，以确保模型不存在自相关性以及模型中的所有工具变量均有效。我们分别通过自相关系数 AR（1）和 AR（2）的 p 值以及 Sargan 统计量的 p 值进行检验。

第四节 实证结果分析

表 14-3 是描述性统计结果。由表 14-3 可知：LLP 的均值（中位数）为 0.009 0（0.007 1），$cycleGDP$ 的均值（中位数）为 $-0.318\ 9$（$-0.348\ 0$），NPL 的均值（中位数）为 0.018 9（0.010 8），$LOAN$ 的均值（中位数）为 0.479 2（0.489 4），CAP 的均值（中位数）为 0.140 1（0.126 1），$NDISCLLP$ 的均值（中位数）为 0.008 2（0.005 1），$DISCLLP$ 的均值（中位数）为 0.006 8（0.006 5），Lerner 指数的均值（中位数）为 0.637 3（0.658 0）。

表 14-3 描述性统计结果

	均值	标准差	最小值	中位数	最大值
LLP	0.009 0	0.008 9	$-0.037\ 2$	0.007 1	0.069 1
$cycleGDP$	$-0.318\ 9$	1.596 0	$-11.097\ 4$	$-0.348\ 0$	4.043 8
NPL	0.018 9	0.040 8	$-0.005\ 4$	0.010 8	0.680 0
$LOAN$	0.479 2	0.112 1	0.142 7	0.489 4	0.868 7
$Dloan$	0.092 5	0.068 3	$-0.261\ 4$	0.082 1	0.572 2
$EBPT$	0.018 9	0.010 0	0.000 1	0.018 4	0.176 1
CAP	0.140 1	0.143 7	$-0.039\ 8$	0.126 1	4.460 0
$HCAP$	0.134 2	0.393 6	$-0.039\ 7$	0.106 8	11.730 0
$SIGN$	0.005 4	0.010 0	$-0.137\ 1$	0.004 8	0.192 2
$NDISCLLP$	0.008 2	0.015 7	$-0.003\ 7$	0.005 1	0.214 2
$DISCLLP$	0.006 8	0.004 2	$-0.016\ 6$	0.006 5	0.077 5
$Ddeposits$	0.163 2	0.191 4	$-1.088\ 3$	0.160 2	1.069 6
$lnAssets$	18.760 8	1.741 2	11.951 0	18.416 8	23.920 4
$Lrat$	0.060 3	0.004 8	0.053 1	0.059 7	0.072 0
$Inflation$	0.026 2	0.018 3	$-0.008\ 0$	0.026 0	0.059 0
$Depositreserve$	0.180 3	0.035 0	0.060 0	0.200 0	0.207 1
Lerner 指数	0.637 3	0.120 5	0.040 4	0.658 0	0.909 4

表 14-4 为模型（14-1）的 Spearman 相关性分析。其中，$cycleGDP$ 与 LLP 在 1‰的显著性水平上负相关（-0.156），初步证明贷款拨备与经济周期负向变动。表 14-5 为模型（14-2）的 Spearman 相关

表 14-4 贷款拨备的周期效应的相关性分析

	LLP	LLP_{t-1}	cycleGDP	NPL	NPL_{t+1}	LOAN	EBPT	CAP	HCAP	SIGN
LLP	1									
LLP_{t-1}	0.414***	1								
cycleGDP	−0.156***	−0.007	1							
NPL	0.147***	0.115***	−0.033	1						
NPL_{t+1}	0.107***	0.080***	−0.032	0.829***	1					
LOAN	−0.029	0.063***	0.135***	0.026	−0.021	1				
EBPT	0.316***	0.299***	−0.094***	0.022	0.001	0.080**	1			
CAP	−0.052**	−0.129***	−0.025	−0.056*	−0.040	−0.087***	−0.013	1		
HCAP	−0.016	−0.001	−0.015	−0.013	−0.005	−0.005	0.024	0.372***	1	
SIGN	0.199***	0.104***	−0.007	0.032	0.012	−0.035	0.660***	0.021	−0.007	1

注：***、**、*表示相关系数分别在1％、5％和10％的显著性水平上显著。下同。

表 14-5 贷款拨备与信贷关系的周期效应的相关性分析

	Dloan	$Dloan_{t-1}$	NDISCLLP	DISCLLP	cycleGDP	CAP	HCAP	Ddeposits	lnAssets	Lrat	Inflation	Depositreserve
Dloan	1											
$Dloan_{t-1}$	0.380***	1										
NDISCLLP	−0.051**	−0.081	1									
DISCLLP	0.123	0.055	0.015	1								
cycleGDP	0.161***	0.200***	0.007	−0.088***	1							
CAP	−0.163***	−0.119***	−0.150***	0.060	−0.034	1						
HCAP	−0.057	−0.029	0.003	0.450***	−0.029	0.369***	1					
Ddeposits	0.505***	0.367***	−0.056	−0.090***	0.242***	−0.022	−0.018	1				
lnAssets	−0.117***	−0.145***	−0.011	−0.038	−0.059**	−0.185***	−0.086***	−0.034	1			
Lrat	−0.093***	−0.010	−0.040	−0.100***	0.023	0.036	0.027	−0.035	−0.091***	1		
Inflation	−0.078***	0.173***	−0.033	−0.002	0.351***	0.068*	0.019	0.171***	−0.121***	0.712***	1	
Depositreserve	−0.250***	−0.152***	−0.250***	0.094***	−0.353***	0.102***	0.057	−0.138***	0.037	0.122***	0.006	1

性分析。其中，$NDISCLLP$ 与 $Dloan$ 在 5% 的显著性水平上负相关（－0.051），换言之，非自由裁量贷款拨备与贷款增长率之间可能存在负向关系。部分解释变量之间存在一定的相关性。为检验模型是否存在严重的共线性问题，计算模型的方差膨胀因子，结果显示各变量的方差膨胀因子都小于 5，方差膨胀因子的均值都小于 3。因此，模型不存在严重的多重共线性问题。

表 14-6 列示了模型（14-1）的回归结果。回归结果显示，LLP_{t-1} 的系数显著为正（$Boom=1$ 时，系数为 0.482；$Boom=0$ 时，系数为 0.133），这表明银行确实有动态调整各期贷款拨备的行为。$cycleGDP$ 的系数在 1% 的显著性水平上显著为负（$Boom=1$ 时，系数为 －0.001，$Boom=0$ 时，系数为－0.001），这与 H1 的预期一致。因此，模型（14-1）的检验结果验证了 H1，即商业银行的贷款拨备计提行为确实具有明显的顺周期性。

表 14-7 列示了模型（14-2）的回归结果。在分组研究中，在经济上行时期（$Boom=1$），$NDISCLLP$ 的系数在 1% 的显著性水平上为负（－1.138），验证了 H2a；在经济下行时期（$Boom=0$），$NDISCLLP$ 的系数不显著，验证了 H2b。因此，在经济上行时期，我国商业银行的贷款拨备计提行为对信贷增速存在明显的顺周期效应；在经济下行时期，我国商业银行的贷款拨备计提行为对信贷增速没有显著影响。

表 14-6 模型（14-1）的回归结果

	(1) $Boom=1$ LLP	(2) $Boom=0$ LLP
LLP_{t-1}	0.482*** (3.71)	0.133** (2.06)
$cycleGDP$	－0.001*** (－3.01)	－0.001*** (－2.95)
NPL	0.055** (2.36)	0.076*** (3.01)
NPL_{t+1}	0.016 (0.75)	0.049** (2.53)
$LOAN$	0.009 (0.56)	－0.002 (－0.54)
$EBPT$	0.183 (0.83)	0.258*** (3.29)

续表

	(1) $Boom=1$ LLP	(2) $Boom=0$ LLP
CAP	−0.019 (−0.49)	0.007 (0.85)
$HCAP$	0.041 (1.02)	−0.004 (−1.32)
$SIGN$	0.279 (1.23)	0.172* (1.84)
N	151	840
Wald chi2（9）	368.82	280.98
Prob＞chi2	0.000 0	0.000 0
AR（1）	0.388 6	0.004 1
AR（2）	0.210 8	0.710 1
Sargan	0.712 7	0.144 4

注：表格中括号内的数值是 Z 值。AR（1）是系统 GMM 模型扰动项的一阶自相关性检验的 p 值，AR（2）是系统 GMM 模型扰动项的二阶自相关性检验的 p 值，Sargan 为 Sargan 过度识别检验的 p 值。下同。

出现这种现象的原因在于：在经济上行时期，政府对商业银行的干预较少，此时，商业银行的贷款拨备计提行为对信贷供给产生显著影响；然而，在经济下行时期，政府通过强有力的宏观调控政策对总体经济、地区经济或行业经济进行干预。具体而言，政府倡导稳健的经济发展，因此，当遇到类似于美国 2007 年次贷危机扩散至全球进而导致 2008 年国际金融危机的情况时，政府会选择增强宏观调控力度。比如，我国政府在 2008 年实施的经济刺激计划以及央行四次调整存贷款基准利率都验证了这一点。这种强有力的货币政策调控成为影响信贷供给的关键因素。此时，商业银行的贷款拨备计提行为对信贷的作用并不明显。

表 14-7 模型（14-2）的回归结果

	(1) $Boom=1$ $Dloan$	(2) $Boom=0$ $Dloan$
$Dloan_{t-1}$	−0.095 (−1.62)	0.185*** (5.03)
$NDISCLLP$	−1.138*** (−3.62)	−0.108 (−0.72)

续表

	(1) Boom=1 Dloan	(2) Boom=0 Dloan
DISCLLP	−2.625 (−0.64)	4.286 (1.30)
cycleGDP	0.006 (0.75)	−0.001 (−1.00)
CAP	−0.007 (−0.82)	−0.002*** (−3.03)
HCAP	0.129* (1.91)	0.102*** (5.90)
Ddeposits	−0.007 (−1.55)	0.048* (1.68)
lnAssets	−0.173 (−1.09)	−0.106 (−0.75)
Lrat	−0.001 (−0.34)	−0.043* (−1.73)
Inflation	−0.004 (−0.23)	−0.008 (−1.27)
Depositreserve	0.283 (1.05)	3.851 (1.40)
N	112	455
Wald chi2 (9)	46.37	141.43
Prob>chi2	0.0000	0.0000
AR (1)	0.6225	0.0103
AR (2)	0.4704	0.1855
Sargan	0.1811	0.1104

表14-8列示了模型（14-5）的回归结果。在H2a和H2b的基础上，为了便于比较银行个体竞争度的大小对贷款拨备与信贷关系的影响，表14-8中给出了加入虚拟变量 XLerner 与交乘项 XLerner×NDISCLLP 时不同阶段贷款拨备对信贷增长率的分组回归结果。回归结果显示：在经济上行时期（Boom=1），交乘项 XLerner×NDISCLLP 的系数在1%的显著性水平上为负（−6.383）；在经济下行时期（Boom=0），交乘项 XLerner×NDISCLLP 的系数为正但不显著。因此，在经济上行时期，银行竞争度对贷款拨备和信贷关系的顺周期性具有显著的正向影响；在经济下行时期，银行竞争度对贷款拨备和信贷关系没有显著影响。

表14-8 模型（14-5）的回归结果

	(1) Boom=1 Dloan	(2) Boom=0 Dloan
$Dloan_{t-1}$	−0.209*** (−3.36)	0.446*** (3.50)
NDISCLLP	−0.958*** (−11.07)	0.077 (0.14)
$XLerner \times NDISCLLP$	−6.383*** (−2.93)	1.071 (0.90)
XLerner	0.180** (2.46)	−0.016 (−0.74)
DISCLLP	2.207 (0.39)	−13.987 (−1.50)
cycleGDP	0.067*** (7.03)	−0.004 (−0.75)
CAP	0.220 (0.11)	−0.079 (−0.28)
HCAP	−0.059 (−0.03)	−0.084 (−0.41)
Ddeposits	0.205** (2.24)	0.274*** (6.39)
lnAssets	−0.039 (−1.03)	−0.077*** (−4.40)
Lrat	−18.803 (−0.82)	−0.002 (−1.07)
Inflation	1.409 (0.57)	−2.195*** (−4.08)
Depositreserve	−0.606 (−0.07)	2.301*** (3.92)
N	112	455
Wald chi2	519.43	153.77
Prob>chi2	0.000 0	0.000 0
AR(1)	0.980 0	0.000 3
AR(2)	0.554 6	0.128 4
Sargan	0.668 4	0.109 8

第五节 稳健性检验

本章在基准模型中使用非结构法指标（Lerner 指数）来衡量银行个体竞争行为，反映银行竞争度。考虑到现有研究存在使用结构法指标（如 HHI 指数）来代理银行集中度以衡量银行竞争度的情况，因此，本章在稳健性检验中使用 HHI 指数来替代 Lerner 指数对 H3a 及 H3b 进行稳健性检验。表 14-9 列示了稳健性检验的回归结果。表 14-9 中给出了加入虚拟变量 HHI 与交乘项 HHI×NDISCLLP 时不同阶段贷款拨备对信贷增长率的分组回归结果。回归结果显示：在经济上行时期（$Boom=1$），交乘项 HHI×NDISCLLP 的系数在 1% 的显著性水平上为正；在经济下行时期（$Boom=0$），交乘项 HHI×NDISCLLP 的系数为正但不显著。因此，稳健性检验的结果与表 14-8 的结果没有显著差异。

表 14-9 稳健性检验的回归结果

	(1) $Boom=1$ Dloan	(2) $Boom=0$ Dloan
$Dloan_{t-1}$	−0.084*** (−11.50)	0.489*** (2.68)
NDISCLLP	−3.079*** (−5.47)	0.537 (0.54)
HHI×NDISCLLP	0.908*** (11.47)	1.284 (1.08)
HHI	−0.035** (−2.01)	−0.032 (−0.98)
DISCLLP	−6.191 (−0.74)	2.304 (1.56)
cycleGDP	0.047*** (5.62)	−0.013 (−1.59)
CAP	1.596 (0.73)	0.221 (0.67)
HCAP	−1.694 (−0.80)	−0.022*** (−3.17)

续表

	(1) $Boom=1$ $Dloan$	(2) $Boom=0$ $Dloan$
$Ddeposits$	0.234 (1.51)	0.513*** (8.94)
$\ln Assets$	−0.018 (−0.62)	0.123*** (3.93)
$Lrat$	0.897 (0.53)	25.143*** (4.98)
$Inflation$	−3.956* (−1.77)	−1.099 (−1.81)
$Depositreserve$	0.873* (1.69)	−6.402*** (−4.26)
N	112	455
Wald chi2	539.62	862.54
Prob>chi2	0.000 0	0.000 0
AR(1)	0.600 1	0.002 0
AR(2)	0.879 8	0.701 1
Sargan	0.433 0	0.101 9

第六节 研究结论及评述

本章以2002—2016年88家商业银行为研究样本建立动态面板模型，对我国贷款拨备的周期性特征及贷款拨备与信贷关系的周期效应进行了实证研究。研究发现，我国银行业贷款拨备与代表经济周期情况的GDP增长率的周期成分有明显的负向关系，说明我国商业银行在经济上行时期贷款拨备计提相对较少，但是在经济下行时期贷款拨备计提较多，具有明显的顺周期性。此外，在不同的阶段，贷款拨备对银行信贷增量的周期效应存在异质性。具体而言，在经济上行时期，贷款拨备与信贷增量负向变动，在经济下行时期，贷款拨备与信贷增量关系不显著。在扩展分析中，加入反映银行个体竞争度的Lerner指数，发现在不同的阶段，银行个体竞争度对贷款拨备和信贷关系的影响不同。具体来说，经济上行时期，银行竞争度对贷款拨备和信贷关系的顺周期性具有显著的正向影响；经济下行时期，银行竞争度对贷款拨备和信贷关系没有显著影响。

根据以上结论，本章得出一些政策启示。我国商业银行的贷款拨备计提行为明显与经济周期负向变动，具体表现为：在经济上行时期，贷款拨备与信贷增量负向变动，在经济下行时期，贷款拨备与信贷增量关系不显著。该情况是由我国信贷供给的非市场化造成的。在金融危机时期，政府通过行政手段而非市场机制来调控银行信贷，从而调控宏观经济。毫无疑问，这种调控政策在短期内防止了我国经济硬着陆，但从长远看，这也许不过是我国在特定发展阶段的无奈之举。在经济下行时期，放松信贷供给的货币政策并不是长久之计。此外，在经济下行时期，新增的银行信贷进入实体经济的部分很少，难以从根本上对实体经济产生影响。因此，在银行业准入门槛降低、银行业管制有所放松以及银行业市场化的大背景下，动态拨备制度或者前瞻性贷款拨备制度尤为重要。因此，需要完善动态拨备制度，使其不仅满足会计信息透明性、为投资者决策提供有用信息的要求，而且符合增强金融体系稳定性的要求，尽可能地避免贷款拨备计提的顺周期性。虽然，2014年，IASB出台了IFRS 9，贷款减值的确认方法由原本的"已发生损失模型"更改为"预期信用损失模型"。但是，"预期信用损失模型"的实施成本较高，需要拥有较长年度的历史数据以及先进的风险评估技术，否则难以确定贷款违约损失率和长期违约概率。另外，"预期信用损失模型"包含了使用者的主观性，管理者既可根据预期提前确认减值损失，亦可在后期转回预期信用损失，主观性影响过大，从而降低了会计信息的可靠性。因此，考察"预期信用损失模型"对我国商业银行的适用性是今后研究工作的重要内容。此外，周期性波动在经济发展中是必然存在的，政策工具只能起到尽量避免顺周期性的后果，尽可能减少外部规则对周期效应的作用，不存在能完全消除经济周期性波动的情况。

第十五章 预期信用损失模型：困境中的反思

第一节 基于 KuU 思想的"已知-未知"理论

金融资产风险根据驱动因素可分为市场风险、信用风险、操作风险、流动性风险等。本章对贷款资产的风险按照"已知-未知"理论来进行分类。这种分类方法最初是由 Gomory（1995）提出，作为对知识的一种分类方法，之后被陆续运用到各个领域，比如医学（Obermeyer, 1999）、生物学（Danovaro et al., 2010）、税收研究（Harberger, 2006）等。迪博尔德等（2009）的著作《金融风险管理中的已知、未知与不可知》中首次将金融风险按照 KuU 思想分为已知（known）风险、未知（unknown）风险和不可知（unknownable）风险①。他们在书中指出，K（known）是指一种概率分布完全可以确定的情形，u（unknown）是指一种概率至少在某些事件上无法确定的情形，U（Unknowable）是指一种甚至连事件本身都无法预先界定的情形。为了更好地解释 KuU 思想，本书作者发展了"已知-未知"理论，用来更好地分析银行贷款减值模型。

风险评估指的是根据当前的事件信息，对该事件未来可能发生的结果与概率进行推测。迪博尔德等所说的已知风险，实际上指的是不仅当前事件的信息是确定的，而且该事件对未来影响的结果和概率是确定的，因此这就是一起确定性事件。比如，根据借款方当前的财务状况，银行已经对该借款方的一项贷款确定减损，经过贷款核销程序认定，其造成的减损金额和可能性都是可以确定的，经批准确定对该贷款进行核销，那么这项贷款减损就可以

---

① KuU: the known, the unknown and the unknowable. 本章的"已知-未知"理论即是由此而来。

视为一种已知风险。迪博尔德等所说的未知风险，实际上指的是当前事件的信息是已知的、确定的，但是该事件对未来影响的结果和概率是未知的。迪博尔德等之所以将这类事件划分为未知风险，是因为该事件对未来影响的结果和概率尚不能完全确定。比如，根据借款方的财务状况，借款方的还款能力出现了问题，但是这种问题究竟会给该贷款未来的偿还金额和偿还可能性带来多大的影响，现在并不知道。这就是一种未知风险。对于这种未知风险，银行需要尽可能搜集和分析当前事件的信息，来评估对未来的影响及其可能性，进而采取相应的风险管理措施，比如计提拨备。排除前面两种情况，可以推断迪博尔德等所说的不可知风险实际上指的就是不仅当前事件的信息是未知的，而且该事件对未来影响的结果和概率也是未知的。这种情况只能用不可知来加以概括。同样以贷款为例，比如，根据借款方的财务状况判断，目前借款方的财务状况良好，没有证据表明借款方会出现合同违约，也没有证据表明借款方肯定不会违约。根据当前信息，我们无法推测该贷款未来可能的违约值及违约概率，因而也就无法专门针对当前的情况采取任何风险应对措施，比如计提拨备。

根据迪博尔德等的金融风险已知、未知和不可知理论，我们可以将这几种状况重新表达为"已知的已知"、"已知的未知"和"未知的未知"三种金融风险类型。这包括两个维度，第一个维度是当前风险事件的信息是不是已知的、确定的，第二个维度是当前风险事件对未来影响的结果和概率是不是已知的、确定的。据此形成相应的几种风险状态，如表 15-1 所示。

表 15-1 基于 KuU 思想的"已知-未知"理论解析

		对未来影响的结果与概率信息	
		已知	未知
当前风险事件的信息	已知	已知的已知	已知的未知
	未知	不适用	未知的未知

第二节　预期信用损失模型的缘起：
对"已发生损失模型"的不满

贷款是金融资产的一种。对银行来说，贷款拨备的作用主要有两方面：第一，资本缓冲。商业银行根据资产可能发生的减值风险，从当期利润中计提一定的损失准备金。当减值实际发生时，银行可以用已经计提的损失准备金冲减损失，避免侵蚀银行资本，防止因当前预期到的信贷资产质量变化冲击银行未来的业绩和资本从而引起突发性的危机事件。第二，早期预警。商业银行在贷款存续期内对前期发放的贷款进行减值风险评估，并将这种风险通过拨备的形式在价值上体现出来，进而对商业银行随后的放贷行为起到预警作用，避免盲目经营、扩大风险。可见，贷款拨备会计的主要任务就是要确认减值风险的存在，并对减值风险的价值进行计量，最后将其列报和披露。为了更好地对风险进行确认和计量，我们常常需要对风险进行分类，以便为不同的风险匹配不同的应对机制。合适的风险分类可以帮助我们更好地对风险进行定价，从而做出明智的资本决策。管理层也可以依据这种风险分类制定更好的财务政策和更有效的激励机制，以便在事前降低遭受冲击的可能性，并降低事后影响。因此，对贷款风险进行分类是十分有必要的。

问题的关键就在于什么样的风险需要在会计上通过提取减值准备来进行"确认"。早在20世纪90年代以前，对于贷款资产，在会计上就已经开始针对"已知的未知"风险计提拨备。FASB在1975年发布的首份适用于贷款损失的SFAS 5中规定，对或有损失估计值的确认必须符合两个条件：（1）由财务报表发布日前可获得的信息显示，在财务报表日一项资产很可能已经受损或一项负债很可能已经发生；（2）损失的金额可以被合理地估计。条件（1）表明，当前的信息是已知的，根据当前已知的信息，未来的损失是否发生、金额是多大是未知的。对于这种"已知的未知"事项，要在会计上予以确认，必须满足两个条件：其一，未来发生的可能性为很可能；其二，未来导致的损失金额能够合理估计。早期的贷款损失就是援引这一准则来进行确认的，之后逐渐形成了今天所说的"已发生损失模型"。遗憾的是，该准则没能将"已发生损失"和"未来损失"明确地区分开来，是否"很可能"也在很大程度上依赖于管理层的主观判断，在贷款减值的确认、计量与披露上均存在较大的模糊性（丁友刚和岳小迪，2009）。其后果就是以大陆银行为代表的众多美国银行因不良贷款丧失偿付能力，为美国20世纪八九十年代的金融机构危机推波助澜。1980—1994年，美国共有2 912家银行和储贷机构被迫关闭或接受FDIC的援助，其中银行1 617家，储贷机构1 295家，约占同期银行和储贷机构总数的14%，平均每两天就有一家被迫关闭或接受援助。GAO（1991）分析了1988—1989年39家倒闭银行的财务报表，发现它们的贷款拨备严重被低估。在破产之前，它们的拨备总额为 21 亿美元，破产之后 FDIC 重新进行评估，认为其贷款拨备应为 94 亿美元。贷款拨备被低估 73 亿美元，主要原因就在于 GAPP 允许银行管理层过分地延迟损失的确认，掩盖了监管早期的干预需求，造成了银行存款保险资金的更大损失。可见，会计准则的不成熟导致银行贷款损失准备金提取不足，或者说为管理者不充分提取准备金创造了空间，给银行带来了巨大的经营隐患。为应对 SFAS 5 的不成熟给银行实务和银行监管部门带来的不便，1993 年 5 月，FASB 发布了首份专门针对贷款减值计量的会计准则 SFAS 114，其在适用范围、确认标准、计量方法和披露方面上都提出了相对具体的规定，进一步明确了贷款资产需要计提"已知的未知"风险准备。但 SFAS 114 仍然存在表述模糊和应用范围受限等局限性，这些局限性给银行应用准则及银行监管部门制定和解释贷款损失准备金监管政策留下了很大空间，从而引起了会计准则与银行实务及监管准则的冲突：一方面，会计部门指责银行过度计提准备；另一方面，银行监管部门要求银行贷款损失准备金达到监管要求。因此，如何协调两者的矛盾、关注"未知事项"成了准则制定者必须面对的关键问题。

20 世纪 90 年代，受金融工具、营销创新、减损事项、环境事项等的影响，国际社会十分关注"未来事项问题"。比如，国际会计准则委员会（IASC）分别在比利时、美国、英国连续召开三次"未来事项问题"研讨会，最后于 1994 年发布了对会计准则制定有指导意义的"未来事项"研究报告。最终，IAS 39 明确了银行需要计提"已知的未知"风险准备：在资产负债表日有客观证据表明贷款已经发生减值时，才可以按照贷款的摊余成本和未来现金流的现值之差计提贷款减值准备。这种方法就称作"已发生损失模型"。该模型的具体操作方法是：在每个资产负债表日，对贷款进行评估，从而判断是否存在客观证据表明某项贷款很可能发生减值。如果存在客观证据，那么应估计该项贷款的可收回金额，并进行减值测试。即如果贷款的预计可收回金额小于其账面价值，则表明该项贷款发生了减值，应确认减值损失，其计量金额为账面价值与可收回金额之间的差额，并计入当期损益。

由上述可知，"已发生损失模型"只对那些有客观证据表明未来将遭受损失且损失能有效估计的贷款计提减值准备，而对尚未有迹象的预期信用损失，无论根据经验判断损失发生的可能性有多大，都不能确认为减值损失。简言之，"已发生损失模型"只确认"已知的未知"风险，不确认"未知的未知"风险，只确认已发生损失，不确认预期信用损失。这种做法的好处是显而易见的，即以事实为基础，属于"已知的未知"风险，由客观证据推至贷款减值，真实可靠，符合会计核算权责发生制的基础。

该模型产生的后果是贷款减值损失确认时点滞后，因为即使是极有可能发生的损失，只要缺乏触发事件的支撑就不能予以确认。这无疑延迟了减值损失的确认时间，导致了信息的滞后。而这一后果产生的影响——"顺周期效应"，使得"已发生损失模型"在2008年国际金融危机期间饱受各方质疑。由于只确认"已知的未知"风险，在确认时点上的滞后导致在贷款信用周期内早期计提的准备金无法吸收经济下行时期产生的信用损失，表现出明显的"顺周期性"。具体来说，在经济上行时期，贷款违约率和损失率较低，减值迹象尚未显露，因此银行计提的贷款损失准备金较少，利润增多，从而导致进一步扩大信贷，经济持续繁荣；而在经济下行时期，之前在经济上升时期发放的贷款的信用风险集中显现，损失激增，银行业绩持续大幅下滑，进而引起信贷紧缩，加剧经济衰退，延缓经济复苏。对于这一效应，其实在金融危机发生之前就有许多学者进行了论证。比如，Laeven等（2003）质疑贷款损失准备金计提"太多""太迟"，从而放大了经济危机的影响。Bikker和Metzemakers（2005）利用29个国家的银行数据验证了银行贷款拨备与GDP增长之间的反向关系，证明了"顺周期效应"的存在。滑静和肖庆宪（2007）也通过实证检验发现我国商业银行的信贷行为具有十分明显的顺周期性特征。这一重大缺陷引起了各界尤其是银行业的不满，它们不再满足于只确认"已知的未知"风险，改革现有贷款拨备制度的呼声非常强烈。由此，迫于各方压力，国际社会开始试图确认和计量"未知的未知"风险，踏上了发展各种预期信用损失模型的艰难探索之路。

第三节 预期信用损失模型的艰难探索与理性回归

纵观贷款减值模型的发展过程，实际上就是从"已发生损失模型"到"预期信用损失模型"的变革，从只确认"已知的未知"风险到确认"未知的未知"风险的艰难探索。IASB相继发展的三种预期信用损失模型，无论是"预期现金流量法""二分法"还是"三阶段法"，均存在一定的局限性，没有任何一种方法获得反馈者的全面支持。FASB与IASB在这个问题上最终分道扬镳也说明确认"未知的未知"风险困难重重，难以实现。《斐内-米勒会计学原理》（1974）写道：会计是在某一经济环境中进行的。在这种环境里，不确定性是一个特点。只要有不确定因素存在，就不会有完善的认识。我们也许需要承认，对这种不确定结果进行会计处理的难题并没有"完全正确"的答案，所谓唯一真实而公允的列报可能并不存在（许雯佳，2014）。

（一）IASB 对"未知的未知"风险的艰难探索

"预期信用损失"是与"已发生损失"相对的概念。"已发生损失模型"的核心在于减值损失必须由损失事件触发，在损失事件发生前，不确认相关的减值损失，即只确认"已知的未知"风险。"预期信用损失模型"则不同，它提倡信用损失是贷款活动不可分割的组成部分，利率的不同反映了损失预期的不同，减值损失的确认不一定需要已发生损失事件的触发，要求进一步确认"未知的未知"风险。2008 年国际金融危机的爆发使 IASB 注意到了利益相关者希望改善减值方法的迫切需求，并将改进相关的会计准则提上议程，开始了对"预期信用损失模型"的探索之路。

1. 预期现金流量法：计量"未知的未知"风险导致可靠性降低

2009 年 11 月 5 日，IASB 在听取关于信息需求函反馈意见的基础上，发布了《金融工具：摊余成本和减值（征求意见稿）》，确定了基于预期现金流量法的预期信用损失模型。该方法要求在贷款初始确认时对未来现金流做出估计，考虑贷款在整个存续期内可能发生的所有预期信用损失，并将该预期信用损失在存续期内不断分摊。具体方法是，对贷款预期未来现金流（考虑预期信用损失）做出最佳估计，然后通过迭代计算，求出使预期未来现金流的现值等于初始账面价值的折现率，此折现率即为实际利率。最后，根据得出的实际利率确认每期的利息收入、摊余成本和减值准备。即通过我们最熟悉的现值法来确认和计量"未知的未知"风险。

相对于已发生损失模型，这种方法的优势是显而易见的。由于考虑了预期信用损失信息，因此无须等到损失事件发生即可确认"未知的未知"风险，这种方法大大增加了计提的贷款损失准备金，规避了已发生损失模型延迟确认损失的缺陷。同时，该方法根据各期对损失估计的变化调整减值，使损失确认和各期利润更为平滑（郑伟，2010），具有逆周期性；也改变了已发生损失模型不考虑预期信用损失的静态折现模式，实现了在贷款整个存续期内"动态分摊"预期信用损失的历史性跨越（宋光磊，2012）。

同时，预期现金流量法不可避免地会遭受质疑。因为要确认"未知的未知"风险，缺少客观证据，该方法自然不可避免地涉及大量的重大主观估计，处理结果的可靠性下降。瑞士信贷（2010）指出，运用该种预期信用损失模型，表面上似乎提高了可靠性，但由于需要更多的不可观察输入值，反而增加了更多的主观估计和提高了敏感性，但可靠性、可审计性大为降低，将影响信息对投资者的有用性。另外，其操作难度大、成本高昂、适用性不强的缺点也广为诟病。为了解决以上问题，IASB 持续完善预期信用损失模型，迈出了第二步。

2. "二分法"：在确认"未知的未知"风险困境中进退维谷

为了解决预期现金流量法在操作性、适用性上的问题，以及减少与 FASB 在减值方法上的分歧，IASB 经过大量讨论，联合 FASB 于 2011 年 1 月 31 日发布了《金融工具：减值（增补征求意见稿）》，提出了"二分类"减值方法。

在该方法下，首先要按照一项信用资产无法收回的风险是否超过它的获利能力，将其分为优良资产和不良资产。简单来说，假如一项贷款的信用质量恶化，导致其无法收回的风险较高，放贷方的持有目标从获取贷款利息变成收回贷款本金，那么，放贷方对该项贷款的管理将更加主动，例如执行担保物权、进行债务重组，并且对这类金融资产单独管理。对于这种信用风险管理目标已经发生改变的资产，就应放入"坏账户"，否则放入"好账户"。同时，对这两类资产实行不同的预期信用损失确认方法。一旦某项贷款被确定为不良资产，则立即将贷款在整个存续期内的损失确认为贷款减值准备金。对于优良资产的预期信用损失确认，则采用"时间比例法"与"可预见的未来方法"孰高的方法，并不确认贷款在整个存续期内的预期信用损失，而是根据资产的年龄确认一部分。

"二分法"有别于预期现金流量法，在确认"未知的未知"风险时，并非对所有贷款一视同仁，而是针对不同风险程度的贷款确认不同"数量"的"未知的未知"风险，不良资产确认得多一些，优良资产确认得少一些。可惜的是，对两类资产的划分依旧需要会计人员的主观估计，没有形成统一的减值方法，无疑又提高了贷款减值会计处理的复杂性，并且使该种方法显得有些"不伦不类"。而之所以不伦不类，也许是因为该方法的提出是 IASB 和 FASB 对各自减值计量目标妥协和让步的结果，是一种折中方案。因为两者对贷款减值的计量目标并不一致，IASB 的主要目标是使得贷款拨备能反映贷款定价与预期信用损失的关系，更加注重经济实质；FASB 的首要目标是确保计提的准备金足以覆盖实际损失发生前的预期信用损失，更关注谨慎性（王菁菁和刘光忠，2014）。恰恰是这种妥协和让步，贷款减值的会计处理丧失了独立性，也缺乏合理的理论支撑。IASB 虽致力于发展更好的减值方法，但其向"预期信用损失模型"迈出的第二步非但没有得到广泛支持，反而使自己在不确认"未知的未知"风险和完全确认"未知的未知"风险的困境中进退维谷，立场摇摆。

3. "三阶段法"：悄悄回到无解的原点

经过漫长的讨论和修订，IASB 于 2014 年 7 月发布了 IFRS 9，确定了一种适用于所有需要进行减值会计处理的金融资产的减值方法——"三阶段法"。该方法按照金融工具信用质量是否显著恶化、是否存在客观减值迹象，将金融资产预期信用损失及利息收入的确认和计量分为三个阶段。

阶段 1：对自初始确认后信用质量未发生显著恶化或在财务报告日信用风险级别为低的金融工具，确认 12 个月的预期信用损失，即只确认部分"未知的未知"风险，并按照资产的总账面价值（即不扣减预期信用损失）计算利息收入。

阶段 2：对自初始确认后信用质量发生显著恶化（除非在财务报告日信用风险处在低水平），但没有客观证据（信用损失事件）表明发生减值的金融工具，确认整个存续期内的预期信用损失，即确认全部的"未知的未知"风险，但仍按照资产的总账面价值（即不扣减预期信用损失）计算利息收入。

阶段 3：对自初始确认后信用质量发生显著恶化且在财务报告日存在客观减值证据的金融资产，确认整个存续期内的预期信用损失，即确认全部的"未知的未知"风险，且按照资产的净账面价值（即扣减预期信用损失）计算利息收入。

"三阶段法"的相关会计处理见表 9-3。

IASB 的基本观点是，一个实体最初只确认一部分预期信用损失，但如果遭受了重大经济损失，只确认一部分预期信用损失的做法就不再合适，而应当确认整个存续期内的预期信用损失。所以，应按照信用质量的变化将贷款划分为三个阶段：对自初始确认后信用质量未发生显著恶化或者信用风险级别低的贷款，确认 12 个月的预期信用损失；而对信用质量发生显著恶化的贷款，确认整个存续期内的预期信用损失。这种做法使得"预期信用损失模型"与风险管理实务的对接程度更高，在贷款减值的会计处理中更多地考虑和利用现有的风险管理实践涉及的信用质量水平和风险恶化程度方面的信息，降低了实施新减值方法的成本，更加符合成本效益原则。同时，该方法适用于所有的金融资产，使得减值方法实现了统一，相比于之前的"二分法"，增强了适用性，降低了复杂程度。

一个更为重要的问题是，"预期信用损失模型"诞生的主要原因是为了克服"已发生损失模型"无法计量"未知的未知"风险从而产生顺周期性的缺点，但"三阶段法"在区分三个阶段时仍然需要"客观证据"，也就是预期信用损失触发事件，实际上属于"已知的未知"范畴。需要"客观证据"的触发恰恰又是"已发生损失模型"广受诟病的原因所在。再加上"12个月"的评估期缺乏强有力的理论支撑，"显著恶化"等相关概念的界定依然模糊不清，简化的背后是"清晰性"的缺失，这又给了管理层少计提贷款减值准备的操纵空间。这种做法就好像是在"已发生损失模型"上加上了"三阶段"的包装，让问题悄悄回到了原点，那这种改变还有意义吗？

（二）FASB的预期信用损失模型：完全确认"未知的未知"风险

2012年8月，FASB听取了美国国内相关方对"三阶段法"给出的反馈意见，发表声明表示将单方面探索一个既不使用双重计量又能在每个报告日反映所有信用风险的预期信用损失模型。自此，FASB开始了独自探索"当前预期信用损失模型"的漫长历程：2012年12月发布会计准则更新提案《会计准则更新提案：金融工具——信用损失（征求意见稿）》；2013年5月开始重新审议该提案；2016年4月召开过渡工作组会议，直至2016年6月才正式发布《会计准则更新提案：金融工具——信用损失》，最终确定了与2014年IFRS 9不同的减值方法——当前预期信用损失模型。该模型要求主体以预期能够收回的现金流按初始实际利率折现的现值来计量净摊余成本，自初始确认起就确认金融资产在整个存续期内的预期信用损失，而不再将贷款区分为自初始确认后信用损失风险发生严重恶化和未发生严重恶化的情况，只是以相关的内部和外部可获得信息（包括过去事项的信息、相似资产的历史损失经验、当前状况、对未来合理和有依据的预测及其影响）为基础来进行评估。并且，FASB的模型将继续允许使用现行非权责发生制的会计处理方法进行操作（即在某些情况下终止利息收入确认），而不是在存在已发生损失的证据时，特别要求对债务工具采取净利息收入确认方法。

显而易见的是，"当前预期信用损失模型"单一的减值测试方法，消除了"二分法"与"三阶段法"对类别的区分标准，解决了其不易理解、操作有困难且难以计量的问题，完全确认和计量了"未知的未知"风险，是一种彻底的"预期信用损失模型"。其目的是要求预期信用损失的减值准备余额足以反映管理层对不能收回的合同现金流的当前预期。相比来说，IASB的"三阶段法"更加准确真实地反映了金融工具减值金额，但操作相对复杂；而FASB的"当前预期信用损失模型"完全确认"未知的未知"风险，更为稳健，最大限度地计提减值准备，简单有效且反映了股东需求。然而，这种简单满足股东和准则使用者需求的减值方法却未必能真实公允地反映金融工具的减值情况。由于缺少"客观证据"，该模型建议在确认预期信用损失时参考相关信息做出判断，比如"相似资产的历史损失经验""对未来合理和有依据的预测"等。这些信息不仅存在较大的模糊性和操纵空间，其相关性和公允性也不能得到保证。

第四节 重新审视减值模型应遵循的"度"

一、会计基础的"度"

权责发生制属于会计要素确认与计量方面的要求，是以权利和责任的发生来决定收入和费用归属期的一项重要原则。作为会计确认与计量的基础，传统的财务会计主要将权责发生制应用于交易，而不确定性经济业务主要表现为"事项和情况"（林斌，2000）。在权责发生制下，会计应该能在法律允许的范围内准确判断出每个数字，因此会计是将实际发生、准确无疑的数据作为过去的实际损失。

如果会计工作和准备金提取都建立在权责发生制的基础上，那么贷款拨备也应该在此基础上计算出来。然而，贷款拨备显然属于"不确定性会计"的范畴，现阶段银行业务依旧存在"已知的未知"风险和"未知的未知"风险。由于不能确定"已知的未知"风险发生的概率和相应的金额，这类损失没有实际形成，银行就得提取特殊的准备金并销账，由此形成贷款减值的客观证据，即所谓过去发生的"事项和情况"已经被识别，从而对其进行确认也就有了会计上的理论支持。但是，对于"未知的未知"风险，由于认知的局限性，我们不仅无法确定其发生的概率和相应的金额，甚至它的存在都尚未被识别，明显不满足权责发生制的会计基础。可见，要求贷款减值模型计量"未知的未知"风险本身就是会计准则对相关利益团体的一种妥协。

二、稳健性与公允性之间平衡的"度"

稳健性是指财务会计中的稳健原则，也称审慎原则或者谨慎原则，指对损失和收益的确认的不对称性，要求谨慎反映不确定的经济业务，即要更加及时地确认损失，而对于收益，则必须有非常充分的证据才能确认（Basu，1997）。尽可能多地确认"未知的未知"风险、尽可能多地计提贷款损失准备就是稳健性原则的体现。

然而，过度稳健所导致的信息不平衡有悖于"真实公允"的会计思想（林斌，2000）。一方面，在FASB"当前预期信用损失模型"广受诟病的"宁可预计可能的损失，也不预计可能的收益"的做法下（Blankespoor et al.，2013），对所有贷款资产确认全部的"未知的未知"风险尽管能最大限度满足稳健原则，却难以实现最大限度的"公允"。另一方面，当信息充足时，市场能够自动调节价格并且给予人们可观的收益，而市场价格的变化也会改变公司或银行的行为。比如，在市场存在泡沫的情况下，市场是否能够很好地以未来收益的概率分布来调节价格，事实上，市场也很难对不可知的情况给出令人信服的定价。可见，过度计提贷款损失准备金不仅不能真实反映银行当期的经营业绩，也会在一定程度上降低会计信息的"相关性"，不利于信息使用者做出决策。

因此，合适的贷款减值模型应该在稳健性与公允性之间找到一种平衡，既要避免利用贷款拨备来操纵利润，"报喜不报忧"，也要避免过度计提贷款拨备，使会计信息失去可靠性，无法做到"真实而公允地表达"。

三、财务会计与管理会计之间平衡的"度"

财务会计与管理会计通常被视为会计学的两大分支。两者的服务对象、分工、方法均有不同，但同时也相互补充，共同服务于企业管理。财务会计的职责是对经济事项进行确认、计量、记录和报告，其方法主要是核算、分析和检查，简单来说是关于企业的"过去、现在"，本身并不具备也不需要具备风险管理和控制功能。而管理会计的方法主要是预测、决策、预算、控制和考核，在立足于企业的"过去、现在"的同时，面向企业的"未来"。

从财务会计的角度来看，对"未知的未知"风险的确认和计量由于不满足"较大的概率"和"金额能可靠计量"的基本要求，已然超出了财务会计的范畴，从预期信用损失模型艰难的制定过程中也可以看出这一点。从管理会计的角度来看，对于"未知的未知"风险，并不需要客观事件触发就可以直接确认和计量，其本质是面向未来更好地进行风险管理，更符合管理会计的范畴。因此，对贷款减值风险的确认和计量在财务会计处理方面或许可以维持"已发生损失模型"不变，通过企业内部的管理会计和风险管理体系来建立预期信用损失准备金，从而实现财务会计与管理会计之间的平衡。

四、会计监管与银行监管之间平衡的"度"

银行体系的稳健运行对经济的发展起着至关重要的作用，其一旦出现危机，所危及的往往是各行各业，甚至引发金融危机。因此，维护银行体系的稳健运行，绝不单单是会计监管部门的任务，银行监管部门也义不容辞。但由于会计界与银行界的目标不同，一者强调会计透明，一者强调银行稳健，加之贷款拨备的计提具有较大的主观性与不精确性，如果使用的会计政策较为模糊，不仅不利于会计透明，甚至会影响银行的稳健性。这使得会计监管主体与银行监管主体在贷款拨备的会计处理问题上存在天然的内在冲突（丁友刚和岳小迪，2009）。

为了缓和这种内在冲突，使贷款拨备真正起到资本缓冲与早期预警的重要作用，一方面，银行监管部门与会计监管部门都应提高对贷款拨备会计的重视程度，在要求银行稳健经营的同时也要注重兼顾会计透明度；另一方面，应正确理顺会计确认与监管标准之间的关系，加强银行监管部门与会计监管部门的沟通，采取多方面的综合防范措施，着力增强银行抵御风险、管理风险的能力。

总而言之，财务会计不能越过管理会计，会计监管也不能替代银行监管，只有把握好"度"，才能整体且系统地完善我国贷款拨备的计量与监管体系。

参考文献

[1] 安徽银监局课题组，施其武. 货币信贷调控中的国内银行业 [J]. 银行家，2011 (4)：14-16.

[2] 巴曙松，朱元倩. 巴塞尔资本协议Ⅲ研究 [M]. 北京：中国金融出版社，2011.

[3] 边文龙，沈艳，沈明高. 银行业竞争度、政策激励与中小企业贷款：来自14省90县金融机构的证据 [J]. 金融研究，2017 (1)：118-133.

[4] 陈超，魏静宜，曹利. 中国商业银行通过贷款损失准备计提进行盈余平滑吗？[J]. 金融研究，2015 (12)：46-63.

[5] 陈雯靓，吴溪. 我国商业银行的贷款损失准备计提与利润平滑：新会计准则的影响 [J]. 审计研究，2014 (1)：105-112.

[6] 戴德明，张姗姗. 贷款损失准备、盈余管理与商业银行风险管控 [J]. 会计研究，2016 (8)：25-33.

[7] "中国商业银行会计制度规范与信息披露及银行监管研究"课题组. 对我国商业银行呆帐准备金提取及核销制度的若干思考：兼论《金融企业呆账准备金提取及呆账核销管理办法》[J]. 金融研究，2001 (8)：32-40.

[8] 丁友刚，宋献中. 贷款损失的税收政策研究 [J]. 税务研究，2006 (12)：79-82.

[9] 丁友刚，王彬彬. 贷款拨备：从"已知的未知"到"未知的未知"？[J]. 会计研究，2017 (9)：29-34+96.

[10] 丁友刚，严艳. 中国商业银行贷款拨备的周期效应 [J]. 经济研究，2019，54 (7)：142-157.

[11] 丁友刚，岳小迪. 贷款拨备、会计透明与银行稳健 [J]. 会计研究，2009 (3)：31-38+94.

[12] 丁友刚，岳小迪. 贷款资产公允价值计量：动态、进展与启示 [J]. 当代财经，2009 (5)：116-121.

[13] 董进. 宏观经济波动周期的测度 [J]. 经济研究, 2006 (7): 41-48.

[14] 李宇嘉, 陆军, 陈千里. 贷款损失准备金与信贷紧缩 [J]. 当代经济科学, 2007, 29 (3): 56-64.

[15] 李宇嘉, 陆军. 风险溢价、预期损失与预测贷款损失准备金 [J]. 当代财经, 2007 (12): 50-56.

[16] 宋洪吉, 李慧. 关于贷款减值准备与监管资本关系的研究: 基于银行逆周期监管视角 [J]. 农村金融研究, 2013 (4): 28-32.

[17] 孙天琦, 杨岚. 有关银行贷款损失准备制度的调查报告: 以我国五家上市银行为例的分析 [J]. 金融研究, 2005 (6): 116-130.

[18] 孙天琦, 张观华. 银行资本、经济周期和货币政策文献综述 [J]. 金融研究, 2008 (1): 191-205.

[19] 王菁菁, 刘光忠. 金融工具减值预期损失模型的演进与会计准则体系变迁: 兼评 IASB《金融工具: 预期信用损失》征求意见稿 [J]. 会计研究, 2014 (5): 37-43+94.

[20] 王小稳. 关于银行贷款损失准备的实证研究 [J]. 中国管理信息化, 2010 (8): 53-55.

[21] 王兆星. 贷款风险分类和损失拨备制度变革: 银行监管改革探索之三 [J]. 中国金融, 2014 (17): 21-24.

[22] 徐诺金. 美国八九十年代银行危机: 成因、处置方法及启示 (一) [J]. 中国金融, 2001 (8): 50-51.

[23] 许雯佳. "真实而公允"的财报并不存在 [J]. 金融时报 (中文版), 2014 (8): 12-13.

[24] 许友传, 刘庆富, 王智鑫. 基于动态和前瞻性的贷款损失拨备适度性研究 [J]. 金融研究, 2011 (12): 100-114.

[25] 杨天宇, 钟宇平. 中国银行业的集中度、竞争度与银行风险 [J]. 金融研究, 2013, 391 (1): 122-134.

[26] 余永定. 美国次贷危机背景、原因与发展 [R]. 北京: 中国社会科学院世界经济与政治研究所国际金融研究中心, 2008.

[27] 袁鲲, 王娇. 贷款损失准备计提、管理动机与商业银行顺周期性: 基于中国上市银行的实证研究 [J]. 财经论丛 (浙江财经大学学报), 2014 (7): 38-44.

[28] 赵旭. 我国商业银行贷款损失准备的效率分析 [J]. 金融论坛, 2006, 11 (12): 34-38.

[29] 郑伟. 预期损失模型缺陷与会计监管独立性问题研究：基于对 IASB《金融工具：摊余成本和减值》征求意见稿的分析 [J]. 会计研究, 2010 (5): 17–24+95.

[30] 周华, 戴德明. 贷款损失准备的监管规则：问题与可能解 [J]. 中国人民大学学报, 2011, 25 (4): 83–92.

[31] 周长鸣. 公允价值会计顺周期性及其改进：基于金融危机的视角 [J]. 经济与管理, 2010, 24 (1): 64–67.

[32] Abdul, A. A., Tripe, D. W., Dunmore, P., Dunmore, P. IAS 39, income smoothing and pro-cyclicality: evidence from banks in Hong Kong [J]. *Journal of Financial Economic Policy*, 2016, 8 (1): 80–94.

[33] Acharya, V. V., Ryan, S. G. Bank financial reporting and financial system stability [J]. *Journal of Accounting Research*, 2016, 54 (2): 277–340.

[34] AcSEC. Proposed statement of position—allowance for loan losses (exposure draft) [Z]. 2003/2000.

[35] Ahmed, A. S., Takeda, C., Thomas, S. Bank loan loss provisions: a reexamination of capital management, earnings management and signaling effects [J]. *Journal of Accounting and Economics*, 1999, 28 (1): 1–25.

[36] Anandarajan, A., Hasan, I., Lozano-Vivas, A. Loan loss provision decisions: an empirical analysis of the Spanish depository institutions [J]. *Journal of International Accounting, Auditing and Taxation*, 2005, 14 (1): 55–77.

[37] Anandarajan, A., Hasan, I., Lozano-Vivas, A. The role of loan loss provisions in earnings management, capital management, and signaling: the Spanish experience [J]. *Advances in International Accounting*, 2003 (16): 45–65.

[38] Anandarajan, A., Hasan, I., McCarthy, C. Use of loan loss provisions for capital, earnings management and signalling by Australian banks [J]. *Journal of Accounting and Finance*, 2007, 47 (3): 357–379.

[39] Balboa, M., Lopez-Espinosa, G., Rubia, A. Nonlinear dynamics in discretionary accruals: an analysis of bank loan-loss provisions [J]. *Journal of Banking and Finance*, 2013 (37): 5186–5207.

[40] Ball, R. J. Changes in accounting techniques and stock prices [J]. *Journal of Accounting Research*, 1972: 1-38.

[41] Balla, E., McKenna, A. B. Dynamic provisioning: a countercyclical tool for loan loss reserves [J]. *FRB Richmond Economic Quarterly*, 2009, 95 (4): 383-418.

[42] Barry, T. A., Lepetit, L., Tarazi, A. Ownership structure and risk in publicly held and privately owned banks [J]. *Journal of Banking and Finance*, 2011, 35 (5): 1327-1340.

[43] BCBS. Re: exposure draft of proposed amendments to IAS 32 and 39 on financial instruments accounting, presentation, and disclosure [Z]. 2002.

[44] BCBS. Strengthening the resilience of the banking sector-consultative document [Z]. 2009.

[45] Beattie, V., Sutcliffe, C., Dale, R., Casson, P., McKenzie, G. Bank and bad debts: accounting for loan losses in international banking [M]. John Wiley & Sons, 1995.

[46] Beatty, A. L., Ke, B., Petroni, K. R. Earnings management to avoid earnings declines across publicly and privately held banks [J]. *The Accounting Review*, 2002, 77 (3): 547-570.

[47] Beatty, A., Chamberlain, S. L., Magliolo, J. Managing financial reports of commercial banks: the influence of taxes, regulatory capital, and earnings [J]. *Journal of Accounting Research*, 1995, 33 (2): 231-261.

[48] Beatty, A., Liao, S. Do delays in expected loss recognition affect banks' willingness to lend? [J]. *Journal of Accounting and Economics*, 2011, 52 (1): 1-20.

[49] Beaver, W. H., Engel, E. E. Discretionary behavior with respect to allowances for loan losses and the behavior of security prices [J]. *Journal of Accounting and Economics*, 1996, 22 (1-3): 177-206.

[50] Beidleman, C. Income smoothing: the role of management [J]. *The Accounting Review*, 1973: 653-667.

[51] Bikker, J. A., Metzemakers, P. A. Bank provision behavior and procyclicality [J]. *Journal of International Financial Markets, Institutions and Money*, 2005, 15 (2): 141-157.

[52] Blankespoor, E., Linsmeier, T. J., Petroni, K. R., Shakespeare, C. Fair value accounting for financial instruments: does it improve the association between bank leverage and credit risk? [J]. *The Accounting Review*, 2013, 88 (4): 1143–1177.

[53] Borio, C., Lowe, P. To provision or not to provision [J]. *BIS Quarterly Review*, 2001 (9): 36–48.

[54] Bouvatier, V., Lepetit, L. Banks' procyclical behavior: does provisioning matter? [J]. *Journal of International Financial Markets Institutions & Money*, 2008 (18): 513–526.

[55] Bratten, B., Causholli, M., Myers, L. A. Fair value exposure, auditor specialization, and banks' discretionary use of the loan loss provision [J]. *Journal of Accounting, Auditing and Finance*, 2020, 35 (2): 318–348.

[56] Bushman, R. M. Thoughts on financial accounting and the banking industry [J]. *Journal of Accounting and Economics*, 2014, 58 (2): 384–395.

[57] Bushman, R. M., Hendricks, B. E., Williams, C. D. Bank competition: measurement, decision-making, and risk-taking [J]. *Journal of Accounting Research*, 2016, 54 (3): 777–826.

[58] Bushman, R. M., Williams, C. D. Accounting discretion, loan loss provisioning, and discipline of banks' risk-taking [J]. *Journal of Accounting and Economics*, 2012, 54 (1): 1–18.

[59] Bushman, R. M., Williams, C. D. Delayed expected loss recognition and the risk profile of banks [J]. *Journal of Accounting Research*, 2015, 53 (3): 511–553.

[60] Caporale, G. M., Colli, S. D., Lopez, J. S. Bank lending procyclicality and credit quality during financial crises [J]. *Economic Modelling*, 2013 (43): 142–157.

[61] Christopher, K. Loan loss reserves and income smoothing: the experience in the U. S. banking industry [J]. *Journal of Business Finance and Accounting*, 1988, 15 (4): 487–497.

[62] Collins, J. H., Shackelford, D. A., Wahlen, J. M. Bank differences in the coordination of regulatory capital, earnings, and taxes [J]. *Journal of Accounting Research*, 1995, 33 (2): 263–291.

[63] Danisman, G. O., Demir, E., Ozili, P. U. S. Banks' loan loss provisions: economic policy uncertainty and arbitrariness [J]. *International Economic and Financial Review*, 2021 (71): 923-935.

[64] Department of the Treasury. Report to the congress on the tax treatment of baddebts by financial institutions [R]. Washington: Government Printing Office, 1991.

[65] Elliott, J. A., Hanna, J. D., Shaw, W. H. The evaluation by the financial markets of changes in bank loan loss reserve levels [J]. *The Accounting Review*, 1991, 66 (4): 847-861.

[66] FASB. ASU 2016-13: Financial instruments—credit losses [EB]. 2016.

[67] FASB. Board meeting handout, agenda decision: allowance for loan losses [R]. 2007.

[68] FASB. FASB viewpoints: application of FASB statements 5 and 114 to a loan portfolio [R]. 1999.

[69] FASB. Feedback summary—credit impairment and interest income recognition [EB]. 2012.

[70] FASB. Proposed ASU Financial instruments—credit losses (subtopic 825-15) [EB]. 2013.

[71] FASB. Starts work on paper laying out goal of fair value financial instrument reporting [R]. 2006.

[72] FASB. The fair value option for financial assets and financial liabilities [R]. 2007.

[73] FDIC. Continental Illinois and too big to fail, history of the eighties—lessons for the future [Z]. 1997.

[74] FEE. Policy statement: dynamic provisioning for financial instruments [EB]. 2009.

[75] FFIEC. Policy statement on allowance for loan and lease losses methodologies and documentation for banks and savings institutions [EB]. 2001.

[76] Fonseca, A. R., González, F. Cross-country determinants of bank income smoothing by managing loan-loss provisions [J]. *Journal of Banking & Finance*, 2008, 32 (2): 217-228.

[77] FRB. SR99-13: Recent developments regarding loan loss al-

lowances [EB]. 1999.

[78] FRB. Supervisory guidance related to FASB statement No. 114 [EB]. 1995.

[79] FSF. Report of the financial stability forum on addressing procyclicality in the financial system [R]. 2009.

[80] G20. Final Report, G20 Working Group on reinforcing international cooperation and promoting integrity in financial markets [R]. 2009.

[81] GAO. Report to Congressional Committees: depository institutions divergent loan loss methods undermine usefulness of financial reports [R]. 1994.

[82] GAO. Report to Congressional Committees: failed banks: accounting and auditing reforms urgently needed [R]. 1991.

[83] GAO. Report to Congressional Committees: flexible accounting rules lead to inflated financial reports [R]. 1992.

[84] Gomory, R. E. The known, the unknown and the unknowable [J]. *Scientific American*, 1995 (272): 120-120.

[85] Griffin, P. A., Wallach, S. J. Latin American lending by major us banks: the effects of disclosures about nonaccrual loans and loan loss provisions [J]. *The Accounting Review*, 1991: 830-846.

[86] IASB and FASB Meeting Agenda paper. Impairment incurred loss model [Z]. 2009.

[87] IASB and FASB meeting. Made in Spain and working well [Z]. 2009.

[88] IASB, FEE. Bank provisioning and reserving—a comparison of alternatives [EB]. 2010.

[89] IASB, FEE. Comments on IASB exposure draft financial instruments: amortized cost and impairment [EB]. 2010.

[90] IASB. Expert Advisory Panel, amortized cost and impairment: summary of all EAP meetings [Z]. 2010.

[91] IASB. IASB Meeting / Staff paper (Agenda reference: 5D): comparison between possible impairment approaches [Z]. 2009.

[92] IASB. IASB/FASB Meeting / Staff paper (Agenda reference: 4D): comment letter summary [Z]. 2011.

[93] IASB. Reducing complexity in reporting financial instruments

[DP]. 2008.

[94] IASB. Request for information ('expected loss model') impairment of financial assets: expected cash flow approach [EB]. 2009.

[95] IASB. Supplement to ED/2009/12: Financial instruments: amortized cost and impairment—Financial instruments: impairment [EB]. 2011.

[96] IMF. Global financial stability report: responding to the financial crisis and measuring systemic risks [R]. 2009.

[97] Imhoff, E. A. Income smoothing: an analysis of critical issues [J]. Working Paper, 1979.

[98] JWG. Financial instruments: issues relating to banks [R]. 1999.

[99] JWGBA. Comments on the JWGSS paper [R]. 1999.

[100] Kanagaretnam, K., Lim, C. Y., Lobo, G. J. Auditor reputation and earnings management: international evidence from the banking industry [J]. *Journal of Banking & Finance*, 2010, 34 (10): 2318 - 2327.

[101] Kanagaretnam, K., Lobo, G. J., Mathieu, R. Managerial incentives for income smoothing through bank loan loss provisions [J]. *Review of Quantitative Finance and Accounting*, 2003, 20 (1): 63 - 80.

[102] Kanagaretnam, K., Lobo, G. J., Yang, D. H. Determinants of signaling by banks through loan loss provisions [J]. *Journal of Business Research*, 2005, 58 (3): 312 - 320.

[103] Kanagaretnam, K., Lobo, G. J., Yang, D. H. Joint tests of signaling and income smoothing through bank loan loss provisions [J]. *Contemporary Accounting Research*, 2004, 21 (4): 843 - 884.

[104] Kilic, E., Lobo, G. J., Ranasinghe, T., Sivaramakrishnan, K. The impact of SFAS 133 on income smoothing by banks through loan loss provisions [J]. *The Accounting Review*, 2012, 88 (1): 233 - 260.

[105] Kim, M. S., Kross, W. The impact of the 1989 change in bank capital standards on loan loss provisions and loan write-offs [J]. *Journal of Accounting and Economics*, 1998, 25 (1): 69 - 99.

[106] Koch, B. S. Income smoothing: an experiment [J]. *The Accounting Review*, 1981: 574 - 586.

[107] Krueger, S., Roesch, D., Scheule, H. The impact of loan loss provisioning on bank capital requirements [J]. *Journal of Financial Stability*, 2018 (36): 114 – 129.

[108] Laeven, L., Majnoni, G. Loan loss provisioning and economic slowdowns: too much, too late? [J]. *Journal of Financial Intermediation*, 2003, 12 (2): 178 – 197.

[109] Leon, F. Does bank competition alleviate credit constraints in developing countries? [J]. *Journal of Banking and Finance*, 2015, 57 (61): 130 – 142.

[110] Lerner, A. The concept of monopoly and the measurement of monopoly power [J]. *Review of Economic Studies*, 1934, 1 (3): 157 – 175.

[111] Liu, C. C., Ryan, S. G., Wahlen, J. M. Differential valuation implications of loan loss provisions across banks and fiscal quarters [J]. *Accounting Review*, 1997: 133 – 146.

[112] Liu, C. C., Ryan, S. G. The effect of bank loan portfolio composition on the market reaction to and anticipation of loan loss provisions [J]. *Journal of Accounting Research*, 1995, 33 (1): 77 – 94.

[113] Liu, Q., Pan, X., Tian, G. To what extent did the economic stimulus package influence bank lending and corporate investment decisions? Evidence from China [J]. *Journal of Banking & Finance*, 2016 (86): 177 – 193.

[114] Lobo, G. J, Yang, D. H. Bank managers' heterogeneous decisions on discretionary loan loss provisions [J]. *Review of Quantitative Finance and Accounting*, 2001, 16 (3): 223 – 250.

[115] López-Espinosa, G., Ormazabal, G., Sakasai, Y. Switching from incurred to expected loan loss provisioning: early evidence [J]. *Journal of Accounting Research*, 2021, 59 (3): 757 – 804.

[116] Lown, C., Morgan, D. P. The credit cycle and the business cycle: new findings using the loan officer opinion survey [J]. *Journal of Money Credit and Banking*, 2006, 38 (6): 1575 – 1597.

[117] Ma, C. Loan loss reserves and income smoothing: the experience in the U. S. banking industry [J]. *Business Finance Account*, 1988, 15 (4): 487 – 497.

[118] Madura, J., McDaniel, W. R. Market reaction to increased loan loss reserves at money-center banks [J]. *Journal of Financial Services Research*, 1989, 3 (4): 359-369.

[119] Mann, F., Michael, I. Dynamic provisioning: issues and application [J]. *Financial Stability Review*, 2002 (13): 128-136.

[120] Missal, M. J., Richman, L. M. New Century Financial: lessons learned: the examiner's final report to the bankruptcy court on the demise of New Century Financial Corporation documents some important lessons in corporate governance for mortgage lenders and financial services institutions [J]. *Coastal Engineering*, 2008, 22 (4): 3-29.

[121] Monsen, R. J., Chiu, J. S., Cooley, D. E. The effects of separation of ownership and control on the performance of the large firm [J]. *The Quarterly Journal of Economics*, 1968: 435-451.

[122] Moyer, S. E. Capital adequacy ratio regulations and accounting choices in commercial banks [J]. *Journal of Accounting & Economics*, 1990 (2): 123-154.

[123] Musumeci, J. J., Sinkey, J. F. The international debt crisis and bank loan-loss-reserve decisions: the signaling content of partially anticipated events [J]. *Journal of Money Credit & Banking*, 1990, 22 (3): 370-387.

[124] Myers, S., Majluf, N. Corporate financing and investment when firms have information shareholders do not have [J]. *Journal of Financial Economics*, 1984: 187-221.

[125] Ng, J., Roychowdhury, S. Do loan loss reserves behave like capital? Evidence from recent bank failures [J]. *Review of Accounting Studies*, 2014, 19 (3): 1234-1279.

[126] Obermeyer, C. M. Female genital surgeries: the known, the unknown, and the unknowable [J]. *Medical Anthropology Quarterly*, 1999, 13 (1): 79-106.

[127] OCC. EC 234: review and classification of commercial real estate loans [Z]. 1992.

[128] OCC, FDIC, FRB, OTS. Interagency policy statement on the allowance for loan and lease losses [Z]. 1993.

[129] OCC, FRB, FDIC, NCUA, OTS. Interagency policy state-

ment on the allowance for loan and lease losses [Z]. 2006.

[130] OCC, FRB, FDIC, OTS, NCUA. Interagency comment letter in response to the AcSEC proposed statement of position—allowance for credit losses [Z]. 2003.

[131] OCC, FRB, FDIC, OTS, NCUA. Interagency guidance on certain loans held for sale [Z]. 2001.

[132] OCC, FRB, FDIC, OTS. Interagency policy statement on the review and classification of commercial real estate loans [Z]. 1991.

[133] OCC. EC 234: guidelines for troubled real estate loans [Z]. 1985.

[134] Ruckes, M. Bank competition and credit standards [J]. *Review of Financial Studies*, 2004, 17 (4): 1073–1102.

[135] Sääskilahti, J. Local bank competition and small business lending after the onset of the financial crisis [J]. *Journal of Banking & Finance*, 2016 (69): 37–51.

[136] Samuelson, P. A. Tax deductibility of economic depreciation to insure invariant valuation [J]. *Journal of Political Economy*, 1964 (72): 604–606.

[137] Saurina, J. Dynamic provisioning: the experience of Spain [J]. *The World Bank*, 2009 (7): 1–6.

[138] SEC, FDIC, FRB, OCC, OTS. Joint interagency letter to financial institutions [EB]. 1999.

[139] SEC. Financial Reporting Release No. 28: accounting for loan losses by registrants engaged in lending activities [EB]. 1986.

[140] SEC. Report and recommendations pursuant to section 133 of the emergency economic stabilization act of 2008: Study on Mark-To-Market Accounting [R]. 2009.

[141] SEC. SEC office of the chief accountant and FASB staff clarifications on fair value accounting [EB]. 2008.

[142] SEC. Staff Accounting Bulletin No. 102 [EB]. 2001.

[143] Shank, J. K., Burnell, A. M. Smooth your earnings growth rate [J]. *Harvard Business Review*, 1974, 52 (1): 136–141.

[144] Smith, E. D. The effect of the separation of ownership from control on accounting policy decisions [J]. *Journal of Accounting Re-

view, 1976: 707 – 723.

[145] Soedarmono, W., Tarazi, A., Agusma, A., Monroe, G., Gasbarro, D. Loan loss provisions and lending behavior of banks: Asian evidence during 1992 – 2009 [J]. Working Paper, 2012.

[146] Stock, J. H., Watson, M. W. Interpreting the evidence on money-income causality [J]. *Journal of Econometrics*, 1987, 40 (1): 161 – 181.

[147] Sunder, S. Stock price and risk related to accounting changes in inventory valuation [J]. *The Accounting Review*, 1975, 50 (2): 305 – 315.

[148] Sunley, E. Corporate income tax treatment of loan-loss reserves [J]. *Taxation of Financial Intermediation Theory and Practice for Emerging Economies*, 2003: 291 – 292.

[149] Wahlen, J. M. The nature of information in commercial bank loan loss disclosures [J]. *Accounting review*, 1994, 69 (3): 455 – 478.

[150] Wall, L. D., Koch, T. W. Bank loan-loss accounting: a review of theoretical and empirical evidence [J]. *Economic Review*, 2000, 85 (Q2): 1 – 20.

[151] Walter, J. R. Loan loss reserves [J]. *FRB Richmond Economic Review*, 1991, 77 (4): 20 – 30.

[152] Watts, R. L., Zimmerman, J. L. Towards a positive theory of the determination of accounting standards [J]. *Accounting Review*, 1978: 112 – 134.

[153] Wetmore, J. L., Brick, J. R. Commercial bank risk: market, interest rate, and foreign exchange [J]. *Journal of Financial Research*, 1994, 17 (4): 585 – 596.

后　记

　　1999年，香港理工大学为支持内地青年学者的学术研究，设立"中国内地青年会计学者研究支持计划"，我有幸入选。2000年3月，在该计划的支持下，我去了香港理工大学中国会计与财务研究中心（深圳），从事研究助理工作。刚开始，我参与了一个关于会计师事务所改制的课题。后来，该中心与中国人民银行研究局合作，成立"银行会计规范、内部监管及信贷风险管理之研究"课题组。该课题组后来获得国家自然科学基金委员会与香港研究资助局的联合资助，我作为课题组成员主要负责商业银行会计规范部分。2001年5月前后，中国人民银行研究局下达了一项研究任务，希望课题组将研究重点放在贷款损失准备金方面。围绕这一任务，中国人民银行研究局和香港理工大学中国会计与财务研究中心（深圳）组织相关人员在北京、广东、香港开展了一系列调研工作。调研工作由中国人民银行研究局法律处的梁冰负责，我主笔完成了第一份研究报告《对呆账准备金提取和核销制度若干问题思考》。这份报告提交后，受到了中国人民银行研究局方面课题组负责人潘硕健副局长的重视。他将这份报告在中国人民银行研究局内部的《金融研究报告（专报）》（2001年第1期）上发表，然后让我将文章压缩整理后作为封面推荐文章发表在2001年第8期《金融研究》上。这篇文章后来于2003年8月获得了中国会计学会、中国中青年财务成本研究会举办的第四届"天健杯"优秀科研成果奖二等奖。

　　在这之后，我持续跟踪银行贷款拨备会计方面的研究，并带领研究生一起做这方面的研究，并先后在《会计研究》《税务研究》《当代财经》《经济研究》等杂志上发表了《贷款拨备、会计透明与银行稳健》《贷款损失的税收政策研究》《贷款资产公允价值计量：动态、进展与启示》《贷款拨备：从"已知的未知"到"未知的未知"?》《中国商业银行贷款拨备的周期效应》等文章。这些年来，我的多名硕士研究生以此为主题开展研究，完成了多篇硕士论文。其中，岳小迪的硕士论文还获得了"杨纪琬会计学奖""广东省优秀硕士学位论文""广东省金融学会优秀金融科研成果奖"等奖项。其间，围绕这个话题，我主持的课题还获得了广东省会计学会年度会计科研课题项目、广东省社科规划项目、教育部人文社科项目等的支持。2020年，这一阶段性研究获得了国家社科基金后期资助重点项目（20FGLA002）的资助。本书在课题研究成果的基础上选取了其中的主要内容。

  本书的研究和出版得到了很多人的支持！我的多名研究生和同事参与了本书的撰写和课题研究，包括古捷、卢敏珠、陈丽、李叶梅、王彬彬、陈欣欣、徐子慧、何如桢。本书的出版还得到了中国人民大学出版社陈永凤老师的大力支持，在此一并表示感谢！

丁友刚

图书在版编目（CIP）数据

银行与坏账：基于贷款拨备视角的理论、经验与思考 / 丁友刚，岳小迪著. -- 北京：中国人民大学出版社，2025.6. -- ISBN 978-7-300-33982-5

Ⅰ. F830.51

中国国家版本馆 CIP 数据核字第 2025WM3497 号

国家社科基金后期资助项目
银行与坏账：基于贷款拨备视角的理论、经验与思考
丁友刚　岳小迪　著

Yinhang yu Huaizhang：Jiyu Daikuan Bobei Shijiao de Lilun、Jingyan yu Sikao

出版发行	中国人民大学出版社		
社　　址	北京中关村大街 31 号	邮政编码	100080
电　　话	010-62511242（总编室）	010-62511770（质管部）	
	010-82501766（邮购部）	010-62514148（门市部）	
	010-62511173（发行公司）	010-62515275（盗版举报）	
网　　址	http://www.crup.com.cn		
经　　销	新华书店		
印　　刷	唐山玺诚印务有限公司		
开　　本	720 mm×1000 mm　1/16	版　次	2025 年 6 月第 1 版
印　　张	19.5 插页 2	印　次	2025 年 6 月第 1 次印刷
字　　数	334 000	定　价	86.00 元

版权所有　　侵权必究　　印装差错　　负责调换